शूद्र कौन थे?

शूद्र कौन थे?

कैसे वे भारतीय-आर्य
समाज में चौथा वर्ण बन गए

डॉ. बी. आर. अम्बेडकर

KALPAZ

भारत में सन् 2023 में प्रकाशित

कल्पाज पब्लिकेशन
सी–30, सत्यवती नगर,
दिल्ली–110052
वेब साइट: www.kalpazpublications.com
ई–मेल: kalpaz@hotmail.com

Distribution Network
gyanbooks.com
India, USA, Canada, UK, Australia, France

शूद्र कौन थे?

ISBN: 978-93-5722-282-2 HB

मुद्रित: ज्ञान प्रेस, दिल्ली

अनुक्रमणिका

प्रस्तावना 7

1. शूद्र: एक पहेली 23
2. शूद्रों की उत्पत्ति का ब्राह्मणवादी सिद्धांत 46
3. शूद्रों की स्थिति का ब्राह्मणवादी सिद्धांत 54
4. शूद्र बनाम आर्य 88
5. आर्यों के विरुद्ध आर्य 118
6. शूद्र और दास 142
7. कौन थे शूद्र ? 160
8. वर्णों की संख्या, तीन या चार 187
9. ब्राह्मण बनाम शूद्र 196
10. शूद्रों का पतन 222
11. सुलह की कहानी 264
12. सिद्धान्त कसौटी पर 289

परिशिष्ट 296

प्रस्तावना

साहित्य के वर्तमान दौर में शूद्रों के विषय पर लिखी इस पुस्तक को अतिरेक नहीं माना जा सकता, न ही इसे तुच्छ समस्या से निपटना कहा जा सकता है। यह सामान्य कथन कि भारतीय-आर्य सामाजिक संगठन चातुर्वर्ण्य के सिद्धांत पर आधारित था और चातुर्वर्ण्य का अर्थ है समाज का चार वर्गों में विभाजन-ब्राह्मण (पुजारी), क्षत्रिय (योद्धा), वैश्य (व्यवसायी) और शूद्र (सेवक), शूद्रों की समस्या के न तो वास्तविक रूप के बारे में और न ही इसके परिमाण के बारे में कोई अनुमान देता है। चातुर्वर्ण्य का सिद्धांत अत्यंत निर्दोष होता यदि इसका अर्थ समाज को चार वर्गों में विभाजित करने से अधिक कुछ न होता। दुर्भाग्यवश चातुर्वर्ण्य के सिद्धांत में इससे इतर भी कोई तत्व सम्मिलित है। समाज को चार वर्गों में बांटने के अलावा यह सिद्धांत आगे चलकर वर्गीकृत असमानता का सिद्धांत बनाता है, चार वर्णों में सम्बद्ध जीवन की शर्तें निर्धारित करने का आधार बनाता है। फिर यह भी कि वर्गीकृत असमानता की प्रणाली केवल काल्पनिक नहीं है, यह कानूनी है और दंडात्मक भी। चातुर्वर्ण्य व्यवस्था के अंतर्गत शूद्रों को केवल वर्गों में सबसे नीचे ही नहीं रखा गया बल्कि उसे कानून द्वारा निर्धारित अनगिनत अपमानजनक यातनाओं और अक्षमताओं के अधीन रखा गया ताकि उसे उसकी स्थिति से ऊपर उठने से रोका जा सके। वास्तव में जब तक अस्पृश्यों का पाँचवाँ वर्ण अस्तित्व में नहीं आया तब तक शूद्र हिंदुओं की दृष्टि में निम्न से निम्नतम थे। यह उस मूल भाव को दर्शाता है जिसे शूद्रों की समस्या कहा जा सकता है। लोगों को इसकी भयावहता का अनुमान नहीं है क्योंकि उन्होंने यह जानने का प्रयास नहीं किया कि शूद्रों की जनसंख्या कितनी है। दुर्भाग्यवश जनगणना उनकी जनसंख्या अलग से

नहीं दर्शाती। लेकिन इसमें कोई संदेह नहीं कि अस्पृश्यों को छोड़कर शूद्रों की संख्या हिंदुओं की आबादी की 75 से 80 प्रतिशत है। एक ग्रंथ जो इतनी बड़ी जनसंख्या से संबंधित है उसे किसी छोटी-मोटी समस्या से निपटने वाला तो नहीं माना जा सकता है।

यह पुस्तक भारतीय आर्य समाज में शूद्रों से संबंधित है। एक विचार यह है कि इन प्रश्नों की जांच वर्तमान समय की नहीं है। श्रीमान शेरिंग जैसे बुद्धिजीवी ने अपनी पुस्तक "हिंदू ट्राइब्स एंड कास्ट"[1] में कहा है कि-

क्या शूद्र आर्य थे या वे भारत के मूल निवासी थे, या एक से दूसरी (जाति) के मिलन से उत्पन्न जनजातियां थे- यह व्यवहारिक महत्व का नहीं है। वे प्रारंभिक काल में एक अनोखे ही वर्ग में रखे गए थे और उन्होंने श्रेणी की चौथी या अंतिम पदवी प्राप्त की थी, फिर भी वे तीन श्रेष्ठ जातियों से काफी दूरी पर थे। यद्यपि यह स्वीकार किया जाता है कि शुरू में वे आर्य नहीं थे फिर भी तीन आर्य जातियों के साथ उनके व्यापक अंतर्विवाहों से वे इतने अधिक आर्यीकृत हो गए हैं कि कुछ उदाहरणों में जैसा कि पहले भी दर्शाया गया है, उन्होंने जितना खोया उससे कहीं अधिक अर्जित किया है, और अब शूद्र के रूप में नामित जनजातियां वास्तव में किसी भी चीज की तुलना में अधिक ब्राह्मण और क्षत्रिय हैं। संक्षेप में वे अन्य जातियों में उतने ही विलय हो गए जितने इंग्लैंड की सेल्टिक जनजाति एंग्लो सेक्शन जाति में। उनका अपना अलग व्यक्तित्व यदि कभी था भी तो वह पूरी तरह से मिट गया है।

यह दृष्टिकोण दो त्रुटियों पर आधारित है। सबसे पहले, वर्तमान समय के शूद्र विषम जातियों से निकाली गई जातियों का एक संग्रह है। यह हिंदू आर्य समाज के मूल शूद्रों से नस्लीय रूप से भिन्न है। दूसरे, शूद्रों के मामले में रुचि का विषय लोगों के रूप में शूद्र नहीं बल्कि वह यातना और दंड की कानूनी व्यवस्था है जिनके अधीन वे हैं। यातना और दंड की व्यवस्था निस्संदेह मूल रूप से ब्राह्मणों के द्वारा भारतीय आर्य समाज के शूद्रों से निपटने के लिए तैयार की गई थी जिनका अस्तित्व एक अलग और विशिष्ट पहचान योग्य समुदाय के रूप में अब नहीं रह गया है, लेकिन यह

विचित्र लग सकता है कि उनके साथ निपटने के लिए बनाई गई संहिता आज भी लागू है। अब यह सभी निम्न वर्ग के उन हिंदुओं पर लागू होती है जिनका मूल शूद्रों से कोई सम्बन्ध नहीं है। यह कैसे हुआ यह सभी के लिए कौतूहल का विषय है। मेरा विश्लेषण यह है कि भारतीय आर्य समाज के शूद्र समय के साथ-साथ ब्राह्मणवादी कानूनों की गंभीरता के परिणामस्वरूप इतने अधोगति को प्राप्त हो गए कि वे वास्तव में सार्वजनिक जीवन में बहुत निम्न स्थिति में आ गए। इसके दो परिणाम हुए। पहला परिणाम था शूद्र शब्द के अर्थ में परिवर्तन। शूद्र शब्द एक विशेष समुदाय का नाम होने का अपना मूल अर्थ खो बैठा और बिना सभ्यता, बिना संस्कृति, बिना सम्मान और बिना पद के निम्न वर्ग के लोगों के लिए एक सामान्य नाम बन गया। दूसरा परिणाम यह हुआ कि शूद्र शब्द के अर्थ के विस्तार ने संहिता के प्रयोग को व्यापक बना दिया। यह कुछ ऐसे हुआ कि वर्तमान समय के तथाकथित शूद्र, संहिता के अधीन हो गए हैं, हालांकि वे शब्द के मूल अर्थ में शूद्र नहीं हैं। जो भी हो, तथ्य यह है कि मूल दोषियों के लिए अभिप्रेत संहिता निर्दोषों पर लागू होने लगी है। यदि हिंदू कानून-निर्माताओं के पास यह समझने के लिए पर्याप्त ऐतिहासिक समझ होती कि मूल शूद्र वर्तमान निम्न वर्ग के लोगों से अलग थे, तो यह त्रासदी, निर्दोषों का यह नरसंहार टाला जा सकता था। यह तथ्य, चाहे वह कितना भी दुर्भाग्यपूर्ण क्यों न हो, लेकिन है कि यह संहिता वर्तमान समय के शूद्रों पर उसी कठोरता से लागू की गई जिस तरह से इसे मूल शूद्रों पर लागू किया गया था। इसलिए ऐसी संहिता कैसे अस्तित्व में आई, जानना आवश्यक है। इसे आज के शूद्रों के लिए केवल पुरातनपंथी हित के रूप में नहीं माना जा सकता है।

हालांकि यह स्वीकार किया जा सकता है कि शूद्रों की उत्पत्ति का अध्ययन स्वागतयोग्य है, कुछ लोग इस विषय को संभालने की मेरी क्षमता पर सवाल उठा सकते हैं। मुझे पहले ही चेतावनी दी जा चुकी है कि भले ही मुझे भारतीय राजनीति पर बोलने का अधिकार हो, लेकिन भारत का धर्म और धार्मिक इतिहास मेरा क्षेत्र नहीं है और मुझे इसमें प्रवेश नहीं करना चाहिए। मैं नहीं जानता कि मेरे आलोचकों ने मुझे यह चेतावनी देना क्यों

आवश्यक समझा। यदि यह एक विचारक या लेखक के रूप में मेरे द्वारा किए गए किसी झूठे दावे का प्रतिकारक है, तो यह अनावश्यक है। क्योंकि मैं यह मानने को तैयार हूँ कि मैं भारतीय राजनीति पर बोलने के भी काबिल नहीं हूँ। यदि चेतावनी इस कारण से है कि मैं संस्कृत भाषा पर अधिकार का दावा नहीं कर सकता, तो मैं इस कमी को स्वीकार करता हूँ। लेकिन मैं यह नहीं समझ पा रहा कि इसके लिए मुझे इस क्षेत्र में काम करने से पूरी तरह अयोग्य क्यों ठहराया जाए। संस्कृत भाषा में ऐसा बहुत कम साहित्य है जो अंग्रेजी में उपलब्ध नहीं है। इसलिए संस्कृत के ज्ञान की कमी मेरे लिए वर्तमान जैसे विषय को संभालने के लिए एक बाधा नहीं होनी चाहिए। क्योंकि मैं यह कहने का साहस करता हूँ कि प्रासंगिक साहित्य का पंद्रह वर्षों का अध्ययन, भले ही अंग्रेजी अनुवाद में, मुझ जैसे मध्यम बुद्धि वाले व्यक्ति को भी इस कार्य के लिए आवश्यक योग्यता प्रदान करने के लिए पर्याप्त होना चाहिए। इस विषय पर बोलने की मेरी क्षमता का वास्तविक स्तर क्या है, इसका यह पुस्तक सबसे अच्छा प्रमाण प्रस्तुत करेगी। यह अच्छी तरह से पता चल सकता है कि मेरा यह प्रयास केवल उस मुहावरे का उदाहरण है कि 'मूर्ख वहां दौड़ पड़ते हैं जहाँ देवदूतों' को पैर रखने में डर लगता है लेकिन मैं इस विश्वास की शरण लेता हूँ कि यदि देवदूत सो गया है या सत्य का प्रचार करने के लिए तैयार नहीं है तो मूर्ख का भी कर्तव्य है कि वह अपनी भूमिका निभाए। निषिद्ध क्षेत्र में मेरे प्रवेश का यही औचित्य है

इस पुस्तक के बारे में उल्लेखनीय क्या है? निस्संदेह मैं अपनी जांच के परिणामस्वरूप इन निष्कर्षों पर पहुंचा हूँ कि इस पुस्तक में दो प्रश्न उठाए गए हैं: (1) शूद्र कौन थे? और (2) वे भारतीय-आर्य समाज के चौथे वर्ण कैसे बने? उनके लिए मेरे उत्तर संक्षेप में नीचे दिए गए हैं:

(1) शूद्र सौर जाति के आर्य समुदायों में से एक थे।

(2) एक समय था जब आर्य समाज तीन वर्णों को ही मान्यता देता था, अर्थात, ब्राह्मण, क्षत्रिय और वैश्य।

(3) शूद्रों ने एक अलग वर्ण नहीं बनाया। उन्हें भारतीय-आर्य समाज में क्षत्रिय वर्ण के हिस्से के रूप में स्थान दिया गया।

(4) शूद्र राजाओं और ब्राह्मणों के बीच निरंतर कलह होती थी। ब्राह्मणों को कई अत्याचारों और अपमानों के अधीन रखा जाता था।

(5) शूद्रों के अत्याचारों और उत्पीड़न से उत्पन्न उनके प्रति घृणा के फलस्वरूप ब्राह्मणों ने शूद्रों का उपनयन करने से इंकार कर दिया।

(6) उपनयन से इंकार के फलस्वरूप, शूद्र जो क्षत्रिय थे, सामाजिक रूप से पतित हो गए, वैश्यों के पद से नीचे गिर गए और इस तरह चौथे वर्ण का निर्माण हुआ।

मुझे निश्चित रूप से इन निष्कर्षों पर विद्वानों के फैसले का इंतजार करना चाहिए। यह स्पष्ट है कि ये निष्कर्ष न केवल मौलिक हैं बल्कि वर्तमान निष्कर्षों के प्रबल विरोधी भी हैं। इन निष्कर्षों को स्वीकार किया जाएगा या नहीं यह इस मुद्दे पर निर्णय लेने के अधिकार का दावा करने वाले व्यक्ति की मानसिकता पर निर्भर करेगा। निस्संदेह, वह अगर किसी विशेष थीसिस से जुड़ा हुआ है तो वह मुझे खारिज कर देगा। हालांकि मैं उनके फैसले के बारे में चिंता नहीं करूंगा क्योंकि वह एक विरोधी होगा जिससे विरोध के अतिरिक्त कोई आशा नहीं की जा सकती है। लेकिन अगर कोई व्यक्ति सच्चा आलोचक है, चाहे वह कितना भी सतर्क, कितना भी रूढ़िवादी क्यों न हो, बशर्ते उसमें उदारता और तथ्यों को स्वीकार करने की तत्परता हो, तो मुझे आशा है कि मैं उसे अपने विचारों में ढाल पाऊँगा। यह अपेक्षा पूरी नहीं भी हो सकती है, लेकिन इस बात के प्रति मुझे पूरा विश्वास है कि मेरे आलोचकों को यह स्वीकार करना होगा कि यह पुस्तक एक भिन्न अंतर्दृष्टि और एक नए दृष्टिकोण से समृद्ध है।

विद्वानों के अलावा हिंदू जनता कैसी प्रतिक्रिया देगी यह एक रोचक अनुमान हो सकता है। आज के हिंदू पाँच निश्चित वर्गों में बँटे हुए हैं। हिंदुओं का एक वर्ग है, जो रूढ़िवादी के रूप में जाना जाता है और जो यह स्वीकार नहीं करेगा कि हिंदू सामाजिक व्यवस्था में कुछ भी गलत है। इसे सुधारने की बात करना उनके लिए ईश-निन्दा के समान है। हिंदुओं का

एक वर्ग है जो आर्य समाजी के नाम से जाना जाता है। वह केवल वेदों को ही मानता है। वह रूढ़िवादी से भिन्न है क्योंकि वह हर उस चीज को त्याग देता है जो वेदों में नहीं है। उसका वेद-वाक्य है- "वेदों की ओर लौटें।" हिंदुओं का एक वर्ग है जो यह स्वीकार करेगा कि हिंदू-समाज की व्यवस्था अत्यंत दोषपूर्ण है, लेकिन जो मानता है कि उस पर हमला करने की कोई आवश्यकता नहीं है। उसका तर्क यह है कि चूंकि कानून इसे मान्यता नहीं देता इसलिए यह एक मृतप्राय व्यवस्था है। हिंदुओं का एक वर्ग है, जो राजनीतिक रूप से क्रियाशील है। वह इस तरह के प्रश्नों के प्रति उदासीन है। उसके लिए स्वराज, सामाजिक सुधार से अधिक महत्त्वपूर्ण है। हिंदुओं का पाँचवाँ वर्ग वह है जो तर्कवादी है और जो सामाजिक सुधारों को प्राथमिक महत्व देता है और इसे स्वराज से भी अधिक महत्वपूर्ण मानता है।

उन हिंदुओं के साथ, जो दूसरी श्रेणी में आते हैं, जो इस पुस्तक को अनावश्यक मानते हैं, मैं सहमत नहीं हो सकता। एक तरह से उनका कहना सही है कि ब्रिटिश भारत का मौजूदा कानून हिंदू समाज में प्रचलित जाति व्यवस्था को मान्यता नहीं देता है। यह सच है कि, सिविल प्रक्रिया संहिता की धारा 11 के तहत, एक हिंदू के लिए यह संभव नहीं होगा कि वह किसी दीवानी अदालत से यह घोषणा प्राप्त कर सके कि वह किसी विशेष वर्ण का है। अगर ब्रिटिश भारत में अदालतों को इस सवाल पर विचार करना है कि क्या कोई व्यक्ति किसी विशेष वर्ण से संबंधित है, तो यह केवल विवाह, विरासत और गोद लेने के मामलों में है, जिसके नियम उस वर्ण के अनुसार भिन्न होते हैं जिससे व्यक्ति विशेष संबंधित है। हालांकि यह सच है कि ब्रिटिश भारत में कानून हिंदुओं के चार वर्णों को मान्यता नहीं देता है, लेकिन हर किसी को इसके अर्थ से भ्रमित न होने के लिए सावधान रहना चाहिए। इसे स्पष्ट रूप से ऐसे समझा जा सकता है :

(1) इसका अर्थ यह नहीं है कि वर्ण व्यवस्था का पालन अपराध है;

(2) इसका अर्थ यह नहीं है कि वर्ण व्यवस्था लुप्त हो गई है;

(3) इसका मतलब यह नहीं है कि वर्ण व्यवस्था को उन मामलों में प्रभावी नहीं किया जाता है जहाँ नागरिक अधिकार प्राप्त करने के लिए इसके नियमों का पालन आवश्यक है;

(4) इसका अर्थ केवल यह है कि वर्ण व्यवस्था के पीछे सामान्य कानूनी मंजूरी वापस ले ली गई है। अब, एकमात्र कानून की मंजूरी ही नहीं है जो सामाजिक संस्थाओं को बनाए रखने के लिए उत्तरदायी है। संस्थान अन्य स्वीकृतियों द्वारा भी कायम हैं। इनमें से धार्मिक स्वीकृति और सामाजिक स्वीकृति सबसे महत्वपूर्ण हैं। वर्ण व्यवस्था को धार्मिक मान्यता प्राप्त है। क्योंकि इसकी धार्मिक स्वीकृति है, वर्ण व्यवस्था को हिंदू समाज से पूर्ण सामाजिक स्वीकृति प्राप्त है। बिना किसी कानूनी निषेध के, यह धार्मिक स्वीकृति वर्ण व्यवस्था को पूर्ण रूप से पल्लवित-पुष्पित रखने के लिए पर्याप्त से अधिक है। इसे लागू करने का कोई कानून न होने के बावजूद वर्ण व्यवस्था जीवित है। यह दर्शाने का सबसे अच्छा साक्ष्य इस तथ्य में पाया जा सकता है कि हिंदू समाज में शूद्रों और अछूतों की स्थिति जैसी थी वैसी ही बनी हुई है। इसलिए यह नहीं कहा जा सकता कि इस तरह का अध्ययन अनावश्यक है।

जहां तक राजनीतिक विचारधारा वाले हिंदूओं का सवाल है, उन्हें गंभीरता से लेने की जरूरत नहीं है। उनके दृष्टिकोण की दिशा आम तौर पर दीर्घकालिक दृष्टि से अधिक अल्पकालिक लाभ से नियंत्रित होती है। यदि किसी चीज से उनके अलोकप्रिय होने की संभावना होती है तो वे न्यूनतम प्रतिरोध की रेखा का पालन करने और मामले को स्थगित करने के लिए तैयार रहते हैं,चाहे वह कितना भी जरूरी क्यों न हो, इसलिए यदि राजनीतिक विचारधारा वाले हिंदू इस पुस्तक को एक बाधा के रूप में देखते हैं तो यह बिल्कुल स्वाभाविक है।

यह पुस्तक आर्यसमाजियों के पैर की उंगलियों पर भारी पड़ती है। मेरे निष्कर्ष, दो सबसे महत्वपूर्ण बिंदुओं पर, उनकी विचारधारा के साथ तीव्र विरोध में आए हैं। आर्य समाजियों का मानना है कि भारतीय-आर्य समाज के चार वर्ण शुरू से ही अस्तित्व में रहे हैं। पुस्तक बताती है कि एक समय था जब भारतीय-आर्य समाज में केवल तीन वर्ण थे। आर्य समाजियों का मानना है कि वेद शाश्वत और पवित्र हैं। यह पुस्तक बताती है कि वेदों के

कुछ अंश, विशेष रूप से पुरुष सूक्त, जो आर्य समाजियों का मुख्य आधार है, ब्राह्मणों द्वारा अपने स्वयं के उद्देश्यों की पूर्ति के लिए गढ़े गए हैं। ये दोनों निष्कर्ष आर्यसमाजियों की हठधर्मिता पर परमाणु बम की तरह अवश्य काम करेंगे।

आर्यसमाजियों के साथ इस टकराव का मुझे कोई दु:ख नहीं है। आर्यसमाजियों ने यह उपदेश देकर कि वेद सनातन, अनादि, अविनाशी और अचूक हैं तथा वेदों पर आधारित हिन्दुओं की सामाजिक संस्थाएँ भी सनातन हैं, अनादि हैं, हिन्दू समाज को जड़ समाज बनाने का बड़ा कुकृत्य किया है। इनका कोई आदि है न अंत है, ये अचूक हैं इसलिए इनमें किसी परिवर्तन की आवश्यकता नहीं है। इस तरह के विश्वास से प्रभावित होना किसी समुदाय के लिए सबसे बुरी चीज हो सकती है। मुझे विश्वास है कि हिन्दू समाज तब तक स्वयं के सुधार की आवश्यकता को स्वीकार नहीं करेगा जब तक इन आर्य समाजियों की विचारधारा को पूरी तरह से नष्ट नहीं कर दिया जाता। और कुछ नहीं तो, यह पुस्तक यह सेवा प्रदान करती है।

रूढ़िवादी हिंदू इस पुस्तक के बारे में क्या कहेंगे, मैं अच्छी तरह कल्पना कर सकता हूँ क्योंकि मैं इतने सालों से उनके साथ संघर्ष कर रहा हूँ। केवल एक चीज जो मैं नहीं जानता था वो ये है कि जब कोई हिंदुओं के पवित्र ग्रंथों पर हमला करता है तब कैसे विनम्र और अहिंसक दिखने वाले हिंदू हिंसक हो सकते हैं। मुझे इसके बारे में पहले कभी नहीं पता चला। जब पिछले साल मुझे नाराज हिंदुओं से पत्रों की बौछार मिली, जो इस विषय पर मद्रास में दिए गए मेरे भाषण से काफी असंतुलित हो गए थे। पत्र गंदी गालियों से भरे हुए थे, अवर्णनीय और अमुद्रणीय, और मेरे जीवन के लिए गंभीर धमकियों से भरे हुए थे। पिछली बार उन्होंने मुझे पहले अपराधी के रूप में माना और मुझे मात्र धमकियां देकर छोड़ दिया। मुझे नहीं पता कि वे इस बार क्या करेंगे। क्योंकि यह पुस्तक पढ़ने पर जब वे देखेंगे कि मैंने इसमें अध्याय और पद सहित यह दिखाया है कि पवित्र ग्रंथों के नाम से जो कुछ भी लिखा गया है उसमें मनगढ़ंत बातें होती हैं जिनका मकसद राजनीतिक होता है, वे अपनी रचना में पक्षपातपूर्ण होते हैं

और अपने उद्देश्य में कपटपूर्ण होते हैं, उन्हें निश्चित रूप से क्रोध का और अधिक कारण मिल जाएगा क्योंकि यह उनकी दृष्टि में अपराध की और अधिक उग्र रूप से पुनरावृत्ति होगी। मैं उनके तिरस्कार या उनकी धमकियों पर कोई ध्यान देने का विचार नहीं रखता। क्योंकि मैं अच्छी तरह जानता हूँ कि वे एक नीच दल हैं, जिन्होंने अपने धर्म की रक्षा करने का दावा करते हुए धर्म को व्यापार का विषय बना लिया है। वे दुनिया में किसी भी अन्य प्रकार के प्राणियों की तुलना में अधिक स्वार्थी हैं, अपने वर्ग के निहित स्वार्थों का समर्थन करने के लिए अपनी बुद्धि की वेश्यावृत्ति कर रहे हैं। यह कम आश्चर्य की बात नहीं है कि जब रूढ़िवादिता के पागल कुत्तों को हिंदुओं के तथाकथित पवित्र ग्रंथों के खिलाफ आवाज उठाने का साहस रखने वाले व्यक्ति के विरोध में छोड़ दिया जाता है, तो ऊँचे स्थानों पर काबिज और स्वयं के उच्चस्तरीय विद्वान होने का दावा करनेवाले प्रतिष्ठित हिन्दू जिनसे स्वतंत्र और खुले विचार में रुचि न रखने की ही आशा की जा सकती है, पक्षपाती बन जाते हैं और आक्रोश में शामिल हो जाते हैं। यहाँ तक कि उच्च न्यायालयों के हिंदू न्यायाधीश और भारतीय राज्यों के हिंदू प्रधान मंत्री भी उनमें शामिल होने में संकोच नहीं करते। वे और आगे बढ़ते हैं। वे न केवल उसके विरुद्ध चीख–पुकार का नेतृत्व करते हैं बल्कि शिकार में भी शामिल होते हैं। अपमानजनक बात यह है कि वे ऐसा इसलिए करते हैं क्योंकि उनका मानना है कि जीवन में उनके उच्च स्थान उनके शब्दों में इतना आतंक भर देंगे जो रूढ़िवादिता के हर विरोधी को डराने के लिए पर्याप्त होगा। मैं इन प्रिय सज्जनों से कहना चाहता हूँ कि वे अपने अपशब्दों से मुझे रोक नहीं पायेंगे। वे डॉ. जॉनसन के गूढ़ और प्रभावशाली शब्दों से अनभिज्ञ प्रतीत होते हैं, जिन्होंने ऐसी ही स्थिति का सामना करने पर कहा था, "मैं एक गुंडे की धमकियों द्वारा धोखेबाज को पकड़ने से नहीं डिगूँगा।" मैं नहीं चाहता कि इन ऊँचे पद वाले आलोचकों के प्रति असभ्य होऊँ। मैं यह तो बिल्कुल भी नहीं कहना चाहता कि वे उस गुण्डे की भूमिका निभा रहे हैं जो एक धोखेबाज को बचाना चाहता है। लेकिन मैं उन्हें दो बातें बताना चाहता हूँ; पहली यह कि मैं प्रस्ताव रखता हूँ, चाहे कुछ भी हो जाए, ऐतिहासिक सत्य की खोज में पवित्र ग्रंथों को

उजागर करने के लिए डॉ जॉनसन के दृढ़ संकल्प का पालन हो ताकि हिंदुओं को पता चल सके कि ये उनके पवित्र ग्रंथों में निहित सिद्धांत ही हैं जो अपने देश और अपने समाज की अधोगति और पतन के लिए जिम्मेदार हैं; दूसरी बात, अगर इस पीढ़ी के हिंदू मेरी बातों पर ध्यान नहीं देते हैं तो मुझे यकीन है कि आने वाली पीढ़ी इस पर ध्यान देगी। मैं सफलता के प्रति निराश नहीं हूँ क्योंकि मैं कवि भवभूति के शब्दों से सांत्वना लेता हूँ जिन्होंने कहा था, "समय अनंत है और पृथ्वी विशाल है। किसी दिन कोई आदमी पैदा होगा जो मेरे कथन की सराहना करेगा।" जो भी हो यह पुस्तक रूढ़िवादिता के लिए एक चुनौती है।

हिंदुओं का एकमात्र वर्ग, जो पुस्तक का स्वागत करने की संभावना रखते हैं, वे हैं जो सामाजिक सुधार की आवश्यकता और तात्कालिकता में विश्वास करते हैं। यह तथ्य कि यह एक ऐसी समस्या है जिसे हल करने में निश्चित रूप से लंबा समय लगेगा और आने वाली कई पीढ़ियों के प्रयासों की आवश्यकता होगी, उनकी राय में, इस समस्या के अध्ययन को स्थगित करने का कोई उचित कारण नहीं है। एक कट्टर हिंदू राजनेता भी, यदि वह ईमानदार है, तो यह स्वीकार करेगा कि सांप्रदायिकता के द्वेषपूर्ण रूप से उत्पन्न होने वाली समस्या, जो हिंदू सामाजिक संगठन में निहित हैं और जिन्हें राजनीतिक बुद्धि वाले हिंदू टालना चाहते हैं, वे हमेशा उन्हीं राजनेताओं को हर मोड़ पर त्रस्त करने वापस आ जाती हैं। ये समस्याएं आज की नहीं हैं। ये हमारी स्थायी कठिनाइयाँ हैं- यानि हर पल की जद्दोजहद। मुझे यह जानकर खुशी हुई कि हिंदुओं का ऐसा वर्ग मौजूद है जो यह समझता है। हालांकि वह छोटा है पर वह मेरा मुख्य आधार है और इस तर्क से मैंने उसी को संबोधित किया है।

यह कहा जाएगा कि मैंने हिंदुओं के पवित्र साहित्य के प्रति कोई सम्मान नहीं दिखाया है, जिसका हर पवित्र साहित्य हकदार है। अगर आरोप सही है, तो मैं स्वयं को सही ठहराने के लिए दो परिस्थितियों की पैरवी कर सकता हूँ। सबसे पहले मैं दावा करता हूँ कि मेरे शोध में मुझे इतिहासकार की सर्वोत्तम परंपरा द्वारा निर्देशित किया गया है, जो समस्त साहित्य को अश्लील मानता है। मैं इस शब्द का उपयोग लोगों से संबंधित

होने के मूल अर्थ में, साक्ष्य के स्वीकृत नियमों द्वारा जांच और परीक्षण किये जाने, पवित्र और अपवित्र के बीच कोई भेद किए बिना और सत्य को खोजने के एकमात्र उद्देश्य से कर रहा हूँ। यदि इस परंपरा का पालन करते हुए मुझमें हिंदुओं के पवित्र साहित्य के प्रति सम्मान और श्रद्धा की कमी पाई जाती है, तो एक विद्वान के रूप में मेरा कर्तव्य मुझे क्षम्य सिद्ध करेगा। दूसरे, पवित्र साहित्य के प्रति आदर और श्रद्धा को व्यवस्थित नहीं किया जा सकता है। वे सामाजिक कारकों के परिणाम हैं जो ऐसी भावनाओं को एक मामले में प्राकृतिक और दूसरे में बिल्कुल अप्राकृतिक बनाते हैं। हिंदुओं के पवित्र साहित्य के प्रति आदर और सम्मान एक ब्राह्मण विद्वान के लिए स्वाभाविक है। लेकिन एक ब्राह्मणेतर विद्वान के लिए यह बिल्कुल अस्वाभाविक है। इस अंतर की व्याख्या काफी सरल है। एक ब्राह्मण विद्वान इस पवित्र साहित्य के साथ विवेकहीन श्रद्धा का व्यवहार करे और उस पर भारी हाथ रखने से मना करे जो एक बुद्धिजीवी के रूप में जो केवल शिक्षितों से अलग है, इसकी अपेक्षा की जानी चाहिए। यह पवित्र साहित्य किसलिए है? यह एक ऐसा साहित्य है जो लगभग पूरी तरह से ब्राह्मणों की रचना है। दूसरे, इसका पूरा उद्देश्य ब्राह्मणेतर के मुकाबले ब्राह्मणों की श्रेष्ठता और विशेषाधिकारों को बनाए रखना है। ब्राह्मणों को ऐसे साहित्य की पवित्रता क्यों नहीं रखनी चाहिए? वह कारण जो ब्राह्मण को इसे बनाए रखने के लिए प्रेरित करता है, वही ब्राह्मणेतर को इससे नफरत करवाता है। यह जानते हुए कि जिसे पवित्र साहित्य कहा जाता है, उसमें एक घिनौना सामाजिक दर्शन निहित है, जो उनके सामाजिक पतन के लिए जिम्मेदार है। ब्राह्मणेतर इसके प्रति ब्राह्मणों से बिलकुल विपरीत ढंग से प्रतिक्रिया करते हैं। मुझमें हिंदुओं के पवित्र साहित्य के प्रति आदर और सम्मान की कमी है इसमें किसी को आश्चर्य नहीं होना चाहिए अगर यह ध्यान में रखा जाए कि मैं एक ब्राह्मणेतर हूँ, यहां तक कि एक ब्राह्मणेतर भी नहीं बल्कि एक अछूत हूँ। पवित्र साहित्य के प्रति मेरी घृणा स्वाभाविक रूप से किसी ब्राह्मणेतर से कम नहीं हो सकती थी। जैसा कि प्रो थार्नडाइक कहते हैं: एक आदमी सोचता है वह एक जैविक तथ्य है जो कि उसे लगता है कि वह एक समाजशास्त्रीय तथ्य है।

मुझे पता है कि इस पवित्र साहित्य के प्रति एक ब्राह्मण विद्वान और एक ब्राह्मणेतर विद्वान के दृष्टिकोण में अंतर है।वह यह है कि साहित्य, जो हिंदुओं के सामाजिक इतिहास की समस्याओं के अध्ययन के लिए सामग्री का मुख्य स्रोत है उसमें पूर्व के साथ उनका अनालोचनात्मक प्रशंसा का रवैया रहा और बाद में उनका निंदा का रवैया रहा है। यह ऐतिहासिक शोध के लिए बहुत हानिकारक है।

ब्राह्मण विद्वानों द्वारा ऐतिहासिक शोध के लिए की गई छेड़छाड़ जगजाहिर है। इस साहित्य की पवित्रता को बनाए रखने में ब्राह्मण विद्वान की दोहरी रुचि है। पहली तो यह है कि अपने पूर्वजों की उपज होने के नाते उनका संतानोचित कर्तव्य सत्य को दांव पर लगाकर भी उसकी रक्षा करने के लिए प्रेरित करता है। दूसरी, क्योंकि यह ब्राह्मणों के विशेषाधिकारों का समर्थन करता है, वह सावधान रहता है कि ऐसा कुछ भी न करे जो उसके अधिकार को कमजोर करता हो। उस प्रणाली को बनाए रखने की उसे आवश्यकता है जिसके द्वारा वह जानता है कि वह लाभ का अधिकारी रहेगा, साथ ही प्रणाली के संस्थापकों के रूप में अपने पूर्वजों की प्रतिष्ठा को बनाए रखने के लिए, एक मूक बेदाग आधार के रूप में यह कार्य करता है जो हमेशा ब्राह्मण विद्वान के मस्तिष्क में विद्यमान रहता है और उसे सत्य तक पहुँचने या प्रचार करने से रोकता है। इसीलिए ब्राह्मण विद्वानों द्वारा ऐतिहासिक शोध के क्षेत्र में बहुत कम तथ्य पाए जाते हैं जो मौलिक हो, बशर्ते यह तारीख तय करने या वंशावलियों का पता लगाने का मामला न हो। ब्राह्मणेतर विद्वान के पास इनमें से कोई भी सीमा नहीं होती है इसलिए वह सत्य की खोज में खुद को संलग्न करने के लिए स्वतंत्र होता है। छात्रों की दो कक्षाओं के बीच इस तरह का अंतर होना केवल अटकलबाजी का विषय नहीं है। यह पुस्तक ही एक उदाहरण है। इसमें शूद्रों के विरुद्ध षड़यंत्र के वास्तविक चरित्र का पर्दाफाश हुआ है, जिसे प्रस्तुत करने का साहस किसी ब्राह्मण विद्वान में नहीं हो सकता था।

हालांकि यह सच है कि एक ब्राह्मणेतर विद्वान ब्राह्मण विद्वान के अवरोधों से मुक्त होता है, वह दूसरे चरम पर जाने की संभावना रखता है और पूरे साहित्य को दंतकथाओं और कथाओं के संग्रह के रूप में मानता

है जो कि गोबर के ढेर पर फेंकने योग्य है न कि गंभीर अध्ययन के। यह एक इतिहासकार की भावना नहीं है। जैसा कि कहा जाता रहा है, एक इतिहासकार को सम्यक, निष्ठावान और निष्पक्ष होना चाहिए; जुनून से मुक्त, राग, भय, आक्रोश या स्नेह से निष्पक्ष; और सत्य के प्रति आस्थावान, जो इतिहास की जननी है, महान कार्यों का रक्षक है, विस्मृति का शत्रु है, अतीत का साक्षी है, भविष्य का निर्देशक है। संक्षेप में, वह खुले विचारों वाला होना चाहिए। भले ही मिथ्या हो, वह सभी सबूतों की जांच करने के लिए तत्पर रहे, वह क्षुद्रबुद्धि न हो। ब्राह्मणेतर विद्वान के लिए इतिहासकार की इस भावना के प्रति सच्चे बने रहना मुश्किल हो सकता है। वह सत्य या असत्य की परीक्षा में ब्राह्मणेतर राजनीति की भावना को आयात करने की संभावना रखता है। प्राचीन साहित्य जो न्यायसंगत नहीं है। मुझे विश्वास है कि अपने शोध में मैंने स्वयं को ऐसे पूर्वाग्रहों से मुक्त रखा है। शूद्रों के बारे में लिखते समय मेरे मन में शुद्ध इतिहास के अलावा और कोई विचार नहीं था। यह सर्वविदित है कि इस देश में एक ब्राह्मणेतर आंदोलन चल रहा है जो शूद्रों का राजनीतिक आंदोलन है। यह भी सर्वविदित है कि मैं इससे जुड़ा रहा हूँ। लेकिन मुझे विश्वास है कि पाठक पायेंगे कि मैंने इस पुस्तक को ब्राह्मणेतर राजनीति की प्रस्तावना नहीं बनाया है।

मैं इस मामले की प्रस्तुति में कई दोषों के प्रति संवेदनशील हूँ। यह पुस्तक बहुत से उद्धरणों से भरी हुई है। यह पुस्तक कलात्मक नहीं है और यह संभव है कि पाठकों को इसे पढ़ना कठिन लगे। लेकिन यह दोष पूरी तरह मेरा नहीं है। मेरे ऊपर छोड़ दिया जाता, तो मैं स्वेच्छा से छँटाई करने वाले चाकू का इस्तेमाल करता। लेकिन यह पुस्तक अज्ञानी और बेखबर शूद्रों के लिए लिखी गई है, जो नहीं जानते कि वे जो हैं, कैसे हो गए। उन्हें इस बात की परवाह नहीं है कि विषय को कलात्मक रूप से कैसे संभाला जाता है। वे केवल सामग्री की पूरी फसल चाहते हैं- जितना वृहत् उतना श्रेष्ठ। उनमें से जिनको मैंने पांडुलिपि दिखाई है, उन्होंने उद्धरण को बनाए रखने पर बल दिया है। वास्तव में, ऐसी सामग्री के लिए उनकी लालसा इतनी अधिक थी कि उनमें से कुछ इस बात पर बल देने लगे कि पुस्तक के मुख्य भाग में अंग्रेजी में अनुवाद देने के स्थान पर मुझे एक परिशिष्ट

में मूल संस्कृत ग्रंथों को भी सम्मिलित करना चाहिए। जबकि मुझे मूल संस्कृत ग्रंथों के पुनरुत्पादन के उनके अनुरोध को अस्वीकार करना पड़ा, मैं इस आधार पर अनुवाद को बनाए रखने के उनके अनुरोध को अस्वीकार नहीं कर सका कि सामग्री उनके लिए आसानी से उपलब्ध नहीं है। जब कोई यह स्मरण करता है कि चातुर्वर्ण्य की कुख्यात व्यवस्था को बनाए रखने में मुख्य रूप से शूद्रों का योगदान रहा है, हालांकि यह उनके पतन का प्राथमिक कारण रहा है और यह भी कि केवल शूद्र ही चातुर्वर्ण्य को नष्ट कर सकते हैं, यह समझना आसान होगा कि मैंने क्यों ऐसे पवित्र कार्य के लिए शूद्रों को शिक्षित करने और पूरी तरह से तैयार करने की आवश्यकता को स्वीकार किया, जो अन्य उन सभी विचारों से अधिक महत्वपूर्ण था, जो चाहते थे कि उद्धरण हटाए जाएं, यदि हटाए नहीं गए तो संक्षिप्त किए जायें ।

तीन व्यक्ति हैं जिनके प्रति मैं आभार व्यक्त करता हूँ। सबसे पहले महाभारत के शांतिपर्व के अध्याय LX के लेखक को। यह व्यास, वैशम्पायन, सूत, लोमहर्षन या भृगु हैं, यह कहना मुश्किल है। लेकिन वे जो भी थे, उन्होंने पैजवन का पूरा विवरण देकर बड़ी सेवा की है। यदि उन्होंने पैजवन को शूद्र के रूप में वर्णित नहीं किया होता, तो शूद्र की उत्पत्ति का सुराग पूरी तरह से खो गया होता। भावी पीढ़ी के लिए इतनी महत्वपूर्ण जानकारी को संरक्षित रखने के लिए मैं लेखक के प्रति आभार व्यक्त करता हूँ। इसके बिना यह पुस्तक लिखी ही नहीं जा सकती थी। दूसरी बात, मैं इस्माइल युसूफ कॉलेज, अंधेरी, बॉम्बे के प्रोफेसर कांगले को धन्यवाद देना चाहता हूँ। वे मेरे बचाव में आए हैं और पुस्तक में पाए जाने वाले संस्कृत श्लोकों के अनुवाद की जाँच की है। जैसा कि मैंने कहा, मैं संस्कृत का विद्वान नहीं हूँ, उनकी मदद मेरे लिए एक तरह का आश्वासन है कि मैंने संस्कृत में मौजूद सामग्री के साथ काम करने में कोई गड़बड़ी नहीं की है। तथ्य यह है कि उन्होंने मेरी मदद की है इसका मतलब यह नहीं है कि वह उन दोषों और त्रुटियों के लिए जिम्मेदार हैं जो मेरे आलोचकों द्वारा खोजे जा सकते हैं।

मैं मेसर्स चार्ल्स स्क्रिब्नर्स सन्स पब्लिशर्स, न्यूयॉर्क का आभारी हूँ कि उन्होंने मिस्टर मैडिसन ग्रांट की पासिंग ऑफ द ग्रेट रेस से तीन मानचित्रों को पुनः पेश करने की अनुमति दी जो इस पुस्तक के परिशिष्ट II, III और IV के रूप में दिये गए हैं।

10 अक्टूबर 1946

बी.आर. अम्बेडकर
"राजगृह,"
दादर,
बॉम्बे 14.

अध्याय - 1

शूद्रः एक पहेली

सभी जानते हैं कि शूद्रों ने भारतीय आर्य समाज के चौथे वर्ण का गठन किया। लेकिन बहुत कम लोगों ने यह जानने की आवश्यकता समझी कि ये शूद्र कौन थे और वे चौथे वर्ण कैसे बने। यह बात इस प्रश्न से परे है कि इस तरह की जाँच प्रथम श्रेणी के महत्व की है। क्योंकि, यह जानना चाहिए कि शूद्र चौथे स्थान पर कैसे आए। क्या यह विकास का परिणाम था या यह क्रांति द्वारा लाया गया था।

शूद्र कौन थे और वे चौथे वर्ण कैसे बने, इसके अनुसंधान का प्रयास भारतीय आर्य समाज में चातुर्वर्ण्य की उत्पत्ति के साथ प्रारंभ होना चाहिए। चातुर्वर्ण्य का अध्ययन ऋग्वेद के दसवें मंडल के नब्बे वें सूक्त के अध्ययन से शुरू होना चाहिए- एक स्तोत्र, जिसे पुरुष सूक्त के प्रसिद्ध नाम से जाना जाता है। स्तोत्र क्या कहता है? यह कहता है:[1]

1. जो सहस्रों सिरवाले, सहस्रों नेत्रवाले और सहस्रों चरणवाले विराट पुरुष हैं, वे सारे ब्रह्मांड को आवृत करके भी दस अंगुल शेष रहते हैं।
2. जो सृष्टि बन चुकी, जो बननेवाली है, यह सब विराट पुरुष ही हैं। वे अमरत्व के देवता हैं और जो अन्न द्वारा वृद्धि प्राप्त करते हैं, उनके भी वे ही स्वामी हैं।
3. विराट पुरुष की महत्ता अति विस्तृत है। इस श्रेष्ठ पुरुष के एक भाग में सभी प्राणी हैं और तीन भाग अनंत अंतरिक्ष में स्थित हैं।

4. तीन भागों में विराट पुरुष अनंत अंतरिक्ष में समाये हुए हैं और एक भाग में यह सारा संसार, जड़ और चेतन विविध रूपों में समाहित है।
5. उससे विराज उत्पन्न हुआ, उस विराज से पुरुष उत्पन्न हुआ। उत्पत्ति के पश्चात वह इस पृथ्वी के पार इसके पीछे और इसके पहले तक विस्तृत हो गया।
6. जब देवों ने विराट पुरुष रूप को हवि मानकर यज्ञ का शुभारम्भ किया, तब घृत वसंत ऋतु, ईंधन (समिधा) ग्रीष्म ऋतु एवं हवि शरद ऋतु हुई।
7. मंत्रद्रष्टा ऋषियों एवं योगाभ्यासियों ने सर्वप्रथम प्रकट हुए पूजनीय विराट पुरुष को यज्ञ में अभिषिक्त करके उसी यज्ञरूप परम पुरुष से ही यज्ञ का प्रादुर्भाव किया।
8. उस विराट यज्ञ से दधियुक्त घृत प्राप्त हुआ जिससे नभचर, पालतू और जंगली पशुओं की उत्पत्ति हुई।
9. उस विराट यज्ञ से ऋग्वेद एवं सामवेद का प्रकटीकरण हुआ और उसी से यजुर्वेद एवं अथर्ववेद का प्रादुर्भाव हुआ।
10. उस यज्ञ से घोड़े प्रकट हुए। उसी से वे जंतु उत्पन्न हुए जिनके दो पांति दांत थे। गौएं, बकरियां और भेड़ आदि भी उत्पन्न हुए।
11. जब देवों ने विराट पुरुष को विभाजित किया तो कितने भागों में विभाजित किया? उसका मुख क्या है? भुजा, जाघें और पाँव कौन-से हैं ?
12. विराट पुरुष का मुख ब्राह्मण जन हुए। राजन्य अर्थात पराक्रमी व्यक्ति, उसके बाहुओं के समान हैं। वैश्य उसकी जंघा एवं शूद्र उसके पैर हुए।
13. विराट पुरुष के मन से चन्द्रमा, नेत्रों से सूर्य, मुख से अग्नि तथा इंद्र और श्वास से वायु का प्रकटीकरण हुआ।
14. विराट पुरुष की नाभि से पवन, सिर से द्युलोक, पाँवों से भूमि तथा कानों से (चारों) दिशाएँ प्रकट हुई। इसी प्रकार (देवों ने) सृष्टि की रचना की।

15. जब देव यज्ञ कर रहे थे, उसमें विराट पुरुष को ही पशु (हव्य) रूप की भावना से बाँधा गया। उसमें यज्ञ की सात छड़ियां (अग्नि के चारों ओर) अटक गईं थीं और तीन बार समिधा के सात टुकड़े किए गए।

16. देवों ने, यज्ञ से यज्ञरूप का यजन किया। ये आदिकाल के संस्कार थे। इन महात्माजन ने पूर्वकाल के साध्य देवताओं के निवास, स्वर्गलोक को प्राप्त किया।

पुरुष सूक्त ब्रह्मांड की उत्पत्ति का एक सिद्धांत है। दूसरे शब्दों में, यह एक ब्रह्मांड विज्ञान है। कोई भी राष्ट्र जो विचार के एक उन्नत स्तर तक पहुँच गया है, किसी प्रकार के ब्रह्माण्ड विज्ञान को विकसित करने में विफल रहा है। मिस्रियों के पास विश्व विकास का सिद्धांत था जिसकी पुरुष सूक्त में निर्धारित ब्रह्मांड विज्ञान से कुछ हद तक समानता थी। इसके अनुसार[2] भगवान खनुमू, 'शेपर' वह था, जिसने कुम्हार के चाक पर जीवित चीजों को आकार दिया। जो कुछ भी है सब उसी ने बनाया, वह पिताओं का पिता है, माताओं की माँ है... उसने पुरुषों को बनाया, उसने देवताओं को बनाया, वह शुरू से ही पिता था... वह स्वर्ग, पृथ्वी, पाताल, जल, पर्वतों का निर्माता है... उसने सभी का नर और मादा बनाया, पक्षी, मछलियाँ, जंगली जानवर, गाय-बैल और कीड़े-मकोड़े सभी बनाए। पुराने विधान में उत्पत्ति के अध्याय-1 में एक बहुत ही समान ब्रह्मांड विज्ञान पाया जाता है।

विश्व- उत्पत्तिवाद कभी भी अकादमिक रुचि के मामलों से अधिक नहीं रहे हैं और छात्रों की जिज्ञासा को संतुष्ट करने और बच्चों को खुश करने में मदद करने के अलावा इसने कोई अन्य उद्देश्य पूरा नहीं किया है। पुरुष सूक्त के कुछ अंशों में यह सच हो सकता है। लेकिन यह निश्चित रूप से संपूर्ण सत्य नहीं हो सकता। ऐसा इसलिए है क्योंकि पुरुष सूक्त के सभी छंद समान महत्व के नहीं हैं, वे समान अभिप्राय नहीं रखते हैं। छंद 11 और 12 एक श्रेणी में आते हैं और शेष श्लोक दूसरी श्रेणी में आते हैं। छंद 11 और 12 के अलावा अन्य छंदों को अकादमिक रुचि के रूप में

माना जा सकता है। कोई उसके भरोसे नहीं रहता। कोई हिन्दू उन्हें याद भी नहीं करता। लेकिन यह मान्यता पद 11 और 12 के संबंध में काफी भिन्न है। प्रथम दृष्टि में ये छंद यह समझाने से अधिक कुछ नहीं करते हैं कि कैसे चार वर्ग, अर्थात् (1) ब्राह्मण या पुजारी, (2) क्षत्रिय या सैनिक, (3) वैश्य या व्यापारी, और (4) शूद्र या नीच, सृष्टिकर्ता के शरीर से उत्पन्न हुए। लेकिन तथ्य यह है कि इन श्लोकों को केवल एक लौकिक घटना की व्याख्या करने के रूप में नहीं समझा जाता है। यह मान लेना एक भारी भूल होगी कि भारतीय-आर्यों ने उन्हें एक कवि की व्यर्थ कल्पना का एक निर्दोष अंश माना था। उन्हें निर्माता द्वारा इस प्रभाव के लिए एक अनिवार्य निषेधाज्ञा के रूप में माना जाता है कि सूक्त में उल्लिखित चार वर्गों के आधार पर समाज का गठन किया जाना चाहिए। विचाराधीन छंदों का ऐसा निर्माण उनकी भाषा द्वारा अधिपत्र नहीं माना जा सकता है। लेकिन इसमें कोई संदेह नहीं है कि परंपरा के अनुसार श्लोकों का अर्थ इस प्रकार है और यह कहने में वास्तव में कठिनाई होगी कि यह पारंपरिक निर्माण सूक्त के लेखक के ध्येय के अनुरूप नहीं है, पुरुष सूक्त के श्लोक 11 और 12, इसलिए केवल ब्रह्माण्डशास्त्र नहीं हैं। उनमें समाज के संविधान के एक विशेष रूप को निर्धारित करने वाला एक दैवीय आदेश है।

पुरुष सूक्त द्वारा निर्धारित समाज के संविधान को चातुर्वर्ण्य के नाम से जाना जाता है। एक दैवीय आदेश के रूप में, यह स्वाभाविक रूप से भारतीय-आर्य समाज का आदर्श बन गया। चातुर्वर्ण्य का यह आदर्श वह साँचा था जिसमें भारतीय आर्य समुदाय का जीवन प्रारंभिक या तरल अवस्था में ढाला गया था। यह वह साँचा है, जिसने भारतीय आर्य समुदाय को उसका विशिष्ट आकार और संरचना प्रदान की।

चातुर्वर्ण्य के इस आदर्श सांचे के प्रति भारतीय आर्य समाज में जो श्रद्धा थी, वह न केवल प्रश्न से परे है, बल्कि वर्णन से भी परे है। भारतीय आर्य समाज पर इसका प्रभाव गहरा और अमिट रहा है। पुरुष सूक्त द्वारा निर्धारित सामाजिक व्यवस्था पर बुद्ध के अलावा किसी ने कभी सवाल नहीं उठाया। यहाँ तक कि बुद्ध भी इसे हिला नहीं पाए। इसका सीधा सा कारण यह था

कि बौद्ध धर्म के पतन के बाद और यहाँ तक कि बौद्ध धर्म के काल में भी पर्याप्त विधि-निर्माता थे, जिन्होंने न केवल पुरुष सूक्त के आदर्श की रक्षा के लिए बल्कि इसके प्रचार और विस्तार के लिए इसे अपना व्यवसाय बना लिया था।

पुरुष सूक्त के समर्थन में इस प्रचार के कुछ उदाहरणों को लेने के लिए आपस्तम्ब धर्म सूत्र और वशिष्ठ धर्म सूत्र का संदर्भ लिया जा सकता है। आपस्तम्ब धर्म सूत्र कहता है:

"चार जातियाँ हैं- ब्राह्मण, क्षत्रिय, वैश्य और शूद्र।

इनमें से प्रत्येक पूर्ववर्ती (जाति) जन्म अगले वाले से श्रेष्ठ है।"[3]

शूद्रों और जिन्होंने बुरे कर्म किए हैं उन्हें छोड़कर इन सभी के लिए (1) दीक्षा (उपनयन या पवित्र जनेऊ पहनना), (2) वेद का अध्ययन और (3) पवित्र अग्नि को प्रज्जवलित करने (अर्थात यज्ञ करने का अधिकार)[4] का आदेश दिया गया है।

इसे वशिष्ठ धर्म सूत्र द्वारा दोहराया गया है जो कहता है:

"चार जातियाँ (वर्ण), ब्राह्मण, क्षत्रिय, वैश्य और शूद्र हैं। तीन जातियाँ, ब्राह्मण, क्षत्रिय और वैश्य (कहा जाता है) द्विज हैं।

उनका पहला जन्म उनकी माँ से होता है; दूसरा पवित्र करधनी के साथ अलंकरण से। उसमें (दूसरे जन्म में) सावित्री माता है, लेकिन गुरु को पिता कहा जाता है।

वे शिक्षक को पिता कहते हैं, क्योंकि वह वेदों में निर्देश देता है।[5] चार जातियों को उनके मूल और विशेष संस्कारों द्वारा अलग किया जाता है

निम्नलिखित गद्यांश भी वेद का है: "ब्राह्मण उसका मुख था, क्षत्रिय उसकी भुजाएँ थे, वैश्य उसकी जाँघें; शूद्र का उनके पैरों से जन्म हुआ।

निम्नलिखित गद्यांश में यह घोषित किया गया है कि एक शूद्र को संस्कार प्राप्त नहीं होंगे।"

अन्य कानून-निर्माताओं ने तोते की तरह पुरुष सूक्त के विषय को और इसकी पवित्रता को दोहराया है। उनके इस संस्करण को दोहराना अनावश्यक है। वे सभी, जिन्होंने पुरुष सूक्त में निर्धारित आदर्श की पवित्रता का विरोध किया था, अंततः हिंदू समाज के निर्माता मनु द्वारा उनका महत्व कम किया गया। क्योंकि मनु ने दो काम किए। सबसे पहले, उन्होंने दिव्य आज्ञा के एक भाग के रूप में पुरुष सूक्त के आदर्श को नए सिरे से प्रतिपादित किया।

उन्होंने कहा:

> "दुनिया की समृद्धि के लिए, उन्होंने (निर्माता ने) अपने मुंह, बाहों, जांघों और पैरों से ब्राह्मण, क्षत्रिय और वैश्य और शूद्र को बनाया।[6] ब्राह्मण, क्षत्रिय (और) वैश्य (गठन) तीन द्विज जातियाँ हैं लेकिन चौथे शूद्र का एक ही जन्म होता है।"[7]

इसमें कोई संदेह नहीं कि वे केवल अपने पूर्ववर्तियों का अनुसरण कर रहे थे। लेकिन वे एक कदम और आगे बढ़े और एक अन्य प्रस्ताव को प्रतिपादित किया जिसमें उन्होंने कहा:

> "वेद धर्म के लिए एकमात्र और अंतिम स्वीकृति है।"[8]

यह ध्यान में रखते हुए कि पुरुष सूक्त वेद का एक अंश है, यह अनुभव करना कठिन नहीं हो सकता कि मनु ने देवत्व और अचूकता की उपाधि के साथ पुरुष सूक्त में निहित चातुर्वर्ण्य में सामाजिक निवेश किया जो पहले नहीं था।

II

यही कारण है कि पुरुष सूक्त का एक आलोचनात्मक परीक्षण बहुत आवश्यक हो जाता है।

हिंदुओं द्वारा यह दावा किया जाता है कि पुरुष सूक्त अद्वितीय है। निस्संदेह यह एक ऐसे विचार के लिए एक बड़ा दावा है जो उस समय जन्मा जब मनुष्य का मस्तिष्क आदिम था और आधुनिक समय में उपलब्ध विविध विचारों के समृद्ध उपहार से रहित था। परन्तु इस दावे को स्वीकार

करने में अधिक कठिनाई की आवश्यकता नहीं है, बशर्ते यह समझ में आ जाए कि पुरुष सूक्त किस प्रकार अद्वितीय है।

पुरुष सूक्त को अद्वितीय मानने का मुख्य आधार यह है कि सामाजिक संगठन का आदर्श, अर्थात् चातुर्वर्ण्य का आदर्श, जिसे वह धारण करता है, अद्वितीय है। क्या यह पुरुष सूक्त को अद्वितीय मानने के लिए पर्याप्त आधार है? पुरुष सूक्त वास्तव में अद्वितीय होता यदि उसने एक वर्गहीन समाज को एक आदर्श समाज के रूप में प्रचारित किया होता। लेकिन पुरुष सूक्त क्या करता है? यह एक वर्ग-निर्मित समाज को अपना आदर्श मानता है। क्या इसे अद्वितीय माना जा सकता है? केवल एक राष्ट्रवादी और देशभक्त ही इस प्रश्न का सकारात्मक उत्तर दे सकता है। वर्गों का अस्तित्व हर समाज की वास्तविक स्थिति रही है, जो पूरी तरह आदिम नहीं है। पूरे विश्व में समाज की यह एक सामान्य स्थिति है जहाँ समाज तुलनात्मक रूप से उन्नत अवस्था में है। इसे इस दृष्टि से देखने पर पुरुष सूक्त में क्या विलक्षणता हो सकती है, जब वह भारतीय-आर्य समाज में विद्यमान वर्ग-रचना को ही मान्यता देता है?

इसके अतिरिक्त, पुरुष सूक्त को कई भिन्न कारणों से अद्वितीय माना जाना चाहिए। इस मामले का दुर्भाग्यपूर्ण हिस्सा यह है कि पुरुष सूक्त को अद्वितीय माने जाने का सही कारण बहुत से लोग नहीं जानते हैं। लेकिन एक बार सही कारणों का पता चलने के बाद, लोगों को न केवल यह स्वीकार करने में कोई हिचकिचाहट होगी कि पुरुष सूक्त मानव बुद्धि का एक अनूठा उत्पाद है, बल्कि यह जानकर शायद वे चौंक जायेंगे कि यह मानव सरलता का एक असाधारण उत्पाद है।

पुरुष सूक्त के सामाजिक आदर्श की क्या विशेषताएं हैं, जो इसे अद्वितीय होने की पहचान देते हैं?

हालांकि वर्गों का अस्तित्व ही समाज की वास्तविक स्थिति है, फिर भी किसी भी समाज ने इस वास्तविक स्थिति को एक आदर्श समाज के कानूनी अर्थ में परिवर्तित नहीं किया है। पुरुष सूक्त की योजना एकमात्र उदाहरण अनूठी विशेषता है। दूसरे, किसी भी समुदाय ने वर्ग संरचना की

वास्तविक स्थिति को एक आदर्श समाज के कानूनी अर्थ के रूप में स्वीकार करके कानूनी प्रभाव नहीं दिया है। यूनानियों का मामला इसका एक स्पष्ट उदाहरण है। वर्ग संरचना को एक आदर्श सामाजिक संरचना के रूप में किसी और के द्वारा नहीं प्लेटो जैसे अधिवक्ता के द्वारा प्रस्तुत किया गया था। लेकिन यूनानियों ने इसे कानून की स्वीकृति देकर इसे वास्तविक बनाने के बारे में कभी नहीं सोचा। पुरुष सूक्त एकमात्र उदाहरण है जिसमें कानून की मंजूरी का आह्वान करके आदर्श को वास्तविक बनाने का प्रयास किया गया था। तीसरे, किसी भी समाज ने यह स्वीकार नहीं किया है कि वर्ग संरचना एक आदर्श है। अधिक से अधिक उन्होंने इसे स्वाभाविक मान लिया है। पुरुष सूक्त और आगे जाता है। यह वर्ग रचना को न केवल प्राकृतिक और आदर्श मानता है, बल्कि इसे पवित्र और दैवीय भी मानता है। चौथा, इतिहास में ज्ञात किसी भी समाज में वर्गों की संख्या कभी भी हठधर्मिता का विषय नहीं रही है। रोमनों के दो वर्ग थे। मिस्रियों ने सोचा कि तीन पर्याप्त थे। इंडो-ईरानियों के पास भी तीन से अधिक वर्ग नहीं थे:[9] (1) अथर्वन (पुजारी) (2) रथेष्टर (योद्धा) और (3) वास्त्र्य-फशुयत (किसान)। पुरुष सूक्त की योजना समाज के चार वर्गों में विभाजन को हठधर्मिता का विषय बनाती है। इसके अनुसार इसे न तो बढ़ाया जा सकता है और न ही कम किया जा सकता है। पाँचवाँ, प्रत्येक समाज हर वर्ग को समाज में अपने महत्व के अनुसार अन्य वर्गों की तुलना में अपना स्थान खोजने की छूट देता है, जो कि समय-समय पर कार्य करने वाली शक्तियों द्वारा निर्धारित किया जा सकता है। किसी भी समाज में सम्मान के आरोही पैमाने और अवमानना के अवरोही पैमाने के साथ, निश्चित और स्थायी रूप से निर्धारित आधिकारिक श्रेणीकरण नहीं है। पुरुष सूक्त की योजना अद्वितीय है, क्योंकि यह विभिन्न वर्गों के बीच वरीयता का एक स्थायी अधिकार तय करता है, जिसे न तो समय और न ही परिस्थितियाँ बदल सकती हैं। वरीयता का अधिकार चार वर्गों के बीच वर्गीकृत असमानता के सिद्धांत पर आधारित है, जिससे यह ब्राह्मण को सबसे ऊपर, क्षत्रिय को ब्राह्मण से नीचे लेकिन वैश्य और शूद्र से ऊपर, वैश्य को क्षत्रिय से नीचे लेकिन शूद्र से ऊपर और शूद्र को सबसे नीचे रखता है।

III

क्यों पुरुष सूक्त अद्वितीय है इसका वास्तविक कारण यही हैं। लेकिन पुरुष सूक्त अद्वितीय ही नहीं, असाधारण भी है। यह असाधारण है क्योंकि यह पहेलियों से भरा हुआ है। इन पहेलियों के बारे में कम ही लोग जानते हैं। लेकिन जो कोई भी पूछताछ करने की जिज्ञासा रखता है, वह जान जाएगा कि ये पहेलियाँ अपने आप में कितनी वास्तविक हैं और अपनी जटिलताओं में कितनी विचित्र हैं। पुरुष सूक्त में वर्णित ब्रह्माण्डशास्त्र ही एकमात्र ब्रह्माण्डशास्त्र नहीं है जो ऋग्वेद में मिलता है। एक और ब्रह्मांड विज्ञान है जो ऋग्वेद के दसवें मंडल के 72वें सूक्त में वर्णित है। यह इस प्रकार पढ़ा जाता है।[10]

"1. आइए हम सुस्पष्ट स्वर में देव-संतति (दिव्य-समूह) की घोषणा करें, जो, जब उनकी स्तुति का पाठ किया जाता है, तो इस बाद के युग में (पूजा करने वाले पर कृपा करते हैं)
2. ब्राह्मणस्पति ने इन (देवताओं की पीढ़ियों) को एक लोहार (उसकी धौंकनी) के रूप में सांस से भर दिया; देवताओं के पहले युग में अस्तित्व का जन्म अस्तित्वहीन से हुआ था।
3. देवताओं के पहले युग में अस्तित्व का जन्म अस्तित्वहीन से हुआ था; उसके बाद(क्षितिज के) चतुर्थांशों का जन्म हुआ, और उनके बाद ऊपर की ओर बढ़ने वाले (वृक्ष) का
4. पृथ्वी का जन्म ऊपर की ओर बढ़ने वाले (वृक्ष) से हुआ था, चतुर्थांश पृथ्वी से पैदा हुए थे; अदिति से दक्ष और बाद में दक्ष से अदिति का जन्म हुआ।
5. अदिति उत्पन्न हुई, जो तेरी पुत्री थी दक्ष; उसके बाद, देवताओं का जन्म हुआ, आराध्य, मृत्यु के बंधनों से मुक्त।
6. हे देवताओं, जब आप इस सरोवर में सुव्यवस्थित रूप से निवास करते हैं, तब आपसे एक तीखी धूल उड़ती है जैसे कि आप नृत्य कर रहे हों।

7. जब, देवताओं, आपने दुनिया को (अपने तेज से) बादलों के रूप में भर दिया (पृथ्वी को बारिश से भर दिया) तब आप समुद्र में छिपे हुए सूर्य को ऊपर लाए।
8. अदिति के आठ पुत्र थे, जो उसके शरीर से उत्पन्न हुए थे; वह सातों (पुत्रों) के साथ देवताओं के पास पहुँची, उसने मार्तंड को उच्च स्थान पर भेजा।
9. सात पुत्रों के साथ अदिति एक पूर्व पीढ़ी में चली गई, लेकिन उन्होंने (मनुष्यों के) जन्म और मृत्यु के लिए मार्तंड को जन्म दिया।

दो ब्रह्माण्ड विज्ञान सिद्धांत के साथ-साथ विस्तार से मौलिक रूप से भिन्न हैं। यह पूर्व सृष्टि की शून्य के रूप में व्याख्या करता है 'अस्तित्व का जन्म अन-अस्तित्व से हुआ था।' उत्तरार्द्ध सृष्टि को एक ऐसे प्राणी के रूप में बताता है जिसे वह पुरुष कहता है। एक ही पुस्तक में दो विपरीत ब्रह्माण्ड विज्ञानों को क्यों प्रतिपादित किया जाना चाहिए था? पुरुष सूक्त के रचयिता ने एक पुरुष को स्थापित करना और उससे समस्त सृष्टि का निर्माण करना क्यों आवश्यक समझा?

पुरुष सूक्त को जो कोई भी पढ़ता है, वह पाता है कि यह गधों, घोड़ों, बकरियों आदि की रचना से शुरू होता है, लेकिन मनुष्य के निर्माण के बारे में कुछ नहीं बताता है। एक बिंदु पर जब मनुष्य के निर्माण की बात करना स्वाभाविक होता, यह श्रृंखला को तोड़ता है और आर्य समाज में वर्गों की उत्पत्ति की व्याख्या करता है। वास्तव में, पुरुष सूक्त आर्य समाज के चार वर्गों की व्याख्या को अपना प्राथमिक सरोकार बनाता प्रतीत होता है। ऐसा करने में, पुरुष सूक्त न केवल अन्य धर्मशास्त्रों से बल्कि ऋग्वेद के अन्य भागों से भी बिल्कुल विपरीत है।

किसी भी धर्मशास्त्र ने समाज में वर्गों की उत्पत्ति की व्याख्या करना अपना उद्देश्य नहीं बनाया है। पुराने नियम में उत्पत्ति का अध्याय-1, जिसे पुरुष सूक्त के ध्येय और उद्देश्य के अनुरूप कहा जा सकता है, यह समझाने से अधिक कुछ नहीं है कि मनुष्य कैसे बनाया गया था। ऐसा नहीं

है कि पुराने यहूदी समाज में सामाजिक वर्गों का अस्तित्व नहीं था। सामाजिक वर्ग सभी समाजों में विद्यमान थे। भारतीय आर्य कोई अपवाद नहीं थे। फिर भी, किसी भी धर्मशास्त्र ने कभी यह समझाना आवश्यक नहीं समझा कि वर्ग कैसे उत्पन्न होते हैं। फिर पुरुष सूक्त ने सामाजिक वर्गों की उत्पत्ति की व्याख्या को अपना प्राथमिक सरोकार क्यों बनाया?

ऋग्वेद में पुरुष सूक्त एकमात्र ऐसा स्थान नहीं है जहाँ सृष्टि की उत्पत्ति की चर्चा होती है। ऋग्वेद में और भी स्थान हैं जहाँ इसी विषय का उल्लेख मिलता है। इस संबंध में, कोई ऋग्वेद में निम्नलिखित गद्यांश का उल्लेख कर सकता है जो इस प्रकार है:[11]

ऋग्वेद, i.96.2: "पहले निविड़ द्वारा, आयु के ज्ञान से, उसने (अग्नि ने) पुरुषों के इन बच्चों को बनाया; पृथ्वी और जल के अपने प्रकाश से देवताओं ने धन के दाता अग्नि को बनाए रखा।

इसमें वर्गों की पृथक् रचना का कोई सन्दर्भ नहीं है, यद्यपि इसमें कोई सन्देह नहीं कि ऋग्वेद के समय भी भारतीय-आर्य समाज वर्गों में विभेदित हो चुका था फिर भी ऋग्वेद में उपरोक्त गद्यांश वर्गों की उपेक्षा करता है और केवल पुरुषों के निर्माण को संदर्भित करता है। पुरुष सूक्त ने इससे आगे बढ़कर वर्गों की उत्पत्ति के बारे में बात करना क्यों आवश्यक समझा?

पुरुष सूक्त एक अन्य मामले में ऋग्वेद का खंडन करता है। ऋग्वेद भारतीय आर्यों की उत्पत्ति के बारे में एक धर्मनिरपेक्ष सिद्धांत का प्रस्ताव रखता है जैसा कि निम्नलिखित ग्रंथों से देखा जा सकता है:

(1) ऋग्वेद, i.80.16: "अथर्वन, पिता मनु और दध्यांच द्वारा मनाए जाने वाले समारोह में, उस इंद्र में पहले प्रार्थना और सूक्त एकत्र किए गए थे।"[12]

(2) ऋग्वेद, i.114.2: "हे रुद्र! पिता मनु ने बलिदान से जो भी समृद्धि या सहायता प्राप्त की है, हम आपके मार्गदर्शन में वह सब प्राप्त कर सकते हैं।"[13]

(3) ऋग्वेद, ii.33.13: "हे मरुत, सभी देवता में ओजस्वी! आपके वे शुद्ध उपाय, जो सबसे शुभ हैं, जो लाभकारी हैं, जिन्हें हमारे पिता

मनु ने चुना था, मेरी मनोकामना है कि वे और रुद्र हमें आशीर्वाद दें और हमारी सहायता करें।"[14]

(4) ऋग्वेद, viii.52.1: "प्राचीन मित्र पराक्रमी (देवताओं की) शक्तियों से सुसज्जित है। पिता मनु ने देवताओं तक पहुँचने के प्रवेशद्वार के रूप में उनके लिए स्तोत्र तैयार किए हैं।"[15]

(5) ऋग्वेद, iii.3.6: "अग्नि, देवताओं और मनुष्य की संतानों (प्राणियों) के साथ स्तोत्रों के द्वारा बहुरूप यज्ञ का उत्सव मना रहे हैं।"[16]

(6) ऋग्वेद, iv. 37.1: "हे यज्ञ देव, हे ऋभुक्षण, देवताओं द्वारा तय किए गए मार्ग से हमारे यज्ञ में आइए, जिससे हम देवताओं को प्रसन्न करते हुए, शुभ दिनों में मनुष्यों (मानुषों विक्षु) के बीच यज्ञ कर सकें।"[17]

(7) ऋग्वेद, iv. 14.2: "मनुष्य यज्ञ में अग्नि की स्तुति करते हैं।"[18]

इन ग्रंथों में यह प्रश्न से परे है कि ऋषि, जो ऋग्वेद के सूक्तों के रचयिता थे, मनु को भारतीय-आर्यों के पूर्वज मानते थे। मनु के भारतीय-आर्यों के पूर्वज होने के सिद्धांत की नींव इतनी गहरी थी कि इसे ब्राह्मणों के साथ-साथ पुराणों ने भी आगे बढ़ाया। यह ऐतरेय ब्राह्मण,[19] विष्णु पुराण[20] और मत्स्य पुराण[21] में प्रतिपादित है। यह सच है कि उन्होंने ब्रह्मा को मनु का पूर्वज बनाया है; लेकिन मनु के पूर्वज होने के ऋग्वेद के सिद्धांत को उनके द्वारा स्वीकार किया गया है और बनाए रखा गया है।[22] पुरुष सूक्त में मनु का कोई उल्लेख क्यों नहीं है? विचित्र है कि पुरुष सूक्त के रचयिता इस तथ्य से अवगत प्रतीत होते हैं कि मनु स्वायम्भुव को विरज कहा जाता है और विराज को आदि पुरुष कहा जाता है,[23] क्योंकि वे भी सूक्त के पाँचवें पद्य में विरजो आदि पुरुष की बात करते हैं।

एक तीसरा बिंदु है जिसमें पुरुष सूक्त ऋग्वेद से आगे निकल गया है। वैदिक आर्य सभ्यता श्रम के विभाजन को जन्म देने के लिए पर्याप्त रूप से समुन्नत थी। वैदिक आर्यों में विभिन्न व्यक्तियों ने विभिन्न व्यवसायों का पालन किया। वे इसके प्रति सचेत थे, इसका प्रमाण निम्नलिखित श्लोक से मिलता है:

ऋग्वेद, 1.113.6: "जिससे कुछ शक्ति की खोज में जा सकें, कुछ प्रसिद्धि की खोज में, कुछ धन की खोज में, कुछ काम की खोज में। उषा ने लोगों को जागृत किया है जिससे प्रत्येक (व्यक्ति) अपनी आजीविका तथा धनार्जन के लिए विशेष और भिन्न मार्ग की खोज में जा सके।"

यह वहाँ पहुँचा जहाँ तक ऋग्वेद की पहुँच थी। पुरुष सूक्त इससे परे चला जाता है। यह श्रम विभाजन की धारणा का अनुसरण करता है और कार्य विभाजन की योजना को श्रमिकों के विभाजन की योजना में परिवर्तित करके इसे निश्चित और स्थायी व्यावसायिक श्रेणियों में परिवर्तित करता है। पुरुष सूक्त ऐसी विकृति के लिए स्वयं को प्रतिबद्ध क्यों करता है?

एक और बिंदु है जिसमें पुरुष सूक्त ऋग्वेद से पृथक है। ऐसा नहीं है कि ऋग्वेद केवल मनुष्य की बात करता है। यह भारतीय आर्य राष्ट्र की भी बात करता है। यह राष्ट्र पाँच जनजातियों से बना था, जो भारतीय आर्यों में आत्मसात हो गए थे। निम्नलिखित स्तोत्र इन पाँच जनजातियों को एक राष्ट्र में ढाले जाने का उल्लेख करते हैं:

(1) ऋग्वेद, vi.11.4: "अग्नि, जिसके लिए पाँच जनजातियां साष्टांग प्रणाम और सम्मान के साथ प्रचुर मात्रा में आहुति और प्रसाद ला रही थीं जैसे वे सभी एक गोत्र के हों।"[24]

(2) ऋग्वेद, vii.15.2: "घर का बुद्धिमान और युवा स्वामी (अग्नि) जिसने हर घर में पाँच जनजातियों सहित अपना निवास स्थान बना लिया है।"[25]

ये पाँच जनजातियाँ कौन हैं, इस बारे में कुछ मतभेद हैं। यास्क ने अपने निरुक्त में कहा है कि यह गंधर्वों, पितरों, देवों, असुरों और राक्षसों को दर्शाता है। औपमन्यव का कहना है कि यह चार वर्णों और निषादों को दर्शाता है। ये दोनों व्याख्याएं निरर्थक लगती हैं। पहले तो इसलिए कि पाँचों गोत्रों की सामूहिक रूप से स्तुति निम्नलिखित सूक्तों में की गई है:

(1) ऋग्वेद, ii.2.10: "हमारा गौरव स्वर्ग की तरह पाँच जनजातियों के साथ ऊंचा हो सकता है।"[26]

(2) ऋग्वेद, vi.46.7: "हे इंद्र, जो भी शक्ति और पराक्रम नशुसा के गोत्र में विद्यमान है या जो भी महिमा पाँच जातियों से संबंधित है (हमारे लिए) लाओ।"[27]

अगर पाँच कबीलों में शूद्रों को शामिल किया जाता तो इस तरह के प्रशंसात्मक वक्तव्य नहीं दिए जा सकते थे। इसके अलावा, प्रयुक्त शब्द वर्ण नहीं है। जना: शब्द का प्रयोग हुआ है। यह ऋग्वेद के निम्नलिखित श्लोक से स्पष्ट है कि यह पाँच जनजातियों को संदर्भित करता है न कि चार वर्णों और निषादों को:

ऋग्वेद, i.108.8: "यदि, हे! इंद्र और अग्नि, तुम यदुओं, तुर्वसों, द्रुह्युसों, अनुसों, पुरुओं के बीच निवास कर रहे हो, तो यहाँ आओ, अनंत अन्तरिक्ष के पराक्रमी वीरों! जो सोमरस प्रवाहित किया गया है उसे पी लो।"[28]

इन पाँच जनजातियों को एक करके आर्यों में ढाला गया था। यह अथर्ववेद (iii.24.2) से स्पष्ट होता है जो कहता है:

"ये पाँच क्षेत्र, मनु से उत्पन्न पाँच जनजातियाँ।"

एकता की भावना और दयालुता की चेतना ही बता सकती है कि ऋग्वैदिक सूक्तों में ऋषियों ने पाँच जनजातियों को इस तरह से क्यों संदर्भित किया। प्रश्न हैं: पुरुष सूक्त ने पाँच जनजातियों की इस एकता को मान्यता क्यों नहीं दी और उनकी उत्पत्ति की पौराणिक व्याख्या क्यों नहीं की? इसके बदले इसने कबीलों के भीतर साम्प्रदायिक विभाजन को मान्यता क्यों दी? पुरुष सूक्त ने साम्प्रदायिकता को राष्ट्रवाद से अधिक महत्वपूर्ण क्यों माना?

ये पुरुष सूक्त की कुछ पहेलियाँ हैं जो ऋग्वेद से तुलना करने पर प्रकाश में आती हैं। कुछ अन्य भी हैं जो समाजशास्त्रीय दृष्टिकोण से पुरुष सूक्त की जाँच के लिए आगे बढ़ने पर प्रकट होती हैं।

मानदंड के रूप में आदर्श अच्छे होते हैं और आवश्यक भी। न तो कोई समाज और न ही कोई व्यक्ति आदर्श के बिना काम चला सकता है।

लेकिन समय और परिस्थितियों में परिवर्तन के साथ आदर्श को बदलना चाहिए। कोई मानक स्थायी रूप से निर्णित नहीं किया जा सकता है। हमारे मानदंड के मूल्यों के पुनर्मूल्यांकन के लिए सदैव स्थान होना चाहिए। मूल्यों के पुनर्मूल्यांकन की संभावना तभी खुली रहती है जब संस्था में पवित्रता का निवेश न हो। पवित्रता अपने मूल्यों के पुनर्मूल्यांकन को रोकती है। एक बार पवित्र, सदा के लिए पवित्र। पुरुष सूक्त चातुर्वर्ण्य को एक पवित्र संस्था, एक दैवीय व्यवस्था बनाता है। पुरुष सूक्त ने सामाजिक व्यवस्था के एक विशेष रूप को इतना पवित्र क्यों बनाया कि वह आलोचना और परिवर्तन से परे हो? वह इसे परिवर्तन और आलोचना से परे एक स्थायी आदर्श क्यों बनाना चाहता था? यह पुरुष सूक्त की पहली पहेली है जो समाजशास्त्र के छात्र के मन में कौंधती है।

चातुर्वर्ण्य के सिद्धांत को प्रतिपादित करने में, पुरुष सूक्त दोहरा खेल खेलता है। यह सबसे पहले भारतीय आर्य समाज में वास्तविक, अर्थात् चार वर्गों के अस्तित्व को एक आदर्श स्थिति तक पहुँचाने के लिए आगे बढ़ता है। यह एक धोखा है क्योंकि आदर्श किसी भी तरह से उन तथ्यों से अलग नहीं होता जैसे वे होते हैं। यथार्थ को आदर्श की स्थिति तक ऊपर उठाने के बाद, वह जिसे आदर्श मानता है, उसे प्रभावपूर्ण बनाने का दिखावा करता है। यह फिर से एक धोखा है क्योंकि यथार्थ में आदर्श पहले से ही विद्यमान होता है। पुरुष सूक्त के यथार्थ को आदर्श रूप देना और आदर्श को यथार्थ रूप में प्रस्तुत करने का प्रयास एक प्रकार का राजनीतिक इंद्रजाल है। मुझे विश्वास है,ऐसा किसी अन्य धर्म ग्रंथ में नहीं मिलेगा। यह धोखा और छल नहीं तो और क्या है? यथार्थ को आदर्श बनाना, जो प्रायः असमानताओं से भरा होता है, यह एक बहुत ही स्वार्थपूर्ण कार्य है। जब कोई व्यक्ति किसी चीज के यथार्थ रूप में व्यक्तिगत लाभ होता हुआ पाता है तभी वह यथार्थ को आदर्श बनाने का प्रयास करता है। ऐसे आदर्श को साकार करने के लिए आगे आना अपराध से कम नहीं है। इसका अर्थ इस आधार पर असमानता को बनाए रखना है कि जो एक बार सुनिश्चित हो गया वह सदा के लिए हो गया। ऐसा विचार समस्त नैतिकता के विरुद्ध है। सामाजिक विवेक वाले किसी भी समाज ने इसे कभी स्वीकार नहीं किया।

इसके विपरीत, इतिहास में व्यक्तियों और वर्गों से जुड़ी जीवन की शर्तों को सुधारने में जो कुछ भी प्रगति हुई है, वह पूरी तरह से इस नैतिक सिद्धांत की मान्यता के कारण है कि जो गलत ढंग से निर्णित किया गया है वह कभी भी व्यवस्थित नहीं होता है। उसे फिर से सुस्थापित किया जाना चाहिए। इसलिए पुरुष सूक्त में अंतर्निहित सिद्धांत, अपने ध्येय में आपराधिक और परिणामों में असामाजिक है। इसका उद्देश्य एक वर्ग द्वारा प्राप्त अवैध लाभ और दूसरे पर किए गए अन्यायपूर्ण अपराध को बनाए रखना है। पुरुष सूक्त के इस इंद्रजाल के पीछे क्या उद्देश्य हो सकता है? यह दूसरी पहेली है।

अंतिम और सबसे महत्वपूर्ण पहेली वह है जो पुरुष सूक्त की समाजशास्त्रीय पड़ताल से उभरती है जो शूद्र की स्थिति से संबंधित पहेली है। पुरुष सूक्त स्वयं को वर्गों की उत्पत्ति से जोड़ते हैं, और कहते हैं कि वे ईश्वर द्वारा निर्मित हुए थे- एक सिद्धांत जिसे किसी भी धर्मशास्त्र ने प्रतिपादित करना ठीक नहीं समझा। यह अपने आप में एक विचित्र बात है। लेकिन जो आश्चर्यजनक है वह विभिन्न वर्गों को विधाता के शरीर के विभिन्न अंगों के समान बताने की योजना है। शरीर के विभिन्न भागों में विभिन्न वर्गों का समीकरण किसी दुर्घटना का विषय नहीं है। यह जानबूझकर किया गया है। इस योजना के पीछे का विचार एक सूत्र की खोज करना प्रतीत होता है जो दो समस्याओं को हल करेगा, एक चार वर्गों के कार्यों को निश्चित करने का और दूसरा एक पूर्वकल्पित योजना के बाद वर्गों के उन्नयन को निश्चित करने का। विधाता के शरीर के विभिन्न अंगों के साथ विभिन्न वर्गों की समानता करने के सूत्र का यह लाभ है। भाग, वर्ग के क्रम को व्यवस्थित करता है और क्रम बदले में वर्ग के कार्य को सुनिश्चित करता है। ब्राह्मण सृष्टिकर्ता के मुख के समान है। मुख शरीर रचना का सबसे कुलीन हिस्सा है, ब्राह्मण चार वर्गों में सबसे कुलीन हो जाता है। जैसा कि वह मापदंड के अनुसार सबसे महान है, उसे ज्ञान और शिक्षण के संरक्षक का सबसे अच्छा कार्य दिया जाता है। क्षत्रिय को निर्माता की भुजाओं के बराबर माना जाता है। एक व्यक्ति के अंगों में, हाथ, मुख के नीचे होते हैं। परिणामस्वरूप, क्षत्रिय को ब्राह्मण के नीचे वरीयता का

क्रम दिया जाता है। और दिया जाता है एक ऐसा कार्य जो ज्ञान के तुरंत बाद आता है, अर्थात् युद्ध करना। वैश्य को निर्माता की जांघों के बराबर माना जाता है। अंगों के क्रम में जांघें भुजाओं के नीचे होती हैं। इसके कारण, वैश्य को क्षत्रिय के नीचे वरीयता का एक क्रम दिया जाता है और उसे उद्योग और व्यापार का कार्य सौंपा जाता है जो नाम और प्रसिद्धि में प्राचीन काल में एक योद्धा के नीचे का पद ग्रहण करता था। शूद्र सृष्टिकर्ता के चरणों के बराबर है। पैर मानव के बनावट का सबसे निचला और सबसे नीच हिस्सा है। तदनुसार, शूद्र को सामाजिक व्यवस्था में अंतिम स्थान पर रखा गया है और उसे सबसे निकृष्ट कार्य दिया गया है, अर्थात्, एक नौकर के रूप में सेवा करना।

पुरुष सूक्त ने चार वर्गों की रचना को दर्शाने के लिए यह युक्ति क्यों चुनी? इसने शूद्रों को पैरों के बराबर क्यों रखा? चार वर्गों की रचना कैसे हुई, यह दर्शाने के लिए किसी अन्य दृष्टान्त की आवश्यकता क्यों नहीं पड़ी। ऐसा नहीं है कि पुरुष ही एकमात्र ऐसी उपमा है जो सृष्टि की व्याख्या करती है। छांदोग्य उपनिषद में निहित वेदों की उत्पत्ति की व्याख्या की तुलना करें। यह कहता है:[29]

> "प्रजापति ने संसार में उष्णता का संचार किया, और उसके अत्यधिक उष्ण हो जाने पर उनके सार निकाल लिए अर्थात, अग्नि को पृथ्वी से, वायु को वायुमंडल से, और सूर्य को आकाश से खींचा। उन्होंने इन तीनों देवताओं में उष्णता का संचार किया, और उनके उष्ण होने पर उन्होंने उनके सार को निकाला, – अग्नि से रिक छंद, वायु से यजुस छंद और सूर्य से सोमन छंद। फिर उन्होंने इस त्रिविध विज्ञान में उष्णता का संचार किया, और इसके अत्यधिक उष्ण होने पर उन्होंने इसका सार निकाला – रिक छंदों से शब्दांश भूः, यजुस छंद भुवः और समन छंद से स्वर।"

यहाँ विभिन्न देवताओं से वेदों की उत्पत्ति की व्याख्या की गई है। जहाँ तक भारतीय आर्यों का संबंध है, उनकी कोई कमी नहीं थी। वे तीस करोड़ थे। चार देवताओं से चार वर्णों की उत्पत्ति की व्याख्या चारों वर्गों के जन्म

से गरिमा की समानता बनाए रखती। पुरुष सूक्त के स्पष्टीकरण ने इस पंक्ति को क्यों नहीं अपनाया?

फिर, क्या पुरुष सूक्त के रचयिता के लिए यह कहना संभव नहीं होता कि विभिन्न वर्ग पुरुष के विभिन्न मुखों से उत्पन्न हुए हैं। इस तरह की अवधारणा मुश्किल नहीं हो सकती थी क्योंकि पुरुष सूक्त के पुरुष के पास एक हजार सिर हैं, जो उसके एक सिर को सृष्टि की एक प्रजाति सौंपने के लिए पर्याप्त हैं। सृष्टि की व्याख्या करने की ऐसी युक्ति से पुरुष सूक्त के रचयिता अनभिज्ञ हों, ऐसा नहीं हो सकता। क्योंकि हम इसे विष्णु पुराण द्वारा विभिन्न वेदों की उत्पत्ति की व्याख्या करने के लिए उपयोग करते पाते हैं जैसा कि निम्नलिखित उद्धरण से देखा जा सकता है:[30]

> ब्रह्मा ने अपने पूर्वी मुख से गायत्री की रचना की, जो ऋक् छंद हैं और त्रिवृत, साम-रतनतार और यज्ञों का अग्निस्तोम है। अपने दक्षिणी मुख से उन्होंने यजुस छंद, त्रिष्टुभ छंद, पंचदस स्तोम, बृहत्समन और उक्त्य की रचना की। अपने पश्चिमी मुख से उन्होंने समन छंद, जगती छंद, सप्तदास स्तोम, वैरूप और अतीरात्र का निर्माण किया। अपने उत्तरी मुख से उन्होंने एकविंश, अथर्वन, अनुष्टुभ और विरज छंदों के साथ आप्तोर्यमन का गठन किया।

हरिवंश के पास वेदों की उत्पत्ति की व्याख्या करने की एक और युक्ति है। इसके अनुसार:[31]

> "ईश्वर ने ऋग्वेद और युजुस को अपनी आँखों से, सामवेद को अपनी जीभ की नोक से, और अथर्वन को अपने सिर से बनाया।"

यह मानते हुए कि किसी कारण से पुरुष सूक्त का रचयिता सृष्टिकर्ता के शरीर और उसके विभिन्न भागों से चार वर्गों की उत्पत्ति और उसके संबंध को समझाना टाल नहीं सका, यह प्रश्न अभी भी बना हुआ है कि उसने इस प्रकार से विभिन्न वर्गों के लिए पुरुष के अलग-अलग भागों से समानता को क्यों चुना।

इस प्रश्न का महत्व काफी हद तक बढ़ जाता है जब कोई यह अनुभव करता है कि पुरुष सूक्त एकमात्र ऐसा उदाहरण नहीं है जिसमें समाज में

विभिन्न वर्गों की उत्पत्ति की व्याख्या करने के लिए निर्माता के शरीर के विभिन्न हिस्सों को दृष्टांत के रूप में उपयोग किया गया है। ऋषि वैशम्पायन द्वारा यज्ञों के आयोजन में नियोजित पुजारियों के विभिन्न वर्गों की उत्पत्ति की व्याख्या करने के लिए यही स्पष्टीकरण दिया गया है। लेकिन वाह, क्या अंतर है दोनो में! हरिवंश में वर्णित वैशम्पायन की व्याख्या इस प्रकार है:[32]

> "इस प्रकार गौरवशाली भगवान हरि नारायण, पूरे जल को आच्छादित करते हुए, संसार के ऊपर सो गए, जो एक समुद्र बन गया था, द्रव (रजस) के विशाल विस्तार के बीच में, एक शक्तिशाली महासागर की तरह, शक्तिशाली भुजाओं के साथ स्वयं को राग (विरजस्कः) से मुक्त रखते हुए। ब्राह्मण उन्हें अविनाशी के रूप में जानते हैं। तपस्या के माध्यम से स्वयं के रूप के प्रकाश से तीनों काल (भूत, वर्तमान और भविष्य) को धारण करके घेर लिया उसके बाद भगवान सो गए। पुरुषोत्तम (विष्णु) या जो भी हो, यज्ञ पुरुष और बाकी सब कुछ जो पुरुष के नाम से जाना जाता है उसे सर्वोच्च घोषित किया गया है। यहाँ बताया गया है कि किस प्रकार ब्राह्मणों को यज्ञ के लिए समर्पित किया गया था, और ऋत्विज कहा जाता था, पूर्व में उनके द्वारा यज्ञ करने के लिए उन्हें अपने शरीर से उत्पन्न किया गया था। भगवान ने अपने मुख से प्रमुख ब्राह्मण को, साम का उच्चारण करने वाले उद्‌गात्री को, भुजाओं से होत्री और अध्वर्यु को उत्पन्न किया। फिर उन्होंने... प्रस्तोत्री, मैत्रवरुण और प्रतिष्ठात्री की रचना की, अपने पेट से प्रतिहर्ति और पोतृ, अपनी जाँघों से अच्छवका और नेत्री, अपने हाथों से आग्नीध्र और बलि ब्रह्मण्य, अपनी भुजाओं से ग्रेवन और बलिदान उन्नेत्री की रचना की। इस प्रकार के दिव्य परमात्मा के द्वारा संसार में समस्त यज्ञों को करने वाले सोलह श्रेष्ठ ऋत्विजों की रचना हुई है। इसलिए यह पुरुष यज्ञ से बना है, यह वेद कहलाता है; और वेदांगों, उपनिषदों और अनुष्ठानों के साथ सभी वेद उसके सार से बने हैं।"

एक यज्ञ के आयोजन के लिए कुल मिलाकर सत्रह विभिन्न वर्गों के पुरोहितों की आवश्यकता थी। किसी के लिए भी यह संभव नहीं हो सकता

था कि वह सृष्टिकर्ता के शरीर के एक पृथक भाग के संदर्भ में प्रत्येक की उत्पत्ति की व्याख्या करने का प्रयास करे, जिससे पुरुष के पैरों को एक वर्ग की उत्पत्ति के रूप में उपयोग करने से बचा जा सके। पुरुष के अंग इतने कम हैं और पुजारियों की संख्या इतनी अधिक है। फिर भी वैशम्पायन क्या करता है? एक से अधिक वर्गों के पुजारियों की उत्पत्ति की व्याख्या करने के लिए उन्हें निर्माता के शरीर के एक ही हिस्से का उपयोग करने में कोई आपत्ति नहीं है। वह उनमें से किसी के भी मूल के रूप में पैरों का उपयोग करने से बड़े ही विद्वतापूर्ण ढंग से बच निकलता है।

पुरुष सूक्त में शूद्रों के साथ वही व्यवहार किया गया है जो हरिवंश में ब्राह्मणों के साथ उनके संबंधित मूल के मामले में किया जाता है। क्या द्वेष के कारण पुरुष सूक्त ने यह कहने में संकोच नहीं किया कि शूद्र पुरुष के पैरों से पैदा हुआ है और उसका कर्तव्य सेवा करना है? यदि हां, तो इस द्वेष का कारण क्या है?

IV

ऊपर उल्लिखित शूद्रों के बारे में पहेलियाँ वे हैं जो पुरुष सूक्त की समाजशास्त्रीय जाँच से उत्पन्न होती हैं। शूद्र की स्थिति के संबंध में अन्य पहेलियां हैं जो चातुर्वर्ण्य के आदर्श के बाद के विकास से उत्पन्न होती हैं। इन परिणामों की सराहना करने के लिए पहले इन बाद के घटनाक्रमों पर ध्यान देना आवश्यक है। चातुर्वर्ण्य के बाद के घटनाक्रम मुख्य रूप से दो हैं। पहला है शूद्रों के नीचे पाँचवें वर्ग की रचना। दूसरा है शूद्रों को पहले तीन वर्णों से पृथक करना। ये परिवर्तन पुरुष सूक्त की मूल योजना के साथ इतने एकीकृत हो गए हैं और उन्होंने विचित्र शब्दों और भावों को इतना प्रसिद्ध बना दिया है कि हर कोई समझ लेता है कि इसका अभिप्राय क्या है। ये शब्द हैं: सवर्ण, अवर्ण, द्विज, अद्विज और त्रैवर्णिक। वे मूल चार वर्गों के उप-विभाजनों और उनके बीच की भिन्नता के पद को इंगित करते हैं। इन वर्गों की सापेक्ष स्थिति पर ध्यान देना आवश्यक है क्योंकि ये एक नई पहेली को उद्‌घाटित करते हैं। इस पहेली पर अगर लोगों की दृष्टि नहीं पड़ी है तो इसके दो कारण हैं। सबसे पहले तो छात्रों ने इस पर ध्यान नहीं

दिया कि ये नाम केवल नाम नहीं हैं, बल्कि ये निश्चित अधिकारों और विशेषाधिकारों को इंगित करते हैं, और दूसरी बात, क्योंकि उन्होंने यह पता लगाने की आवश्यकता नहीं समझी कि इन नामों के अंतर्गत बनाए गए समूह उन अधिकारों और विशेषाधिकारों के संबंध में तार्किक हैं या नहीं।

इसलिए आइए देखें कि इन शब्दों का कानूनी अर्थ क्या है। सवर्ण की तुलना साधारणतः अवर्ण से की जाती है। सवर्ण का अर्थ है जो चार वर्णों में से एक है। अवर्ण का अर्थ है जो चार वर्णों में से किसी एक से भी संबंधित नहीं है। ब्राह्मण, क्षत्रिय, वैश्य और शूद्र सवर्ण हैं। अछूत या अति-शूद्र अवर्ण कहलाते हैं, जिनका कोई वर्ण नहीं है। तार्किक रूप से, ब्राह्मण, क्षत्रिय, वैश्य और शूद्र चातुर्वर्ण्य के भीतर हैं। तार्किक रूप से, अछूत या अति-शूद्र चातुर्वर्ण्य के बाहर हैं। द्विज की तुलना साधारणतः अद्विज से की जाती है। द्विज का शाब्दिक अर्थ होता है दो बार जन्मा और अद्विज का अर्थ होता है एक बार जन्म लेने वाला। यह भेद उपनयन के अधिकार पर आधारित है। उपनयन को दूसरे जन्म के रूप में माना जाता है। जनेऊ धारण करने का अधिकार रखने वालों को द्विज कहा जाता है। जिन्हें इसे धारण करने का अधिकार नहीं है, वे अद्विज कहलाते हैं। जनेऊ धारण करने का अधिकार ब्राह्मणों, क्षत्रियों और वैश्यों को है। तार्किक रूप से वे द्विज हैं। शूद्रों और अतिशूद्रों को जनेऊ धारण करने का कोई अधिकार नहीं है। तार्किक रूप से, वे दोनों अद्विज हैं। त्रैवर्णिक की तुलना शूद्र से की गई है। लेकिन इसमें कुछ विशेष अंतर नहीं है। यह वही भेद बताता है जो द्विजों और अद्विजों के बीच के अंतर से व्यक्त होता है सिवाय इस तथ्य के कि यह अंतर शूद्रों तक सीमित है,अति-शूद्रों तक नहीं है। ऐसा शायद इसलिए है क्योंकि यह शब्दावली अति-शूद्रों के एक अलग वर्ग के रूप में उदय से पहले अस्तित्व में आई थी।

यह ध्यान में रखते हुए कि शूद्र और अतिशूद्र दोनों अद्विज हैं, फिर शूद्र को सवर्ण और अति-शूद्र को अवर्ण क्यों माना जाता है? पहला भीतर क्यों है और बाद वाला चातुर्वर्ण्य के बाहर क्यों है? चातुर्वर्ण्य के चार कोनों में ब्राह्मण, क्षत्रिय, वैश्य और शूद्र सभी हैं। वे सभी सवर्ण हैं। फिर शूद्रों को त्रैवर्णिकों के अधिकार से क्यों वंचित रखा गया है ?

क्या शूद्रों की पहेली से बड़ी कोई पहेली हो सकती है? निश्चित रूप से, यह जाँच और स्पष्टीकरण की मांग करता है कि वे कौन थे और कैसे वे आर्य समाज में चौथे वर्ण बन गए।

ग्रंथ-सूची

1. म्योर, मूल संस्कृत ग्रंथ, खण्ड-I, पृ. 9.
2. धर्म और नैतिकता का विश्वकोश, खण्ड-IV, पृ 145.
3. प्रश्न 1. पटल 1, खण्ड 1, सूत्र 4-5.
4. प्रश्न 1, पटल 1, खण्ड 1, सूत्र 6.
5. अध्याय द्वितीय, श्लोक 1-4.
6. मनु, अध्याय 1, श्लोक 31.
7. उक्त, अध्याय 10, श्लोक 4.
8. उक्त, अध्याय 2, पद्य 6.
9. गीजरः प्राचीन काल में पूर्वी ईरानियों की सभ्यता, वॉल्यूम। द्वितीय, पृ. 64.
10. विल्सन-ऋग्वेद, खण्ड-VI, पृ. 129.
11. म्योर, खण्ड-1. पृ. 180.
12. म्योर, उक्त, खण्ड-1, पृ. 162.
13. उक्त, पृ. 163.
14. म्योर, खण्ड-1. पृ. 163.
15. उक्त, पृ. 163.
16. उक्त, पृ. 165.
17. उक्त, पृ. 165.
18. उक्त, पृ. 165.
19. मुइर, खण्ड-1 से उद्धृत, पृ. 108.
20. म्योर, खण्ड-1 से उद्धृत, पीपी 105-107।
21. म्योर, खण्ड-1 से उद्धृत, पृ. 110-112।
22. हालांकि जब कोई विवरण आता है तो बहुत अधिक भ्रम होता है। विष्णु पुराण में कहा गया है कि ब्रह्मा ने अपने व्यक्ति को दो भागों में विभाजित कियाः पहला भाग एक पुरुष बन गया, दूसरा आधा स्त्री। स्त्री को सतरूपा कहा जाता था, जिसने लगातार एक अत्यंत कठिन तपस्या का अभ्यास करके अपने लिए पति के रूप में मनु स्वायंभुव को प्राप्त किया था। ब्रह्मा द्वारा अपनी बेटी के साथ अनाचार का विष्णु पुराण में कोई सुझाव नहीं है। दूसरी ओर ऐतरेय ब्राह्मण और मत्स्य पुराण में कहा गया है कि ब्रह्मा ने अपनी बेटी सतरूपा के साथ व्यभिचार करके

मनु को जन्म दिया; मत्स्य पुराण में कहा गया है कि मनु ने अपनी तपस्या से अनंत नाम की एक सुंदर पत्नी प्राप्त की। रामायण के अनुसार (देखें म्योर-1, पृ. 117) मनु पुरुष नहीं बल्कि एक स्त्री थी और दक्ष प्रजापति की पुत्री और कश्यप की पत्नी थी।

23. मत्स्य पुराण-म्योर, खण्ड-1, पृ. 111 एफ.एन.
24. म्योर, खण्ड-1, पृ. 177.
25. उक्त, खण्ड-1, पृ. 178.
26. उक्त, खण्ड-1, पृ. 178.
27. उक्त, खण्ड-1, पृ. 180.
28. म्योर-1, पृ. 179.
29. म्योर, खण्ड, एम. पृ. 5.
30. उक्त., पृ. 1 1.
31. म्योर, खण्ड आई डी, पृ. 13.
32. म्योर, खण्ड-1, पी पी. 154-155.

अध्याय - 2

शूद्रों की उत्पत्ति का ब्राह्मणवादी सिद्धांत

क्या ब्राह्मण साहित्य ऐसी कोई व्याख्या प्रस्तुत करता है जिससे शूद्रों की उत्पत्ति का पता चल सके? इसमें कोई संशय नहीं कि ब्राह्मणवादी ग्रंथ सृष्टिसंबंधी कथाओं से भरे पड़े हैं जिनमें विश्व की उत्पत्ति, मनुष्य की एवं विभिन्न वर्णों की उत्पत्ति बताई गई है। अब वे शूद्रों की उत्पत्ति की खोज से संबंधित कोई संकेत दें या न दें, इसमें कोई संदेह नहीं कि ऐसे सभी सिद्धांतों का समावेश एक ऐसी पुस्तक में होना चाहिये जो शूद्रों की समस्या से संबंधित है, जिससे और कुछ नहीं तो सभी तथ्यों को कम से कम एक जगह एकत्रित किया जा सके और उनके वृत्तान्त को पूर्ण बनाया जा सके। ब्राह्मण साहित्य के प्रत्येक खण्ड को अलग-अलग लेना, और विचार करना कि यह इस विषय में क्या सहायता करता है, ठीक रहेगा।

I

वेदों से शुरू करें तो, ऋग्वेद में, सृष्टि संबंधी वृत्तान्त जो इसके पुरुषसूक्त में पाया जाता है, पिछले अध्याय में दिखाया जा चुका है। अब दूसरे वेदों में जो वृत्तान्त पाए जाते हैं उनपर ध्यान केंद्रित करते हैं।

यजुर्वेद के दो अवतरण हैं : (1) शुक्ल यजुर्वेद और (2) कृष्ण यजुर्वेद। पहले शुक्ल यजुर्वेद को लेते हैं। शुक्ल यजुर्वेद की वाजसनेयी संहिता दो सिद्धांतों का प्रतिपादन करती है। एक तो ऋग्वेद के पुरुषसूक्त की ही पुनरुक्ति है जिसमें एक भेद है कि इसमें 22 ऋचाएँ हैं, जबकि

ऋग्वेद के मूल पाठ में सिर्फ 16 ऋचाएँ हैं। शुक्ल यजुर्वेद की 6 अतिरिक्त ऋचाएँ इस तरह हैं:

17. उसे प्रारम्भ में विश्वकर्मा ने उत्पन्न किया, जो जल से बाहर निकाला गया और पृथ्वी के सार भाग से उत्पन्न था। त्वष्टा उसे आकार देता है; यह आरम्भ में हर तरफ से पुरुष का ब्रह्माण्ड है।

18. मैं इस महान पुरुष को जानता हूँ, जो सूर्य के वर्ण का है और अंधकार से परे है। केवल उसे जान लेने से ही कोई मृत्यु से परे जा सकता है; इसके सिवा दूसरा कोई रास्ता नहीं है।

19. प्रजापति गर्भ के अंदर भ्रमण करते हैं; अजन्मा होने पर भी वह अनेक रूपों में जन्म लेते हैं। विद्वान लोग उनका स्रोत जानते हैं; विद्वान लोग मारीचियों के स्थान की इच्छा रखते हैं।

20. वह जो देवों के लिये प्रकाशित होता है, वह जो देवों का पुरोहित है, वह जो देवों से पहले प्रकट हुआ,-- ब्रह्मा की उस जाज्वल्यमान संतान को नमस्कार है।

21. ब्रह्मा की उस प्रकाशित संतान को उत्पन्न करते हुए देवों ने प्रारम्भ में कहा: "वह ब्राह्मण, जो इसको जानता है,-- देवगण उसके अधीन होंगे।"

22. श्री और लक्ष्मी उनकी पत्नियाँ हैं; दिन और रात्रि उनके पार्श्वभाग; तारे उनके आभूषण; अश्विनी कुमार उनके देदीप्यमान मुखमंडल। वे मेरी इच्छाएं पूर्ण करें; वह मुझे सब कुछ प्रदान करें।

वाजसनेयी संहिता में उल्लिखित दूसरी व्याख्या पुरुष सूक्त से बिल्कुल अलग है। यह इस प्रकार है:

वा.सं., xiv.28.[1]– "उसने एक के साथ स्तुति की। जीवित प्राणी उत्पन्न हुए। उसने तीन के साथ स्तुति की: ब्रह्मा की उत्पत्ति हुई; ब्राह्मणस्पति शासक था। उसने पाँच के साथ स्तुति की; स्थायी वस्तुओं का निर्माण हुआ; भूतानाम्पति शासक था; उसने सात के साथ स्तुति की; सात

ऋषि उत्पन्न हुए: धातृ शासक था। उसने नौ के साथ स्तुति की: पितृगण उत्पन्न हुए; अदिति शासक थी। उसने ग्यारह के साथ स्तुति की: ऋतुओं का निर्माण हुआ: आर्तव शासक थे। उसने तेरह के साथ स्तुति की: महीनों का निर्माण हुआ: वर्ष शासक था। उसने पंद्रह के साथ स्तुति की: क्षत्र (क्षत्रिय) की उत्पत्ति हुई: इंद्र शासक था। उसने सत्रह के साथ स्तुति की: पशुओं की उत्पत्ति हुई; वृहस्पति शासक था। उसने उन्नीस के साथ स्तुति की: शूद्र एवं आर्य (वैश्य) की उत्पत्ति हुई: दिन और रात शासक थे। उसने इक्कीस के साथ स्तुति की: अविभक्त खुरों वाले पशु उत्पन्न हुए: वरुण शासक था। उसने तेईस के साथ स्तुति की: छोटे प्राणी उत्पन्न हुए: पूषण शासक था। उसने पच्चीस के साथ स्तुति की: वन्य प्राणियों की उत्पत्ति हुई: वायु शासक था (तुलनीय, ऋग्वेद. x.90.8)। उसने सत्ताईस के साथ स्तुति की: आकाश और पृथ्वी अलग हुए: उसके बाद वसु, रुद्र और आदित्य पृथक् हुए: वे शासक थे। उसने उनत्तीस के साथ स्तुति की: जीवित पदार्थों की उत्पत्ति हुई: माह के प्रथम और द्वितीय पक्ष शासक थे। उसने इकत्तीस के साथ स्तुति की: विद्यमान वस्तुएं बिल्कुल शांत हो गई: प्रजापति परमेष्ठी शासक थे।"

अब कृष्ण यजुर्वेद की ओर रुख करते हैं। कृष्ण यजुर्वेद की तैत्तिरीय संहिता कुल पाँच व्याख्याएँ प्रस्तुत करती है। iv. 3, 10 की व्याख्या वही है जो शुक्ल यजुर्वेद की वाजसनेयी संहिता द्वारा (xiv. 28) द्वारा प्रस्तुत की गई है जिसे पहले ही दिखाया जा चुका है। शेष बची जो शूद्रों की उत्पत्ति का वर्णन करती हैं वो ये हैं :

तै. सं., ii.4.13.1 "जब राजन्य गर्भ में था तब देवता उससे भयभीत थे। उन्होंने उसे बन्धनों में बांध दिया जब वह गर्भ में था। फलस्वरूप यह राजन्य जन्म से ही बन्धन में है। यदि वह जन्म से ही बंधनमुक्त होता तो वह अपने शत्रुओं का वध करने में रत हो जाता। यदि कोई जितने भी राजन्य की लालसा करता है कि वह जन्मजात बंधनमुक्त हो और अपने शत्रुओं का वध करने में रत हो तो वह 'ऐन्द्र बार्हस्पत्य' बलि प्रदान करे। राजन्य को इंद्र के गुण प्राप्त हैं, और ब्राह्मण बृहस्पति है। ब्राह्मण के द्वारा ही कोई व्यक्ति राजन्य को अपने बंधन से मुक्त करता है। माना जाता है

कि स्वर्ण के पाश का दान उसे उस बंधन से छुड़ाता है जो उसे जकड़े रहता है।"

(2) तै. सं., vii. 1.1.4.[2] – प्रजापति ने इच्छा की "मैं प्रजा उत्पन्न करूँ" उन्होंने अपने मुख से त्रिवृत (स्तोम) का निर्माण किया। इसके बाद अग्नि देवता, गायत्री छंद, साम जिसे रथान्तर कहा जाता है, मनुष्यों में ब्राह्मण तथा पशुओं में बकरी की उत्पत्ति हुई। इसलिये वे प्रधान (मुख्यः) हैं क्योंकि उनकी उत्पत्ति मुख से (मुखतः) हुई थी। अपने वक्ष से, अपनी बाहुओं से उन्होंने पंचादश (स्तोम) उत्पन्न किये। इसके बाद इंद्र देवता, त्रिष्टुभ (छंद), साम, जिसे वृहत् कहा जाता है, मनुष्यों में राजन्य तथा पशुओं में भेड़ का जन्म हुआ। इसलिये वे सशक्त होते हैं क्योंकि उनकी उत्पत्ति ओजस् से हुई थी। अपने मध्यभाग से उन्होंने सप्तदश (स्तोम) का निर्माण किया। इसके बाद विश्वेदेव नामक देवों, जगती छंद, वैरूप नामक साम, मनुष्यों में वैश्य तथा पशुओं में पालतू पशओं की उत्पत्ति हुई। अतः उन्हें खाया जाता है क्योंकि उनकी उत्पत्ति अन्न के भंडार से हुई थी। जिस कारण वे दूसरों से अधिक संख्या में हैं, क्योंकि अधिसंख्य देवता (सप्तदश के) बाद में उत्पन्न हुए थे। अपने पैरों से उन्होंने एकविंश (स्तोम) को उत्पन्न किया। इसके बाद अनुष्टुभ छंद, वैराज नामक साम, मनुष्यों में शूद्र तथा पशुओं में घोड़ों की उत्पत्ति हुई। अतः ये दोनों, घोड़े और शूद्र, (अन्य) प्राणियों के यातायात के साधन हैं। इसलिये (ही) शूद्र यज्ञ करने में अक्षम हैं, क्योंकि (एकविंश के) बाद कोई देवता उत्पन्न नहीं हुए। इसलिये (ही) ये दोनों अपने पैरों से निर्वाह करते हैं क्योंकि वे पैरों से उत्पन्न हुए थे।

अथर्ववेद की बात करें तो, कुल चार व्याख्याएँ हैं। इनमें से एक तो ऋग्वेद के पुरुषसूक्त जैसी ही है। यह xix.6.में मिलती है। अन्य इस तरह हैं:

(1) अ.वे.[3], iv.6.1. – ब्रह्म पहले दस सिरों एवं दस मुखों के साथ उत्पन्न हुआ। उसने पहले सोमपान किया; उसने विष को प्रभावहीन बनाया।

(2) अ.वे., xv.8.[4]1. – वह (व्रात्य) उत्साह से भर उठा, इससे राजन्य की उत्पत्ति हुई।

(3) अ.वे.[5], xv.9.1. – वह राजा, जिसके घर यह जाननेवाला व्रात्य अतिथि बनकर आता है, उसका सम्मान स्वयं से श्रेष्ठ मानकर करे। इससे उसके राजकीय पद या प्रतिष्ठा की कोई हानि नहीं होती। उससे ब्राह्मण और क्षात्र (क्षत्रिय) की उत्पत्ति हुई।

उन्होंने पूछा, 'हम किसमें प्रवेश करें', आदि।

II

ब्राह्मणग्रंथों की तरफ मुड़ते हैं। शतपथ ब्राह्मण में छह व्याख्याएँ हैं। इनमें से दो वर्णों की उत्पत्ति से संबंध रखती हैं। इन दोनों में से वह, जो शूद्रों की उत्पत्ति के बारे में बताती है वह नीचे दी जाती है :

श. ब्रा.[6], xiv.4.2.23.---- "ब्रह्मा, यहाँ टीकाकार के अनुसार, जो अग्नि के रूप में है और ब्राह्मण जाति का प्रतिनिधित्व कर रहा है, पहले एक ही (ब्रह्माण्ड) था। एक होने से, यह विकास नहीं कर सका। इसने ऊर्जस्वित होकर एक उत्कृष्ट रूप प्रकट किया, क्षात्र, अर्थात्, वह देवता जो शक्तिमान हैं (क्षात्राणि), इंद्र, वरुण, सोम, रुद्र, पर्जन्य, यम, मृत्यु, ईशान। अतः क्षात्र से बढ़कर कुछ नहीं है। इसलिये, राजसूय यज्ञ में ब्राह्मण क्षत्रिय से नीचे बैठता है; वह क्षात्र को गौरव (राजकीय शक्ति) प्रदान करता है। यह, ब्रह्मा ही क्षात्र का स्रोत है। अतएव, यद्यपि राजा को सर्वोत्कृष्टता प्राप्त है, वह अंततः अपने स्रोत के लिये ब्राह्मण का ही आश्रय लेता है। जो उसका (ब्राह्मण का) नाश करता है, वह अपने स्रोत का ही नाश करता है। वह अपने से श्रेष्ठ को क्षति पहुँचाता है अतः वह अत्यंत दयनीय दशा को प्राप्त हो जाता है। वह भी विकसित नहीं हो सका। उसने विश, अर्थात्, देवताओं की उस श्रेणी को उत्पन्न किया जो सेनाओं से जाने जाते हैं, वसु, रुद्र, आदित्य, विश्वेदेव, मरुत। वह भी विकसित नहीं हो सका। उसने शूद्र वर्ग, पूषण को उत्पन्न किया। यह पृथ्वी पूषणी है; क्योंकि यह सबका पोषण करती है। वह भी विकास नहीं कर सका। उसने ऊर्जावान होकर एक उत्कृष्ट रूप प्रकट किया, न्याय (धर्म)। यह न्याय ही शासकों (क्षात्र) का शासक (क्षात्र) है। इसलिये न्याय से बढ़कर कुछ नहीं है। अतएव निर्बल भी न्याय के सहारे सबल (पर काबू) पाने की आशा

रखता है, वैसे ही जैसे राजा के सहारे। यह न्याय ही सत्य है। इसी कारण जो व्यक्ति सत्य बोलता है उसके लिये कहा जाता है कि "वह न्याय का कथन करता है।" क्योंकि ये दोनों एक ही हैं। यही ब्रह्म, क्षत्र, विश और शूद्र है। अग्नि से यह देवों में ब्रह्मा हो गया, मनुष्यों में ब्राह्मण हुआ, (दिव्य) क्षत्रिय से यह मानव क्षत्रिय हुआ, (दिव्य) वैश्य से मानव वैश्य हुआ, (दिव्य) शूद्र से मानव शूद्र हुआ। फिर क्या कारण है कि यह देवताओं में अग्नि है और मनुष्यों में ब्राह्मण है जिसका वह आश्रय ढूँढते हैं।

तैत्तिरीय ब्राह्मण निम्नलिखित व्याख्या प्रस्तुत करता है:

III

चारों वर्णों की और शूद्रों की उत्पत्ति पर समस्त ब्राह्मणवादी चिंतन का सम्पूर्ण संग्रह यहाँ है। स्पष्ट है कि प्राचीन ब्राह्मण यह जानते थे कि चातुर्वर्ण्य की उत्पत्ति एक अस्वाभाविक और असामान्य सामाजिक घटना थी और इसमें शूद्रों का स्थान बड़ा ही विचित्र सा था और इसके स्पष्टीकरण की आवश्यकता थी। अन्यथा, चातुर्वर्ण्य और शूद्रों की उत्पत्ति की व्याख्या के इतने सारे प्रयासों का कारण बताना असंभव ही होगा।

पर इन व्याख्याओं के बारे में कोई क्या कहे? इनकी विविधता विस्मय उत्पन्न करनेवाली है। कुछ का दावा है कि पुरुष चारों वर्णों का मूल था, और कुछ उनकी उत्पत्ति का कारण ब्रह्मा को बताते हैं, कुछ प्रजापति को और कुछ व्रात्य को। एक ही स्रोत में विभिन्न व्याख्याएँ मिलती हैं। शुक्ल यजुर्वेद में दो व्याख्याएँ हैं, एक पुरुष से सम्बद्ध है, दूसरी प्रजापति से। कृष्ण यजुर्वेद तीन व्याख्याएँ प्रस्तुत करता है। दो प्रजापति से सम्बद्ध हैं, तीसरी ब्रह्मा से। अथर्ववेद में चार व्याख्याएँ हैं, एक पुरुष के अनुसार है, दूसरी ब्रह्मा के, तीसरी व्रात्य के और और चौथी व्याख्या प्रथम तीनों से बिल्कुल अलग है। हालाँकि, सिद्धांत एक ही है, उनके विस्तार एक नहीं हैं। कुछ व्याख्याएँ जैसे प्रजापति के अनुसार, या ब्रह्मा के अनुसार, धर्मशास्त्रीय हैं। दूसरी जैसे मनु के अनुसार या कश्यप के अनुसार मानवीय अर्थों में हैं। कल्पनाशीलता का खुलकर उपयोग हुआ है। उनमें न कोई

इतिहास है, न कोई मतलब। ब्राह्मणग्रन्थों पर टिप्पणी करते हुए प्रो. मैक्स मुलर ने लिखा है :

"भारतीय मस्तिष्क के इतिहास में ब्राह्मण निःसंदेह एक बेहद दिलचस्प दौर को पेश करते हैं, पर साहित्य निर्माण की दृष्टि से देखा जाय तो वे अत्यंत निराशाजनक हैं। किसी को अंदेशा तक नहीं हुआ होगा कि इतने प्राचीन काल में, और समाज की इस आदिम अवस्था में, एक ऐसे साहित्य का उदय हो सकता था जिसके पंडिताऊपन और निरी मूर्खता की तुलना शायद ही किसी से की जा सके। इन संकलनों में विचारोत्तेजक वाक्यों, साहसिक अभिव्यक्तियों, ठोस तर्कों और दिलचस्प कथाओं की कमी नहीं है। पर ये केवल एक धड़ के टुकड़ों के समान हैं, जैसे काँसे या लीड में मूल्यवान मणियों को लगा दिया गया हो। सतही तथा फीकी आडंबरपूर्ण बातें, पुरोहिती दम्भीपना और पुराने ढकोसले इन कृतियों के सामान्य चरित्र की पहचान हैं। इतिहासकार के लिये सबसे महत्वपूर्ण ये जानना है कि किसी राष्ट्र का नवीन तथा स्वस्थ विकास कितनी जल्दी पुरोहितों के छलवाद और अंधविश्वास से अभिशप्त हो सकता है। हमारे लिये यह जानना सबसे महत्वपूर्ण है कि राष्ट्र अपने बुढ़ापे में ही नहीं, यौवन में भी इन महामारियों के शिकार हो सकते हैं। इन कृतियों का वैसे ही अध्ययन करना चाहिये जैसे कोई चिकित्सक मूर्खों की बकवास, या पागलों की अटपटी बातों का अध्ययन करता है।"[7]

वर्णों की और खासकर शूद्रों की उत्पत्ति पर इन ब्राह्मणवादी चिंतनधाराओं को पढ़ने पर प्रो. मैक्स मुलर के इन शब्दों का अनायास ही स्मरण हो आता है। ये सारी अटकलें सच में मूर्खों की बकवास है या पागलों की अटपटी बातें हैं और इसलिये वे इतिहास के उस छात्र के किसी काम की नहीं हैं जो एक मानव समस्या की किसी न्यायसंगत व्याख्या की खोज में है।

ग्रंथ-सूची

1. म्योर, खण्ड-1, पृ. 18.
2. म्योर, खण्ड-1, पृ. 16.
3. म्योर, खण्ड-1, पृ. 21.

4. म्योर, खण्ड-1, पृ. 22.
5. म्योर, खण्ड-1, पृ. 22.
6. म्योर, खण्ड-1, पृ. 20.
7. मैक्समुलर, प्राचीन संस्कृत साहित्य (पाणिनिकार्यालय संस्करण), पृ. 200.

अध्याय - 3

शूद्रों की स्थिति का ब्राह्मणवादी सिद्धांत

शूद्रों की उत्पत्ति के बारे में ब्राह्मणवादी दृष्टिकोण की काफी चर्चा हो गई। अब शूद्रों की नागरिक स्थिति के ब्राह्मणवादी दृष्टिकोण की ओर मुड़ते हैं जिसमें किसी को भी लगेगा कि ये विकलांगों की एक लंबी सूची है, जिसमें ब्राह्मणों के विधि-निर्माताओं द्वारा शूद्रों को दिए जाने वाले कष्ट और दंड की सबसे भयानक व्यवस्था है।

संहिताओं और ब्राह्मणों में पाई जाने वाली शूद्रों की अक्षमताएँ और दंड बहुत कम थे, जैसा कि निम्नलिखित उद्धरणों से देखा जा सकता है: I.

1. कथक संहिता (xxxi.2) और मैत्रायणी संहिता (iv.1.3; i.8.3) के अनुसार:-

"एक शूद्र को उस गाय का दूध दुहने की अनुमति नहीं दी जानी चाहिए जिसका दूध अग्निहोत्र के लिए उपयोग किया जाता है।"

2. शतपथ ब्राह्मण (iii.1.1.10), मैत्रायणी संहिता (vii.1.1.6) और पंचविंस ब्राह्मण (vi.1.11) भी कहते हैं:

"बलिदान करते समय शूद्र से बात नहीं करनी चाहिए और यज्ञ करते समय शूद्र को उपस्थित नहीं होना चाहिए।"

3. शतपथ ब्राह्मण (xiv.1.31) और कथक संहिता (xi.10) आगे कहते हैं कि:

"शूद्रों को सोमपान में प्रवेश नहीं देना चाहिए।"

4.ऐतरेय ब्राह्मण (vii.29.4) और पंचविंस ब्राह्मण (vi.1.11)तब चरमोत्कर्ष पर पहुँचे जब वे कहते हैं:

"शूद्र दूसरे का नौकर है (वह और कुछ नहीं हो सकता)।"

लेकिन जो आरंभ में उस बादल के जैसा था जो किसी आदमी के हाथ से बड़ा नहीं था, ऐसा लगता है कि तूफान के रूप में विकसित हो गया, जिसने सचमुच शूद्रों को कुचल कर रख दिया है। क्योंकि, जैसा कि आपस्तंब, बौधायन, आदि जैसे सूत्रकारों और मनु और अन्य जैसे स्मृतिकारों द्वारा बाद के दंड विधान से दिए गए उद्धरणों से देखा जा सकता है, शूद्रों की अक्षमताओं का विकास एक सीमा तक विक्षिप्त करने वाली गति से हुआ है जो बिल्कुल अकल्पनीय है। अक्षमताएं इतनी घातक हैं कि जब तक कोई उन्हें कोल्ड प्रिंट में नहीं देखता तब तक उन पर विश्वास करना असंभव होगा। हालाँकि, वे इतने व्यापक हैं कि उन्हें पूर्णरूपेण प्रस्तुत करना असंभव है। उन लोगों को सक्षम करने के लिए, जिन्हें अपनी जानकारी नहीं हैं, इन अक्षमताओं के बारे में कुछ जानकारी जुटाने हेतु, मैंने नीचे विभिन्न सूत्रकारों और स्मृतिकारों द्वारा शूद्रों की अक्षमताओं के संबंध में उनके कानून की किताबों में बिखरे हुए व्याख्यात्मक बयानों को एक स्थान पर इकट्ठा किया है।

II

(ए) आपस्तंब धर्म सूत्र कहते हैं:-

"चार जातियाँ हैं- ब्राह्मण, क्षत्रिय, वैश्य और शूद्र।

इनमें से प्रत्येक पूर्ववर्ती (जाति) जन्म के आधार पर उसके बाद आनेवाली जाति[1] से श्रेष्ठ है:

इन सभी के लिए, शूद्रों और बुरे कर्म करने वालों को छोड़कर (1) दीक्षा (उपनयन या पवित्र जनेऊ पहनना), (2) वेद का अध्ययन और (3) पवित्र अग्नि को जलाने की दीक्षा दी जाती है। (अर्थात यज्ञ करने का अधिकार दिया जाता है)[2]

(बी) वशिष्ठ धर्म सूत्र यही कहता है:

"चार जातियाँ (वर्ण) ब्राह्मण, क्षत्रिय, वैश्य और शूद्र हैं।
तीन जातियाँ, ब्राह्मण, क्षत्रिय और वैश्य (कहा जाता है)
दो बार पैदा हुए।

उनका पहला जन्म माँ से होता है; दूसरा पवित्र करधनी के साथ अलंकरण से। उसमें (दूसरे जन्म में) उनकी माता सावित्री होती हैं, लेकिन पिता शिक्षक को कहा जाता है।

वे शिक्षक को पिता कहते हैं,क्योंकि वह वेदों की शिक्षा देता है।[3] चारों जातियों को उनके जन्म और विशेष संस्कारों के आधार पर अलग किया जाता है।

वेद का निम्नलिखित अंश भी है: 'ब्राह्मण उसका मुख था, क्षत्रिय उसकी भुजाएँ बनाते थे: वैश्य उसकी जाँघें; शूद्र उनके पैरों से पैदा हुआ था।

वेद के निम्नलिखित अंश में यह घोषित किया गया है कि एक शूद्र को संस्कार प्राप्त नहीं होंगे। 'उन्होंने गायत्री (छंद) के साथ ब्राह्मण, त्रिष्टुभ के साथ क्षत्रिय, जगती के साथ वैश्य, बिना किसी छंद के शूद्र की रचना की।'[4]

(सी) मनु स्मृति इस विषय पर निम्नलिखित विचार प्रस्तुत करती है

"दुनिया की समृद्धि के लिए, उसने (निर्माता ने) अपने मुंह, बाहों से, जांघों और पैरों ने ब्राह्मण, क्षत्रिय, वैश्य और शूद्र को बनाया।[5]

ब्राह्मण, क्षत्रिय (और) वैश्य तीन द्विज जातियों का गठन करते हैं, लेकिन चौथे, शूद्र का केवल एक ही जन्म होता है।[6]

(ए) आपस्तंब धर्म सूत्र कहता है:

"(एक त्रैवर्णिक) कभी भी न तो श्मशान भूमि में और न ही उसके आस-पास एक साम्य फेंकने की दूरी तक कहीं भी (वेद का) अध्ययन करेगा।

यदि किसी श्मशान भूमि पर ग्राम का निर्माण किया गया हो या उसकी सतह पर खेती की गई हो तो ऐसे स्थान पर वेद पाठ करना वर्जित नहीं है।

लेकिन अगर उस जगह को श्मशान के रूप में जाना जाता है, तो वह (वहाँ) अध्ययन नहीं करेगा।

एक शूद्र और एक जाति-बहिष्कृत श्मशान-भूमि (शब्द में शामिल हैं), (और दिया गया नियम, सूत्र 6 उन पर लागू होता है)।

कुछ लोग घोषणा करते हैं कि व्यक्ति को उस घर में अध्ययन करने से भी बचना चाहिए जहाँ वे (शूद्र) रहते हैं।

यहाँ तक कि अगर एक छात्र और एक शूद्र महिला केवल एक-दूसरे को देखते भी हैं, तो वेद का पाठ रोक देना चाहिए।[7]

एक ब्राह्मण या अन्य उच्च जाति के अशुद्ध व्यक्ति के द्वारा छुआ गया भोजन अशुद्ध हो जाता है लेकिन खाने के लिए अनुपयुक्त नहीं होता।

लेकिन अशुद्ध शूद्र द्वारा लाया गया भोजन (चाहे उसने छुआ हो या नहीं) नहीं खाना चाहिए।

शूद्र ने उसे (व्यक्ति को) छू दिया, तो उसे खाना छोड़ देना चाहिये।8

(बी) विष्णु स्मृति कहती है:

"उसे किसी द्विज जाति के सदस्य को शूद्र से नहीं उठवाना चाहिए (भले ही वह मृतक का रिश्तेदार हो)। न ही द्विज जाति के सदस्य से शूद्र को।

एक पिता और एक माता उनके पुत्र द्वारा ले जाए जाएंगे; (जो जाति में अपने माता-पिता के बराबर हैं)।

लेकिन शूद्रों को कभी भी द्विज जाति के सदस्य को नहीं ले जाना चाहिए, भले ही वह उनका पिता हो।[9]

(सी) वशिष्ठ धर्म सूत्र निर्धारित करता है:

"इसलिये अब हम बताते हैं कि क्या खाया जाए और क्या न खाया जाए।

वैद्य, आखेटक, दुष्चरित्र स्त्री, गदाधारी, चोर, अभिशास्ता, नपुंसक (या) जाति से परित्यक्त का दिया हुआ अन्न नहीं खाना चाहिए।

न ही किसी कृपण, जिसने श्रौत-यज्ञ का दीक्षा संस्कार किया है, एक कैदी, एक बीमार व्यक्ति, सोम के पौधे का विक्रेता, एक बढ़ई, एक धोबी, मादक शराब का व्यापारी, एक जासूस, एक सूदखोर, (या) एक मोची द्वारा दिया गया भोजन खाना चाहिए।

न ही किसी शूद्र द्वारा दिया गया।[10] कुछ लोग शूद्र जाति को शमशान भूमि कहते हैं। इसलिए शूद्र के सामने वेद का पाठ नहीं करना चाहिए।"

अब वे उन (निम्नलिखित) श्लोकों को भी उद्धृत करते हैं जिनकी यम ने घोषणा की थी: दुष्ट शूद्र-जाति स्पष्ट रूप से एक श्मशान-भूमि है। इसलिए शूद्र के सामने कभी भी वेद का पाठ नहीं करना चाहिए।[11]

कुछ लोग पवित्र शिक्षा के माध्यम से और कुछ तपस्या के अभ्यास से उपहारों के पात्र बन जाते हैं। परन्तु जिस ब्राह्मण के पेट में शूद्र का भोजन नहीं होता, वह सब से उत्तम और योग्य है।[12]

यदि कोई ब्राह्मण शूद्र का भोजन अपने पेट में लेकर मरता है, तो वह (अगले जन्म में) गाँव का सुअर बनेगा या उस शूद्र के परिवार में जन्म लेगा।

क्योंकि एक (ब्राह्मण) जिसका शरीर शूद्र के भोजन के सार से पोषित होता है, वह भले ही प्रतिदिन वेद का पाठ करे, भले ही वह अग्निहोत्र करे या मन ही मन (प्रार्थना) करे, फिर भी उसे स्वर्ग जाने का मार्ग नहीं मिलेगा।[13]

यहाँ तक कि अगर, शूद्र का खाना खाने के बाद, वह अपनी ही जाति की स्त्री से वैवाहिक संभोग करता है तो उससे जन्म लेने वाले उसके

बेटे भोजन देने वाले (यानि शूद्र) के होंगे और वह स्वर्ग का अधिकारी नहीं होगा।[14]

(डी) मनु स्मृति कहती है:

"ब्राह्मण, न तो शूद्र के राज्य में, न ही अधर्मी लोगों से भरे राज्य में, न ही विधर्मियों के यजमानों द्वारा आक्रमण किए गए और न ही निम्न-जन्म वाले पुरुषों के कब्जेवाले राज्य में रह सकता है।[14]

शूद्र के लिए यज्ञ करने वाले ब्राह्मण को श्राद्ध समारोह में अन्य ब्राह्मणों के साथ भोजन करने के लिए आमंत्रित नहीं किया जाना चाहिए। उसका साथ उस सारे पुण्य को नष्ट कर देगा जो ऐसे भोज से प्राप्त किया जा सकता है।[15]

एक मृत शूद्र को दक्षिणी नगर-द्वार से ले जाना चाहिए, लेकिन द्विज को क्रमशः पश्चिमी, उत्तरी और पूर्वी (द्वार) से ले जाना चाहिए।[16]

(ए) आपस्तंब धर्म सूत्र कहते हैं:

"ब्राह्मण अपने दाहिने हाथ को अपने कान तक ले जाकर, क्षत्रिय इसे (हाथों को)छाती की ऊंचाई तक, एक वैश्य इसे कमर की ऊंचाई तक पकड़े हुए प्रणाम करे, लेकिन एक शूद्र इसे नीचे रखकर आगे की ओर फैलाकर हाथ जोड़कर प्रणाम करे।[17]

पहली तीन जातियों से संबंधित व्यक्ति को अभिवादन का उत्तर देते समय, संबोधित व्यक्ति के नाम के अंतिम अक्षर को तीन मात्रा तक बढ़ाया जाता है।[18]

यदि कोई शूद्र अतिथि के रूप में (ब्राह्मण के पास) आता है तो वह उसे पहले कुछ काम करने के लिए देगा। उसके बाद वह उसे खिला सकता है (यह पहले ही बताया जा चुका है कि पहले उसे कुछ काम करने के लिए कहे बिना उसे खाना खिलाना उसका सम्मान करना है।)

या ब्राह्मण गृहस्थ के दास शाही भंडार से चावल लाएंगे, और शूद्र को अतिथि के रूप में सम्मानित करेंगे।[19]

(बी) विष्णु स्मृति कहती है:

देवताओं या पितरों के लिए किए जाने वाले यज्ञ के समय एक शूद्र या धार्मिक तपस्वी का सत्कार करने का एक ही दंड (सौ पण का भुगतान) निर्धारित है।"[20]

(सी) मनु स्मृति में शामिल है कि:

दस वर्ष के ब्राह्मण को और सौ वर्ष के क्षत्रिय को पिता और पुत्र मानना चाहिए; लेकिन उनमें से ब्राह्मण को पिता समझा जाए।

धन, बंधुत्व, आयु, संप्रदाय और ज्ञान; ये पांचों सम्मान के कारण हैं, सबसे महत्वपूर्ण अंतिम वाला है।

उसमें जो तीन (उच्च) जातियों में सबसे अधिक और (उन) पाँचों में सबसे श्रेष्ठ हो, वह यहाँ सम्मान के योग्य है; एक शूद्र (अपने धन या ज्ञान के आधार पर सम्मान के योग्य नहीं है चाहे वह कितना भी उच्च क्यों न हों। उसकी श्रेष्ठता केवल उसकी उम्र के आधार पर है और वह भी केवल तभी जब) उसने अपने जीवन के दसवें (दशक में प्रवेश कर लिया हो तभी वह सम्मान के योग्य बनता है पहले नहीं।)[21]

II

श्रेष्ठता न आयु से, न पके बालों से, न धन से, न कुटुम्ब से होती है); क्योंकि ऋषियों ने नियम बनाया है- जो वेद को पूर्णतया जानता है, वही हम लोगों में महान है।

ब्राह्मणों की श्रेष्ठता ज्ञान से, क्षत्रियों की वीरता से, वैश्यों की संपत्ति (और) धन से और शूद्रों की, आयु से होती है।

इसलिए, बाल पके होने से कोई वृद्ध नहीं होता; कोई युवक होते हुए भी यदि वेदों का अध्ययन करता है, उसे देवता ज्येष्ठ मानते हैं।[22]

अब ब्राह्मण के घर न क्षत्रिय को, न वैश्य और न शूद्र अतिथि कहा जाता है, न कोई मित्र है, न बंधु है, न गुरु है। (अर्थात, ब्राह्मण के घर में

अतिथि के रूप में व्यवहार किए जाने का सम्मान केवल एक ब्राह्मण के पास ही है)।

लेकिन यदि कोई क्षत्रिय उक्त ब्राह्मणों के भोजन करने के बाद घर में अतिथि के रूप में आता है, तो उसे भोजन कराना चाहिए (यदि) वह चाहता है।

यदि कोई वैश्य या शूद्र अतिथि के रूप में घर में आता है, तो ब्राह्मण को उसे भोजन देना चाहिए, लेकिन नौकरों के द्वारा, दया करके।[23]

(iv)

(ए) आपस्तम्ब धर्म सूत्र के अनुसार:

जिसने एक क्षत्रिय की हत्या की है वह ब्राह्मणों को प्रायश्चित के नियम के अनुसार एक हजार गायें देगा।

वह एक वैश्य की हत्या के लिए एक सौ गायें देगा और एक शूद्र की हत्या के लिए केवल दस गायें देगा।[24]

(बी) गौतम धर्म सूत्र के अनुसार:

"एक क्षत्रिय यदि एक ब्राह्मण को अपशब्द कहता है तो उसे एक सौ कार्षपण दंड के रूप में देना होगा।

यदि वह (ब्राह्मण पर) आक्रमण करता है तो यह राशि दुगनी होगी।

एक वैश्य यदि एक ब्राह्मण को अपशब्द कहता है तो उसे क्षत्रिय से डेढ़ गुना दंड का भुगतान करना पड़ेगा।

लेकिन एक ब्राह्मण यदि किसी क्षत्रिय को अपशब्द कहता है तो वह दंड स्वरूप केवल पचास कार्षापण देगा।

यदि वैश्य को अपशब्द कहता है तो उस राशि का आधा और अगर वह शूद्र को अपशब्द कहता है तो कुछ नहीं।"[25]

(सी) बृहस्पति के धर्म शास्त्र के अनुसार:

"एक क्षत्रिय को अपशब्द कहने वाले ब्राह्मण के लिए, जुर्माना सौ पणों

का आधा यानि पचास पण होगा; वैश्य को अपशब्द कहने पर उसका आधा यानि पच्चीस पण, शूद्र को अपशब्द कहने पर साढ़े बारह पण हागा।

यह दंड एक सदाचारी शूद्र (अर्थात, एक शूद्र जो अपनी निम्न स्थिति को स्वीकार करता है और उस स्थिति से जुड़े कर्तव्यों को स्वेच्छा से निभाता है) को अपशब्द कहने के लिए घोषित किया गया है जिसने कोई गलत काम नहीं किया है; गुणहीन शूद्र को अपशब्द कहना ब्राह्मण के लिए कोई अपराध नहीं है।

क्षत्रिय को अपशब्द कहने के लिए वैश्य पर सौ (पण) जुर्माना लगाया जाएगा; वैश्य को अपशब्द कहने वाले क्षत्रिय को उसकी आधी राशि जुर्माने के रूप में देनी होगी।

क्षत्रिय द्वारा शूद्र को अपशब्द कहने पर बीस पण जुर्माना होगा; वैश्य के मामले में, कानून के जानकार व्यक्तियों द्वारा दोगुनी राशि को उचित जुर्माना घोषित किया जाता है।

वैश्य को अपशब्द कहने पर शूद्र को सबसे कम दंडराशि देनी होगी; क्षत्रिय को अपशब्द कहने पर मध्यम दंडराशि; और एक ब्राह्मण को अपशब्द कहने पर सबसे अधिक दंडराशि देनी होगी।"[26]

(डी) मनु स्मृति के अनुसार:

एक क्षत्रिय जो एक ब्राह्मण का अपमान करता है, उस पर एक सौ पण का दंड लगाया जाना चाहिए; एक वैश्य एक सौ पचास या दो सौ, लेकिन एक शूद्र को शारीरिक दंड मिलना चाहिए।

क्षत्रिय का अपमान करने पर ब्राह्मण पर पचास और वैश्य पर पचास का आधा और शूद्र पर बारह का जुर्माना लगाया जाना चाहिए।[27]

एक क्षत्रिय की हत्या के लिए, एक ब्राह्मण को तपस्या का एक चौथाई (अंश) प्रायश्चित के रूप में घोषित किया जाता है; वैश्य के मामले में आठवां भाग; और एक शूद्र (जो) सदाचारी रहता है उसके मामले में एक सोलहवाँ भाग (उचित प्रायश्चित रूप में) स्वीकार किया जाना चाहिए।

लेकिन यदि द्विजों में श्रेष्ठ (ब्राह्मण) में से कोई एक क्षत्रिय की अनैच्छिक रूप से हत्या कर देता है, तो वह स्वयं को शुद्ध करने के लिए एक हजार गाय और एक बैल दे सकता है।

या उसे तीन साल तक इंद्रियों को वशीभूत रखकर शिखाओं को बांधकर रखना होगा। जिसने किसी ब्राह्मण की हत्या की है, उसे नगर से बहुत दूर रहना होगा। पेड़ के नीचे उसका निवास स्थान होगा।

एक सदाचारी वैश्य की हत्या करने पर सर्वोच्च द्विज को एक वर्ष के लिए इस प्रायश्चित का पालन करना चाहिए, और एक सौ एक मवेशियों का दान देना चाहिए।

शूद्र का वध करने वाले को छह मास तक इन सभी विधियों का ठीक-ठीक पालन करना चाहिए; या वह एक पुजारी को दस सफेद गाय और एक बैल दे सकता है।"[28]

(ई) विष्णु स्मृति के अनुसार:

"जिस किसी अंग से कोई निम्न जाति का व्यक्ति अपने वरिष्ठ का अपमान करता है या उसे चोट पहुँचाता है, उस अंग से राजा उसे वंचित कर देगा।

यदि वह स्वयं को स्वयं से वरिष्ठ अधिकारी के आसन पर बिठाता है, तो उसके नितम्बों पर निशान लगाकर उसे देश से निकाल दिया जाएगा।

यदि वह उस पर थूके तो उसके दोनों होठ काट दिए जाएंगे।

यदि वह श्रेठजनों के सामने वायु निष्कासित करता है, तो वह अपने पिछले अंगों को खो देगा। अगर वह अभद्र भाषा का प्रयोग करता है तो अपनी जुबान खो देगा।

यदि कोई नीच कुल का व्यक्ति घमण्ड से (उच्च जाति के किसी सदस्य को) अपने कर्तव्य के विषय में शिक्षा देता है, तो राजा उसके मुँह में गर्म तेल डालने का आदेश देगा।

यदि कोई शूद्र व्यक्ति किसी श्रेष्ठ व्यक्ति के नाम या जाति का अपमान करता है, तो दस इंच लंबी लोहे की (लाल गर्म) पिन उसके मुंह में डाल दी जाएगी।[29]

(V)

(ए) बृहस्पति स्मृति के अनुसार:

"कोई शूद्र यदि धर्म के उपदेशों को पढ़ाता है या वेदों के शब्दों का उच्चारण करता है, या एक ब्राह्मण का अपमान करता है, तो उसकी जीभ काटकर उसे दंडित किया जाएगा।"

(बी) गौतम धर्म सूत्र के अनुसार:[30]

"अब यदि वह जानबूझकर वेद का पाठ सुनता है, तो उसके कान (पिघले हुए) टिन या लाख से भरे होंगे। यदि वह वैदिक ग्रंथों का पाठ करता है, तो उसकी जीभ काट दी जाएगी। यदि वह उनका स्मरण करेगा, तो उसका शरीर दो भागों में बंट जाएगा।"[31]

(सी) मनु स्मृति के अनुसार:

जो पारिश्रमिक लेकर पढ़ाता है, वह भी जो पारिश्रमिक देकर शूद्र शिक्षक से सीखता है, वह देवों और पितरों के सम्मान और विधि में आमंत्रित किए जाने के योग्य नहीं हैं।[32]

शूद्र को सलाह नहीं देनी चाहिए, न ही भोजन का अवशेष या मक्खन का चढ़ाया गया प्रसाद देना चाहिए।

कोई उसे नियम नहीं सिखा सकता है और न ही उसे धार्मिक अनुष्ठानों का आदेश दे सकता है।

जो उसे नियम बताता है और जो उसे (धार्मिक) पालन करने की आज्ञा देता है, वह वास्तव में उस (शूद्र) के साथ असम्वृत नामक नरक के अंधेरे में डूब जाता है।[33]

किसी को कभी भी अस्पष्ट रूप से या शूद्र की उपस्थिति में (वेदों का) पाठ नहीं करना चाहिए; न ही रात के अंत में वेद का पाठ करने पर (थका हुआ होने पर भी) फिर से सोना चाहिये।"[34]

(vi)

मनु स्मृति यही कहती है:

"एक ब्राह्मण मन की पूर्ण शांति के साथ एक शूद्र के सामान पर अधिकार जमा सकता है, क्योंकि इस शूद्र का अपना कुछ भी नहीं होता, वह ऐसा व्यक्ति है जिसकी संपत्ति उसके स्वामी द्वारा छीन ली जा सकती है।[35]

वास्तव में, शूद्र को धन का संचय नहीं करना चाहिए, भले ही वह ऐसा करने में सक्षम हो, क्योंकि शूद्र द्वारा धन पर अधिकार को देखने मात्र से ब्राह्मण को चोट लगती है।[36]

(vii)

यहाँ राजा के लिए मनु स्मृति का परामर्श है:

"वह जो केवल अपने जन्म के आधार पर ब्राह्मण होने का दावा कर सकता है, या वह जो केवल स्वयं को ब्राह्मण कहता है, यदि वांछित हो, तो राजा के लिए कानून की घोषणा कर सकता है, लेकिन शूद्र कभी ऐसा नहीं कर सकता।

यदि राजा शूद्र को न्याय करते हुए देखता है, तो उसका राज्य दुर्भाग्य में डूब जाता है, जैसे दलदल में गाय।

एक ऐसा क्षेत्र जिसमें मुख्य रूप से शूद्र हैं और वह क्षेत्र अविश्वासियों और द्विजों के निराश्रित लोगों द्वारा अधिकार में ले लिया गया है तो जल्द ही वह अकाल और बीमारी से पीड़ित होकर पूरी तरह से नष्ट हो जाएगा।[37]

(viii)

(ए) अपस्तंब धर्म सूत्र कहता है:

"और जो लोग पवित्र नियमों को पूरा करने के ध्येय से तपस्या करते हैं। और एक शूद्र जो (ब्राह्मण के) पैर धोकर जीवन यापन करता है। साथ ही अंधे, गूंगे, बहरे और रोगग्रस्त व्यक्ति (जब तक उनकी दुर्बलता बनी रहती है) वे करों से मुक्त हैं।[38] अन्य तीन जातियों की सेवा करना शूद्र के लिए नियत है।

वह जितनी ऊँची जाति की सेवा करता है, उसकी योग्यता उतनी ही अधिक होती है।"[39]

(बी) मनु स्मृति में निम्नलिखित हैं:

"अब, इस सारी सृष्टि को संरक्षित करने और इसे सबसे गौरवशाली बनाने के लिए उन लोगों के लिए अलग-अलग कर्तव्य ठहराए गए हैं जो उनके मुंह, बांह, जांघ और पैरों से उत्पन्न हुए थे।

ब्राह्मणों के लिए उन्होंने दूसरों के लिए शिक्षण, अध्ययन, यज्ञ और बलिदान (पुजारी के रूप में करने) का आदेश दिया, उपहार देने और लेने का भी आदेश दिया। क्षत्रिय के लिए प्रजा की रक्षा, दान देना, यज्ञ करना, अध्ययन करना और इन्द्रियों के विषयों में आसक्ति न रखना। एक वैश्य के लिए मवेशियों को पालना, दान देना, यज्ञ, अध्ययन, व्यापार, सूदखोरी और कृषि का भी आदेश दिया गया।

भगवान ने शूद्र को एक कर्तव्य सौंपा है - उन (पूर्व-उल्लेखित) वर्गों की बिना किसी शिकायत के सेवा करना।"[40]

(ix)

(ए) आपस्तंब धर्म सूत्र कहते हैं:

"शूद्र जाति की महिला के साथ पहली तीन जातियों में से कोई पुरुष यदि व्यभिचार करता है तो उसको निर्वासित कर दिया जाएगा।

कोई शूद्र यदि पहली तीन जातियों में से किसी महिला के साथ व्यभिचार करता है तो वह मृत्युदंड भुगतेगा।[41]

(बी) गौतम धर्म सूत्र कहते हैं:

यदि कोई शूद्र किसी आर्य स्त्री के साथ अपराधिक संभोग करता है तो उसका अंग काट दिया जाएगा और उसकी सारी संपत्ति जब्त कर ली जाएगी।

यदि महिला के पास कोई रक्षक था अर्थात्, वह किसी व्यक्ति के संरक्षण में थी तो उस शूद्र को ऊपर निर्धारित दंडों को भुगतने के बाद ही मृत्युदंड दिया जाएगा।[42]

(सी) मनु स्मृति कहती है:

यदि कोई शूद्र पुरुष उच्चतम जाति की लड़की से प्रेम करता है तो वह शारीरिक दंड का पात्र है।[43]

एक शूद्र यदि द्विज जाति की स्त्री के साथ सहवास करता है, चाहे उस स्त्री का पहरेदार हो या न हो, अगर उसकी रक्षा नहीं की जाती है तो वह अपने समाज से और अपनी सारी संपत्ति से वंचित हो जाता है और अगर उसकी रक्षा की जाती है तो भी वह हर चीज से वंचित हो जाता है।[44] द्विज पुरुष के लिए विवाह के लिए सर्वप्रथम उसी जाति की स्त्री स्वीकृत की जाती है; लेकिन जो लोग वासना से कार्य करते हैं, उनकी क्रम से निचली जाति की स्त्री (पत्नियां हो सकती हैं)।

शूद्र स्त्री अकेली शूद्र की पत्नी होती है; वैश्य की उसकी अपनी जाति की एक महिला और शूद्र स्त्री दोनों कानूनी रूप से (पत्नी) हो सकती हैं; क्षत्रिय की वे दोनों (शूद्र और वैश्य महिला) और अपनी जाति की एक महिला पत्नी हो सकती है, ब्राह्मण की वे दोनों (वैश्य और क्षत्रिय महिला) और अपनी जाति की एक महिला पत्नी हो सकती हैं।

ब्राह्मण और क्षत्रिय के लिए किसी भी इतिहास में शूद्र पत्नी का उल्लेख नहीं किया गया है, भले ही वे संकट में हों।

द्विज पुरुष यदि मोहवश शूद्र स्त्री से विवाह कर लेते हैं तो निश्चित रूप से शीघ्र ही अपने परिवार और अपने वंश को शूद्रों की स्थिति में ला देंगे।[45]

एक ब्राह्मण एक शूद्र महिला को अपने बिस्तर पर ले जाता है तो वह अधोगति को प्राप्त होता है; उससे पुत्र उत्पन्न होने के कारण, वह निश्चय ही अपने ब्राह्मणत्व से वंचित हो जाता है।

अब मनुष्य जिसकी देवताओं, पितरों और अतिथियों के प्रति भेंट उसकी पत्नी के भरोसे रहती है, पितर और देवता उस प्रसाद को नहीं ग्रहण करते और न ही वह स्वर्ग में जाता है।

जिसने शूद्र स्त्री के होठों की नमी पी ली है, जो उसकी सांसों से आ गई है, और जिसने उससे एक पुत्र भी पैदा कर लिया है, उसके लिए प्रायश्चित निर्धारित नहीं है।[46]

(x)

(ए) वशिष्ठ धर्म सूत्र कहते हैं:

"कोई भी समझ सकता है कि द्वेष रखना, ईर्ष्या करना, असत्य बोलना, ब्राह्मणों की बुराई करना, चुगली करना और क्रूरता करना शूद्र के लक्षण हैं।"[47]

(बी) विष्णु स्मृति निर्धारित करती है कि:

एक ब्राह्मण के मामले में शुभ नाम चुना जाना चाहिए।

क्षत्रिय के मामले में शक्ति का संकेत हो।

वैश्य के मामले में धन का संकेत हो।

और शूद्र के मामले में अवमानना का संकेत होना चाहिए।[48]

(सी) गौतम धर्म सूत्र कहते हैं:

"शूद्र चौथी जाति से संबंधित है, जिसका एक केवल जन्म होता है।

और वह उच्च (जातियों) की सेवा करता है।

उन्हीं से वह अपनी आजीविका प्राप्त करेगा।

वह उनके उतारे हुए जूतों का प्रयोग करेगा।

और उनका बचा हुआ भोजन खायेगा।

एक शूद्र जो जानबूझकर आपराधिक दुर्व्यवहार द्वारा द्विजों का अपमान करता है, या आपराधिक रूप से उन पर प्रहार करता है, तो वह उस अंग से वंचित हो जाएगा जिसके द्वारा वह अपमान करता है।

यदि वह बैठने, लेटने, बातचीत करने या सड़क पर चलने में द्विज पुरुषों की बराबरी करता है, तो उसे (शारीरिक दंड) भुगतना होगा।[49]

(डी) मनु स्मृति इसी मार्ग का अनुसरण करती है और कहती है:

"लेकिन अगर एक ब्राह्मण लोभ के कारण, और क्योंकि उसके पास शक्ति है इसलिए यदि द्विज पुरुषों को जिन्होंने दीक्षा(जाति क्रम में) प्राप्त की है, उनके न चाहने पर भी उन्हें दास का काम करने के लिए विवश करे तो उसपर राजा द्वारा छह सौ पण का जुर्माना लगाया जाएगा।

लेकिन एक शूद्र, चाहे खरीदा गया हो या नहीं खरीदा गया हो (ब्राह्मण द्वारा) दासता का अभ्यास करने के लिए मजबूर किया जा सकता है, क्योंकि शूद्र को स्वयंभू द्वारा केवल ब्राह्मण की सेवा के लिए बनाया गया था।

अपने स्वामी द्वारा मुक्त किए जाने पर भी शूद्र दासता से मुक्त नहीं होता; उसके लिए (दासता) उसमें जन्मजात है; जो फिर उससे (सेवा) ले सकता है।[50]

ठीक उसी अनुपात में जिस अनुपात में किसी अच्छे दास द्वारा बिना कोई शिकायत किए जीवन के तरीके (अभ्यास) का पालन किया जाता है, वह दोष से मुक्त होता है, और इहलोक तथा परलोक दोनों को प्राप्त करता है।[51]

अब एक शूद्र का सर्वोच्च कर्तव्य और जो उसके आनंद को सुनिश्चित करता है, वह केवल वेदों को समझने वाले और गृहस्थों के रूप में रहने वाले प्रतिष्ठित पुजारियों के प्रति आज्ञाकारिता है।

यदि वह शुद्ध, उच्च (जातियों) के प्रति आज्ञाकारी, वाणी में मृदु, दंभ रहित, और ब्राह्मण के प्रति हमेशा विनम्र रहता है, तो वह (अगले जन्म में) उच्च जन्म प्राप्त करता है।[52]

अब निर्वाह का साधन चाहने वाला शूद्र क्षत्रिय की सेवा कर सकता है, ऐसा (यह नियम है); या शूद्र यदि जीवन यापन करने के लिए उत्सुक है, तो एक धनी वैश्य की सेवा करके ऐसा कर सकता है।

लेकिन उसे स्वर्ग के लिए, या दोनों (स्वर्ग और आजीविका) के लिए ब्राह्मणों की सेवा करनी चाहिए; उसके द्वारा (जिसके लिए) ब्राह्मण शब्द (हमेशा) उच्चारित किया जाता है, इस प्रकार उसे वह सब पूरा करने की

स्थिति प्राप्त होती है जो उसे करना चाहिए। ब्राह्मणों की सेवा करना ही शूद्रों के लिए श्रेष्ठ व्यवसाय बताया गया है; क्योंकि यदि वह इसके सिवा कुछ और करे, तो उसे कुछ भी लाभ न होगा।

ब्राह्मणों को चाहिए कि वे उसकी(शूद्र की) योग्यता, चतुराई और उसके आश्रितों को परखकर जो उचित लगे उसी के अनुसार अपने घर के सामान देकर उनके जीवन-यापन की व्यवस्था करें।

बचा हुआ अन्न और पुराने वस्त्र दे देना चाहिए, साथ ही अनाज का सूखा हुआ भाग और पुराना फर्नीचर भी।[53]

ब्राह्मण का नाम शुभ हो, क्षत्रिय का बलवान का हो, वैश्य का धन से तात्पर्य वाला हो, शूद्र का भले ही तिरस्कारपूर्ण हो।

एक ब्राह्मण (की विशिष्ट उपाधि) का अर्थ समृद्धि, एक क्षत्रिय का सुरक्षा, एक वैश्य का अर्थ संपत्ति, एक शूद्र का अर्थ सेवा, यही इन सबकी विशिष्ट पहचान है।[54]

यदि कोई अद्विज, द्विज जाति में से किसी पर कटु शब्दों से प्रहार करता है, तो उसे अपनी जीभ काट लेनी चाहिए, क्योंकि वह सबसे नीच मूल का है।

यदि वह उनके नाम और जाति का अपमानजनक तरीके से उल्लेख करता है, तो दस अंगुल लंबी लाल-गर्म लोहे की छड़ उसके मुंह में डालनी चाहिए।

यदि वह निम्न जन्म का पुरूष पुरोहितों को उनके काम के विषय में अक्खड़पन से समझाए, तो राजा उसके मुंह और कान में खौलता हुआ गरम तेल डाल दे।[55]

यदि निम्न जन्म का कोई व्यक्ति अपने किसी अंग से उच्चतम पद में से किसी व्यक्ति को चोट पहुँचाता है, तो उस व्यक्ति के उस अंग को भी काट देना चाहिये; यह मनु का विधान है।

यदि वह अपना हाथ या अपनी लाठी (उसके विरुद्ध) उठाए, तो उसका हाथ काट दिया जाए; और यदि वह क्रोध में उस पर पांव से मारे, तो उसके पांव काट डाले जाएं।

यदि कोई निम्न कुल का व्यक्ति किसी उच्च कुल के व्यक्ति के पास बैठने का प्रयास करता है, तो उसके कूल्हे पर दाग लगाकर देश से निकाल देना चाहिए, या (राजा) उसकी पीठ को काट सकता है।

और यदि वह अभिमान करके उस पर थूके, तो राजा उसके दोनों होठों को कटवा दे; और यदि वह उस पर पेशाब करे, तो उसका लिंग, और यदि वह उस पर वायु छोड़ता है, तो उसका मलद्वार कटवा दे।

यदि वह उसे जटाओं से पकड़ ले, तो राजा निःसंकोच उसके दोनों हाथ कटवा दे, यदि वह उसको पैरों से, दाढ़ी, गर्दन या अण्डकोष (पकड़ ले, तो भी)। (दूसरे की) चमड़ी उधेड़ने वाले और खून निकालने वाले पर पाँच सौ (पण) जुर्माना लगाया जाए, मांस नोंचने वाले पर छह निस्क का जुर्माना लगाया जाय लेकिन अगर कोई हड्डी तोड़ दे तो उसे देश से निकाल दिया जाए।[56]

(डी) नारद स्मृति कहती है:

शूद्र जाति के जो पुरुष, द्विज आर्य जाति के सदस्य के खिलाफ झूठा आरोप लगाते हैं, राजा के अधिकारियों द्वारा उनकी जीभ काट दी जाएगी, और उन्हें दांव पर लगा दिया जाएगा।

जो द्विजेतर व्यक्ति (या शूद्र) द्विज जाति के सदस्यों का घोर अपमान करता है, उसकी जीभ काट दी जाएगी; क्योंकि वह निम्न कुल का है।

यदि वह उनके नाम या जाति का उल्लेख तिरस्कारपूर्ण ढंग से करता है, तो दस अंगुल लंबी लोहे की लाल गर्म एक छड़ उसके मुँह में ठोंक दी जाएगी।

यदि वह ब्राह्मणों को उनके कर्तव्य के बारे में सबक देने के लिए अत्यंत ढीठ है, तो राजा उसके मुंह और कानों में गर्म तेल डालने का

आदेश देगा। नीच जाति का पुरुष जिस किसी अंग से ब्राह्मण का अपमान करे, उसका वह अंग काट दिया जाए, ऐसा उसके अपराध का प्रायश्चित होगा।

एक नीच जाति का व्यक्ति, जो जाति में अपने वरिष्ठ के साथ एक ही आसन पर स्वयं को बैठाने की कोशिश करता है, उसके कूल्हे पर दाग लगाया जाएगा और उसे भगा दिया जाएगा, या (राजा) उसकी पीठ पर वार करेगा।

यदि वह घमण्ड करके किसी अधिकारी पर थूके, तो राजा उसके दोनों होठों को कटवा दे; अगर वह उस पर मूत्र त्याग करे तो उसका लिंग; और अगर वह उसके सामने वायु निष्कासित करता है, तो उसका नितंब कटवा दिए जाएं।"[57]

(iii)

शूद्रों के खिलाफ कानून बनाने वाले ब्राह्मणों ने ऐसे ही कानून बनाए थे। उनके सार को निम्नलिखित शीर्षकों के तहत संक्षेपित किया जा सकता है:

(1) यह कि शूद्र को सामाजिक व्यवस्था में अंतिम स्थान पर रखना था।

(2) यह कि शूद्र अशुद्ध थे इसलिए उनकी आंखों के सामने पवित्र कार्य नहीं किए जाने चाहिए ,उसके कानों में इनकी(पवित्र अनुष्ठानों की) आवाज भी नहीं जानी चाहिए

(3) यह कि शूद्र को अन्य वर्गों की तरह सम्मान नहीं दिया जाना चाहिए।

(4) यह कि ब्राह्मण क्षत्रिय और वैश्य की तुलना में शूद्र के जीवन का कोई मूल्य नहीं है। कोई भी उसे मुआवजा दिए बिना या फिर थोड़ा मूल्य चुका कर उसे मार सकता है।

(5) शूद्र को ज्ञान प्राप्त नहीं करना चाहिए और उसे शिक्षा देना पाप और अपराध है।

(6) कि शूद्र को संपत्ति अर्जित नहीं करनी चाहिए। एक ब्राह्मण उसकी संपत्ति को अपनी मर्जी से ले सकता है।

(7) शूद्र राज्य के अधीन पद धारण नहीं कर सकता।

(8) यह कि शूद्र का कर्तव्य और मुक्ति उसके उच्च वर्गों की सेवा करने में निहित है।

(9) कि उच्च वर्गों को शूद्र के साथ अंतर्जातीय विवाह नहीं करना चाहिए। हालाँकि वे एक शूद्र महिला को रखैल के रूप में रख सकते हैं। लेकिन यदि शूद्र उच्च वर्ग की किसी महिला को छूता है तो वह कठोर दंड का भागी होगा।

(10) यह कि शूद्र दासता में जन्म लेता है और उसे सदा के लिए दासता में रखा जाना चाहिए।

जो कोई भी इस सारांश को पढ़ेगा वह दो बातों पर ध्यान देगा। वह इस विचार से चकित होगा कि ब्राह्मण कानून-निर्माताओं ने अपने कानून बनाने के अधिकार के लिए केवल शूद्र को पीड़ित के रूप में चुना है। आश्चर्य तब और भी बढ़ जाता है जब यह याद किया जाता है कि प्राचीन ब्राह्मण साहित्य में प्राचीन भारतीय आर्य समाज में उत्पीड़ित वर्ग वैश्य था, शूद्र नहीं। इस संबंध में ऐतरेय ब्राह्मण का उल्लेख किया जा सकता है। राजा विश्वान्तर और श्यपर्ण ब्राह्मणों की कहानी में ऐतरेय ब्राह्मण यज्ञीय पेय का उल्लेख करता है जिसके लिए विभिन्न वर्ग हकदार हैं। कहानी के क्रम में, निम्नलिखित शब्दों में वैश्य की बात की जाती है:

"अगला, अगर दही पुजारी लाता है तो वह वैश्य का मसौदा है। इसके साथ आप वैश्यों को संतुष्ट करेंगे। एक वैश्य की तरह वह आपके वंश में जन्म लेगा जो दूसरे के लिए सहायक होता है, जिसे दूसरे द्वारा उपयोग किया जाता है (जलाया जाता है), और जो शायद अपनी इच्छा से उत्पीड़ित होता है।[58]

प्रश्न यह है कि वैश्य को क्यों छोड़ दिया गया और क्रोध को शूद्रों के प्रति क्यों मोड़ दिया गया ?

शूद्रों की अक्षमताओं के साथ साथ ब्राह्मणों के विशेषाधिकारों का घनिष्ठ संबंध भी चौंकाता है। शूद्र त्रैवर्णिकों के नीचे है और उसे त्रैवर्णिकों के विपरीत दिखाया गया है। ऐसा होने पर, सभी त्रैवर्णिकों से शूद्रों के विरुद्ध समान अधिकार की अपेक्षा की जा सकती है। लेकिन तथ्य क्या हैं? तथ्य यह है कि क्षत्रियों और वैश्यों को शूद्रों के खिलाफ बोलने का कोई अधिकार नहीं है। एकमात्र त्रैवर्णिक जिसके पास विशेष अधिकार और छूट हैं वे हैं ब्राह्मण। उदाहरण के लिए, यदि शूद्र ब्राह्मण के खिलाफ अपराध का दोषी है, तो ब्राह्मण को क्षत्रिय या वैश्य की तुलना में अधिक सजा की मांग करने का विशेषाधिकार है। यदि एक ब्राह्मण को यज्ञ करने के उद्देश्य से आवश्यकता हो तो वह शूद्र की संपत्ति बिना किसी अपराध के ले सकता है। शूद्र को संपत्ति का संचय नहीं करना चाहिए क्योंकि इससे ब्राह्मण को चोट पहुँचती है। जिस देश का राजा शूद्र हो, उस देश में ब्राह्मण को नहीं रहना चाहिए। ऐसा क्यों है? क्या ब्राह्मण के पास शूद्र को अपना विशेष शत्रु मानने का कोई कारण था?

इनसे अधिक महत्वपूर्ण एक और विचार है। वह यह है कि शूद्रों की इन अक्षमताओं के बारे में औसत ब्राह्मण क्या सोचता है? यह कि वे अपनी अवधारणा में असाधारण और स्वभाव में लज्जास्पद हैं, यह सभी के द्वारा स्वीकार किया जाएगा। क्या ब्राह्मण इसे स्वीकार करेगा? क्या यह अस्वाभाविक नहीं होगा, यदि अक्षमताओं की इस नामावली का उस पर कोई प्रभाव न पड़े। पहली बात तो यह कि दीर्घकालीन आदत और प्रथा के कारण उनका नैतिक बोध इतना मलिन हो गया है कि उन्हें शूद्रों की इन अक्षमताओं की "कैसे और क्यों" की परवाह ही नहीं रह गई है। दूसरी बात यह है कि उनमें से जो उनके बारे में जागरूक हैं, वे अनुभव करते हैं कि अन्य देशों में विशेष वर्गों पर इसी तरह की अक्षमताएँ थोपी गई हैं और इसलिए शूद्रों की अक्षमताओं में कुछ भी असाधारण या लज्जास्पद नहीं है। यह दूसरा रवैया है जिसे उजागर करने की जरूरत है।

यह रवैया बहुत सहज है और इसकी सराहना की जाती है क्योंकि यह प्रतिष्ठा और दास भाव को बचाने में मदद करता है। हालाँकि, इन चीजों को ऐसे ही छोड़ देने का कोई लाभ नहीं है। यह दिखाना नितांत आवश्यक

है कि इन अक्षमताओं का दुनिया में कहीं भी कोई मुकाबला नहीं है। अधिकारों और अक्षमताओं के मामले में ब्राह्मण कानून की अन्य सभी कानूनी व्यवस्थाओं से तुलना करना असंभव है। रोमन कानून के साथ ब्राह्मण कानून की तुलना पर्याप्त होनी चाहिए।

IV

इस तुलना की शुरुआत उन वर्गों पर ध्यान देने से होगी जिनके पास रोमन कानून के तहत अधिकार थे और जो अक्षमताओं से पीड़ित थे। रोमन न्यायविदों ने पुरुषों को पाँच श्रेणियों में विभाजित किया: (1) कुलीन और अशिष्ट (2) स्वाधीन और गुलाम; (3) नागरिक और विदेशी; (4) वे व्यक्ति जो सूई ज्यूरिस थे और वे व्यक्ति जो एलियन ज्यूरिस थे और (5) ईसाई और मूर्तिपूजक।

रोमन कानून के तहत; जिन व्यक्तियों को विशेषाधिकार प्राप्त थे वे थे- (1) कुलीन; (2)स्वाधीन; (3) नागरिक; (4) सुई ज्यूरिस और (5) ईसाई। इनकी तुलना में, रोमन कानून के तहत अक्षमता का सामना करने वाले व्यक्ति थे: (1) अशिष्ट; (2) दास; (3) विदेशी; (4) वे व्यक्ति जो एलियन जूरी थे और (5) मूर्तिपूजक।

स्वाधीन व्यक्ति जो रोमन कानून के तहत एक नागरिक था, उसके पास नागरिक अधिकारों के साथ-साथ राजनीतिक अधिकार भी थे। एक नागरिक के नागरिक अधिकारों में वैवाहिक प्रथा और वाणिज्य के अधिकार शामिल थे। वैवाहिक प्रथा के आधार पर, नागरिक ज्यूस सिविली के अनुसार एक वैध विवाह का अनुबंध कर सकता है, और इसके परिणामस्वरूप मिलने वाले अधिकारों को प्राप्त कर सकता है, और विशेष रूप से पितृ शक्ति और नागरिक संबंध जिसे औरस कहा जाता है, जो कि बिना वसीयत किए मृत्यु को प्राप्त होने वाले व्यक्तियों की संपत्ति को प्राप्त करने में कानूनन सक्षम होने के लिये नितांत आवश्यक था। विधि के अनुसार और रोमन कानून के विशेषाधिकारों के साथ व्यापार के आधार पर वह सभी प्रकार की संपत्ति का अधिग्रहण और निपटारा कर सकता था। रोमन नागरिक के राजनीतिक अधिकारों में न्याय मताधिकार और न्याय मानदेय,

सार्वजनिक चुनावों में वोट देने का अधिकार और पद धारण करने का अधिकार शामिल था।

दास, स्वाधीन से इस बात में भिन्न था कि वह स्वामी के अधीन था और इसलिए उसके पास अधिकार प्राप्त करने की कोई क्षमता नहीं थी।

विदेशी, जिन्हें परदेशी कहा जाता था, नागरिक नहीं थे और उनके पास नागरिकता के साथ मिलने वाले राजनीतिक या नागरिक अधिकार नहीं थे। एक विदेशी तब तक कोई सुरक्षा प्राप्त नहीं कर सकता था जब तक कि वह किसी नागरिक के संरक्षण में न हो।

एलियेनी ज्यूरिस सूई ज्यूरिस से इस बात में भिन्न है कि पहले वाले किसी अन्य व्यक्ति के अधिकार के अधीन थे, जबकि बाद वाले इससे मुक्त थे। इस प्राधिकरण को विभिन्न रूप से (1) पोटेस्टस, (2) मानुस और (3) मैन्सिपियम कहा जाता था, हालांकि उनका प्रभाव समान था। रोमन कानून के तहत पोटेस्टस दो वर्गों में बंट गया। पोटेस्टस के अधीन व्यक्ति थे – (1) दास (2) बच्चे, (3) मानुसों में पत्नी,(4) न्यायालय द्वारा लेनदार को सौंपा गया ऋणी और (5) एक पेशेवर लड़ाका। पोटेस्टस ने किसी और के द्वारा उनके साथ किए गए किसी भी गलत काम को सही ठहराने के लिए उनमें से उस व्यक्ति को चुना जिसके पास उन लोगों के विशिष्ट कब्जे का अधिकार था, जिसके लिए इसे विस्तृत किया गया था।

पोटेस्टस के अधीन होने के परिणामस्वरूप अन्य न्यायिक व्यक्तियों को जिन सहसंबंधी अक्षमताओं का सामना करना पड़ा वे थेः (1) वे स्वतंत्र नहीं थे, (2) वे संपत्ति का अधिग्रहण नहीं कर सकते थे और (3) वे सीधे तौर पर किसी भी गलत या उनके द्वारा की गई चोट को ठीक नहीं कर सकते थे।

मूर्तिपूजकों की अक्षमता ईसाई धर्म के आगमन के साथ शुरू हुई। मूल रूप से, जब सभी रोमन मूर्तिपूजन का ही पालन करते थे तब धर्म नागरिक अधिकारों के आनंद में कोई अंतर नहीं कर सकता था। ईसाई सम्राटों के अधीन, विधर्मी और धर्मत्यागियों के साथ-साथ मूर्तिपूजक और यहूदियों पर विशेष रूप से संपत्ति के लिए दावेदार होने और गवाहों के रूप में कार्य

करने संबंधी फर्जी प्रतिबंध लगाए गए। केवल रूढ़िवादी ईसाई जिन्होंने चार विश्वव्यापी परिषदों के निर्णयों को मान्यता दी थी, उन्हें नागरिक अधिकारों का पूर्ण आनंद प्राप्त था।

रोमन कानून के अधिकारों और अक्षमताओं का यह सर्वेक्षण हिंदुओं को अच्छी तरह से दिलासा दे सकता है कि ब्राह्मण कानून ही एकमात्र ऐसा कानून नहीं था जो कुछ वर्गों को विकलांगों के तहत रखने का दोषी था, हालांकि रोमन कानून द्वारा लगाए गए अक्षमताओं में ऐसी कोई क्रूरता नहीं थी जो ब्राह्मण कानून द्वारा लगाए गए प्रतिबंध में लक्षित होती है। लेकिन जब कोई रोमन कानून के सिद्धांतों की तुलना इन अक्षमताओं में अंतर्निहित ब्राह्मण कानून से करता है, तो ब्राह्मण कानून की आधारहीनता स्पष्ट हो जाती है।

आइए हम पहले पूछें:-

रोमन कानून के तहत अधिकारों और अक्षमताओं का आधार क्या था। यहाँ तक कि रोमन कानून का एक सतही छात्र भी जानता है कि वे (1) कैपुत और (2) अस्तित्व पर आधारित थे।

कैपुत का अर्थ था किसी व्यक्ति की नागरिक प्रतिष्ठा। रोमनों के बीच नागरिक प्रतिष्ठा का मुख्य रूप से तीन बातों से संबंध था; स्वतंत्रता, नागरिकता और परिवार। स्टेटस लिबरेटिस में एक स्वाधीन व्यक्ति का होना शामिल था न कि गुलाम। यदि एक स्वतंत्र व्यक्ति भी एक रोमन नागरिक था, तो उसे नागरिकता का दर्जा प्राप्त था। इस गुण पर न केवल राजनीतिक अधिकारों का उपभोग निर्भर करता था, बल्कि नागरिक न्याय में भाग लेने की क्षमता भी निर्भर करती थी। अंत में, स्टेटस फॅमिलिस का मतलब था एक विशेष परिवार से संबंधित होना, जिससे वह नागरिक कुछ अधिकारों का आनंद लेने में सक्षम होता था, जिसमें उस परिवार के सदस्य, गोत्रों की अपनी गुणवत्ता के आधार पर अकेले भाग ले सकते हैं।

यदि कोई मौजूदा स्थिति खो जाती थी या बदल जाती थी, तो पीड़ित व्यक्ति को कैपिटिस डिमिन्यूटियो कहा जाता था, जो पूरी तरह से या कुछ हद तक उसकी पूर्व कानूनी क्षमता को समाप्त कर देता था।

अलग-अलग परिणामों के साथ स्थिति या परिस्थिति में तीन परिवर्तन हुए, जिन्हें मैक्सिमा, मीडिया और मिनिमा कहा जाता है। इसमें सबसे बड़ी स्वतंत्रता, नागरिकता और परिवार की हानि शामिल है; और यह तब होता था जब एक रोमन नागरिक को युद्ध में बंदी बना लिया गया हो, या उसके अपराधों के लिए उसे दासता की बेड़ियों में डाल दिया गया हो। लेकिन वह नागरिक जिसे दुश्मन द्वारा बंदी बना लिया गया था, कैद से लौटने पर, उसके सभी नागरिक अधिकारों को बहाल कर दिया जाता था।

प्रतिष्ठा का अगला परिवर्तन, बिना कोई व्यक्तिगत स्वतंत्रता गंवाए, नागरिकता और पारिवारिक अधिकारों के नुकसान में निहित था; और यह तब होता था जब एक नागरिक दूसरे राज्य का सदस्य बन जाता था। उसके बाद उसे आग और पानी के उपयोग से मना कर दिया जाता था, ताकि उसे रोमन क्षेत्र छोड़ने के लिए मजबूर किया जा सके, या साम्राज्य के तहत निर्वासन की सजा सुनाई जा सके।

अंत में, जब कोई व्यक्ति अपनी स्वतंत्रता या नागरिकता को खोए बिना किसी विशेष परिवार से संबंध नहीं रखता, तो उसे स्थिति के कम से कम परिवर्तन का सामना करना पड़ता था, उदाहरण के लिए, जहाँ एक सूई ज्यूरिस सत्तान्तरण से दूसरे की सत्ता में आ गया, या एक पुत्र जो पैट्रिया पोटेस्टस के अधीन हो, उसे उसके पिता से कानूनी रूप से बेदखल कर दिया गया हो।

पहले, नागरिकता जन्म से प्राप्त होती थी। यदि गर्भाधान के समय पिता वैध विवाह के अंतर्गत होता था तो बच्चा पिता की स्थिति का अनुसरण करते हुए एक नागरिक बन जाता था। अगर बच्चा वैध विवाह की संतान नहीं था, तो वह जन्म के समय माँ की हैसियत का अनुसरण करता था। दूसरे, दासत्वमुक्ति कानून द्वारा निर्धारित औपचारिकताओं के अनुसार, एक रोमन नागरिक का दास नागरिक बन जाता था। इस नियम को कानूनों द्वारा संशोधित किया गया था। एलिया सेंटिया और जूनिया नोरबाना, जिसके अनुसार, कुछ मामलों में, मुक्त व्यक्ति केवल एक विदेशी, पेरेग्रिनस डेडिटिटियस या एक लैटिन, लैटिनस जुनियानस की हैसियत हासिल करता

था। जस्टिनियन ने प्राचीन सिद्धांत को बहाल किया, जिसके अनुसार प्रत्येक गुलाम, नियमित रूप से मताधिकार प्राप्त करने वाला, पूरी तरह से एक रोमन नागरिक बन गया था। तीसरा, नागरिकता का अधिकार अक्सर एक पूरे समुदाय या एक व्यक्ति के लिए, लोगों या प्रबंधकारिणी समिति द्वारा गणतंत्र के दौरान, और साम्राज्य के दौरान शासन करने वाले राजकुमार द्वारा एक पुरस्कार के रूप में प्रदान किया जाता था; और यह उसी के बराबर था जिसे आधुनिक लोग प्राकृतिककरण कहते हैं।

सबसे पहले, स्वतंत्रता की हानि के कारण (लोगों की) नागरिकता खो गई। उदाहरण के लिए, जब एक रोमन युद्ध बंदी बन गया। दूसरे, रोमन नागरिक का चरित्र का त्याग हुआ, ऐसा तब हुआ जब किसी को दूसरे राज्य का नागरिक माना गया। तीसरा, अपराध के लिए सजा के रूप में निर्वासन या निर्वासन की सजा दी गई।

रोमन कानून के तहत किसी व्यक्ति की नागरिक प्रतिष्ठा नागरिक ऑप्टिमो ज्यूर हो भी सकती है और नहीं भी। सिविस ऑप्टिमो ज्यूर में न केवल नागरिक अधिकारों की क्षमता शामिल है, बल्कि राजनीतिक अधिकारों की क्षमता भी शामिल है, जैसे कि न्याय मताधिकार और मानदेय, यानी वोट देने का अधिकार और सार्वजनिक पद धारण करने की क्षमता। राजनीतिक अधिकारों की क्षमता अस्तित्व पर निर्भर थी। अस्तित्व का अर्थ कानून की नजर में प्रतिष्ठा है। एक रोमन नागरिक के पास क्षमता के साथ-साथ अस्तित्व भी हो सकता है। दूसरी ओर, एक रोमन के पास क्षमता हो सकती है लेकिन अस्तित्व नहीं हो सकता है। जिसके पास क्षमता और अस्तित्व था, उसके पास नागरिक अधिकार के साथ-साथ राजनीतिक अधिकार भी थे। जिसके पास क्षमता थी, लेकिन कोई अस्तित्व नहीं था, वह केवल नागरिक अधिकारों का दावा कर सकता था, वह राजनीतिक अधिकारों का दावा नहीं कर सकता था।

एक व्यक्ति का अस्तित्व दो तरह से खो सकता था। या तो स्वतंत्रता की हानि या अपराध के लिए सजा से। यदि किसी व्यक्ति ने अपनी स्वतंत्रता खो दी तो उसका अस्तित्व पूरी तरह से समाप्त हो गया। अपराध

की गंभीरता के अनुसार अलग-अलग अपराध के लिए दोषसिद्धि द्वारा अस्तित्व का नुकसान होता था।[59]

यदि अपराध गंभीर था तो उसके अस्तित्व में कमी को बदनामी कहा जाता था। यदि अपराध कम गंभीर था तो उसे अधम कहा जाता था। बदनामी के परिणामस्वरूप अस्तित्व का अंत हो जाता था। रोमन कानून के तहत एक प्रतिवादी, साधारण हर्जाने के अलावा, बदनामी के अधीन था। चोरी, डकैती, चोट या धोखाधड़ी के लिए निंदा, बदनामी होती थी। तो एक साथी, एक जनादेश, एक जमाकर्ता, एक शिक्षक, एक बंधक रखने वाले के (कॉन्ट्रैक्टस फिदुसियो में) कर्तव्य की अगर जानबूझकर उल्लंघन के लिए निंदा की जाती थी, तो उसे बदनाम माना जाता था।

बदनामी का परिणाम राजनीतिक अधिकारों से बहिष्कार[60] था, न केवल कार्यालय से, बल्कि चुनावों में मतदान के अधिकार से भी।

रोमन कानून में अधिकारों और अक्षमताओं के आधार के इस संक्षिप्त सर्वेक्षण से यह स्पष्ट हो जाएगा कि आधार सभी के लिए समान था। वे एक से दूसरे समुदाय में भिन्न नहीं थे। रोमन कानून के अनुसार अधिकारों और अक्षमताओं को सामान्य विचारों द्वारा नियंत्रित किया जाता था, जैसे क्षमता और अस्तित्व। जिसके पास क्षमता और अस्तित्व था, उसके पास अधिकार थे। जिसने भी अपनी क्षमता खो दी उसका अस्तित्व विकलांग हो गया। ब्राह्मण कानून के तहत स्थिति क्या है? वहाँ फिर से, यह बिल्कुल स्पष्ट है कि अधिकार और अक्षमता एक समान विचारों पर आधारित नहीं थे। वे सांप्रदायिक विचारों पर आधारित थे। पहले तीन वर्णों के लिए सभी अधिकार और शूद्रों के लिए सभी अक्षमताएं वह सिद्धांत था जिस पर ब्राह्मण कानून आधारित था।

ब्राह्मण कानूनों के समर्थक यह तर्क दे सकते हैं कि यह तुलना रोमन कानून के अनुकूल है और यह कथन कि रोमन कानून सांप्रदायिक आधार पर अधिकारों और दायित्वों का वितरण नहीं करता है, सत्य नहीं है। यह माना जा सकता है। जहाँ तक कुलीन और सामान्य जनता के बीच संबंध

का सवाल था, अधिकारों और दायित्वों का वितरण सांप्रदायिक था। लेकिन इस संबंध में निम्नलिखित तथ्यों पर ध्यान देना आवश्यक है।

सबसे पहले, यह ध्यान दिया जाना चाहिए कि आम लोग गुलाम नहीं थे। वे उस हद तक स्वतंत्र व्यक्ति थे, जिस हद तक वे वाणिज्यिक रूप से या संपत्ति अर्जित करने, धारण करने और हस्तांतरित करने के अधिकार का उपभोग करते थे। उनकी अक्षमताओं में राजनीतिक और सामाजिक अधिकारों का खंडन शामिल था। दूसरे स्थान पर, यह ध्यान दिया जाना चाहिए कि उनकी विकलांगता स्थायी नहीं थी। दो सामाजिक अक्षमताएँ थीं जिनसे वे पीड़ित थे। उनमें से एक उनके और कुलीनों के बीच अंतर्विवाह पर बारह तालिकाओं द्वारा लगाए गए निषेधाज्ञा से उत्पन्न हुआ।[61] कैनुलेनियन कानून के पारित होने से, इस अक्षमता को 445 ई.पू. में हटा दिया गया था जिसने कुलीन और आम लोग के बीच अंतर्विवाह को वैध बनाया। अन्य अक्षमता रोम के सार्वजनिक मंदिरों में पोप और ज्योतिषियों के कार्यालय को संभालने की उनकी अयोग्यता थी। इस अक्षमता को 300 ई.पू. में पारित ओगुलनियन कानून द्वारा हटा दिया गया था।

साधारण लोगों की राजनीतिक अक्षमताओं के रूप में उन्होंने रोम के छठे राजा सर्वियस ट्यूलियस के संविधान के तहत लोकप्रिय विधानसभाओं में वोट देने का अधिकार हासिल किया था। जिन राजनीतिक अक्षमताओं का निवारण नहीं किया गया था, वे पद ग्रहण करने से संबंधित थीं। 509 ईसा पूर्व गणतंत्र की स्थापना के बाद इसे भी समय के साथ हटा दिया गया था। इस दिशा में उठाया गया पहला कदम 494 ईसा पूर्व में प्लेबियन ट्रिब्यून की नियुक्ति थी। औपचारिक रूप से 421 ई.पू.; वास्तव में 409 ईसा पूर्व; वाणिज्य दूतावास में 367 ई.पू.; 366 ई.पू.; 356 ईसा पूर्व में तानाशाही; 351 बी.सी. में सेंसरशिप; और 336 बी. सी. में प्रेटोरशिप। हॉर्टेंसियन कानून 287 बी. सी.में अधिनियमित किया गया जिसने प्लेबियंस के लिए एक पूर्ण विजय को चिह्नित किया। उस कानून के द्वारा जनजातियों की सभा के संकल्प सीधे और बिना किसी संशोधन, नियंत्रण या देरी के पूरे रोमन लोगों पर बाध्यकारी होने थे।

यह समानता के मामले में कुलीन और जनसाधारण के पूर्ण राजनीतिक विलय का प्रतीक है।

जनसाधारण को न केवल कुलीनों के साथ राजनीतिक क्षमता और सामाजिक स्थिति के समान आधार पर रखा गया था बल्कि उनके लिए बड़प्पन का रास्ता भी खोल दिया गया था। रोमन समाज में, जन्म और भाग्य पद और व्यक्तिगत विशिष्टता के दो महान स्रोत थे। लेकिन इसके अलावा, कुरुले मैजिस्ट्रेसी का कार्यालय भी उसके धारक के लिए सम्मान का स्रोत था। प्रत्येक नागरिक, चाहे कुलीन हो या साधारण, जिसने उस एडिले (मजिस्ट्रेट) से ऊपर की ओर कुरूल मैजिस्ट्रेसी के लिए अपना रास्ता जीता, उसने व्यक्तिगत विशिष्टता प्राप्त की, वह विशिष्टता उसके वंशजों को प्रेषित की गई, उन्होंने नोबेल नामक एक वर्ग का गठन किया।

या कुछ ज्ञात या अज्ञात पुरुषों ने उन्हें अकुलीनता से उबारने के लिए ऐसा किया। चूंकि कार्यालय अकुलीनों के लिए खोल दिए गए थे, कई अकुलीन[62] रईस बन गए थे और बड़प्पन के मामले में कुलीनों से भी आगे निकल गए थे।

यह हो सकता है कि रोमन कानून ने अधिकारों और अक्षमताओं के वितरण में सांप्रदायिक भेद को मान्यता दी हो। मुद्दा यह है कि अकुलीनों की अक्षमताओं को स्थायी नहीं माना जाता था। हालांकि वे अस्तित्व में थे, लेकिन समय के साथ उन्हें हटा दिया गया। ऐसा होने पर, ब्राह्मण कानून के समर्थकों को रोमन कानून में समानता पाकर केवल सांत्वना नहीं मिल सकती है, बल्कि उन्हें यह जवाब देना होगा कि ब्राह्मण कानून ने त्रैवर्णिकों और शूद्रों के बीच के अंतर को समाप्त क्यों नहीं किया, जैसा कि रोमन कानून ने कुलीनों के साथ अकुलीनों की बराबरी करके किया था। इसलिए कोई यह तर्क दे सकता है कि अधिकारों और अक्षमताओं का रोमन कानून सांप्रदायिक नहीं था जबकि ब्राह्मण कानून था।

रोमन कानून और ब्राह्मण कानून के बीच यही एकमात्र अंतर नहीं है। दो अन्य हैं। एक आपराधिक मामलों में कानून के समक्ष समानता है। हो सकता है कि रोमन कानून ने नागरिक और राजनीतिक अधिकारों के

मामलों में समानता को मान्यता न दी हो। लेकिन आपराधिक कानून के मामलों में इसने एक नागरिक और दूसरे नागरिक के बीच कोई भेद नहीं किया, यहाँ तक कि कुलीन और अकुलीन के बीच भी नहीं। वही अपराध वही सजा, शिकायतकर्ता कोई भी हो और आरोपी कोई भी हो। एक बार अपराध साबित हो जाने पर सजा वही होती थी। धर्म सूत्र और स्मृतियाँ क्या करती हैं? वे पूरी तरह से अलग सिद्धांत का पालन करती हैं। एक ही अपराध के लिए सजा आरोपी के समुदाय और शिकायतकर्ता के समुदाय के अनुसार अलग-अलग होती है। यदि शिकायतकर्ता एक शूद्र है और अभियुक्त तीन वर्गों में से किसी एक से संबंधित है, तो संबंध उलटने पर जो सजा होगी, वह कम होगी। दूसरी ओर, यदि शिकायतकर्ता त्रैवर्णिक हो और आरोपी शूद्र, तो पहले मामले की तुलना में सजा कहीं अधिक भारी है। यह एक और बर्बरता है जो ब्राह्मण कानून को रोमन कानून से अलग करती है।

रोमन कानून की अगली विशेषता जो इसे ब्राह्मण कानून से अलग करती है, सबसे उल्लेखनीय है। यह अक्षमताओं के विलुप्त होने से संबंधित है। दो बिंदुओं को ध्यान में रखना होगा। पहला यह है कि रोमन कानून के तहत अक्षमताएं केवल आकस्मिक थीं। जब तक कुछ स्थितियाँ बनी रहीं, उन्होंने कुछ अक्षमताओं को जन्म दिया। जिस क्षण ये स्थितियां बदलीं, अक्षमताएं गायब हो गईं और कानून के समक्ष समानता की दिशा में एक कदम उठाया गया। दूसरा बिंदु यह है कि रोमन कानून ने कभी भी हमेशा के लिए स्थितियों को स्थायी बनाने और इस तरह अक्षमताओं को कायम रखने का प्रयास नहीं किया। दूसरी ओर, यह हमेशा उन स्थितियों को हटाने के लिए तैयार था जिनसे ये अक्षमताएं जुड़ी हुई थीं, जैसा कि अकुलीन, दास, विदेशियों और मूर्तिपूजकों के मामले में स्पष्ट है।

यदि रोमन कानून के तहत अक्षमताओं के बारे में इन दो बातों को ध्यान में रखा जाए, तो एक बार में यह देखा जा सकता है कि शूद्रों पर अक्षमताओं को थोपने में धर्म सूत्र और स्मृतियों ने क्या शरारत की है। यदि अक्षमता स्थितियों पर निर्भर होती और अक्षमों को उन स्थितियों से आगे

बढ़ने की स्वतंत्रता होती, तो अक्षमताओं को थोपना इतना भयावह नहीं होता। लेकिन ब्राह्मण कानून जो करता है वह केवल अक्षमताओं को लागू करने के लिए नहीं है बल्कि यह एक ऐसा अधिनियम बनाकर स्थितियों को स्थायी करने की कोशिश करता है जो उन स्थितियों के उल्लंघन के लिए एक अपराध है जिसमें सख्त सजा शामिल है। इस प्रकार, ब्राह्मण कानून न केवल अक्षमताओं को लागू करना चाहता है बल्कि यह उन्हें स्थायी बनाने का प्रयास करता है। एक दृष्टांत काफी होगा- एक शूद्र वैदिक यज्ञ करने का अधिकारी नहीं है क्योंकि वह वैदिक मंत्रों का उच्चारण करने में सक्षम नहीं है। कोई भी ऐसी अक्षमता से झगड़ा नहीं करेगा। लेकिन धर्म सूत्र यहीं नहीं रुकते। वे आगे जाकर कहते हैं कि शूद्र के लिए वेदों का अध्ययन करना या उसका उच्चारण सुनना अपराध होगा और यदि वह ऐसा अपराध करता है तो उसकी जीभ काट दी जानी चाहिए या उसके कान में पिघला हुआ सीसा डाल देना चाहिए। क्या किसी आदमी को उसकी अक्षमता से बाहर निकलने से रोकने से अधिक बर्बर कुछ हो सकता है? इन अक्षमताओं की व्याख्या क्या है? ब्राह्मण विधि-निर्माताओं ने शूद्रों के प्रति इतना क्रूर रवैया क्यों अपनाया? ब्राह्मण कानून की किताबें केवल अक्षमताओं को बताती हैं। उनका कहना है कि शूद्रों को उपनयन का अधिकार नहीं है। वे कहते हैं कि शूद्र कोई पद ग्रहण नहीं करेंगे। उनका कहना है कि शूद्रों के पास संपत्ति नहीं होगी। लेकिन वे यह नहीं कहते कि ऐसा क्यों है। सब मनमाना है। शूद्र की अक्षमताओं का उसके व्यक्तिगत आचरण से कोई संबंध नहीं है। यह बदनामी का नतीजा नहीं है। शूद्र को केवल इसलिए दंडित किया जाता है क्योंकि वह शूद्र था। यह एक रहस्य है जिसे सुलझाना जरूरी है। चूंकि ब्राह्मण कानून की किताबें हमें इसे हल करने में मदद नहीं करती हैं, इसलिए कहीं और स्पष्टीकरण की तलाश करना जरूरी है।

ग्रंथ-सूची

1. प्रश्न 1, पटल 1, खंड 1, सूत्र 4-5.
2. उक्त।, सूत्र 6.
3. अध्याय एच, श्लोक 1-4.

4. अध्याय IV, श्लोक 3.
5. अध्याय I, पद्य 31.
6. अध्याय X, श्लोक 4.
7. प्रश्न 1, पटल 3, खंड 9, सूत्र 6-11.
8. प्रश्न 1, पटल 5, खंड 16, सूत्र 21-22.
9. अध्याय XIX, सूत्र 1-4.
10. अध्याय XIV, श्लोक 1-4.
11. अध्याय XVIII, श्लोक 11-15.
12. अध्याय VI, श्लोक 26.
13. अध्याय VI, श्लोक 27-29.
14. अध्याय IV, श्लोक 61.
15. अध्याय III, श्लोक 178.
16. अध्याय 5 श्लोक 92.
17. प्रश्न 1, पटल 2, खंड 5, सूत्र 16.
18. उक्त, सूत्र 17.
19. प्रश्न ''', पटल 2, खंड 4, सूत्र 19-20.
20. अध्याय 5. सूत्र 115
21. अध्याय II, श्लोक 135-137
22. अध्याय II, श्लोक 154-156
23. अध्याय III, श्लोक 110-112
24. प्रश्न प्रथम, पटल 9, खंड 24, सूत्र 1-3
25. अध्याय XII, सूत्र 8-13
26. अध्याय XX, श्लोक 7-11
27. अध्याय VIII, श्लोक 267-268
28. अध्याय XI, श्लोक 127-131
29. अध्याय V, सूत्र 19-25
30. अध्याय XII, श्लोक 12
31. अध्याय XX, सूत्र 4-6
32. अध्याय III, श्लोक 156
33. अध्याय IV, श्लोक 78-81.
34. अध्याय IV, श्लोक 99.
35. अध्याय VIII, श्लोक 417.
36 अध्याय X, पद्य 129.

37. अध्याय VIII, श्लोक 20-22.
38. प्रश्न II, पटल 10, खंड 26, सूत्र 14-16.
39. प्रश्न I, पटल I, खंड II, सूत्र 7-8.
40. अध्याय I, श्लोक 87-91.
41. प्रश्न II, पटल 10, खंड 27, सूत्र 8-9.
42. अध्याय XII, सूत्र 2-3.
43. अध्याय VIII, पद्य 366.
44. अध्याय VIII, श्लोक 374.
45. अध्याय III, श्लोक 12-15.
46. उक्त, पद 17-19.
47. अध्याय VI श्लोक 24.
48. अध्याय XXVII, सूत्र 6-9.
49. अध्याय X. सूत्र 50, 56-59 और अध्याय XII, सूत्र 1, 7.
50. अध्याय VII, श्लोक 412-414.
51. अध्याय X, श्लोक 128.
52. अध्याय IX, श्लोक 334-335.
53. अध्याय X, श्लोक 121-125.
54. अध्याय II, श्लोक 31-32.
55. अध्याय VIII, श्लोक 270-72.
56. अध्याय VIII, श्लोक 279-284.
57. अध्याय XV, श्लोक 22-27.
58. म्योर, खंड. I, पृ. 436-40.
42. अध्याय XII, सूत्र 2-3.
59. जैसे डकैती, चोरी, झूठी गवाही, धोखाधड़ी, सार्वजनिक मंच पर एक अभिनेता या ग्लैडीएटर के रूप में दिखाई देना, सेना से निंदनीय निष्कासन, वेश्यावृत्ति और अन्य विवादित व्यवसायों में सहायता करके जीविकोपार्जन करना और अन्य प्रकार के कार्य जिनमें घोर नैतिक अधमता शामिल है।
60. बदनामी के अन्य परिणाम भी थे जैसे अटार्नी के कार्यालय से बहिष्करण, कानूनी मुकदमे में दूसरे की ओर से कार्य करने की अक्षमता या साक्ष्य देना। बदनामी को दो तरह से भड़काया गया था, पहले तो सेंसर द्वारा या कोर्ट ऑफ लॉ के फैसले से। यह सेंसर की शक्ति में था, सार्वजनिक नैतिकता को अधीक्षण करने के लिए, सीनेटरों को उनकी गरिमा से वंचित करने के लिए, अश्वारोही क्रम से शूरवीरों को हटाने के लिए और यहाँ तक कि एक नागरिक को उसके सभी राजनीतिक

अधिकारों से वंचित करने के लिए उसे ऐरारी के बीच वर्गीकृत करने की शक्ति थी। सेंसर नागरिकों के रोल में एक आदमी के नाम के विपरीत एक नोट सेंसरिया भी लगाते हैं; और यह उनकी अपनी जिम्मेदारी पर किया जा सकता है; विशेष जाँच के बिना, हालांकि वे आम तौर पर जनता की राय के अनुसार काम करते थे। नोट सेंसरिया ने इसे लागू करने वाले सेंसर की जादूगरी के अलावा कोई प्रभाव नहीं डाला। इस संबंध में यह बदनामी से अनिवार्य रूप से भिन्न था, यह कि हमेशा के लिए था, जब तक कि लोगों या सम्राट के विशेषाधिकार द्वारा इस कलंक को हटा नहीं दिया जाता।

61. यह बारह तालिका से भी पुराना था। बारह तालिका ने ही इसे पहचाना।
62. एक अकुलीन जिसने सबसे पहले कुरूल कार्यालय प्राप्त किया और एक महान परिवार का संस्थापक बन गया, उसे रेमन्स ने एक नया मानव या नया व्यक्ति कहा।

अध्याय - 4

शूद्र बनाम आर्य

I

पहले जो कुछ कहा गया है, उससे स्पष्ट होता है कि ब्राह्मणवादी लेखक हमें ऐसा कोई संकेत नहीं देते कि शूद्र कौन थे और वे चतुर्थ वर्ण कैसे बन गए। अतः यह जरूरी है कि पश्चिमी लेखकों की तरफ रुख किया जाय और यह देखा जाय कि वे इस विषय पर क्या कहते हैं। पश्चिमी लेखकों के पास शूद्रों की उत्पत्ति के बारे में एक निश्चित सिद्धान्त है।

हालाँकि वे सब उस सिद्धान्त के सभी पहलुओं पर सहमत नहीं हैं, फिर भी कुछ विन्दु हैं जिनपर उनमें कुछ हद तक सहमति जान पड़ती है। वे इस प्रकार हैं:

(1) वे लोग जिन्होंने वैदिक साहित्य का निर्माण किया आर्य नस्ल के थे।

(2) यह आर्य नस्ल भारत के बाहर से आई थी और इसने भारत पर आक्रमण किया था।

(3) भारत के मूल निवासियों को दास और दस्यु के नामों से जाना जाता था जो नस्ली तौर पर आर्यों से भिन्न थे।

(4) आर्य गोरी नस्ल के थे। दास और दस्यु साँवले रंग के थे।

(5) आर्यों ने दासों और दस्युओं को पराजित किया था।

(6) दास और दस्यु जब पराजित हो गए और गुलाम बना लिये गए, तब उन्हें शूद्र कहा जाने लगा।

(7) आर्यों में वर्ण भेद का प्रचलन था इसलिये उन्होंने चातुर्वर्ण्य का निर्माण किया जिसमें उन्होंने गोरी नस्ल को काली नस्ल यानि दास और दस्यु से अलग कर दिया।

इंडो-आर्यन समाज में शूद्रों की उत्पत्ति और स्थिति के बारे में पश्चिमी सिद्धान्त के यह प्रमुख तत्व हैं।

अब ये मान्य हैं या नहीं, यह अलग विषय है। पर इतना अवश्य कहा जाना चाहिये कि ब्राह्मणवादी सिद्धांतों और उनके लम्बे तथा कठिन स्पष्टीकरण पढ़ने के बाद, जो एक सामाजिक तथ्य को एक दैवी विधान के रूप में पेश करने की कोशिश करते हैं, कोई भी एक ऐसे सिद्धान्त को अपने सामने देखकर कुछ हद तक राहत महसूस करेगा जो किसी सामाजिक तथ्य की एक समुचित व्याख्या देने का उपक्रम करता है। ब्राह्मणवादी सिद्धान्तों को एक विचारहीन मस्तिष्क का मूर्खतापूर्ण उफान कहने के अलावा कोई और कुछ नहीं कर सकता। वे समस्या को जस का तस छोड़ देते हैं। आधुनिक सिद्धान्त की सहायता से, कम से कम कोई अपनी राह खोजने की तरफ मुड़ सकता है।

इस सिद्धान्त की वैधता की जाँच के लिये, सबसे अच्छा ये है कि इसके एक एक भाग की जाँच की जाय और देखा जाय कि प्रत्येक भाग किस हद तक साक्ष्य से समर्थित है।

वह आधारशिला जिसपर इस सिद्धान्त का समूचा ताना-बाना टिका हुआ है, यह कथन है कि ऐसे लोग अस्तित्व में थे जो नस्ल से आर्य थे। अतः पहले अब इस प्रश्न के साथ इस गुत्थी को सुलझाना उचित होगा कि-

यह आर्य नस्ल क्या है ? इससे पहले कि हम आर्य नस्ल के प्रश्न पर गौर करें, हमें यह निश्चित करना होगा कि "नस्ल" शब्द से हम क्या समझते हैं। यह प्रश्न उठाना जरूरी है क्योंकि किसी जाति को नस्ल समझने

की भूल कर देना असम्भव नहीं है। ऐसी ही भूल का एक सबसे अच्छा उदाहरण है यहूदी। अधिकतर लोग समझते हैं कि यहूदी एक नस्ल है। साधारण दृष्टया ऐसा ही लगता भी है। पर विशेषज्ञों का निर्णय क्या है?

प्रो. रिप्ले[1] यहूदियों के बारे में यह कहते हैं:

"तो हमारा अंतिम निष्कर्ष यह है : यह विरोधाभासी है पर सत्य है, हम पुष्टि करते हैं। यहूदी कोई नस्ल नहीं है, बल्कि अंततः सिर्फ एक प्रजा है। उनके मुखविन्यास से हमें इसकी पुष्टि हो जाती है; जबकि उनके दूसरे गुणों से हमें ये विश्वास हो जाता है कि जैसा व्यक्तित्व वे रखते हैं – जो नगण्य बिल्कुल नहीं है – वह पीढ़ी दर पीढ़ी उनका अपना बनाया हुआ है, न कि भौतिक वंशवाद की अभूतपूर्व शुद्धता का कोई प्रतिफल।"

नस्ल है क्या ? एक नस्ल को ऐसे व्यक्तियों के समूह के रूप में परिभाषित किया जा सकता है जिनकी कुछ ठेठ विशेषताएं होती हैं जो वंशानुगत होती हैं। एक समय था जब यह माना जाता था कि इन गुणों से किसी नस्ल का निर्माण होता है: (1) सिर का ढाँचा, (2) बाल और आंखों का रंग, (3) त्वचा का रंग, और (4) डील डौल। आजकल सामान्यतया ये माना जाता है कि वर्ण और कद-काठी ऐसे गुण हैं जो जलवायु तथा स्थान के हिसाब से बदलते हैं, और इसी कारण इनसे किसी की नस्ल को निर्धारित नहीं किया जाना चाहिये। सिर्फ एक गुण स्थायी होता है – मानव के शिर का आकार – जिसका मतलब हैलंबाई, चौड़ाई और ऊँचाई का सामान्य अनुपात और यही कारण है कि मानवशास्त्री तथा नृजातिविज्ञानी इसे नस्ल की जाँच का सबसे अच्छा साधन मानते हैं।

कोई व्यक्ति किस नस्ल का है यह जाँचने के लिये सिर के ढाँचे का उपयोग मानवशास्त्रियों द्वारा एक विशुद्ध विज्ञान के रूप में विकसित कर लिया गया है। इसे मानवमिति (anthropometry) कहा जाता है। इस मानवमिति विज्ञान ने शिर के ढाँचे को मापने के दो तरीके विकसित किये हैं: (1) मस्तकीय सूचकांक (cephalic index), तथा (2) मुख सूचकांक (बिपंस index)। यह सूचकांक किसी नस्ल की पहचान होते हैं।

मस्तकीय सूचकांक (cephalic index) कानों से ऊपर माथे की चौड़ाई है जो मस्तक के आगे से लेकर पीछे तक की लम्बाई के प्रतिशत में व्यक्त की जाती है। इस लम्बाई को 100 मानें तो, यह चौड़ाई इसके अंश के रूप में व्यक्त की जाती है। माथा, जैसे-जैसे अनुपातिक रूप से चौड़ा होता जाता है – यानी ऊपर से देखने पर अधिक गोल होता जाता है – यह मस्तकीय सूचकांक बढ़ता जाता है। जब यह 80 से ऊपर आ जाता है, तो मस्तक को लघुशिरस्क (brachycephalic) कहा जाता है। जब यह 75 से नीचे आ जाता है, तो इसे दीर्घशिरस्क (dolichocephalic) कहा जाता है। 75 से 80 के बीच के सूचकांक को मध्यशिरस्क (mesocephalic) शब्द से अभिहित किया जाता है। ये तकनीकी शब्द हैं। ये नस्ल से सम्बंधित साहित्य में अक्सर इस्तेमाल किये जाते हैं, और यदि किसी को पता न हो कि ये क्या सूचित करते हैं तो जाहिर है कि उसपर तार्किक चर्चा करना बहुत मुश्किल हो जाएगा। अतः, यदि मैं उनके प्रचलित समानार्थी शब्द न दूँ तो कोई हानि न होगी। Mesocephalic का प्रचलित समानार्थी होगा मध्य सिरवाला, जिसका मस्तकीय सूचकांक मध्य है, जिसके कपाल की चौड़ाई उसकी लम्बाई के ¾ से ⅘ के बीच है। Dolichocephalic का मतलब है लम्बे सिरवाला, जिसका मस्तकीय सूचकांक कम है, जिसके कपाल की चौड़ाई उसकी लम्बाई के ⅘ से कम है।

मुख सूचकांक सिर के अनुपातों और चेहरे के आकार के बीच का सह-सम्बन्ध है। अधिकतर मामलों में यह पाया गया है कि एक अपेक्षाकृत चौड़ा माथा एक गोल चेहरे के साथ पाया जाता है, जिसमें गाल की हड्डियों की चौड़ाई मस्तक से ठुड्डी तक की ऊँचाई के मुकाबले बहुत अधिक होती है। माप लेने के तरीकों में एकरूपता की कमी की वजह से अभी तक विस्तृत पर्यवेक्षण, जो सटीक तुलना के योग्य हो, नहीं हो पाया है। जो भी हो, यही नियम अपनाना सुरक्षित पाया गया है, लंबा शिर, अंडाकार चेहरा; छोटा सिर और गोल चेहरा।

मानवमिति के इन्हीं पैमानों को अपनाते हुए, नस्ल के विज्ञान के विशेषज्ञ प्रो. रिप्ले इस निष्कर्ष पर पहुँचे हैं कि मस्तकीय सूचकांक और

मुख सूचकांक की दृष्टि से यूरोपीय लोग तीन विभिन्न नस्लों के पाए जाते हैं। उनके निष्कर्षों का सार अगले पृष्ठ की तालिका में दिया गया है।[2]

क्या भौतिक अर्थों में कोई आर्य नस्ल है ? लगता है, इस विषय पर दो दृष्टिकोण हैं। एक दृष्टिकोण आर्य नस्ल के अस्तित्व के पक्ष में है। इसके अनुसार[3]

आर्य श्रेणी की पहचान है ... अपेक्षाकृत लंबा शिर (dolichocephalic); सीधी नुकीली (लेप्टोराइन) नाक; लम्बा संतुलित पतला चेहरा; पूर्ण विकसित सामान्य लक्षण और चेहरे का उच्च कोण। कद काठी काफी बड़ी होती है – और शरीर की सामान्य बनावट समानुपातिक तथा पतली होती है न कि बहुत विशाल।

यूरोपीय नस्लों के प्रकार

	माथा	चेहरा	बाल	आँख	कद	नाक
1. ट्यूटॉनिक	लम्बा	लम्बा	बहुत हल्के	नीली	ऊँचा	पतली मुड़ी हुई
2. अल्पाइन (सेल्टिक)	गोल	चौड़ा	हल्के बादामी	बादामी भूरी	मध्यम नाटा	परिवर्तनीय: अधिक चौड़ा भारी
3. आभ्यंतरिक	लम्बा	लम्बा	गहरे भूरे या काले	गहरे	मध्यम पतला	अधिक चौड़ा

दूसरा मत प्रो.मैक्स मुलर का है। उनके अनुसार यह शब्द तीन भिन्न अर्थों में प्रयुक्त होता है। वह अपनी व्याख्यानमाला Science of Language में यह कहते हैं:

'अर्' अथवा 'अरा' में मैं 'पृथ्वी' का प्राचीनतम नाम पहचानता हूँ, जोती हुई जमीन के अर्थ में, जो संस्कृत में लुप्त हो चुका था पर यूनानी में सुरक्षित रहा (एरा), इसलिये 'आर्य' से मूलतः 'भूस्वामी' या 'कृषक' का अर्थ निकलता था, जबकि 'विश' से 'वैश्य' का मतलब था 'गृहस्वामी',

मनु की पुत्री 'इड़ा' खेती योग्य जमीन का दूसरा नाम है और शायद 'अरा' का ही परिवर्तित रूप है।

दूसरा अर्थ जिसमें यह प्रयुक्त होता था वह था 'जोतना' या 'हल चलाना'। इसके लिये प्रो. मैक्स मुलर कहते हैं:

"मैं यही कह सकता हूँ कि 'आर्य' का शाब्दिक अर्थ 'वह जो हल चलाता है या जोतता है' ही जान पड़ता है। आर्यों ने अपने लिये यही नाम चुना होगा जबकि खानाबदोश जातियों, जैसे 'तूरानियों' के मूल नाम 'तुरा' से 'घुड़सवारों की तीव्रता' का अर्थ निकलता है।"

तीसरे अर्थ में यह शब्द 'वैश्यों' के सामान्य नाम के रूप में प्रयुक्त होता था, यानि लोकसमाज, जिससे समस्त जनसंख्या का निर्माण होता था। इसके समर्थन में प्रो. मैक्स मुलर, पाणिनि (iii. 1, 103) का उल्लेख करते हैं। फिर चौथा अर्थ भी है जो इस शब्द ने बाद में ग्रहण किया जिसमें इसका मतलब हुआ 'कुलीन उत्पत्ति वाला'।

परन्तु जो खास महत्व की चीज है वो है आर्य नस्ल के प्रश्न पर प्रो. मैक्स मुलर का मत। इस विषय में वह कहते हैं:[4]

"आर्य नस्ल का सम्बंध रक्त से नहीं है; वैज्ञानिक भाषा में नस्ल के लिये 'आर्यन्' कतई उपयुक्त नहीं है। इसका अर्थ है 'भाषा' और सिर्फ 'भाषा'; और यदि हम आर्य नस्ल की ही बात करें, तो हमें समझना चाहिये कि इसका मतलब...आर्यों की बोली से अधिक कुछ नहीं है।

• • •

मैंने बार-बार यह घोषणा की है कि जब मैं आर्य कहता हूँ, तो मेरा मतलब न रक्त से होता है न हड्डी से, न बाल से और न खोपड़ी से; मेरा मतलब सिर्फ उन लोगों से होता है जो एक आर्य भाषा बोलते हैं। यही बात हिन्दू, यूनानी, रोमन, जर्मन, सेल्ट और स्लाव पर लागू होती है। जब मैं उनकी बात करता हूँ तो मेरा मतलब शरीर वैज्ञानिक गुणों से नहीं होता। नीली आंखों और गोरे बालों वाले स्कैंडेनेवियन विजेता या विजित हो सकते हैं, उन्होंने अपने साँवले मालिकों या अपनी प्रजाओं की भाषा अपनाई हो

सकती है, या इसका उल्टा भी हो सकता है। मैं जब उन्हें हिन्दू, यूनानी, रोमन, जर्मन, सेल्ट या स्लाव कहता हूँ, तो मेरा जोर सिर्फ उनकी भाषा पर होता है; और इसी अर्थ में, और सिर्फ इसी अर्थ में, मैं कहता हूँ कि सबसे काला हिन्दू भी सबसे गोरे स्कैंडेनेवियन से अधिक आर्य भाषा और विचार की एक पूर्वावस्था का प्रतिनिधित्व करता है। यह बात कड़ी लग सकती है पर इतने महत्व की बातों में हम अपनी भाषा पर ज्यादा तवज्जो नहीं दे सकते। मेरी नजर में, एक मानवजाति विज्ञानी जो आर्य नस्ल, आर्य रक्त, आर्य आंखों और बाल की बात करता है, वह उतना ही बड़ा पापी है, जितना वह भाषाविज्ञानी जो एक दीर्घशिरस्क शब्दकोश या

एक लघुशिरस्क व्याकरण की बात करता है। यह किसी बेबीलोनियन भाषाभ्रम से भी बुरा है– यह सर्वथा चोरी है। हमने भाषाओं के वर्गीकरण के लिये अपनी शब्दावली बनाई है; अब मानवजाति विज्ञानी खोपड़ियों, और बालों और रक्त के वर्गीकरण के लिये अपनी बनाएँ।"

प्रो. मैक्स मुलर के इस विचार का मूल्य वे लोग समझ सकते हैं जो जानते हैं कि वह कभी आर्य नस्ल के सिद्धान्त में विश्वास रखते थे और इसके प्रतिपादन के लिये बहुत हद तक जिम्मेदार थे।

ये दोनों विचार स्पष्टतया सामंजस्यपूर्ण नहीं हैं। एक विचार के अनुसार, आर्य नस्ल का अस्तित्व दैहिक दृष्टि से था जिसमें नियत मस्तकीय तथा मुख सूचकांक के साथ ठेठ वंशानुगत गुण थे।

प्रो. मैक्स मुलर के अनुसार, आर्य नस्ल का अस्तित्व भाषा वैज्ञानिक दृष्टि से था, जिसमें वे एक सामान्य भाषा का उपयोग करते थे।

नजरियों की इस लड़ाई में कोई पूछ सकता है, कि वैदिक साहित्य क्या साक्ष्य देता है? वैदिक साहित्य की जाँच से मालूम पड़ता है कि ऋग्वेद में दो शब्द आए हैं– एक है आर्य, और दूसरा है आर्या। आर्य शब्द का प्रयोग ऋग्वेद[5] में 88 स्थानों पर हुआ है।

यह किन अर्थों में प्रयुक्त हुआ है? यह शब्द[6] चार विभिन्न अर्थों में प्रयुक्त हुआ है;

(1) शत्रु

(2) आदरणीय व्यक्ति

(3) भारत का एक नाम, और

(4) मालिक, वैश्य या नागरिक

आर्या शब्द का प्रयोग ऋग्वेद में 31 स्थानों पर हुआ है।[7] पर इनमें से किसी में भी यह नस्ल के अर्थ में प्रयुक्त नहीं हुआ है।

उपर्युक्त चर्चा से एक निर्विवाद निष्कर्ष यह निकलता है कि शब्द 'आर्य' और 'आर्या' जो वेदों में आए हैं, उनका प्रयोग नस्लीय अर्थ में बिल्कुल नहीं हुआ है।

कोई ये भी पूछ सकता है: मनावमिति विज्ञान का क्या साक्ष्य है? आर्यन नस्ल को लम्बे सिर वाला कहा गया है। यह वर्णन काफी नहीं है। क्योंकि जैसा कि प्रो. रिप्ले द्वारा दी तालिका से साबित होगा, दो नस्लें ऐसी हैं जो लम्बे सिर वाली हैं। यह प्रश्न कि इनमें से कौन आर्यन नस्ल है, अभी भी अनुत्तरित है।

II

अब हम अगला कथन लेते हैं– जिसके अनुसार, आर्य बाहर से भारत में आए, भारत पर आक्रमण किया, और यहाँ की मूल जनजातियों को पराजित किया। इन प्रश्नों को अलग-अलग लेना ठीक रहेगा। आर्य नस्ल भारत में कहाँ से आई थी? आर्य नस्ल के मूल निवास का पता लगाने के प्रश्न पर भाँति-भाँति के विचार और विकल्प हैं। बेनफे के अनुसार, आर्य नस्ल के मूल निवास का निर्णय एक सामान्य शब्दकोश के संदर्भ में किया जाना चाहिये। इस विषय पर उनके विचार प्रो. ईसाक टेलर[8] ने इन शब्दों में व्यक्त किये हैं:

"समस्त आर्यभाषाओं में पाए जानेवाले सामान्य शब्दकोश की जाँच-पड़ताल उनके भाषाई पृथक्करण से पहले के मूल आवास क्षेत्र के बारे में संकेत दे सकती है। उसका दावा है कि कुछ जानवर, जैसे भालू और भेड़िये, और कुछ वृक्ष जैसे बीच वृक्ष और भूर्ज, जिनसे प्राथमिक आर्य परिचित रहे होंगे,

शीतोष्ण क्षेत्र, खासकर यूरोप में पाए जाते हैं, जबकि द. एशिया में पाए जाने वाले जानवर और वृक्ष जैसे शेर और बाघ और ताडवृक्ष सिर्फ भारतीयों और ईरानियों को मालूम थे। उसका कहना है कि आदिम आर्य शब्दावली में से दो प्रमुख शिकारी पशुओं, शेर और बाघ के, या एशिया के मुख्य यातायात पशु ऊँट के, सामान्य नामों की अनुपस्थिति, आर्यों के इस क्षेत्र से कैस्पियन के पूर्व की ओर पलायन के सिद्धांत से समझाना मुश्किल है। यूनानियों द्वारा शेर को इसका सेमेटिक नाम देना, और भारतीयों का इसे वह नाम देना जिसकी कोई आर्य व्युत्पत्ति नहीं पाई जाती, यह बताता है कि यूनानियों और भारतीयों के सामान्य निवास-स्थान में शेर नहीं पाया जाता था।

• • •

बेनफे के कथन का तुरंत असर हुआ, और गीजर भी तुरंत उसी कैम्प में आ गया, पर उसने आर्यों के मूल निवास को अंध सागर के उत्तरी क्षेत्र में नहीं रखा जैसा बेनफे ने किया था, बल्कि उसके कुछ उत्तर पश्चिम, मध्य और पश्चिम जर्मनी में घोषित किया। इस विचार में गीजर का योगदान बिना किसी मूल्य के नहीं था। वह अपने निष्कर्षों का आधार मुख्यतः उन वृक्षों के नामों को बनाता है जो आदिम आर्य शब्दावली में पाए जाते हैं। देवदार, शरपत, प्रभूर्ज, भोजवृक्ष और अखरोट के अलावा, उसके विचार से भूर्ज, बीचवृक्ष तथा बलूत के नाम मुख्यतया निर्णायक हैं। चूँकि यूनानी (phegos) जो बलूत का सूचक है ट्यूटनिक beech और लैटिन fague का समानार्थी है, वह निष्कर्ष निकालता है कि यूनानियों ने बीच वृक्षों के स्थान से बलूत वृक्षों के स्थान की ओर पलायन किया, जिससे 'खाद्य' फल वाले वृक्ष को सूचित करनेवाले एक वृक्ष का नाम दूसरे में बदल गया।"

दूसरी शाखा का मानना है कि आर्य जाति का मूल निवास कॉकेशिया में था, क्योंकि कॉकेशियन भी आर्यों की भाँति सुनहरे भूरे होते हैं, सीधी और नुकीली नाक वाले तथा सुन्दर मुख वाले होते हैं। इस बिन्दु पर प्रो. रिप्ले का विचार उध्दृत करने योग्य है। इस विषय पर प्रो. रिप्ले[9] का यह कहना है:

"कॉकेशियन जैसा अनुपयुक्त नाम, जो पश्चिमी यूरोप की नीली आँखों और भूरे बालों वाली आर्य (?) नस्ल को दिया गया है, कितना मूर्खतापूर्ण है, यह दो निर्विवाद तथ्यों से प्रकट हो जाता है। पहले तो, ऐसी विशुद्ध भूरी जाति कॉकेशिया के कई सौ मीलों तक नहीं पाई जाती; और, दूसरे, विशाल कॉकेशियन श्रृंखला में कहीं भी एक भी मूल जनजाति नहीं पाई जाती जो शुद्ध विभक्तिपरक या आर्य भाषा का प्रयोग करती हो।

यहाँ तक कि ओसीशियाई लोगों ने भी, जिनकी भाषा ही शायद एकमात्र विभक्तिपरक है, आर्य होने के गौरव का अब तक स्पष्ट दावा नहीं किया है और अगर ओसीशयन आर्यन भी हों, तो भी इन्हें ईरान की तरफ से आने वाले आप्रवासी मानने के पूरे कारण हैं, मूल कॉकेशियन तो बिल्कुल नहीं। उनके सिर का प्रकार, साथ ही उनके द्वारा अधिकृत क्षेत्र जो कि दक्षिण से आनेवाली शृंखला के आरपार ख्रडेरियल मार्ग– जो कि एकमात्र मुख्यमार्ग है– के किनारे का क्षेत्र है, इस परिकल्पना को स्थायित्व प्रदान करते हैं। और अगर ओसिशियन आर्य भी हों तो भी, इन लोगों को ईरान की तरफ से आनेवाले आप्रवासी मानने के पूरे कारण हैं, मूल ओसिशियन तो बिल्कुल नहीं। जो भी हो, ओसिशियन आर्य हों या न हों, वे अपने आसपास के लोगों की अपेक्षा किसी विशेषता की योग्यता नहीं रखते। वे शारीरिक सौंदर्य में भी कम हैं जिसके लिये यह क्षेत्र जाना जाता है, और साहस में भी जैसा कि रूसियों से उनकी निकृष्ट एवं निर्विरोध पराजय स्वीकार कर लेने की उनकी ख्याति से हमें पता चलता है।

• • •

यह सच नहीं है कि इन कॉकेशियाइयों में कुछ भी 'विशेषतासूचक' है। सच तो ये है कि वे किसी भी चीज में विशेष नहीं बन सके। इस नाम के अंतर्गत लगभग सभी शारीरिक प्रकार एवं यूरेशियन महाद्वीप के भाषा-समूह आ जाते हैं, उन लोगों को छोड़कर, जैसा हमने कहा है, जो गौरवर्ण, लम्बे, 'आर्य' भाषा बोलनेवाले हैं, जिनके लिये यह नाम खासकर के प्रयुक्त होता है। ये सब कुछ झूठ है; असम्भव ही नहीं, बेतुका भी। कॉकेशिया कोई 'उद्गम स्थल' नहीं – बल्कि यह एक 'कब्र' है – लोगों

की, भाषाओं की, रीतियों की तथा शारीरिक प्रकारों की। हमें शुरू में ही इस बिन्दु पर आश्वस्त हो जाना चाहिये। दुनियाभर में और कहीं भी शायद इतनी विभिन्नताओं वाले लोगों, भाषाओं और धर्मों का समूह एक स्थान पर एकत्र नहीं है जैसा कि कॉकेशस पर्वत-श्रृंखला के किनारे-किनारे मिलता है।"

श्री तिलक का सुझाव है कि आर्यों का मूल निवास आर्कटिक क्षेत्र में था। उनके सिद्धान्त का खुलासा उन्ही के शब्दों में मिल जाता है। वह उत्तरी ध्रुव के आसपास वाले क्षेत्रों में होने वाली खगोलीय एवं जलवायवीय घटनाओं को देखते हुए अपनी शुरुआत करते हैं। उनके अनुसार[10] "दो प्रकार की विशेषताएं या लक्षण हैं; एक उस प्रेक्षक के लिये जो ठीक स्थलीय उत्तरी ध्रुव पर स्थित है, और दूसरा उस प्रेक्षक के लिये जो परिध्रुवीय क्षेत्रों, यानि उत्तरी ध्रुव और आर्कटिक वृत्त के बीच के भूखण्ड में स्थित है।"

श्री तिलक इन दो प्रकार के लक्षणों को ध्रुवीय और परिध्रुवीय कहते हैं और उनको इस प्रकार परिभाषित करते हैं:

1. ध्रुवीय लक्षण:

   (i) सूर्य दक्षिण में उगता है।

   (ii) तारे उगते और अस्त नहीं होते; पर क्षैतिज तलों में गोल - गोल घूमते हैं, और 24 घंटों में एक चक्कर पूरा करते हैं। उत्तरी आकाशीय गोलार्ध हमेशा सिर के ऊपर रहता है और पूरे साल दिखता है; और दक्षिणी या निम्न खगोलीय विश्व हमेशा अदृश्य होता है।

   (iii) पूरे वर्ष में केवल एक लंबा दिन और एक लंबी रात होती है।

   (iv) सिर्फ एक सुबह और एक शाम होती है, यानि वर्ष में सूर्य सिर्फ एकबार उगता और एक बार अस्त होता है। परंतु संध्या, चाहे वो सुबह की हो या शाम की, लगातार दो महीने तक चलती है, यानि 24 घंटों की 60 अवधियों तक।

सवेरे या शाम के झुटपुटे का सुर्ख प्रकाश क्षितिज के किसी खास हिस्से (पूर्वी या पश्चिमी) तक सीमित नहीं रहता, जैसा कि हम देखते हैं; बल्कि उस स्थान पर, क्षितिज के चारों ओर, तारों की तरह गोल-गोल कुम्हार की चक्की की तरह घूमता है, और प्रत्येक 24 घंटे में एक चक्कर पूरा करता है। सुबह के प्रकाश के ये चक्र चलते रहते हैं, जब तक सूर्य का गोला क्षितिज के ऊपर आ जाता है; और फिर सूर्य इसी मार्ग का छः महीने तक अनुसरण करता है, यानि प्रेक्षक के चारों ओर गोल-गोल बिना अस्त हुए घूमता रहता है, और 24 घंटे में एक चक्कर पूरा करता है।

2. परिध्रुवीय लक्षण

(i) सूर्य हमेशा प्रेक्षक के शीर्षबिंदु के दक्षिण में रहेगा, पर चूंकि शीतोष्ण कटिबन्ध में स्थित प्रेक्षक के साथ भी ऐसा ही होता है, इसलिये इसे विशेष लक्षण नहीं कहा जा सकता।

(ii) तारों की एक बड़ी संख्या परिध्रुवीय है, अर्थात्, अपने पूरे परिभ्रमण के दौरान वे क्षितिज के ऊपर रहते हैं और इसलिये सदा दृश्यमान रहते हैं। शेष तारे शीतोष्ण कटिबंध की तरह उदय और अस्त होते हैं, पर कुछ ज्यादा तिरछे वृत्त में परिक्रमा करते हैं।

(iii) वर्ष के तीन भाग होते हैं : (i) एक लंबी अविरल रात्रि, जो शीतकालीन संक्रांति के समय होती है, और 24 घंटे से अधिक तथा 6 महीने से कम अवधि तक स्थान के अक्षांश के अनुसार चलती है। (ii) वैसा ही एक लंबा अविरल दिन, जो ग्रीष्मकालीन संक्रांति के समय होता है, तथा, (iii) वर्ष के शेष समय में सामान्य दिन और रात का सिलसिला, यानि दिन और रात मिलकर अधिकतम 24 घंटे। लंबी अविरल रात्रि के बाद, दिन, पहले तो रात से छोटा होता है, लेकिन फिर बढ़ता चला जाता है जब तक कि यह लंबे अविरल दिन में नहीं बदल जाता। लंबे दिन के बाद, रात, पहले तो दिन से छोटी होती है, परंतु, अपनी बारी में, यह दिन से बड़ी होने लगती

है, जब तक कि लंबी अविरल रात शुरू नहीं हो जाती, जिसके साथ वर्ष की समाप्ति हो जाती है।

(iv) लंबी अविरल रात की समाप्ति पर, सवेरा, अनेक दिनों तक चलता है, पर इसकी अवधि और तीव्रता स्थान के अक्षांश के अनुसार उत्तरी ध्रुव पर की अपेक्षा कम होती है। उत्तरी ध्रुव से कुछ अंशों के अंदर के स्थानों पर सवेरे के प्रकाश के घूमने की घटना सवेरे की अवधि के ज्यादातर भाग में देखी जा सकती है। दूसरे सवेरे, यानि जो साधारण दिन और रात के बीच होते हैं, समशीतोष्ण क्षेत्र के सवेरों की तरह, कुछ घंटे ही रहते हैं। अविरल दिन में, सूर्य, जब वह क्षितिज के ऊपर होता है, घूमते हुए देखा जाएगा, बिना अस्त हुए, प्रेक्षक के चारों ओर, जैसे कि ध्रुव पर, पर तिरछे, न कि क्षैतिज परिपथ में, और लंबी रात में वह क्षितिज के बिल्कुल नीचे होगा, जबकि शेष वर्ष के दौरान वह उदय और अस्त होगा, और 24 घंटे के एक भाग में वह क्षितिज से ऊपर रहेगा, परिपथ में सूर्य की स्थिति के अनुसार।

अपने विश्लेषण का संक्षेप करते हुए श्री तिलक कहते हैं:

"यहाँ हम ध्रुवीय और परिध्रुवीय क्षेत्रों के दो विशिष्ट प्रकार के लक्षण पाते हैं– ऐसे लक्षण जो पृथ्वी की और किसी जगह पर नहीं पाए जाते। पुनश्च, चूंकि पृथ्वी के ध्रुव आज भी वही हैं, जो आज से लाखों वर्ष पहले थे, उपर्युक्त खगोलीय लक्षण हमेशा वही रहेंगे, हालाँकि ध्रुवीय जलवायु में हिमयुग में भयानक परिवर्तन आए होंगे।"

उ. ध्रुवीय क्षेत्रों की घटनाओं के पर्यवेक्षण के बाद श्री तिलक आगे लिखते हैं:

"यदि कोई वैदिक वर्णन या परंपरा ऊपर लिखे लक्षणों में से किसी एक का भी उद्घाटन करती है, तो हम मान सकते हैं कि वह परंपरा ध्रुवीय या परिध्रुवीय क्षेत्रों से निकली है और वह घटना, यदि लेखक ने स्वयं नहीं

देखी, तो कम से कम उसे परंपरा से प्राप्त हुई थी जो पीढ़ी दर पीढ़ी उस तक पहुँची थी। सौभाग्य से, वैदिक साहित्य में ऐसे कई आलेख या संदर्भ मिलते हैं, और सुविधा के लिये, इन्हें दो भागों में बाँटा जा सकता है; पहले में वो आलेख आते हैं, जो दीर्घ रात्रि, या दीर्घ सवेरे का सीधा वर्णन या संदर्भ देते हैं; और दूसरे में वो कथानक या किंवदंतियां जो पहले वाले की पुष्टि या सीधा समर्थन करती हैं।"

श्री तिलक संतुष्ट हैं, कि वेदों में दिये गए प्राकृतिक घटनाओं के वर्णन, तथा कथानक एवं किंवदंतियाँ उत्तरी ध्रुव की प्राकृतिक घटनाओं से मेल खाते हैं और वे निष्कर्ष निकालते हैं कि वैदिक कवि अर्थात्, वैदिक आर्यों का निवास स्थान आर्कटिक क्षेत्र ही था।

यह वास्तव में एक बहुत मौलिक सिद्धांत है। सिर्फ एक बिन्दु है जिस पर ध्यान नहीं दिया गया लगता है। वैदिक आर्यों का पसंदीदा पशु घोड़ा है। यह उनके जीवन से और धर्म से काफी गहराई से जुड़ा हुआ है। अश्वमेध यज्ञ में रानियाँ भी घोड़े से संबंध बनाने के लिये एक दूसरे से होड़ करती थीं1[1] यह दिखाता है कि वैदिक आर्यों के जीवन में घोड़ों का क्या स्थान था। प्रश्न है: क्या घोड़ा आर्कटिक क्षेत्र में पाया जाता था? यदि उत्तर नकारात्मक है, तो आर्कटिक निवास का सिद्धांत काफी कमजोर पड़ जाता है।

III

भारत पर आर्यों के आक्रमण और इनके द्वारा यहाँ की मूल जनजातियों को अपने अधीन करने के क्या सबूत हैं? जहाँ तक ऋग्वेद का सवाल है, इसमें बाहर से आर्यों के भारत पर आक्रमण का छोटा सा भी सबूत नहीं मिलता है। जैसा कि श्री पी. टी. श्रीनिवास आयंगर[12] कहते हैं :

"जिन मन्त्रों में आर्य, दास और दस्यु शब्द आते हैं, उनकी सावधानी से जाँच करने पर पता चलता है कि वे नस्ल को नहीं बल्कि संस्कृति को इंगित करते हैं। ये शब्द अधिकतर ऋग्वेद संहिता में आते हैं जहाँ आर्य लगभग 33 बार उन मंत्रों में आता है जिनमें कुल 153,972 शब्द हैं। इतना विरल उल्लेख ही प्रमाण है कि वे जातियाँ जो स्वयं को आर्य कहती थीं

आक्रमणकारी नहीं थीं जिन्होंने देश को जीत लिया लोगों का खात्मा कर दिया। क्योंकि आक्रमणकारी जाति हमेशा अपनी उपलब्धियों का बखान करती है।"

जहाँ तक वैदिक साहित्य के साक्ष्य का प्रश्न है, यह इस सिद्धांत के विपरीत है कि आर्यों का मूल निवास भारत से बाहर था। ऋग्वेद (x.75.5) में जिस भाषा में सात नदियों का उल्लेख किया गया है वो बहुत महत्वपूर्ण है। जैसा कि प्रो. डी. एस. त्रिवेद कहते हैं[13]– नदियों को 'हमारी गंगा, हमारी यमुना, हमारी सरस्वती' आदि कहकर संबोधित किया गया है। कोई विदेशी किसी नदी को कभी इतने परिचय और प्रियतासूचक शब्दों से संबोधित नहीं करेगा यदि एक दीर्घ साहचर्य से उसने इनसे भावना उत्पन्न न कर ली हो।

जहां तक परास्त और दमन करने का प्रश्न है, निःसंदेह ऋग्वेद में ऐसे उल्लेख पाए जाते हैं जहाँ दास और दस्युओं को आर्यों के शत्रु के रूप में वर्णित किया गया है और बहुत सी ऋचाएँ हैं जिनमें वैदिक ऋषियों ने उन्हें मारने और नाश करने के लिये अपने देवताओं का आह्वान किया है। परन्तु इससे आर्यों द्वारा विजय और दमन के पक्ष में कोई निष्कर्ष निकालने से पहले, निम्न बिन्दुओं को ध्यान में रखना चाहिये:

पहले तो ऋग्वेद में आर्यों के साथ दासों और दस्युओं की लड़ाइयों के उल्लेख बहुत कम हैं। जिन 33 स्थानों पर यह शब्द ऋग्वेद में आया है सिर्फ 8 स्थानों पर इसका प्रयोग दासों के विरोधी और सिर्फ 7 स्थानों पर दस्यु शब्द के विरोधी अर्थों में हुआ है। यह इनके बीच छिटपुट लड़ाइयों की सूचना हो सकती है। यह किसी विजय या दमन का सबूत तो बिल्कुल नहीं है।

दासों के बारे में दूसरा बिन्दु ये है कि उनके और आर्यों के बीच जो भी विरोध रहा हो, लगता है दोनों एक आपसी समझौते पर सहमत हो गए थे, जो शांति और सम्मान पर आधारित था। यह ऋग्वेद के उन उल्लेखों से सिद्ध होता है जहाँ दिखाया गया है कि कैसे दास और आर्य एक साझे

शत्रु के खिलाफ एक होकर खड़े हो गए थे। ऋग्वेद के निम्न पद्यों पर ध्यान दें :

ऋग्वेद–	vi.	33.3;
	vii.	83. 1;
	viii.	51. 9;
	x.	02. 3.

तीसरा ध्यान देने योग्य बिंदु यह है कि संघर्ष का स्तर चाहे जो भी हो, यह नस्ल का संघर्ष नहीं था। यह एक संघर्ष था जो धर्मों के अंतर के कारण उत्पन्न हुआ था। यह संघर्ष धार्मिक था न कि नस्लीय, इसका प्रमाण स्वयं ऋग्वेद से मिलता है। दस्युओं की बात करते हुए, यह कहता है:[14]

"वे अव्रत हैं, बिना (आर्य) संस्कार के (आर.वी., i. 51.8, 9; i.132. 4; iv.41. 2; vi. 14, 3); अपव्रत (आर.वी., वि. 42,2), विभिन्न संस्कारों के अन्यव्रत (आर.वी., viii.59, 11; x.22, 8), अनग्नित्र अग्निहीन (आर. वी., वि. 189, 3), अयज्य, अयज्वन, गैर–यज्ञ (आर.वी., i.131, 44; i.33, 4; viii.59, 11), प्रार्थना के बिना (या भी नहीं

ब्राह्मण पुजारी (आर.वी., iv. 15,9; x.105,8)। अनरिचाह, बिना ऋक् (आर.वी., x.105, 8), ब्रह्मद्विशा, प्रार्थना से घृणा करने वाले (या ब्राह्मण) आर.वी., वी.42,9), और अनींद्र, इंद्र के बिना, इंद्र के निंदक, (आर.वी., i.133,1) : अ.2,3; vii 18; 6; x 27, 6; x.48, 7)। 'वे कोई दूधिया ड्राफ्ट नहीं डालते हैं वे कोई कड़ाही गर्म नहीं करते हैं' (आर.वी., iii.53, 4)। वे ब्राह्मण को कोई उपहार नहीं देते (आर.वी., वी.7, 10)।

ऋग्वेद x.22.8 की ओर भी ध्यान आकर्षित किया जा सकता है जो कहता है:

"हम दस्यु जनजातियों के बीच में रहते हैं, जो न तो यज्ञ करते हैं और न ही किसी चीज में विश्वास करते हैं। उनके अपने संस्कार हैं और उन्हें पुरुष कहलाने का अधिकार नहीं है। हे! तू शत्रुओं का नाश करने वाले, उनका सर्वनाश कर, और दासों की हानि कर।"

ऋग्वेद के इन कथनों के सामने, दासों और दस्युओं (गैर-आर्य जातियों) की आर्य जाति द्वारा सैन्य विजय के सिद्धांत के लिए स्पष्ट रूप से कोई जगह नहीं है।

IV

ये सब आर्यों, भारत पर उनके आक्रमण और दासों और दस्युओं की अधीनता के बारे में कहा गया। प्रश्न पर अब तक विचार इस मुद्दे के आर्य पक्ष से किया गया है। दासों और दस्युओं की ओर से इस पर चर्चा करना उपयोगी हो सकता है। दास और दस्यु नामों का प्रयोग किस अर्थ में किया जाता है? क्या वे नस्लीय अर्थ में उपयोग किए जाते हैं?

जो लोग यह मानते हैं कि दास और दस्यु शब्द का प्रयोग प्रजातीय अर्थ में किया जाता है, वे निम्नलिखित परिस्थितियों पर भरोसा करते हैं: (1) ऋग्वेद में मृध्रवक और अनस शब्दों का दस्युओं के विशेषण के रूप में प्रयोग। (2) कृष्ण वर्ण के रूप में दासों के ऋग्वेद में वर्णन

मृध्रवक शब्द ऋग्वेद में निम्नलिखित स्थानों पर आता है:

(1) ऋग्वेद, i. 174.2:

(2) ऋग्वेद, v. 32.8:

(3) ऋग्वेद, vii. 6.3:

(4) ऋग्वेद, vii. 18.3:

विशेषण मृध्रवक का क्या अर्थ होता है? मृध्रवक का अर्थ होता है जो अपरिष्कृत भाषा बोलता हो। क्या अपरिष्कृत भाषा को नस्ल भेद का प्रमाण माना जा सकता है? नस्ल भेद की चेतना के आधार के रूप में इस पर भरोसा करना बचकाना होगा।

अनास शब्द ऋग्वेद v.29.10 में आता है। इस शब्द का मतलब क्या है? दो व्याख्याएँ हैं। एक प्रो मैक्स मुलर द्वारा है। दूसरा सायणाचार्य द्वारा है। प्रो. मैक्स मुलर के अनुसार, इस का अर्थ है 'बिना नाक वाला' या 'चपटी नाक वाला' और यह इस बात के समर्थन में साक्ष्य के तौर पर लिया जाता है कि आर्य दस्युओं से अलग जाति थे। सायणाचार्य कहते हैं कि इसका

अर्थ है 'मुँह रहित' अर्थात अच्छी वाणी से रहित। अर्थ का यह अंतर अनास शब्द के सही पठन में अंतर के कारण है। सायणाचार्य इसे अन-असा के रूप में पढ़ते हैं जबकि प्रो मैक्स मुलर इसे अ-नासा के रूप में पढ़ते हैं। जैसा कि प्रो. मैक्स मुलर ने पढ़ा है, इसका अर्थ है बिना नाक वाला। प्रश्न है : दोनों में से कौन सा पाठ सही है? यह मानने का कोई कारण नहीं है कि सायण का पाठ गलत है। दूसरी ओर, हर चीज यह इंगित करती है कि यह सही है। पहली बात तो यह है कि इससे शब्द का कोई अर्थ नहीं बनता। दूसरे, चूंकि कोई अन्य स्थान नहीं है जहाँ दस्युओं को नासिकाहीन के रूप में वर्णित किया गया है, कोई कारण नहीं है कि शब्द को इस तरह से पढ़ा जाए कि यह पूरी तरह से नया अर्थ दे सके। इसे मृध्रवक के पर्याय के रूप में पढ़ना ही उचित है। इसलिए इस निष्कर्ष के समर्थन में कोई सबूत नहीं है कि दस्यु एक अलग जाति के थे।

दासों की ओर मुड़ते हुए, यह सच है कि उन्हें ऋग्वेद vi.47.21 में कृष्ण योनि के रूप में वर्णित किया गया है। लेकिन इसमें से निकाले जाने वाले निष्कर्ष को स्वीकार करने से पहले कई बिंदुओं पर विचार किया जाना है। पहला यह है कि ऋग्वेद में यही एकमात्र स्थान है जहाँ दासों के लिए कृष्ण योनि वाक्यांश का प्रयोग किया गया है। दूसरे, इस बात की कोई निश्चितता नहीं है कि वाक्यांश का प्रयोग शाब्दिक अर्थ में किया गया है या लाक्षणिक अर्थ में। तीसरा, हम नहीं जानते कि यह कोई तथ्य-कथन है या गाली का शब्द है। जब तक इन बिंदुओं को स्पष्ट नहीं किया जाता है, तब तक इस दृष्टिकोण को स्वीकार करना संभव नहीं है कि चूँकि दासों को कृष्ण योनि कहा जाता है, इसलिए वे एक काली जाति के थे।

इस संबंध में ऋग्वेद के निम्नलिखित श्लोकों की ओर ध्यान आकर्षित किया जा सकता है:

1. ऋग्वेद, अ. 22.10.- "हे, वज्री, तुमने अपनी शक्ति से दासों को आर्य, बुरे लोगों को अच्छा बना दिया है। हमें वही शक्ति दो जिससे हम अपने शत्रुओं पर विजय प्राप्त कर सकें।"

2. ऋग्वेद, x.49.3, (इंद्र कहते हैं)।- "मैंने दस्युओं को आर्यों की उपाधि से वंचित कर दिया है।"

3. ऋग्वेद, i. 151.8- "हे इंद्र, पता करो कि कौन आर्य है और कौन दस्यु है और उन्हें अलग करो।"

ये पद क्या संकेत करते हैं? वे इंगित करते हैं कि एक ओर आर्यों और दूसरी ओर दासों और दस्युओं के बीच का अंतर रंग या शारीरिक पहचान का नस्लीय भेद नहीं था। इसीलिए एक दास या दस्यु आर्य बन सका। इसीलिए इन्द्र को उन्हें आर्यों से अलग करने का काम दिया गया।

कहना न होगा कि, पश्चिमी लेखकों द्वारा स्थापित आर्य जाति का सिद्धांत हर बिंदु पर धराशायी हो जाता है। यह कुछ हद तक आश्चर्यजनक है क्योंकि पश्चिमी विद्वता आमतौर पर गहन शोध और सावधानीपूर्वक विश्लेषण से जुड़ी होती है। यह सिद्धांत विफल क्यों हुआ? इसके असफल होने के कारणों को जानना जरूरी है। जो कोई भी इस सिद्धांत की जाँच करने का यत्न करेगा, वह पाएगा कि यह एक दोहरे संक्रमण से ग्रस्त है। पहली बात तो यह है कि यह सिद्धांत और कुछ नहीं बल्कि मनभावन धारणाओं और उनसे निकले अनुमानों पर आधारित है। दूसरे, यह सिद्धांत वैज्ञानिक जाँच का एक विकृत रूप है। इसे तथ्यों के आधार पर विकसित होने की अनुमति नहीं है। इसके विपरीत यह सिद्धांत पूर्वकल्पित है और इसे सिद्ध करने के लिए तथ्यों का चयन किया जाता है।

आर्य जाति का सिद्धांत केवल एक धारणा है और कुछ नहीं। यह डॉ. बोप द्वारा 1835 में छपी उनकी युगांतरकारी पुस्तक 'तुलनात्मक व्याकरण' में प्रस्तुत एक भाषाशास्त्रीय प्रस्ताव पर आधारित है। इस पुस्तक में, डॉ. बोप ने प्रदर्शित किया है कि यूरोप की भाषाओं की एक बड़ी संख्या और एशिया की कुछ भाषाओं को एक आम पैतृक भाषा से संदर्भित होना चाहिये। यूरोपीय भाषाएँ और एशियाई भाषाएँ जिन पर बोप का प्रस्ताव लागू होता है, इंडो-जर्मनिक कहलाती हैं। सामूहिक रूप से, उन्हें आम तौर पर आर्य भाषा कहा जाने लगा, क्योंकि वैदिक भाषा आर्यों की कही जाती है

और इंडो-जर्मनिक परिवार की ही है। यह धारणा ही वह प्रमुख आधार है जिस पर आर्य जाति का सिद्धांत आधारित है।

इस धारणा से दो निष्कर्ष निकाले जाते हैं: (1) नस्ल की एकता, और (2) वह नस्ल आर्य जाति है। तर्क यह है कि यदि भाषाएं एक सामान्य पैतृक बोली से निकली हैं, तो एक ऐसी जाति का अस्तित्व रहा होगा जिसकी वह मातृभाषा थी और चूंकि मातृभाषा को आर्य भाषा के रूप में जाना जाता था, इसलिए वह जाति जिसकी यह बोली थी, वह आर्य जाति थी। इस प्रकार एक अलग और विशिष्ट आर्य जाति का अस्तित्व केवल एक अनुमान भर है। इस अनुमान से एक और निष्कर्ष निकाला जाता है जो एक सामान्य मूल आवास का है। यह तर्क दिया जाता है कि भाषा का कोई समुदाय तब तक नहीं हो सकता जब तक कि लोगों के पास एक सामान्य निवास स्थान न हो जिससे उनमें घनिष्ठ संवाद संभव हो सके। इस प्रकार सामान्य मूल आवास एक अनुमान से निकला दूसरा अनुमान है।

आक्रमण का सिद्धांत सिर्फ एक आविष्कार है। यह आविष्कार एक अनुचित धारणा के कारण आवश्यक हुआ है जो पश्चिमी सिद्धांत को रेखांकित करती है। धारणा यह है कि इंडो-जर्मनिक लोग मूल आर्य जाति के आधुनिक प्रतिनिधियों में सबसे शुद्ध हैं। माना जाता है कि इनका पहला घर यूरोप में कहीं था। इन धारणाओं से एक प्रश्न उठता है: आर्य भाषा भारत में कैसे आ सकती थी: इस प्रश्न का उत्तर केवल इस अनुमान से दिया जा सकता है कि आर्य बाहर से भारत में आए होंगे। इसलिए आक्रमण के सिद्धांत का आविष्कार करने की आवश्यकता हुई।

तीसरी धारणा यह है कि आर्य श्रेष्ठ जाति थी। इस सिद्धांत की उत्पत्ति इस विश्वास से हुई है कि आर्य एक यूरोपीय जाति है और एक यूरोपीय जाति के रूप में यह माना जाता है कि वे एशियाई जातियों से श्रेष्ठ हैं। अपनी श्रेष्ठता मान लेने के बाद, अगला तार्किक कदम जो कोई भी उठाने के लिए प्रेरित होता है, वह है श्रेष्ठता के तथ्य को स्थापित करना। यह समझकर कि देशी नस्लों पर आक्रमण और विजय से बेहतर कुछ भी आर्य जाति की श्रेष्ठता स्थापित नहीं कर सकता, पश्चिमी लेखकों ने आर्यों द्वारा

भारत पर आक्रमण और उनके द्वारा दासों और दस्युओं पर विजय की कहानी गढ़ी है।

चौथी धारणा यह है कि यूरोपीय नस्लें श्वेत15 थीं और उनमें काली जातियों के प्रति रंग पूर्वाग्रह था। आर्य चूंकि एक यूरोपीय जाति है, अत: यह माना जाता है कि इसमें रंग पूर्वाग्रह रहा होगा। फिर यह सिद्धांत भारत में आने वाले आर्यों में रंग पूर्वाग्रह के प्रमाण खोजने के लिए आगे बढ़ता है। यह इसे चातुर्वर्ण्य में पाता है - भारत में आने के बाद इंडो-आर्यों द्वारा स्थापित एक संस्था, जो इन विद्वानों के अनुसार वर्ण पर आधारित है जिसका मतलब उनके अनुसार रंग होता है।

इनमें से एक भी धारणा तथ्यों से पुष्ट नहीं होती है। आर्य जाति के बारे में मान्यता को लें। सिद्धांत इस संभावना पर ध्यान नहीं देता कि शारीरिक अर्थ में आर्य जाति एक चीज है और भाषाशास्त्रीय अर्थ में आर्य जाति बिल्कुल अलग है, और यह पूरी तरह से संभव है कि आर्य जाति, यदि कोई है, तो शारीरिक अर्थ में उसका निवास एक स्थान पर हो सकता है और, आर्य जाति के भाषावैज्ञानिक अर्थ में, बिल्कुल भिन्न स्थान पर। आर्य जाति का सिद्धांत एक सामान्य भाषा के आधार पर आधारित है और इसे सामान्य माना जाता है क्योंकि इसमें संरचनात्मक समानता है। यह दावा कि आर्य बाहर से आए और भारत पर आक्रमण किया, सिद्ध नहीं होता और यह आधार कि दास और दस्यु भारत की मूल जनजातियाँ[16] हैं, स्पष्ट रूप से गलत है।

साथ ही, यह कहना कि चातुर्वर्ण्य संस्था आर्यों के जन्मजात रंग-पूर्वाग्रह का प्रतिबिंब है, वास्तव में बहुत अधिक जोर देना है। यदि वर्ण ही वर्ग भेद का मूल है, तो चातुर्वर्ण्य के अंतर्गत आनेवाले विभिन्न वर्गों के लिए चार अलग-अलग रंग होने चाहिए। वो चार रंग क्या हैं और कौन हैं वे चार रंग की जातियाँ जो चातुर्वर्ण्य में आपस में जुड़ी हुई थीं। जैसा हम देखते हैं, यह सिद्धांत केवल दो विरोधी लोगों, आर्यों और दासों के साथ शुरू होता है - एक को सफेद माना जाता है और दूसरे को काला माना जाता है।

आर्य नस्ल सिद्धांत के प्रवर्तक अपने मामले को स्थापित करने के लिए इतने उत्सुक हैं कि उनके पास यह देखने के लिए धैर्य नहीं है कि वे खुद को किस बेतुकेपन में फंसा लेते हैं। वे जो कुछ सिद्ध करना चाहते हैं, उसे सिद्ध करने के उद्देश्य से प्रारम्भ करते हैं, और वेदों से जो कुछ साक्ष्य उन्हें अच्छा लगता है उसे उठा लेने में हिचकते नहीं।

प्रो. माइकल फोस्टर ने कहीं कहा है कि 'परिकल्पना विज्ञान का नमक है।' परिकल्पना के बिना फलदायी जाँच की कोई संभावना नहीं है। परन्तु यह भी उतना ही सत्य है कि जहाँ किसी परिकल्पना विशेष को सिद्ध करने की इच्छा प्रबल होती है वहाँ परिकल्पना विज्ञान का विष बन जाती है। पाश्चात्य विद्वानों का आर्य नस्ल सिद्धांत इस बात का उतना ही अच्छा दृष्टांत है कि कैसे परिकल्पना विज्ञान का जहर हो सकती है जैसा कि कोई सोच सकता है।

आर्य जाति सिद्धांत इतना बेतुका है कि इसे बहुत पहले ही मर जाना चाहिए था। लेकिन मृत होना तो दूर, इस सिद्धांत का लोगों पर काफी प्रभाव है। इस घटना के लिए दो स्पष्टीकरण हैं। पहली व्याख्या उस समर्थन में पाई जाती है जो इस सिद्धांत को ब्राह्मण विद्वानों से प्राप्त होता है। यह बड़ी विचित्र घटना है। हिंदुओं के रूप में, उन्हें आम तौर पर एशियाई प्रजातियों पर यूरोपीय प्रजातियों की श्रेष्ठता की उनकी खुली हठधर्मिता के कारण आर्यन सिद्धांत के प्रति नापसंदगी दिखानी चाहिए। लेकिन ब्राह्मण विद्वान के मन में न केवल ऐसा कोई द्वेष नहीं है बल्कि वह स्वेच्छा से इसकी प्रशंसा भी करता है। कारण स्पष्ट हैं। ब्राह्मण द्विराष्ट्र सिद्धांत में विश्वास करता है। वह आर्य जाति का प्रतिनिधि होने का दावा करता है और वह बाकी हिंदुओं को गैर-आर्यों के वंशज मानता है। यह सिद्धांत उसे यूरोपीय जातियों के साथ अपनी रिश्तेदारी स्थापित करने और उनके अहंकार और उनकी श्रेष्ठता को साझा करने में मदद करता है। वह विशेष रूप से सिद्धांत के उस हिस्से को पसंद करते हैं जो आर्यों को एक आक्रमणकारी और अनार्य देशी जातियों का विजेता बनाता है। क्योंकि इससे उसे गैर-ब्राह्मणों पर अपने आधिपत्य को बनाए रखने और उचित ठहराने में मदद मिलती है।

दूसरी व्याख्या कि आर्य प्रजाति सिद्धांत मृत क्यों नहीं है, यह है कि यूरोपीय विद्वानों का सामान्य आग्रह है कि वर्ण शब्द का अर्थ रंग है और अधिकांश ब्राह्मण विद्वानों द्वारा उस दृष्टिकोण को स्वीकार किया गया है। वास्तव में, यह आर्य सिद्धांत का मुख्य आधार है। इसमें कोई संदेह नहीं कि जब तक वर्ण की इस व्याख्या को स्वीकार किया जाता रहेगा, तब तक आर्य सिद्धांत जीवित रहेगा। आर्य सिद्धांत का यह हिस्सा इसलिए बहुत महत्वपूर्ण है और पूर्ण परीक्षा की मांग करता है। इसे तीन अलग-अलग दृष्टिकोणों से जांचने की आवश्यकता है: (1) यूरोपीय नस्लें गोरी थीं या सांवली? (2) क्या इंडो-आर्यन गोरे थे? और (3) वर्ण शब्द का मूल अर्थ क्या है ?

सबसे पुराने यूरोपीय लोगों के रंग के सवाल पर प्रो. रिप्ले ने निश्चित रूप से कहा कि वे गहरे रंग के थे। प्रो. रिप्ले आगे कहते हैं:[17]

"अब तक की हमारी जाँच में विभिन्न बिन्दुओं से, हम इस धारणा में दृढ़ हैं कि शुरुआती यूरोपीय न केवल लंबे सिर वाले थे बल्कि गहरे रंग के भी थे। हमने दक्षिणी फ्रांस में जीवित क्रो-मैगनॉन प्रकार की प्रागैतिहासिक पुरातनता को सिद्ध किया है; और हमने देखा कि इन किसानों में काले बालों और आँखों का प्रचलन बहुत ही आश्चर्यजनक है। और ब्रिटिश द्वीपों में प्रकारों की तुलना करते हुए हमने देखा कि हर प्रकार से यह सिद्ध होता है कि वेल्स, आयरलैंड और स्कॉटलैंड की ब्रूनेट आबादी ब्रिटेन में आबादी का सबसे आदिम स्तर है। इसके अलावा, Garfagnana में उस अनोखे स्थान में, जहाँ उत्तरी इटली की प्राचीन लिगुरियन आबादी के अस्तित्व का संकेत मिलता है, वहाँ भी लोग विशेष रूप से साँवले हैं। इसलिए, या तो सामान्य सिद्धांतों या स्थानीय विवरण के प्रकाश में देखा जाए तो, ऐसा प्रतीत होता है कि यूरोप में यह सबसे पुरानी नस्ल बहुत साँवली रही होगी .... यह अपने वर्णक संबंधों में भूमध्यसागरीय थी, न कि स्कैंडिनेवियाई।

वेदों की ओर मुड़ें तो, ऐसे किसी भी संकेत के लिए कि क्या आर्यों में कोई रंग पूर्वाग्रह था, ऋग्वेद में निम्नलिखित अंशों का संदर्भ दिया जा सकता है:

ऋग्वेद में, i. 117.8, अश्विनों द्वारा श्यव्या और रुशती के बीच विवाह के बारे में एक संदर्भ है। श्यव्या श्यामवर्ण है और रुशति गौरवर्ण।

ऋग्वेद में, i.117.5, वंदना, जो कि सुनहरे रंग की है, को बचाने के लिए अश्विनों को संबोधित एक प्रार्थना है।

ऋग्वेद में, ii.3.9, एक आर्य द्वारा देवों का आह्वान करते हुए प्रार्थना की गई है कि वह उन्हें कुछ गुणों से सम्पन्न एक पुत्र का आशीर्वाद दें, जो (पिशांग) पीले या (लाल भूरे) वर्ण का हो।

इन उदाहरणों से पता चलता है कि वैदिक आर्यों में रंग संबंधी कोई पूर्वाग्रह नहीं था। होता भी कैसे? वैदिक आर्य एक रंग के नहीं थे। उनके रंग भिन्न थे; कुछ तांबे के रंग के थे, कुछ सफेद और कुछ काले। दशरथ के पुत्र राम को श्याम के रूप में वर्णित किया गया है, जिनका रंग साँवला है, ऐसे ही कृष्ण हैं, जो एक अन्य आर्य वंश यदु के वंशज हैं। ऋषि दीर्घतमा, जो ऋग्वेद के कई मंत्रों के लेखक हैं, यदि उनका नाम उनके रंग के अनुसार दिया गया था, तो वे गहरे रंग के रहे होंगे। कण्व महान ख्याति वाले आर्य ऋषि हैं। लेकिन ऋग्वेद-x.31.11 में दिए गए विवरण के अनुसार- वह गहरे रंग के थे।

तीसरे और अंतिम बिंदु को लेने के लिए, अर्थात्, वर्ण[18] शब्द का अर्थ क्या है, पहले हम देखते हैं कि ऋग्वेद में इसका प्रयोग किस अर्थ में किया गया है। वर्ण शब्द का प्रयोग ऋग्वेद[19] में 22 स्थानों पर हुआ है। इनमें से लगभग 17 स्थानों पर इस शब्द का प्रयोग उषा, अग्नि, सोम आदि देवताओं के संदर्भ में किया गया है और इसका अर्थ है चमक, रूप या रंग। अब चूँकि यह शब्द देवताओं के संबंध में प्रयुक्त हुआ है, अतः यह सुनिश्चित करने के लिए उनका उपयोग करना असुरक्षित होगा कि ऋग्वेद में वर्ण शब्द का मानव पर लागू होने पर क्या अर्थ था। ऋग्वेद में चार और अधिक से अधिक पाँच स्थान हैं जहाँ इस शब्द का प्रयोग मनुष्य के संदर्भ में किया गया है। वो हैं :

(1) आई.104.2;

(2) i.179.6;

(3) ii.12.4;

(4) iii.34.5;

(5) ix.71.2।

क्या इन संदर्भों से यह सिद्ध होता है कि वर्ण शब्द का प्रयोग ऋग्वेद में रंग और रूप के अर्थ में हुआ है?

ऋग्वेद, iii.34.5 संदिग्ध अर्थ का प्रतीत होता है। 'शुक्ल वर्ण की वृद्धि की' इस पद की दोहरी व्याख्या की जा सकती है। इसका मतलब यह हो सकता है कि इंद्र ने उषा को अपना प्रकाश दिया और जिससे सफेद रंग में वृद्धि हुई, या इसका मतलब यह हो सकता है कि ऋचाकार गोरे रंग का होने के कारण, उसके यानी सफेद रंग के लोग बढ़ गए। दूसरा अर्थ असम्भावी लगता है, क्योंकि सफेद रंग का विस्तार तो कार्य है, और उषा का हल्के रंग का होना, कारण।

ऋग्वेद, ix.71.2 की अभिव्यक्ति 'असुर वर्ण का परित्याग' स्पष्ट नहीं है, इसे सूक्त के अन्य छंदों के प्रकाश में पढ़ने पर। यह सूक्त सोम पवमान को समर्पित है। इसे ध्यान में रखते हुए, 'असुर वर्ण का परित्याग' पद को सोम का वर्णन माना जाना चाहिए। यहाँ प्रयुक्त वर्ण शब्द रूप का द्योतक है। छंद का दूसरा भाग कहता है: 'वह अपने काले या अंधेरे आवरण को फेंक देता है और चमकदार आवरण धारण कर लेता है।' इससे यह स्पष्ट होता है कि वर्ण शब्द का प्रयोग अंधकार के सूचक के रूप में किया गया है।

ऋग्वेद, i.179.6 बहुत मददगार है। श्लोक बताते हैं कि ऋषि अगस्त्य ने प्रजा, संतान और शक्ति प्राप्त करने के लिए लोपामुद्रा के साथ सहवास किया और कहा कि इसके परिणामस्वरूप दो वर्ण विस्तार को प्राप्त हुए। यह श्लोक से स्पष्ट नहीं है, कि श्लोक में उल्लिखित दो वर्ण कौन से हैं, हालांकि आशय आर्यों और दासों को सूचित करना है।

जैसा भी हो, इसमें कोई संदेह नहीं कि छंद में वर्ण का अर्थ वर्ग है न कि रंग।

ऋग्वेद में, i.104.2 और ऋग्वेद, ii.12.4 दो श्लोक हैं जिनमें वर्ण शब्द दास के लिए लागू होता है। प्रश्न यह है कि जब वर्ण शब्द का प्रयोग दास के लिए किया जाता है तो उसका क्या अर्थ होता है? क्या यह दासों के रंग और रूप का उल्लेख करता है, या क्या यह इंगित करता है कि दासों ने एक अलग वर्ग बनाया था? सकारात्मक निष्कर्ष पर पहुँचने का कोई तरीका नहीं है कि दोनों में से कौन सा अर्थ सही है।

ऋग्वेद के साक्ष्य काफी अनिर्णायक हैं। इस संबंध में, यह जानना बहुत मददगार होगा कि क्या यह शब्द भारत-ईरानियों के साहित्य में आता है और यदि ऐसा है तो किस अर्थ में।[20]

सौभाग्य से, वर्ण शब्द जेंड अवेस्ता में आता है। यह वरन या वरेन का रूप धारण कर लेता है। यह विशेष रूप से "आस्था, धार्मिक सिद्धांत, पंथ या विश्वास का चुनाव" के अर्थ में उपयोग किया जाता है। यह वर धातु से लिया गया है जिसका अर्थ है भरोसा करना, विश्वास करना। गाथाओं में वरन या वरेन शब्द का प्रयोग लगभग छह बार विश्वास, सिद्धांत, पंथ या आस्था के अर्थ में किया गया है।

यह गाथा अहुनावैती-यस्ना हा 30 छंद 2 में आया है जिसका अंग्रेजी में अनुवाद इस प्रकार है:

"अपने कानों पर ध्यान दो और मेरे द्वारा घोषित उच्चतम सत्य पर चिंतन करो; अपने प्रबुद्ध मन से आत्मनिरीक्षण करो। प्रत्येक व्यक्ति को अपने लिए (अवरेनाओ) विश्वास का निर्धारण करना चाहिए। महान घटना से पहले, प्रत्येक को व्यक्तिगत रूप से उस सत्य के प्रति जागृत होना चाहिए जो हम सिखाते हैं।"

यह गाथा के सबसे प्रसिद्ध छंदों में से एक है जहाँ जरथुस्त्र प्रत्येक व्यक्ति को व्यक्तिगत रूप से अपने विश्वास के चयन में तर्क क्षमता और पसंद की स्वतंत्रता का उपयोग करने के लिए प्रेरित करते हैं। यहाँ आने वाले शब्द हैं 'अवरेणो विचितह्य', 'अवरेणो' का अर्थ है विश्वास, और विचि-ठह्य का अर्थ है 'विवेक, चयन का निर्धारण'।

यह गाथा अहुनावती-यस्ना हा 31 छंद 11 में आता है। प्रयुक्त शब्द वरेनेंग अभियोगात्मक बहुवचन है, जिसका अर्थ है 'आस्था, विश्वास'। इस छंद में, जरथुस्त्र मनुष्य के निर्माण के सिद्धांत को प्रतिपादित करते हैं। मनुष्य की रचना के पूर्ण होने के बारे में बोलने के बाद, अंतिम आधी पंक्ति में जरथुस्त्र कहते हैं, "स्वैच्छिक विश्वास दिया जाता है (मनुष्य को)"

यह गाथा उष्टावती- यस्ना हा 45 छंद 1 में वारेन के रूप में आता है। इस छंद की अंतिम पंक्ति में, जरथुस्त्र कहते हैं,'पापपूर्ण विश्वास (या दुष्ट विश्वास) के कारण दुष्ट व्यक्ति बुरी जीभ (या निवेशित जीभ) वाला होता है।' यह आस्था, धर्म, विश्वास आदि के स्पष्ट अर्थों में गाथा उष्टावती-यस्ना हा 45 छंद 2 में वारेन के ऊपर लिखे रूप में ही आता है। इस छंद में जरथुस्ट्र अच्छे और बुरे का अपना दर्शन प्रतिपादित करते हैं और मानव मस्तिष्क का दोनों पहलू बताते हैं। इस छंद में, दो मानसिकताएँ - अच्छी मानसिकता और बुरी मानसिकता- एक दूसरे से कह रही हैं "न तो विचार, शब्द, बुद्धि, विश्वास (या धर्म या पंथ) उच्चारण, कर्म, विवेक और न ही आत्मा में हम सहमत हैं।"

यह गाथा स्पेंटा मेन्यू में आता है, - यस्ना हा 48 स्टैंजा 4 वारेनेंग के रूप में जिसका अर्थ है धर्म, आस्था (मूल वरे, पारसी - गर्विदन = विश्वास करना)। इस श्लोक में जरथुस्त्र कहते हैं कि "जो कोई भी अपने मन को शुद्ध और पवित्र बना लेगा और इस प्रकार अपने विवेक को कर्म और वचन से शुद्ध रखेगा, ऐसे व्यक्ति की इच्छा उसके विश्वास (धर्म, आस्था) के अनुसार होती है।"

यह गाथा स्पेंटा मेन्यू में आता है, -यस्ना हा 49 स्टैंजा 3, वारेनई के रूप में, मूल अर्थ में जिसका अर्थ है 'धर्म'। उसी श्लोक में थाशाई शब्द आता है जिसका अर्थ धर्म, पंथ, धार्मिक कानून भी है। एक ही श्लोक में आने वाले ये दो शब्द वरेनाई और तकाशा हमारे तर्क को बल देते हैं, क्योंकि तकाशा शब्द का स्पष्ट अर्थ धर्म है जैसा कि यौगिक अहुरत्काशा में पाया जाता है जिसका अर्थ है 'अहुरियन धर्म'। इस शब्द तकेशा को पहलवी में किश के रूप में अनुवादित किया गया है जिसका अर्थ है धर्म।

वेंडीदाद (अवेस्ता भाषा में लिखी गई जरथुष्ट्रियन सैनिटरी लॉ की एक किताब) में हम एक शब्द अन्यो वेरेना पाते हैं। यहाँ अन्यो का अर्थ अन्य और वरेन का अर्थ धर्म है, इस प्रकार विभिन्न धर्म, आस्था, विश्वास के व्यक्ति को अन्यो-वरेना कहा जाता है। इसी तरह, हम वेंडीदाद में अन्यो-तकेशा शब्द का भी देखते हैं जिसका अर्थ भी है भिन्न धर्म का व्यक्ति।

हम इस मूल से प्राप्त गाथा में कई मौखिक रूप पाते हैं, उदाहरण के लिए, अहुनावैती गाथा यस्ना हा, 31, श्लोक 3। यहाँ क्रिया वौरय का अर्थ है मैं आस्था, विश्वास (ईश्वर में) (सभी जीवित लोगों में) प्रेरित कर सकता हूँ। यास्ना हा, 28: स्टैंजा 5 में, हम क्रिया वोरोइमेडी में आते हैं, 'हम विश्वास दे सकते हैं।' हम इस शब्द का एक और दिलचस्प रूप गाथा वहिश्तिश, यास्ना हा, 53, स्टैंजा 9 दूज- वरेनिश में देखते हैं। यह कारण बहुवचन है। पहला भाग दूज का अर्थ है दुष्ट, झूठा और वरेनाई का अर्थ है आस्तिक। इस प्रकार इस शब्द का अर्थ है "झूठे या दुष्ट धर्म से संबंधित व्यक्ति या झूठा या दुष्ट विश्वासी।"

जरथुष्ट्रियन कन्फेशन ऑफ फेथ में, जो यासना हा का निर्माण करता है, हम फ्रावराने शब्द देखते हैं जिसका अर्थ है 'मैं अपने विश्वास को स्वीकार करता हूँ, 'मजदायस्नो जरथुष्ट्रिश' यानि 'मज्दा को पूजने वाले जरथुष्ट्रियन धर्म में मेरा विश्वास'। यह वाक्यांश लगभग सभी जरथुस्ट्रीयन प्रार्थनाओं में पाया जाता है। जरथुष्ट्रियन स्वीकारोक्ति यास्ना, 12, या-वरेना में एक और रूप है। यहाँ य सापेक्ष सर्वनाम है जिसका अर्थ है कौन और वरेना - विश्वास, धर्म। इस प्रकार, शब्द का अर्थ है 'जिस धर्म के लिए'। इस रूप या वारेना का प्रयोग यस्ना 12 में नौ बार किया गया है, और इसका प्रयोग आस्था या धर्म के स्पष्ट अर्थ में किया गया है। यहाँ फिर से वारेना शब्द को तकेशा शब्द के साथ रखा गया है जिसका अर्थ धर्म है।

यास्ना 16 जरथुस्त्रहे वरेनेम्चा टेकेशेमचा यजामाईदे में एक बहुत ही रोचक संदर्भ मिलता है। यहाँ जरथुस्त्र के वर्ण और तकेश की पूजा की जाती है। इन तदनुरूपी और सहसम्बन्धी शब्दों के प्रयोग से यह बिल्कुल

स्पष्ट है कि जरथुस्त्र के विश्वास और धर्म से इसका आशय है। उपरोक्त पंक्ति का अनुवाद है शहम जरथुस्त्र के विश्वास और धर्म की पूजा करते हैं।'

वरेना शब्द के अर्थ के बारे में जेंड अवेस्ता के इस साक्ष्य में कोई संदेह नहीं है कि मूल रूप से इसका मतलब एक विशेष विश्वास को धारण करने वाला वर्ग था और इसका रंग या वर्ण से कोई लेना-देना नहीं था।

पश्चिमी सिद्धांत की परीक्षा से जो निष्कर्ष निकलते हैं, उन्हें अब संक्षेप में प्रस्तुत किया जा सकता है। वो हैं:

(1) वेद आर्य जाति जैसी किसी जाति को नहीं जानते।

(2) आर्य जाति द्वारा भारत पर किसी भी आक्रमण और इसके द्वारा दासों और दस्युओं, जिन्हें भारत के मूल निवासी माना जाता है, को पराजित करने के कोई प्रमाण वेदों में नहीं हैं।

(3) यह दिखाने के लिए कोई सबूत नहीं है कि आर्यों, दासों और दस्युओं के बीच का अंतर एक नस्लीय भेद था।

(4) वेद इस दावे का समर्थन नहीं करते कि आर्य दासों और दस्युओं से रंग में भिन्न थे।

ग्रंथ-सूची

1. रिप्ले डब्ल्यू.ई., द रेसेस ऑफ यूरोप, पृ. 400.
2. रिप्ले, रेस ऑफ यूरोप, पृ. 121.
3. उक्त, खंड 1, पृ. 121.
4. शब्दों की जीवनी, पीपी. 89 और 120-21.
5. ऋग्वेद के संदर्भों की सूची के लिए परिशिष्ट 1 देखें।
6. शब्द का प्रयोग किस स्थान पर और किस अर्थ में किया गया है, यह दर्शाने वाले संदर्भों की सूची के लिए परिशिष्ट ii देखें।
7. संदर्भों की सूची के लिए परिशिष्ट iii देखें।
8 इसाक टेलर, आर्यों की उत्पत्ति, पीपी 24-26.
9. रिप्लेः रेसेस ऑफ यूरोप, पीपी. 436-437.
10. तिलक बी. जी., द आर्कटिक होम इन द वेद, 58-60.

11. देखें यजुर्वेद, माधवाचार्य के भाष्य के साथ।
12. मंत्रों के युग में प्राचीन भारत में जीवन, पीपी 11-12.
13. डी एस त्रिवेद द्वारा आर्यों का मूल घर, भंडारकर ओरिएंटल रिसर्च इंस्टीट्यूट के इतिहास, वॉल्यूम। एक्सएक्स, पी. 62.
14. अयंगर, उक्त, पृ. 13.
15. दास और दस्यु कौन थे, इस पर चर्चा के लिए, अध्याय 6 देखें।
16. इस बात पर चर्चा के लिए कि क्या यूरोपीय नस्लें मूलतः श्वेत थीं या सांवली, प्रो रिप्ले की टिप्पणियों को देखें। Infra, पृ. 76.
17. प्रो. रिप्लेः रेसेस ऑफ यूरोप, च. 466.
18. निम्नलिखित पर, महाराष्ट्र ज्ञानकोश, खंड III देखें। चच. 39-42.
19. देखें परिशिष्ट VI, पृ. 216.
20. भारत-ईरानी साहित्य में 'वर्ण' शब्द के अर्थ की जानकारी के लिए मैं अपने मित्र दस्तूर बोडे का आभारी हूँ, जो इसके अच्छे जानकार हैं।

अध्याय - 5

आर्यों के विरुद्ध आर्य

यह दर्शाने के लिए बहुत कुछ कहा जा चुका है कि पाश्चात्य विद्वानों द्वारा प्रतिपादित आर्य सिद्धांत कितना दोषपूर्ण है और उनके ब्राह्मण साथियों द्वारा चतुराई से इसे स्वीकार किया गया है। फिर भी, इस सिद्धांत की अधिकांश लोगों पर ऐसी पकड़ है कि इसके विरुद्ध जो कहा गया है, उसका अर्थ इसे निष्फल करने की कोशिश से अधिक कुछ नहीं माना जाता है। सांप की तरह इसे भी मार देना चाहिए। इसलिए यह आवश्यक है कि इस सिद्धांत के खोखलेपन को पूरी तरह से उजागर करने की दृष्टि से उसकी परीक्षा को आगे बढ़ाया जाए।

जो लोग आर्य जाति के भारत पर आक्रमण करने और दासों और दस्युओं पर विजय प्राप्त करने के सिद्धांत का समर्थन करते हैं, वे ऋग्वेद के कुछ श्लोकों पर ध्यान देने में विफल रहे हैं। इन श्लोकों का विशेष महत्व है। इन श्लोकों के संदर्भ के बिना एक आर्य जाति के बाहर से भारत में प्रवेश करने और अनार्य मूल जनजातियों पर विजय प्राप्त करने के सिद्धांत का निर्माण करना बिल्कुल व्यर्थ है। मेरे मन में जो श्लोक हैं, उन्हें मैं नीचे प्रस्तुत कर रहा हूँ:

(1) ऋग्वेद, vi. 33.3.- "हे, इंद्र, आपने हमारे दोनों विरोधियों, दासों और आर्यों को मार डाला है।"

(2) ऋग्वेद, vi.60.3.- "इंद्र और अग्नि- शुभ और सदाचारी के रक्षक हैं, ये हमें चोट पहुँचाने वाले दासों और आर्यों का दमन करते हैं।"

(3) ऋग्वेद, vii.81.1. – "इंद्र और वरुण ने उन दासों और आर्यों को मार डाला जो सुदास के दुश्मन थे और इस प्रकार सुदास की रक्षा की।"

(4) ऋग्वेद, viii.24.27. – "हे इंद्र, जिन्होंने हमें क्रूर राक्षसों के हाथों से और सिंधु के तट पर रहने वाले आर्यों से बचाया, क्या आप उन दासों को उनके हथियारों से वंचित करते हैं।"

(5) ऋग्वेद, x.38.3.– "हे इंद्र, आप श्रद्धेय हैं, वे दास और आर्य जो अधार्मिक हैं और जो हमारे शत्रु हैं, उन्हें अपने वश में करने के लिए अपने आशीर्वाद से हमारे लिए यह आसान करें। आपकी सहायता से हम उन्हें मार डालेंगे।"

(6) ऋग्वेद, x.86.19.– हे ममेयु! जो आपकी प्रार्थना करता है ,आप उसे सारी शक्तियाँ देते हैं। आपकी सहायता से हम अपने आर्य और दस्यु शत्रुओं का नाश कर देंगे।

जो इन छंदों को पढ़ता है, जो कुछ वह कहते हैं उसपर शांति से मनन करता है और उसे पश्चिमी सिद्धांतों के स्वीकृत पक्ष के खिलाफ मानता है, वह चकित हो जाएगा। यदि ऋग्वेद के इन श्लोकों के रचयिता आर्य थे तो ये श्लोक जो विचार व्यक्त करते हैं। वह ये हैं कि आर्यों के दो अलग-अलग समुदाय थे जो न केवल अलग थे बल्कि एक-दूसरे के विरोधी और शत्रुभाव के भी थे। दो आर्यों का अस्तित्व केवल अनुमान या व्याख्या का विषय नहीं है। यह एक ऐसा तथ्य है जिसके समर्थन में प्रचुर प्रमाण मिलते हैं।

II

इस तरह के साक्ष्य का पहला भाग जिस पर ध्यान आकर्षित किया जा सकता है, वह भेदभाव है जो विभिन्न वेदों के पवित्र चरित्र की मान्यता के संबंध में लंबे समय से विद्यमान है। वेदों के सभी छात्र जानते हैं कि वास्तव में वेद दो हैं: (1) ऋग्वेद और (2) अथर्ववेद। सामवेद और यजुर्वेद ऋग्वेद के ही विभिन्न रूप हैं। वेदों के सभी विद्वान जानते हैं कि अथर्ववेद को ब्राह्मणों ने लंबे समय तक ऋग्वेद के समान पवित्र नहीं माना। ऐसा भेद

क्यों किया गया? ऋग्वेद को पवित्र क्यों माना जाता था? अथर्ववेद को अभद्र क्यों माना गया? इसका उत्तर मेरे विचार से यह है कि दोनों (वेद) आर्यों की दो अलग-अलग जातियों के थे और जब वे एक हो गए तब अथर्ववेद को ऋग्वेद के समकक्ष माना जाने लगा।

इसके अलावा, पूरे ब्राह्मण साहित्य में दो अलग-अलग विचारधाराओं के अस्तित्व, विशेष रूप से सृष्टि से संबंधित पर्याप्त प्रमाण बिखरे हुए हैं, जो फिर से दो अलग-अलग आर्य जातियों के अस्तित्व की ओर इशारा करते हैं। इनमें से एक का संदर्भ पहले ही अध्याय 2 में दिया जा चुका है। दूसरे प्रकार की विचारधारा की ओर ध्यान आकर्षित करना बाकी है।

वेदों से शुरू करने के लिए तैत्तिरीय संहिता में निम्नलिखित विचारधारा पाई जाती है:

तै.सं.[1] vi.5.6.1.– "पुत्रों की इच्छा रखने वाली अदिति ने साध्य देवताओं के लिए एक ब्रह्मदान नैवेद्य पकाया। उन्होंने उसका बचा हुआ भाग उसे (अदिति को) दिया। वह उसने खा लिया। उसने बीज धारण किया। उससे चार आदित्य उत्पन्न हुए। उसने दूसरा (नैवेद्य) पकाया। उसने विचार किया, 'हवन के अवशेषों से मेरे ये पुत्र उत्पन्न हुए हैं। यदि यह (नैवेद्य) मैं पहले खाऊँगी तो मेरे और अधिक प्रतिभाशाली (पुत्र) उत्पन्न होंगे।' उसने पहले खाया; उसने बीज की कल्पना की; उससे एक अपूर्ण अंडा उत्पन्न हुआ। उसने आदित्यों के लिए एक तीसरा(नैवेद्य) तैयार किया, सूत्र को दोहराते हुए 'क्या यह धार्मिक परिश्रम मेरे आनंद के लिए किया जा सकता है।' आदित्यों ने कहा, 'आइए हम एक वरदान चुनें; जो इससे उत्पन्न हो वह हमारा ही हो; उसकी सन्तान में से जो समृद्ध हो, हमारे लिए आनंद का स्रोत हो।' परिणाम में आदित्य विवस्वत का जन्म हुआ। यह उनकी संतान है, अर्थात् उनमें से वही पुरुष जो यज्ञ करता है, समृद्ध होता है, और देवताओं के भोग का कारण बनता है।"

अब ब्राह्मणों की ओर आते हैं। शतपथ ब्राह्मणों में निहित सृष्टि की कहानियाँ नीचे दी गई हैं:

श.ब्रा.,[2] i.8.1.1.–सुबह वे मनु के पास स्वच्छता के लिए पानी लाते थे, क्योंकि पुरुषों को हाथों की स्वच्छता के लिए पानी लाने की आदत होती है। जब वे (मनु) इस प्रकार हाथ धो रहे थे, एक नर मछली उनके हाथ में आ गया और बोला 'मेरी रक्षा करो; मैं तुम्हें बचाऊंगा।' मनु ने पूछा 'तुम मुझे किससे बचाओगे?' मछली ने उत्तर दिया 'एक बाढ़ इन सभी प्राणियों को बहा ले जाएगी; इससे मैं तुम्हें बचाऊंगा।' मनु ने पूछा 'तुम्हारा संरक्षण कैसे होगा?' मछली ने कहा: 'जब तक हम छोटे हैं, हम बड़े संकट में हैं, क्योंकि मछली, मछली को खा जाती है; तू मुझे पहले घड़े में सुरक्षित रखना। जब मैं घड़े के जितना बड़ा हो जाऊं, तब तू गड़हा खोदकर उस में मेरी रक्षा करना। जब मैं खाई के लिए बहुत बड़ा हो जाऊं, तब तुम मुझे दूर समुद्र में ले जाना। तब मैं खतरे से बाहर हो जाऊंगा। लेकिन वह सीधे एक बड़ी मछली बन गया; क्योंकि उसकी बढ़ने की गति अति तीव्र थी। उसने कहा 'अब फलां फलां वर्ष में, बाढ़ आएगी। जब जल-प्रलय आएगा तब तू जहाज पर चढ़ेगा, और मैं तुझे उस से छुड़ाऊंगा। इस प्रकार उस नर मछली को बचाकर मनु समुद्र में ले गया। फिर जिस साल मछली ने बताया था उसी साल उसने एक जहाज बनाया और उसका सहारा लिया। बाढ़ आने पर मनु जहाज पर सवार हो गए। नर मछली उसकी ओर तैर कर आ गया। उसने जहाज के तार को मछली के सींग से बाँध दिया। इस प्रकार वह उत्तरी पर्वत के ऊपर से गुजरा। मछली ने कहा, 'मैंने तुझे छुड़ाया है; जहाज को एक पेड़ से बांधो। परन्तु कहीं ऐसा न हो कि जब तू पर्वत पर हो तब जल तुझे काट डाले, जितना जल नीचे उतरे उतना ही तू उसके पीछे उतरना।' इसलिए भी, 'मनु का वंश' उत्तरी पर्वत का है ऐसा माना जाता है। अब बाढ़ इन सभी प्राणियों को बहा ले गई थी, इसलिए मनु यहाँ अकेले रह गए थे। संतान की इच्छा से वे कठिन धार्मिक अनुष्ठान और तप करते थे। इनमें उन्होंने पाक नैवेद्य से भी आहुति दी। उन्होंने जल में आहुति के रूप में घी, गाढ़ा दूध, मट्ठा और दही डाला। इस प्रकार एक वर्ष में एक स्त्री उत्पन्न हुई। वह उठ खड़ी हुई क्योंकि वह दिव्य थी। विशुद्ध घी उसके कदमों से चिपक रहा था। मित्र और वरुण उससे मिले। उन्होंने उससे कहा 'तू कौन है?' 'मनु की पुत्री' (उसने उत्तर दिया)। कहो, तुम हमारी

हो' (उन्होंने फिर कहा)। 'नहीं', उसने कहा, 'मैं उसकी हूँ जिसने मुझे जन्म दिया।' वे उसमें हिस्सा चाहते थे। उसने वादा किया था, या उसने ऐसा वादा नहीं किया था; लेकिन वह आगे निकल गई। वह मनु के पास आई। मनु ने उससे कहा, 'तू कौन है?' 'आपकी बेटी' उसने उत्तर दिया। कितनी तेजस्वी हो, मनु ने कहा और पूछा, 'क्या तुम मेरी बेटी हो?' 'आपने मुझे उत्पन्न किया है,' उसने कहा, 'उन हवनों से, मक्खन, गाढ़ा दूध, मट्ठा और दही, जिन्हें आपने पानी में डाला था उस से मैं उत्पन्न हुई हूँ। मैं वरदान हूँ। मुझे यज्ञ में लगाएं। यदि मुझे यज्ञ में नियुक्त करेंगे, तो आपके वंश और पशुओं की बहुतायत होगी। आप मुझसे जो भी वर मांगेंगे, वह आपको प्राप्त होगा। उसने तदानुसार अपना परिचय दिया। वह यज्ञ का मध्य था जो परिचयात्मक और समापन रूपों के बीच आता है। उसके साथ वह संतान की इच्छा से कठिन धार्मिक संस्कारों से पूजा और तप करता रहा। उससे उसे संतान हुई जो मनु की संतान कहलाई। उसने उससे जो भी वरदान मांगा, वह सब उसे प्रदान किया गया। यह अवश्य ही इड़ा थी। जो भी यह जानकर इडा के साथ रहा, उसने उसके वंशज को जन्म दिया।

जिसे मनु ने उत्पन्न किया उससे जो भी वरदान मांगा, वह सब उसे प्राप्त हुआ।

(2) श.ब्रा.,[3] vi.1.2.11.– "फिर क्या कारण है कि वे कहते हैं, 'प्रजापति ने उन सृष्टियों का निर्माण किया था जो पृथ्वी पर समर्थित थे। उनके लिए इन जड़ी-बूटियों को भोजन के रूप में पकाया जाता था। वह (भोजन) उन्होंने खाया। उन्होंने गर्भ धारण किया, उन्होंने अपने ऊपरी प्राण वायु से देवताओं का निर्माण किया, और अपने निचले प्राण वायु से नश्वर संतानों का निर्माण किया। जिस किसी तरह से भी उन्होंने बनाया लेकिन जो कुछ भी विद्यमान है, प्रजापति ने ही यह सब बनाया है।"

(3) श.ब्रा.,[4] vii.5.2.6.– प्रजापति स्वयं पहले यह (ब्रह्मांड) थे, केवल एक। उन्होंने इच्छा की– मैं भोजन बनाऊं, और विस्तृत होऊं।' उसने अपनी सांस से जानवर, अपनी आत्मा से एक आदमी, अपनी आंख से एक घोड़ा, अपनी सांस से एक बैल, अपने कान से एक भेड़, अपनी आवाज

से एक बकरी का निर्माण किया। चूंकि उसने अपनी श्वास से जानवरों का निर्माण किया, इसलिए पुरुष कहते हैं, श्वास जानवर हैं। श्वासों में प्रथम आत्मा है। चूंकि उसने अपनी 'आत्मा' से एक आदमी का निर्माण किया, इसलिए वे कहते हैं कि 'मनुष्य जानवरों में सबसे पहला और सबसे मजबूत है।' सारी श्वासें आत्मा हैं; क्योंकि सभी श्वास आत्मा पर निर्भर करती हैं। क्योंकि उस ने मनुष्य को अपने प्राण से रचा है, इसलिये वे कहते हैं, कि सब पशु मनुष्य हैं, क्योंकि ये सब मनुष्य के लिए हैं।

(4) श. ब्रा.,[5] x.1.3.1।– "प्रजापति ने जीवों की रचना की। अपने ऊपरी प्राण वायु से उसने देवताओं का निर्माण किया: अपने निम्न प्राण वायु से नश्वर प्राणी की। बाद में उसने मृत्यु को प्राणियों का भक्षक बनाया।

(5) श. ब्रा.,[6] xiv.4.2.1।– "यह ब्रह्मांड पूर्व में केवल पुरुष के रूप में आत्मा था। करीब से देखने पर, उसने स्वयं को आत्मा के अलावा और किसी रूप में नहीं देखा। उसने पहले कहा, 'यह मैं हूँ।' फिर वह 'मैं' नाम का हो गया। इसलिए अब भी एक आदमी बुलाए जाने पर पहले कहता है, 'यह मैं हूँ,' उसके बाद उस 'मैं' का दूसरा नाम बना। जितने हो सके पहले उसने, सारे पाप भस्म कर दिए तब वह पुरुष कहलाया। यह पुरुष जानता था कि जो व्यक्ति उसके सामने आएगा वह उसे भस्म कर देगा। इसलिए वह पुरुष जब अकेला हो गया, वह डरा हुआ था। फिर पुरुष (जीव) को पता चला कि 'मेरे अलावा और कोई चीज नहीं है; मैं किस बात से डरता हूँ?' तब उसका भय दूर हो गया। उसे क्यों डरना चाहिए था? जब कोई दूसरा व्यक्ति होता है तो लोग डरते हैं। पर वह सुख का भोग नहीं कर पा रहा था। क्योंकि कोई व्यक्ति जब अकेला होता है तो सुख का आनंद नहीं ले पाता है। कोई दूसरा हो ऐसा वह चाहता था। आलिंगनबद्ध होने के लिए एक पुरुष और एक महिला का रूप पर्याप्त था। उसने इसी आत्मा को दो भागों में विभाजित कर दिया। वहाँ से पति-पत्नी उत्पन्न हुए। इसलिए याज्ञवल्क्य ने कहा है कि 'इसका आत्मा आधे दाने के समान है।' अत: यह रिक्तता स्त्री द्वारा भर दी जाती है। वह उसके साथ सहवास करता था। उन्हीं से पुरुष उत्पन्न हुए। उसने विचार किया 'वह मुझे अपने से उत्पन्न करके

कैसे मेरे साथ सहवास करता है? आह! मैं अदृश्य हो जाती हूँ'; वह एक गाय और दूसरा बैल बन गया; और वह उसके साथ रहा। उन्हीं से गौएँ उत्पन्न होती थीं। वह एक घोड़ी बन गई, दूसरा घोड़ा, वह एक गधी बन गई, दूसरा गधा बन गया। वह उसके साथ सहवास करता था। उनसे अविभाजित खुरों वाले जानवरों की श्रेणी उत्पन्न हुई। वह एक बकरी बन गई, दूसरा बकरा, एक मादा भेड़, दूसर नर भेड़। वह उसके साथ सहवास करता था। उनसे बकरियां और भेड़ें पैदा की जाती थीं। इस प्रकार चींटियों से लेकर सभी प्राणियों के जोड़े उत्पन्न हुए।

तैत्तिरीय ब्राह्मण में निम्नलिखित हैं:

टी.बी.,[7] ii.2.9.1.– "पहले यह (ब्रह्मांड) कुछ भी नहीं था। न आकाश था, न पृथ्वी, न वायु। अस्तित्वहीन होने के कारण, इसने 'मुझे रहने दो' का संकल्प लिया। यह उत्कट हो गया। उस आवेश से धुआँ उत्पन्न हुआ। यह फिर से उग्र हो गया। उसी से अग्नि उत्पन्न हुई। यह फिर से उग्र हो गया। उस उत्साह से प्रकाश उत्पन्न हुआ। यह फिर से उग्र हो गया। उस आवेश से ज्वाला उत्पन्न हुई। यह फिर से उग्र हो गया। उस आवेश से किरणें उत्पन्न हुईं। यह फिर से उग्र हो गया। उसी उत्साह से ज्वाला उत्पन्न हुई। यह फिर से उग्र हो गया। यह बादल की तरह सघन हो गया। इसने अपना मूत्राशय को खोल दिया। समुद्र बन गया। इसलिए पुरुष समुद्र का पानी नहीं पीते। क्योंकि वे इसे संतति की तरह मानते हैं। इसलिए जब कोई प्राणी पैदा होता है तो उसके सामने से पानी निकलता है। उसके बाद दशहोत्री (एक विशेष सूत्र) की रचना हुई। प्रजापति दशहोत्री हैं। वह व्यक्ति सफल होता है, जो इस प्रकार कठोर अमूर्तता (या उत्साह) की शक्ति को जानकर इसका अभ्यास करता है। यह तब पानी था, द्रव था। प्रजापति चिल्ला चिल्ला कर रोने लगे– 'मेरा जन्म किस प्रयोजन के लिए हुआ है, क्या मेरा जन्म इससे हुआ है जिसका कोई सहारा नहीं है।' उनका जो हिस्सा पानी में गिर गया वह पृथ्वी बन गया। जिसे उन्होंने मिटा दिया, वह हवा हो गई। जिसे उसने ऊपर की ओर मिटा दिया, वह आकाश बन गया। जिस परिस्थिति और जिन क्षेत्रों में वह रोया उन्हें अरोदित और रोदसी

दो नाम दिया गया। जिन लोगों को यह पता है उसके घर में वे नहीं रोते। इस प्रकार इन संसारों का जन्म हुआ। जो इस प्रकार इन लोकों की उत्पत्ति को जानता है, उसे इन लोकों में कोई कष्ट नहीं होता। उन्होंने (प्रजापति ने) पृथ्वी के रूप में आधार प्राप्त किया। इस पृथ्वी का आधार प्राप्त करके, उन्होंने इच्छा की 'क्या मुझे प्रचारित किया जा सकता है।' उन्होंने तपस्या की। उन्होंने गर्भ धारण किया। उन्होंने अपने उदर से असुरों की रचना की। उन असुरों के लिए वे मिट्टी के बर्तन में भोजन का दोहन करते थे। फिर उन्होंने अपने उस शरीर को त्याग दिया। अँधेरा हो गया। उनकी इच्छा थी कि 'मेरा प्रचार किया जाए।' उन्होंने कठोर तपस्या की। उन्होंने गर्भ धारण किया। उन्होंने अपने जनन के अंग से जीवित प्राणियों (प्रजा) को बनाया। इसलिए वे सबसे अधिक हैं क्योंकि उन्होंने उन्हें अपने जनन अंग से बनाया है। उनके लिए उन्होंने लकड़ी के बर्तन में दूध निकाला फिर उन्होंने अपने उस शरीर को त्याग दिया। चांदनी हो गई। उनकी इच्छा थी कि 'मेरा प्रचार किया जाए।' उन्होंने कठोर तपस्या की। उन्होंने गर्भ धारण किया। उन्होंने अपनी कांख से ऋतुओं की रचना की। उनके लिए उन्होंने चाँदी के पात्र में घी निकाला। फिर उन्होंने अपने उस शरीर को त्याग दिया। यह वह काल बन गया जो दिन और रात को जोड़ता है। उनकी इच्छा थी कि 'मेरा प्रचार किया जाए।' उन्होंने कठोर तपस्या की। उन्होंने गर्भ धारण किया। उन्होंने अपने मुख से देवताओं की रचना की। उनके लिए उन्होंने सोने के बर्तन में सोम का दोहन किया। फिर उन्होंने अपने उस शरीर को त्याग दिया। दिन हो गया। ये प्रजापति के दोहन हैं। इस प्रकार वे वंशजों को उत्पन्न करना जानते थे। 'दिन (दिवा) देवताओं के देवता के रूप में हमारे पास आया है: (यह विस्मयादिबोधक अभिव्यक्ति है)। जो इस प्रकार देवताओं के देवत्व को जानता है, वह देवताओं को प्राप्त करता है। यह दिन और रात का जन्म है। जो इस प्रकार दिन और रात के जन्म को जानता है, उसे दिन और रात में कोई कष्ट नहीं होता। मन (आत्मा या मानस) अस्तित्वहीन से बनाया गया था। मन ने प्रजापति को बनाया। प्रजापति ने संतान पैदा की। यह सब, जो कुछ भी मौजूद है, पूरी तरह मन पर टिका हुआ है। यह वह ब्रह्म है जिसे स्वोवस्यास कहा जाता है। जो मनुष्य यह

जानता है, उसके लिए उषा का उदय होता है, वह अधिक से अधिक उज्ज्वल होता है; वह संतानों में विपुल हो जाता है, और मवेशियों से धनवान; वह परमेष्ठिन का पद प्राप्त करता है।

(3) टीबी,[8] ii.3.8.1।- "प्रजापति की इच्छा थी, 'क्या मैं प्रचार कर सकता हूँ।' उन्होंने तपस्या की। उन्होंने गर्भ धारण किया। वे पीले और भूरे हो गए। इसलिए एक महिला जब गर्भवती होती है वह पीली-भूरी हो जाती है। एक भ्रूण के साथ गर्भ धारण करने के कारण, वे (प्रजापति) थक गए। थक जाने के कारण वे काले-भूरे हो गए। इसलिए थका हुआ व्यक्ति काला-भूरा हो जाता है। उनकी सांसें जीवंत हो उठीं। उस श्वास (असु) से उन्होंने असुरों की रचना की। उसमें असुरों का असुर-स्वभाव समाहित है। इस प्रकार जो असुरों के इस असुर-स्वभाव को जान लेता है, वह प्राणवान हो जाता है। सांस ने उनका पीछा नहीं छोड़ा। असुरों की रचना करने के बाद उन्होंने खुद को पिता के रूप में माना। उसके बाद उन्होंने पितृगण (पितरों) की रचना की। यह पिताओं के पितृत्व का गठन करता है। इस प्रकार जो पिताओं के पितृत्व को जानता है, वह स्वयं का पिता बन जाता है; पितर उनके यज्ञ का सहारा लेते हैं। पिताओं को बनाने के बाद, उन्होंने प्रतिबिंबित किया। उसके बाद उसने पुरुषों को बनाया। यह पुरुषों की पौरुष का गठन करता है। जो मनुष्य के पुरुषत्व को जान लेता है, वह बुद्धिमान हो जाता है। मन ने उन्हें नहीं छोड़ा। जब वे मनुष्य बना रहे थे, उन्हें स्वर्ग में दिन दिखाई दिया। इसके बाद उन्होंने देवताओं की रचना की। यह देवताओं के देवत्व का गठन करता है। इस प्रकार जो देवताओं के देवत्व को जानता है, उसके लिए आकाश में दिन प्रकट होता है। ये चार धाराएँ हैं, अर्थात्; देवता, पुरुष, पिता और असुर। इन सभी में पानी हवा की तरह है।

(4) टी.बी.,[9] iii.2.3.9.- "यह शूद्र अस्तित्वहीनता से उत्पन्न हुआ है।

"तैत्तिरीय आरण्यक ने सृष्टि की उत्पत्ति की निम्नलिखित व्याख्या की है:

टीए,[10] I.12.3.1.- "यह पानी है, द्रव है। प्रजापति अकेले कमल के पत्ते पर उत्पन्न हुए थे। उनके मन में यह इच्छा उत्पन्न हुई, 'मुझे इसे बनाने

दिया जाए।' इसलिए मनुष्य अपने मन में जो कुछ भी लक्ष्य रखता है, वह वाणी द्वारा घोषित करता है तब कर्म द्वारा क्रियान्वित होता है। इसलिए यह श्लोक कहा गया है, 'इसमें पूर्व में इच्छा उत्पन्न हुई थी, जो मन का मूल बीज था, (और जिसे) ऋषियों ने अपनी बुद्धि से खोजकर, हृदय में विद्यमान और अस्तित्वहीन के बीच के बंधन के रूप में खोजा है' (ऋग्वेद x.129.4)। जो इसे जानता है उसकी सारी इच्छाएं पूरी हो जाती है। उन्होंने कठोर तप किया। कठोर तप का अभ्यास करने के बाद, उन्होंने अपने शरीर को हिलाया। उनके मांस से ऋषि, अरुण, केतु और वातारासन उत्पन्न हुए। उनके नाखून वैखानस बन गए, उनके बाल वलखिल्य बन गए। उनका संपूर्ण शरीर पानी बन गया। उस पानी के बीच एक कछुआ घूम रहा था। उन्होंने उससे कहा, 'तू मेरी त्वचा और मांस से पैदा हुआ है।' 'नहीं,' कछुए ने जवाब दिया, 'मैं यहाँ पहले भी था।' उसमें (पूर्वम के 'पूर्व' होने में) एक पुरुष का पौरुष सम्मिलित था। वह पुरुष एक हजार सिर, एक हजार आखों के साथ एक हजार पैर (आर.वी.एक्स. 90.1) ऊपर उठा। प्रजापति ने उससे कहा, 'तू मुझसे पहले उत्पन्न हुआ था; क्या तूने पहले इसे (सृष्टि को) बनाया।' उसने अपने दोनों हाथों में उसमें से पानी लिया और उसे पूर्व की ओर रख दिया, फिर इस पाठ को दोहराते हुए कहा, 'ऐसा ही हो, हे सूर्य।' वहीं से सूर्य उदित हुए। वह पूर्वी चतुर्थांश था। तब अरुण केतु ने (जल को) यह कहते हुए दक्षिण की ओर रख दिया, 'ऐसा ही हो, हे अग्नि।' वहाँ से अग्नि उठी। वह दक्षिणी चतुर्थांश था। तब अरुण केतु ने (जल को) यह कहते हुए पश्चिम की ओर रख दिया कि 'ऐसा ही हो, हे वायु।' वहाँ से वायु का उदय हुआ। वह पश्चिमी चतुर्थांश था। तब अरुण केतु ने (जल को) यह कहते हुए उत्तर की ओर रख दिया, 'ऐसा ही हो, हे इंद्र।' तब इंद्र उठे। वह उत्तरी चतुर्थांश था। तब अरुण केतु ने (पानी को) यह कहते हुए केंद्र में रखा, 'ऐसा ही हो, हे पूषाण।' वहीं से पूषन का उदय हुआ। वह यह चतुर्थांश है। अरुण केतु ने (पानी को) यह कहते हुए ऊपर रख दिया कि 'ऐसा ही हो, देवता।' तब से देवता, पुरुष, पिता, गंधर्व और अप्सराएँ ये सभी ऊपरी चतुर्थांश हैं। जो बूँदें टूट कर गिरीं उनसे असुर, राक्षस और पिसाच उत्पन्न हुए इसलिए वे नष्ट हो

गए, क्योंकि वे बूंदों से उत्पन्न हुए थे। इसलिए यह कहा गया है; 'जब अपार जल ने गर्भ धारण किया, ज्ञान से युक्त, स्वयंभू को उत्पन्न किया, तो उनसे इन कृतियों का निर्माण हुआ। यह सब जल से उत्पन्न हुए थे। इसलिए यह सब ब्रह्म स्वयंभू है।' इसलिए यह सब कुछ उतना ही लचीला था, जितना अस्थिर था। वे प्रजापति थे। अपने आप को स्वयं के माध्यम से बनाने के बाद, वे उसमें प्रवेश कर गए। इसलिए यह श्लोक कहा गया है; 'संसार की रचना करके, अस्तित्वपूर्ण चीजों और सभी मध्यवर्ती चतुर्थांशों का निर्माण करके, समारोह के पहले जन्म लेने वाले प्रजापति ने अपने आप में प्रवेश किया।'

VI

इस विषय के निर्माण में महाभारत का अपना योगदान है। यह मनु द्वारा सृष्टि के सिद्धांत को प्रतिपादित करता है।

वनपर्व[11] कहता है:

"एक महान ऋषि थे, मनु, वे विवस्वत के पुत्र, प्रतापी, प्रजापति के समान कांति वाले थे। ऊर्जा, उग्र जोश, समृद्धि और तपस्या में उन्होंने अपने पिता और अपने दादा दोनों को पार कर लिया था। विशाल बद्री पर एक पैर पर हाथ उठाकर खड़े होकर उन्होंने घोर तपस्या की। यह कठोर अभ्यास उन्होंने 10,000 वर्षों तक अपने सिर को नीचे की ओर रखकर बिना पलकें झपकाए किया। एक बार, जब वे फटे चिथड़े पहने हुए थे और उनके बाल उलझे हुए थे, तो चिरनी के तट पर एक नर मछली उनके पास आई, और बोली: 'भगवान, मैं एक छोटी मछली हूँ; मैं बलवानों से डरती हूँ, आप उन से मेरी रक्षा करें। बलवान मछली निर्बल को निगल जाती है; इसे अनादि काल से हमारे निर्वाह का साधन ठहराया गया है। मुझे इस आशंका की बाढ़ से आप मुक्त करें, जिसमें मैं डूब रही हूँ, मैं आपको इस कर्म का प्रतिफल दूंगी।' यह सुनकर मनु ने करुणा से भरकर मछली को अपने हाथ में लिया और उसे पानी में लाकर एक चांदनी के समान उज्ज्वल घड़े में डाल दिया। इसमें वह मछली, उत्कृष्ट रूप से पोषित होने के कारण, बढ़ी; क्योंकि मनु उसे संतान के समान मानते थे। काफी समय बाद

वह बहुत बड़ी हो गई और उस घड़े में समा नहीं रही थी। फिर, मनु को देखकर उसने फिर कहा: 'मेरी वृद्धि के लिए, मुझे कहीं और रख दीजिए।' तब मनु ने उसे घड़े से बाहर निकाला, एक बड़े तालाब में ले जाकर उसमें डाल दिया। वहाँ वह वर्षों विस्तार पाती रही। हालाँकि तालाब दो योजन लंबा और एक योजन चौड़ा था, लेकिन कमल-नेत्र मछली को अब उसमें हिलने-डुलने की जगह नहीं मिल रही थी; उसने मनु से कहा। मुझे समुद्र की प्रिय रानी गंगा के पास ले चलो- सम्राट; मैं उसमें निवास करूंगी; या जैसा तुम ठीक समझो वैसा करो। मुझे संतोषपूर्वक तुम्हारे अधिकार के अधीन होना चाहिए, क्योंकि तुम्हारे माध्यम से मैंने बहुत वृद्धि की है।' मनु ने तदनुसार मछली को लिया और उसे गंगा नदी में डाल दिया। वहाँ वह कुछ समय के लिए मोम हो गई, उसने फिर मनु से कहा, अपने विशाल भार के कारण मैं गंगा में हिल-डुल नहीं पा रही; कृपा करके मुझे शीघ्र ही समुद्र में ले चलिए।' मनु ने उसे गंगा से बाहर निकाला; और समुद्र में डाल दिया। हालांकि इतनी बड़ी मछली होने पर भी वह आसानी से वहन की जा सकी। जब मनु ने उसे उठाया वह छूने और सूंघने में सुखद थी। जब उसे समुद्र में डाल दिया तो उसने मनु से कहा: 'महान भगवान, आपने हर तरह से मेरी रक्षा की है; अब मेरी बात सुनिए-

कि समय आने पर आपको क्या करना है। जल्द ही ये सभी स्थलीय वस्तुएँ, स्थिर और गतिमान दोनों विलीन हो जाएँगी। अब संसार के शुद्धिकरण का समय आ गया है। इसलिए मैं आपको बताती हूँ कि आपकी सबसे अधिक भलाई किसमें हैं। इस ब्रह्मांड के गतिमान और स्थिर (वस्तुओं) के लिए भयानक काल आ गया है। अपने लिए एक मजबूत जहाज बनाइए, जिसमें तार लगे हों; सात ऋषियों के साथ उसमें चढ़ें और उसमें उन सभी बीजों को सावधानी से संरक्षित और मिश्रित करें, जिन्हें पूर्ववर्ती ब्राह्मणों द्वारा वर्णित किया गया है। जब जहाज में चढ़ें, तो मेरी ओर देखें। मैं अपने सींग के द्वारा पहचान में आऊंगी। जैसा मैंने कहा आप वैसा ही करें। मैं आपको नमस्कार करके प्रस्थान करती हूँ। मेरे बिना इन अपार जल को पार नहीं किया जा सकता। मेरे वचन पर अविश्वास न करें। मनु

ने उत्तर दिया, 'जैसा आपने कहा है, मैं वैसा ही करूँगा।' आपस में विदा लेने के बाद वे अपने-अपने रास्ते चले गए। तब मनु, जैसा कि आदेश दिया गया था, बीजों को अपने साथ लेकर एक सुंदर जहाज में लहरदार समुद्र पर तैर गए। उसने फिर मछली के बारे में सोचा, जो उसकी इच्छा को जानते हुए तीव्र गति से वहाँ पहुँची और एक सींग के द्वारा पहचान ली गई। जब मनु ने पर्वत के समान ऊँचे सींग वाले भीमकाय जीव को देखा, तो उसने जहाज के तार को सींग से बाँध दिया। इस प्रकार बंधे होने के कारण मछली जहाज को बड़ी तेजी से घसीटती हुई उसे खारे समुद्र के पार ले गई जो अपनी लहरों और गरज के साथ नाचता हुआ प्रतीत हो रहा था। तूफान से टकराता हुआ जहाज एक चक्करदार और मदहोश औरत की तरह घूमता रहा। न तो पृथ्वी दिखाई दे रही थी और न ही विश्व का चौथाई भाग। पानी, हवा और आकाश के अलावा कुछ नहीं था। इस प्रकार उलट-पलट होते संसार में (केवल) सात ऋषि, मनु और वह मछली दिख रही थी। उसके बाद बहुत सालों तक, मछली, बिना थके, जहाज को पानी के ऊपर खींचती रही; और उसे हिमवत की सबसे ऊंची चोटी तक ले आई। फिर उसने धीरे से मुस्कुराते हुए ऋषियों से कहा, 'जहाज को इस शिखर पर बिना देर किए बांध दें।' उन्होंने वैसा ही किया। और हिमवत की वह सबसे ऊँची चोटी आज भी नौबंधन ('जहाज का बंधन') के नाम से जानी जाती है। उस मित्रवत मछली (देवता या अनिमिष) ने तब ऋषियों से कहा, 'मैं प्रजापति ब्रह्मा हूँ, जिससे बढ़कर कुछ भी नहीं है। एक मछली के रूप में मैंने तुम्हें इस महान संकट से छुड़ाया है। मनु संसार के सभी गतिमान और स्थिर वस्तुओं के साथ सभी जीवित प्राणियों, देवताओं, असुरों, मनुष्यों, की रचना करेगा। मेरी कृपा से और घोर तपस्या से वह अपने रचनात्मक कार्य में पूर्ण अंतर्दृष्टि प्राप्त करेगा, और मोहग्रस्त नहीं होगा।' इस प्रकार कहने के बाद, मछली एक पल में गायब हो गई। मनु, प्राणियों को अस्तित्व में लाने की इच्छा से अपने काम में संलग्न हो गए, उन्होंने महान तपस्या की और स्पष्ट रूप से सभी जीवित प्राणियों को बनाना शुरू किया।

महाभारत का आदिपर्व सृष्टि की कहानी का कुछ अलग संस्करण देता है:[12]

"वैशम्पायन ने कहा: मैं, स्वयंभू को प्रणाम करने के बाद, तुम्हें देवताओं और अन्य प्राणियों के उत्पादन और विनाश के बारे में ठीक-ठीक बताऊँगा। छह महान ऋषियों को ब्रह्मा के मानस पुत्र के रूप में जाना जाता है, जैसे, मरीचि, अत्रि, अंगिरस, पुलस्त्य, पुलह और क्रतु। कश्यप मरीचि के पुत्र थे: और कश्यप से ये प्राणी उत्पन्न हुए। दक्ष के यहाँ अदिति, दिति, दनु, कला, दानयु, सिमुक, क्रोध, प्रधा, विश्व, विनता, कपिला और मुनि नाम की तेरह कन्याएँ पैदा हुईं। कद्रू भी उनमें से एक थी। इन पुत्रियों के असंख्य वीर पुत्र और पौत्र हुए।

दक्ष, गौरवशाली ऋषि, आत्मा में शांत, और तपस्या में महान, ब्रह्मा के दाहिने अंगूठे से प्रकट हुए। बायें अँगूठे से उस महान मुनि की पत्नी उत्पन्न हुई, जिससे उनकी पचास पुत्रियाँ हुईं। इनमें से उन्होंने दस धर्म को दिए, इंदु (सोम) को सत्ताईस, और आकाशीय प्रणाली के अनुसार, कश्यप को तेरह। पितामह के वंशज मनु, देवता और प्राणियों के स्वामी, उनके पुत्र थे। जिन आठ वसुओं के बारे में मैं विस्तार से बताऊंगा, वे उनके पुत्र थे। ब्रह्मा के दाहिने स्तन को विभाजित करते हुए, महिमामय धर्म को एक मानव रूप में प्रस्तुत किया गया, जो सभी लोगों को प्रसन्नता प्रदान करता है। उनके तीन प्रतिष्ठित पुत्र थे, साम, काम और हर्ष (शांति, प्रेम और आनंद), जो सभी प्राणियों में आनंद स्वरूप हैं, और उनकी शक्ति से दुनिया को आधार देते हैं। मनु की बेटी आरुषि, भृगु के पुत्र ऋषि च्यवन की पत्नी थी। ब्रह्मा के दो और पुत्र हैं, जिनकी छाप दुनिया में बनी हुई है, धातृ और विधातृ, जो मनु के साथ रहे। उनकी बहन सुंदर देवी लक्ष्मी थीं, जिनका घर कमल है। उसके मन से जन्मे पुत्र आकाश में विचरण करने वाले घोड़े हैं। जब भोजन के इच्छुक प्राणियों ने एक दूसरे को खा लिया, तो अधर्म उत्पन्न हुआ, जो सभी प्राणियों का नाश करने वाला था। उसकी पत्नी निऋृति थी, और इसलिए राक्षसों को नैर्ऋत या निऋृति की संतान कहा जाता है। उसके तीन भयानक पुत्र थे, जो लगातार बुरे कर्मों के आदी थे, भय, महाभय और

आतंक। उसके बाद था मृत्यु – प्राणियों का अंत। उसकी न तो पत्नी है, और न कोई पुत्र, क्योंकि वह अन्त करने वाला है।"

"महान ऋषियों की तरह सभी वैभव के साथ पैदा हुए। प्रचेता के दस पुत्र गुणी और पवित्र माने जाते हैं; और उनके द्वारा तेजोमय प्राणी पहले उनके मुख से निकल रही आग से भस्म हो गए थे। उनसे दक्ष प्रचेतस का जन्म हुआ; और दक्ष से, दुनिया के माता-पिता (ये जीव) उत्पन्न हुए। वीरिनी के साथ सहवास करते हुए, मुनि दक्ष ने अपने जैसे एक हजार पुत्रों को जन्म दिया, जो अपने धार्मिक अनुष्ठानों के लिए प्रसिद्ध थे, जिन्हें नारद ने अंतिम मुक्ति के सिद्धांत, सांख्य के अप्रतिम ज्ञान की शिक्षा दी थी। संतान पैदा करने की इच्छा से, प्रजापति दक्ष ने अगली पचास बेटियाँ बनाई, जिनमें से उन्होंने दस धर्म को, तेरह कश्यप को, और सत्ताईस ने इंदु (सोम) को समय के नियमन के लिए समर्पित किया ... दक्षायनी जो उनकी तेरह पत्नियों में सबसे उत्कृष्ट थी, उन्होंने, मरीचि के पुत्र कश्यप और इंद्र के नेतृत्व में आदित्यों को जन्म दिया, जो उनकी ऊर्जा से प्रतिष्ठित थे, और विवस्वत भी। विवस्वत को एक पुत्र हुआ, पराक्रमी यम वैवस्वत। मार्तंड (अर्थात्, विवस्वत या सूर्य) से बुद्धिमान और पराक्रमी मनु और उनके (मनु के) छोटे भाई प्रसिद्ध यम भी पैदा हुए थे। धर्मी यह बुद्धिमान मनु था, जिस पर एक जाति की स्थापना हुई थी। इसलिए पुरुषों के इस (परिवार) को मनु की जाति के रूप में जाना जाने लगा। इस मनु से ब्राह्मण, क्षत्रिय और अन्य पुरुष उत्पन्न हुए। उसमें ब्राह्मण क्षत्रिय से जुड़े थे। उनमें मनु की सन्तान ब्राह्मणों ने वेद को वेदांगों के साथ धारण किया। कहा जाता है कि मनु की संतानें वेन, धृष्णु, नरिष्यंत, नभाग, इक्ष्वाकु, करुश, सरयति, इला आठवीं, नौवें पृषद्र, जो एक क्षत्रिय के कर्तव्यों में आसक्त थे, और दसवें नभगरिष्ट थे। मनु के पचास अन्य पुत्र भी थे; लेकिन वे सभी, जैसा कि हमने सुना है, आपसी मतभेदों के कारण नष्ट हो गए। इसके बाद, बुद्धिमान पुरुरवा का जन्म इला से हुआ, जिसके बारे में हमने सुना, (इला ही) उसकी माँ और उसके पिता दोनों थी।

VII

रामायण भी सृष्टि के विषय से संबंधित है। इसका एक विवरण दूसरे काण्ड में मिलेगा।[13] इसमें कहा गया है: राम को क्रोधित देखकर वशिष्ठ ने उत्तर दिया: जाबालि भी इस संसार के विनाश और पुनर्निर्माण को जानते हैं। लेकिन उसने कहा ऐसा उसने आपको वापस लौटने के लिए प्रेरित करने की इच्छा से किया था। मुझसे सीखो, पृथ्वी के स्वामी, दुनिया की उत्पत्ति की यह गणना। ब्रह्मांड कुछ और नहीं बल्कि पानी था। इसमें पृथ्वी की रचना की गई थी। तब देवताओं के साथ ब्रह्मा स्वयंभू अस्तित्व में आए। उन्होंने आगे, एक वराह बनकर, पृथ्वी को ऊपर उठाया, और पूरी दुनिया बनाई, संतों, उनके पुत्रों के साथ, ब्रह्मा, शाश्वत, अपरिवर्तनशील और अविनाशी, आकाश उत्पन्न हुए। उन्हीं से मरीचि उत्पन्न हुए, जिनके कश्यप पुत्र थे। कश्यप से विवस्वत उत्पन्न हुए: और उन्हीं से मनु का अवतरण हुआ, जो पहले प्राणियों के स्वामी (प्रजापति) थे। इक्ष्वाकु मनु का पुत्र था, और उसे यह समृद्ध पृथ्वी पूर्व में उसके पिता ने दी थी। ज्ञात हो कि यह इक्ष्वाकु अयोध्या का पूर्व राजा था।

इसके अलावा सृष्टि की एक और कहानी है। यह तीसरे काण्ड में निम्नलिखित शब्दों में आती है।[14]

"राम के शब्दों को सुनकर, पक्षी (जटायु) ने उन्हें अपनी जाति और स्वयं और सभी प्राणियों की उत्पत्ति के बारे में बताया। श्सुनो, अब मैं आदिकाल में उत्पन्न हुए सभी प्रजापतियों (जीवों के स्वामी) को प्रारंभ से ही घोषित करता हूँ। कर्दम प्रथम, फिर विकृत, शेष, संसार, ऊर्जावान बाहुपुत्र, स्थाणु, मरीचि, अत्रि, बलवान क्रतु, पुलस्त्य, अंगिरस, प्रचेतस, पुलह, दक्ष, फिर विवस्वत, अरिष्टनेमि और प्रतापी कश्यप, जो अंतिम थे। प्रजापति दक्ष के बारे में कहा जाता है कि उनकी साठ बेटियाँ थीं। इनमें से कश्यप ने अदिति, दिति, दनु, कालका, ताम्र, क्रोधवास, मनु और अनला नामक आठ सुंदर कन्याओं से विवाह किया। तब कश्यप ने प्रसन्न होकर इन कन्याओं से कहा: 'तुम तीनों लोकों के संरक्षक मेरे जैसे पुत्रों को जन्म दोगी।' अदिति, दिति, दनु और कालका ने सहमति व्यक्त की; लेकिन बांकि सब सहमत नहीं थी। अदिति ने तैंतीस देवताओं, आदित्यों, वसुओं,

रुद्रों और दो अश्विनों को जन्म दिया। कश्यप की मनु (पत्नी) ने पुरुषों, ब्राह्मणों, क्षत्रियों, वैश्यों और शूद्रों को पैदा किया। 'ब्राह्मण मुख से, क्षत्रिय स्तन से, वैश्य जंघाओं से और शूद्र पैरों से उत्पन्न हुए' ऐसा वेद कहता है। अनला ने शुद्ध फलों वाले सभी वृक्षों को जन्म दिया।

VIII

पुराणों का क्या कहना है, इसके उदाहरण स्वरूप मैने विष्णु पुराण[15] से निम्नलिखित अंश निकाला है

"संसार रूपी अंडे से पहले दिव्य ब्रह्मा हिरण्यगर्भ का अस्तित्व था, जो सभी संसारों के शाश्वत प्रवर्तक थे, जो ब्रह्मा के रूप और सार थे, जिनमें दिव्य विष्णु शामिल थे, जो फिर से रिक, यजुस, समन और अथर्व-वेदों के समान हैं। ब्रह्मा के दाहिने अंगूठे से प्रजापति दक्ष का जन्म हुआ; दक्ष की एक बेटी अदिति थी; उससे विवस्वत उत्पन्न हुआ; और उसी से मनु उत्पन्न हुए। मनु के इक्ष्वाकु, नृग, धृष्ट, सरयति, नरिष्यंत, प्रमसु, नभगनेदिष्ट, करुष और पृषध्र नाम के पुत्र थे। पुत्र की इच्छा से मनु ने मित्र और वरुण के लिए यज्ञ किया। लेकिन एक गलत आह्वान के परिणामस्वरूप और होत्री-पुजारी की अनियमितता से इला नामक पुत्री का जन्म हुआ। फिर मित्र और वरुण की कृपा से वह मनु के लिए सुद्युम्न नामक एक पुत्र बन गई। लेकिन महादेव के प्रकोप से फिर एक महिला में परिवर्तित होने के कारण वह सोम (चंद्रमा) के पुत्र बुध के आश्रम के पास भटकती रही; जो उसके प्रति आसक्त हो गया। उसके द्वारा उसे पुरुरवा नामक एक पुत्र हुआ। उनके जन्म के बाद यज्ञ से, ऋक्, यजुस, साम और अथर्ववेद से, अन्य सभी वस्तुओं से, मन से, शून्य से, यज्ञ पुरुष के रूप में जो देवता बने, अनंत वैभवशाली ऋषियों ने उनकी पूजा की और यह कामना की कि सुद्युम्न को अपना पुरूषत्व वापस मिल जाए। इस देवता की कृपा से इला फिर से सुद्युम्न बन गई।

इसके बाद विष्णु पुराण मनु के पुत्रों के बारे में निम्नलिखित विवरण देता है:

"(i) पृषध्र अपने धार्मिक गुरु की गाय को मारने के परिणामस्वरूप शूद्र बन गया।

(ii) करुष से कारुष, महान शक्तिशाली क्षत्रिय अवतरित हुए।

(iii) नेदिष्ट का पुत्र नाभाग वैश्य बन गया।

उपरोक्त सूर्यवंश की कहानी है। विष्णु पुराण[16] में चंद्रवंश से संबंधित एक समानांतर कहानी भी है। इसके अनुसार मनु से जैसे सूर्यवंश की उत्पत्ति हुई उसी प्रकार अत्रि से चंद्रवंश उत्पन्न हुआ था:

अत्रि ब्रह्मा के पुत्र और सोम (चंद्रमा) के पिता थे, जिन्हें ब्रह्मा ने पौधों, ब्राह्मणों और सितारों के स्वामी के रूप में स्थापित किया था। राजसूय यज्ञ का उत्सव मनाने के बाद, सोम गर्व से मदहोश हो गया, और देवताओं के गुरु, बृहस्पति की पत्नी तारा को ले गया। ब्रह्मा, देवताओं और ऋषियों द्वारा उसे समझाए जाने पर भी सोम ने उसे लौटाने से मना कर दिया। सोम का भाग उसानस ने ले लिया; और रुद्र, जिन्होंने अंगिरस के सानिध्य में अध्ययन किया था, उन्होंने बृहस्पति की सहायता की। क्रमश: देवताओं और दैत्यों आदि द्वारा समर्थित दोनों पक्षों के बीच एक भयंकर संघर्ष हुआ। ब्रह्मा ने बीच-बचाव किया, और सोम को विवश किया कि वह तारा को उसके पति को लौटा दे। हालाँकि, वह इस बीच गर्भवती हो गई थी, और उसने एक पुत्र बुद्ध (बुध ग्रह) को जन्म दिया, जिसके बारे में दृढ़ता से अनुरोध करने पर सोम को उसका पिता होना स्वीकार करना पड़ा। पुरुरवा[17] मनु की पुत्री इला द्वारा बुद्ध का पुत्र था। पुरुरवा[18] के छह पुत्र थे, जिनमें सबसे बड़ा आयुष था। आयुष के पाँच पुत्र थे; नहुष, क्षत्रवृद्ध, रंभा, राजी और अनीस।

क्षत्रवृद्ध का एक पुत्र सुनाहोत्र था जिसके तीन पुत्र हुए, काश, लेसा और गृत्समदा। अंतिम (पुत्र से) से शौनक का जन्म हुआ जिसने चार जातियों की व्यवस्था की उत्पत्ति की। कास का एक पुत्र था, कसीराजा, जिसका पुत्र दीर्घतमस था और दीर्घतमस का (पुत्र) धनवंतरी था।.

सृष्टि की इन विचारधाराओं की तुलना यदि अध्याय 2 में दी गई विचारधाराओं से करें तो हम क्या पाते हैं? मुझे लगता है कि तुलना का परिणाम निम्नलिखित प्रस्तावों में निर्धारित किया जा सकता है:

(1) एक स्वभाव और चरित्र से पुरोहित है दूसरा धर्मनिरपेक्ष; (2) एक मनुष्य मनु को पूर्वज के रूप में संदर्भित करता है, दूसरा ईश्वर ब्रह्मा या प्रजापति को प्रवर्तक के रूप में संदर्भित करता है; (3) एक का अभिप्राय ऐतिहासिक है, दूसरे का अलौकिक; (4) एक प्रलय की बात करता है, दूसरा इसके बारे में पूरी तरह से मौन है; (5) एक का उद्देश्य चार वर्णों की व्याख्या करना है, दूसरे का उद्देश्य केवल समाज की उत्पत्ति की व्याख्या करना है।

ये अनेक और मूलभूत भेद हैं। चातुर्वर्ण्य के संबंध में विशेष रूप से इनमें मौलिक अन्तर प्रतीत होता है। पुरोहित विचारधारा इसे मान्यता देती है, लेकिन धर्मनिरपेक्ष विचारधारा नहीं। यह सच है कि रामायण और पुराणों की तरह मनु की संतान चार वर्णों में कैसे विकसित हुई, यह समझाकर दोनों को मिलाने का प्रयास किया गया है। लेकिन स्पष्ट रूप से इन दोनों विचारधाराओं को एक में ढालने की कोशिश की गई है। यह प्रयास सुविचारित और सुअनुमानित है। लेकिन दोनों विचारधाराओं के बीच का अंतर इतना मौलिक है कि इस प्रयास के बावजूद ये दोनों अलग-अलग विचारधाराओं के रूप में कायम हैं। जो कुछ हुआ है वह यह है कि एक के बजाय हमारे पास चातुर्वर्ण्य की दो व्याख्याएँ हैं। पुरुष द्वारा निर्मित अलौकिक चातुर्वर्ण्य, और मनु के पुत्रों के बीच विकसित प्राकृतिक चातुर्वर्ण्य। इसका परिणाम बिल्कुल बेतुका है जो यह दर्शाता है कि दोनों विचारधाराएँ मौलिक रूप से भिन्न और बेमेल हैं। यह खेद की बात है कि ब्राह्मण साहित्य में दर्ज ऐसी दो विचारधाराओं के अस्तित्व पर उन विद्वानों का ध्यान नहीं गया है जिन्होंने इस विषय पर काम किया है। लेकिन उनके अस्तित्व और उनके महत्व के तथ्य को अनदेखा नहीं किया जा सकता है। मौलिक रूप से भिन्न और परस्पर विरोधी दो ऐसी विचारधाराओं के अस्तित्व का क्या महत्व है? मुझे ऐसा लगता है कि वे दो अलग-अलग आर्य जातियों की विचारधाराएँ हैं- एक चातुर्वर्ण्य में विश्वास करती है और दूसरी चातुर्वर्ण्य में विश्वास नहीं करती-जिनका बाद में एक दूसरे में विलय हो गया। यदि यह तर्क सुस्थापित है तो ब्राह्मण साहित्य द्वारा प्रकट की गई विचारधाराओं में यह अंतर नए सिद्धांत के समर्थन में और सबूत प्रस्तुत करता है।

IX

मेरे विचार के समर्थन में तीसरा और सबसे अकाट्य साक्ष्य भारतीय लोगों के मानवशास्त्रीय सर्वेक्षण से आता है। इस तरह का सर्वेक्षण सबसे पहले 1901 में सर हर्बर्ट रिस्ले द्वारा किया गया था। सेफेलिक इंडेक्स अपने सर्वेक्षण के आधार पर इस निष्कर्ष पर पहुँचे कि भारत के लोग चार अलग-अलग जातियों का मिश्रण थे: (1) आर्य, (2) द्रविड़, (3) मंगोलियाई, और (4) सीथियाई। वह उन क्षेत्रों को परिभाषित करने वाले विस्तार तक भी गए जहाँ वे बड़े पैमाने पर थे। यह सर्वेक्षण बहुत सतही था।

उनके निष्कर्षों का 1936 में डॉ गुहा द्वारा परीक्षण किया गया है। इस विषय पर उनकी रिपोर्ट भारतीय मानव विज्ञान के क्षेत्र में एक बहुत ही मूल्यवान दस्तावेज है। डॉ गुहा द्वारा तैयार किया गया नक्शा[19], जिस पर उन्होंने भारत के लोगों का उनके सिर के माप के अनुसार वर्गीकरण करने की योजना बनाई है जो भारतियों की नस्लीय संरचना पर प्रकाश डालता है। डॉ. गुहा का निष्कर्ष यह है कि भारतीय लोग दो जातियों से बने हैं: (1) लंबे सिर वाले और छोटे सिर वाले। लंबे सिर वाले भारत के अंदरूनी हिस्सों में हैं और छोटे सिर वाले बाहरी इलाकों में हैं।

भारत के विभिन्न भागों में मिली खोपड़ियों के प्रमाण भी इस बात की पुष्टि करते हैं। डॉ. गुहा ने इस बिंदु पर सबूतों का सारांश इस प्रकार दिया है:

"ऊपर दिए गए प्रागैतिहासिक स्थलों से मानव अवशेषों की गणना, हालांकि सिंधु घाटी के अपवाद से बेहद कम हैं, फिर भी हमें इस समय में भारत के नस्लीय इतिहास की व्यापक रूपरेखा की कल्पना करने में सक्षम बनाती हैं। चौथी सहस्राब्दी ईसा पूर्व की शुरुआत से ऐसा प्रतीत होता है कि उत्तर-पश्चिमी भारत में संकीर्ण उभरी हुई नाक, लंबे सिर वाली जाति का आधिपत्य रहा है। उनके साथ-साथ हम एक और लंबे सिर वाले अत्यंत शक्तिशाली लेकिन निचली कपाल कक्ष वाली नस्ल के अस्तित्व को भी पाते हैं। वे समान रूप से लंबे चेहरे और संकीर्ण नाक वाले थे। हालांकि बाद वाली नस्ल इतनी ऊंची नहीं थी जितनी पहले वाली।

चौड़े सिर वाले एक तीसरे प्रकार की नस्ल का भी अस्तित्व था और स्पष्ट रूप से अर्मेनॉइड समानताएं भी विद्यमान थीं, लेकिन इनका आगमन कुछ हद तक शायद हड़प्पा काल के बाद हुआ, जहाँ से इनमें से अधिकांश प्रकार की खोपड़ियां आईं। पर्वतीय और भूमध्यसागरीय जाति के संदर्भ में, कोई कह सकता है कि भारतीय लोग दो नस्लों से बने हैं: (1) भूमध्यसागरीय या लंबे सिर वाली नस्ल, और (2) पर्वतीय या छोटे सिर वाली नस्ल।

भूमध्यसागरीय नस्ल के बारे में कुछ तथ्य स्वीकार किए जाते हैं। यह माना जाता है कि यह एक ऐसी जाति है जो आर्य भाषा बोलती है। यह स्वीकार किया जाता है कि इसका निवास स्थल भूमध्यसागरीय बेसिन के आसपास यूरोप में था और वहाँ से यह भारत आई। इसके स्थानीयकरण से यह स्पष्ट है कि यह पर्वतीय जाति के प्रवेश से पहले भारत में आ गई होगी।

पर्वतीय जाति के बारे में इसी प्रकार के तथ्यों का पता लगाया जाना बाकी है। पहला पर्वतीय जाति के निवास स्थल के बारे में है और दूसरा उनकी मूल भाषा के बारे में है। प्रो. रिप्ले के अनुसार, पर्वतीय जाति का निवास स्थान एशिया में कहीं हिमालय में था। उनके कारण उनके अपने शब्दों में दिए जा सकते हैं। प्रो रिप्ले कहते हैं:[20]

"हमें इस दावे का क्या अधिकार है कि पूर्व से आबादी की यह घुसपैठ एक विजय थी?[21] यह विजय नहीं थी, सब कुछ इसके एक क्रमिक शांतिपूर्ण आगमन होने की ओर इशारा करता है, जो कि ज्यादातर केवल निर्जन क्षेत्रों में बस जाना था– क्या यह एशिया की ओर से एक जनसैलाब के आगमन को चिह्नित करता है?" इसका प्रमाण काफी हद तक उस महाद्वीप के लोगों के बारे में हमारे ज्ञान पर निर्भर करता है, विशेष रूप से पामीर क्षेत्र, पश्चिमी हिमालयी हाइलैंड्स के बारे में। यहीं संसार की छत पर, जहाँ मैक्स मुलर और शुरुआती भाषाविदों ने आर्य सभ्यता के आदिम निवास स्थान को केंद्रित किया था, मनुष्य की एक नस्ल यहाँ प्रचलित है जो हमारी आदर्श अल्पाइन या सेल्टिक यूरोपीय जाति के साथ लगभग मेल

खाती है। डी उज्फाल्वी, टोपिनार्ड और अन्य के शोध इसके विशिष्ट लक्षणों को इसके आसपास के एक विशाल क्षेत्र में स्थानीयकृत करते हैं। गलचास, पर्वत ताजदिक के लोग और उनके साथी ग्रे-आंखों वाले, काले बालों वाले, बनावट में गठीले हैं, जिनमें अधिकांश भाग के लिए 86 से ऊपर के शीर्ष सूचकांक हैं। इस क्षेत्र से एक जैसी शारीरिक बनावट के लोगों की एक लंबी श्रृंखला निर्बाध रूप से एशिया माइनर और यूरोप में पश्चिम की ओर फैली हुई है। एकमात्र बिंदु जो पश्चिमी एशिया में एक आदर्श अल्फिन नस्ल के कब्जे वाले एक व्यापक क्षेत्र की खोज करता है, वह यह है कि यह इस विशिष्ट जाति की समानता पर जोर देता है। यह एशिया से सीधे अप्रवासन का बिल्कुल भी प्रमाण नहीं है, जैसा कि टेपेनर ने देखा है। हालाँकि, जब हम चौड़े सिर वाले मानव की उत्पत्ति की तलाश करते हैं, तो यह हमें अपनी आँखों को पूर्व की ओर मोड़ने के लिए प्रेरित करता है। ये चीजें अस्पष्ट रूप से इस दिशा में आपूर्ति के मूल जातीय आधार की ओर इशारा करती हैं। यह पश्चिम की ओर नहीं हो सकता। अटलांटिक के साथ हर जगह से यह नस्ल धीरे-धीरे गायब हो गई ऐसा कहना होगा। अल्पाइन नस्ल एशियाई महाद्वीप पर अन्य लाखों लोगों के बीच पहुँची है। विशेषकर न केवल सिर के आकार में, बल्कि बालों, रंग और कद के आकार में भी इस मामले में हमें यह पूर्वाग्रह से ग्रसित करती है; ठीक उसी तरह जैसे हमारी भूमध्यसागरीय जाति की बढ़ती लंबाई और अत्यधिक क्रूरता ने हमें पहले इसे अफ्रीकी नीग्रो के कुछेक नस्ल के माता-पिता से प्राप्त (संतान) मानने के लिए प्रेरित किया था। ये बिंदु अब निश्चित हो गए हैं; अल्पाइन जाति की जो जड़ें पूर्व की ओर चलती हैं; वे दक्षिण की ओर भूमध्यसागरीय नस्ल के हैं।

इसकी भाषा के सवाल पर बहुत हद तक यह विवाद[1] है कि यूरोप में आर्य भाषा का परिचय किसने दिया, चाहे नॉर्डिक्स ने (भारत-यूरोपीय में सबसे शुद्ध) या अल्पाइन ने। लेकिन इसमें कोई विवाद नहीं है कि अल्पाइन जाति की भाषा आर्य थी और इसलिए यह दार्शनिक अर्थों में आर्य जाति कहलाने की हकदार है।

X

तथ्यों के पूर्वगामी कथन से, यह देखा जाएगा कि ऋग्वेद के समर्थन में मानवमिति और इतिहास में एक ठोस आधार है कि भारत में दो आर्य जातियाँ थीं, एक नहीं। इसे देखते हुए कोई यह मानने से इनकार नहीं कर सकता कि यहाँ पश्चिमी सिद्धांत और ऋग्वेद के साक्ष्यों के बीच सीधा विरोध है। जबकि पश्चिमी सिद्धांत एक आर्य जाति की बात करता है। ऋग्वेद दो आर्य जातियों की बात करता है। पश्चिमी सिद्धांत का इस प्रकार एक प्रमुख मुद्दे पर ऋग्वेद के साथ संघर्ष है। इस विषय पर ऋग्वेद का सबसे अच्छा प्रमाण होने के कारण जो सिद्धांत इसके विपरीत है, उसे नकारने से बचा नहीं जा सकता।

प्रमुख मुद्दे पर यह संघर्ष आक्रमण और विजय के मुद्दे पर भी संघर्ष पैदा करता है। हम नहीं जानते कि आर्यों की दो जातियों में से कौन सबसे पहले भारत आई। लेकिन अगर वे अल्पाइन जाति के थे तो उनका निवास स्थान हिमालय के पास होने के कारण बाहर से आक्रमण के सिद्धांत के लिए कोई जगह नहीं है। जहाँ तक देशी कबीलों की विजय का सवाल है, यदि इसे सच मान लें तो मामला इतना आसान नहीं है जितना पश्चिमी लेखकों ने माना है। इस आधार पर कि दास और दस्यु नस्लीय रूप से आर्यों से भिन्न थे, विजय के सिद्धांत में न केवल आर्यों द्वारा दासों और दस्युओं की संभावित विजय का बल्कि आर्यों द्वारा आर्यों पर संभावित विजय का भी ध्यान रखना चाहिए। उन्हें यह भी स्पष्ट करना चाहिए कि यदि इन दोनों आर्यों में से किसी एक ने दासों और दस्युओं पर विजय प्राप्त की थी तो वह इन दोनों में से कौन था।

यह स्पष्ट है, पश्चिमी सिद्धांत, केवल तथ्यों की अपर्याप्त जाँच से जल्दबाजी में निकाला गया एक निष्कर्ष है और इसे सही माना जाता है क्योंकि यह प्राचीन आर्यों की मानसिकता के बारे में कुछ पूर्व-कल्पित धारणाओं के साथ मेल खाता था, जिनके बारे में माना जाता था कि इसका आधार कुछ और नहीं, सिवाय इसके कि उनके कथित आधुनिक वंशज, अर्थात् भारत- यूरोपीय नस्ल के अधिकारी होने के लिए जाने जाते हैं।

यह विचार कुछ चुनिंदा तथ्यों पर बनाया गया है जिन्हें केवल तथ्य माना जाता है। यह असाधारण है कि इस प्रकार के एक अशक्त और असुरक्षित आधार वाले सिद्धांत को वास्तव में पश्चिमी विद्वानों द्वारा गंभीर विद्वानों के लिए प्रतिपादित किया जाए और इतने लंबे समय तक इस (सिद्धांत)का इस क्षेत्र पर प्रभुत्व बना रहे। इस अध्याय में निर्धारित नए तथ्यों की खोज के सामने यह सिद्धांत अब टिक नहीं सकता इसलिए इसे रद्दी के ढेर पर फेंक दिया जाना चाहिए।

ग्रंथ-सूची

1. म्योर, खंड I, पृ. 26.
2. म्योर, खंड I, पी पी. 181-184.
3. म्योर, खंड II, पृ. 30.
4. म्योर, खंड II, पृ. 24.
5. म्योर, खंड II, पृ. 31.
6. म्योर, खंड II, पृ. 25.
7. म्योर, खंड II, पी पी. 28-29.
8. म्योर, खंड II, पृ. 23.
9. म्योर, खंड II, पृ. 21.
10. म्योर, खंड I, पृ. 32.
11. म्योर खंड I, पीपी. 199-201.
12. म्योर, खंड I, पीपी. 122-126.
13. म्योर, खंड I, पृ. 115.
14. म्योर, I, पृ. 116.
15. म्योर, खंड I. पीपी. 220-221.
16. म्योर खंड I, पीपी. 225-226.
17. पुरुरवा और अप्सरा उर्वशी के प्रेम, शतपथ ब्राह्मणों से संबंधित हैं, xi. 5.1.11; विष्णु पुराण में, vi. 6.19। एफएफ; भागवत पुराण में, ix। 14; और हरिवंश में, धारा 26। मनभारत, आदिप, खंड 75, पुरुरवों को ब्राह्मणों के साथ एक प्रतियोगिता में लगे होने के रूप में दर्शाता है। यह अंश आगे उद्धृत किया जाएगा।
18. विष्णु पुराण, iv.7.1.
19. परिशिष्ट V देखें।
20. रेस ऑफ यूरोप, पीपी. 473-74.
21. मैडिसन ग्रांट, 'द पासिंग ऑफ द ग्रेट रेस' (1922), पीपी.

अध्याय - 6

शूद्र और दास

यह दिखा दिया गया है कि पश्चिमी सिद्धांत कितना अस्थिर है। सिद्धांत का केवल एक भाग जिस पर विचार किया जाना बाकी है वह है: शूद्र कौन हैं? श्री ए. सी. दास[1] कहते हैं:

"दास और दस्यु या तो जंगली या गैर-वैदिक आर्य जनजातियाँ थीं। उनमें से जो युद्ध में बंदी बनाए गए थे, उन्हें संभवतः गुलाम बना लिया गया और शूद्र जाति का गठन किया गया।"

एक अन्य वैदिक विद्वान और पाश्चात्य सिद्धांत के समर्थक श्री काणे[2] का मत है कि:

"बाद के साहित्य में 'दास' शब्द का अर्थ 'गुलाम' है। इससे पता चलता है कि ऋग्वेद में जिन दास जनजातियों को हम आर्यों के विरोध में देखते हैं, उन्हें धीरे-धीरे विजित कर लिया गया और फिर उन्हें आर्यों की सेवा में लगा दिया गया। मनुस्मृति (VIII, 413) में कहा गया है कि शूद्र को भगवान ने ब्राह्मण की सेवा (दास्य) के लिए बनाया है। हम तै. संहिता, तै. ब्राह्मण और अन्य ब्राह्मण ग्रन्थों में पाते हैं कि शूद्र को वही स्थान प्राप्त है, जो उसे स्मृतियों में मिला है। इसलिए यह अनुमान लगाना उचित है कि आर्यों द्वारा जीते गए दास या दस्यु धीरे-धीरे शूद्रों में परिवर्तित हो गए।"

इस दृष्टिकोण के अनुसार शूद्र वही हैं जो दास और दस्यु हैं और शूद्र भारत के अनार्य मूल निवासी थे और सभ्यता की एक आदिम और जंगली अवस्था में थे। यही वे कथन हैं जिनकी अब हमें जाँच करनी चाहिए।

पहले कथन के साथ शुरू करते हैं। यह एक ही कथन नहीं बल्कि वास्तव में दो कथन एक ही में मिले हुए हैं। एक यह है कि दास और दस्यु एक ही लोग हैं। दूसरा यह, कि वे और शूद्र एक ही लोग हैं।

यह कहना कि दास और दस्यु एक ही लोग हैं, एक संदिग्ध वैधता का कथन है। उनके ऐसे संदर्भ जो ऋग्वेद में मिलते हैं, निर्णायक नहीं हैं। कुछ स्थानों पर दास और दस्यु शब्दों का प्रयोग इस तरह किया गया है जैसे कि दोनों में कोई अन्तर था ही नहीं।

शंभर, शुष्णा, वृत्र और पिपरु को दास और दस्यु दोनों के रूप में वर्णित किया गया है। दासों और दस्युओं दोनों को इंद्र और देवों और विशेष रूप से अश्विनों के शत्रु के रूप में वर्णित किया गया है। दासों के साथ-साथ दस्युओं के शहरों को भी इंद्र और देवों द्वारा समतल किए जाने का वर्णन किया गया है। दासों के साथ-साथ दस्युओं की हार को भी एक ही प्रभाव उत्पन्न करने के रूप में वर्णित किया गया है, अर्थात्, जल का निकास और प्रकाश का उदय। दभीति की मुक्ति के वर्णन में दोनों का उल्लेख मिलता है, एक स्थान पर उसे दासों से मुक्त बताया गया है और दूसरे स्थान पर दस्युओं से मुक्त बताया गया है।

यद्यपि इन संदर्भों से पता चलता है कि दास और दस्यु एक ही थे, ऐसे अन्य संदर्भ भी हैं जो बताते हैं कि वे भिन्न थे। यह इस तथ्य से स्पष्ट है कि दासों को 54 स्थानों पर अलग-अलग और दस्युओं को 78 स्थानों पर अलग-अलग वर्णित किया गया है। यदि वे दो अलग-अलग संस्थाओं का निर्माण नहीं करते थे तो इतने अलग-अलग संदर्भ क्यों होने चाहिए? संभावना यही है कि वे दो अलग-अलग समुदायों को संदर्भित करते हैं।

दूसरे कथन के बारे में कि शूद्र वही हैं जो दास और दस्यु हैं, यह निश्चित रूप से कहा जा सकता है कि इसका कोई आधार नहीं है।

यह मामला बनाने के लिए कि शूद्र दासों और दस्युओं के समान हैं, शूद्र शब्द को व्युत्पन्न शब्द के रूप में मानने का प्रयास किया गया है। कहा जाता है कि यह शब्द शुक् (दुख) और द्रु (पर काबू पाने) से लिया गया है और इसका अर्थ है दुख से उबरना। इस संबंध में वेदांत सूत्र (i.3.34)

में बताई गई जनश्रुति की कहानी पर भरोसा किया गया है, जिसके बारे में कहा जाता है कि वह[3] अपने बारे में राजहंसों की तिरस्कारपूर्ण बात सुनकर दु:ख से दूर हो गया था। वही व्युत्पत्ति विष्णु पुराण[4] द्वारा दी गई है।

ये कथन कहाँ तक सुस्थापित हैं? यह कहना कि शूद्र व्यक्तिवाचक नाम नहीं है बल्कि एक व्युत्पन्न शब्द है, इतना मूर्खतापूर्ण है कि इसे शब्दों में नही कहा जा सकता। ब्राह्मणवादी लेखक झूठी व्युत्पत्ति गढ़ने की कला में सभी से श्रेष्ठ हैं। ऐसा कोई शब्द नहीं है जिसके लिए वे किसी प्रकार की व्युत्पत्ति तैयार न करें। ब्राह्मणवादी लेखकों द्वारा दिए गए शब्द 'उपनिषद' की विभिन्न व्युत्पत्तियों के बारे में बात करते हुए प्रोफेसर मैक्स मुलर[5] कहते हैं:

"ये व्याख्याएँ जानबूझकर इतनी विकृत की गई लगती हैं कि देशी विद्वानों के एकमत को समझना मुश्किल है। हालाँकि, हमें इस बात को भी ध्यान में रखना चाहिए कि आधे पढ़े-लिखे लोगों में ऐसी किसी भी व्युत्पत्ति को स्वीकार करने की सामान्य प्रवृत्ति हो जो किसी शब्द के सबसे प्रचलित अर्थ के लिए जिम्मेदार है। आरण्यकों में ऐसी व्युत्पत्तियाँ प्रचुर मात्रा में हैं, जो शब्द के हमारे अर्थ में शायद वास्तविक व्युत्पत्ति के रूप में अभिप्रेत नहीं थीं, बल्कि केवल शब्दों का खेल था, जो किसी तरह उनके अर्थ की व्याख्या करने में मदद करे।"

यह चेतावनी वेदांत सूत्र और वायु पुराण के 'शूद्र' शब्द को एक व्युत्पन्न शब्द बनाने के प्रयास पर भी समान रूप से लागू होती है, जो यह सुझाव देते हैं कि इसका अर्थ 'दुखी लोग' है और इसलिए हमें इसे बेतुका और अर्थहीन समझकर खारिज कर देना चाहिए।

वैसे, हमारे पास इस प्रस्ताव के समर्थन में प्रत्यक्ष प्रमाण हैं कि शूद्र एक जनजाति या कबीले का एक वास्तविक नाम है और यह एक व्युत्पन्न शब्द नहीं है जैसा कि बनाने की कोशिश की जा रही है।

इस प्रस्ताव के पक्ष में विभिन्न साक्ष्य जोड़े जा सकते हैं। भारत पर सिकंदर के आक्रमण के इतिहासकारों ने कई गणराज्यों को स्वाधीन, स्वतंत्र और स्वायत्त बताया है जिनसे सिकंदर का सामना हुआ। निस्संदेह ये

विभिन्न कबीलों से बने थे और उन कबीलों के नाम से जाने जाते थे। इनमें सोडारी नामक लोगों का उल्लेख है। वे एक काफी महत्वपूर्ण जनजाति थे, उनमें से एक होने के नाते जिन्होंने सिकंदर से लड़ाई लड़ी थी, हालांकि उन्हें उसके हाथों हार का सामना करना पड़ा था। लासेन ने उनकी पहचान प्राचीन शूद्रों से की। पतंजलि ने अपने महाभाष्य के 1.2.3 में शूद्रों का उल्लेख किया है और उन्हें आभीरों के साथ जोड़ा है। सभा पर्व के अध्याय XXXII में महाभारत शूद्रों के गणतंत्र की बात करता है। विष्णु पुराण के साथ-साथ मार्कंडेय पुराण और ब्रह्म पुराण में शूद्रों को कई अन्य जनजातियों के बीच एक अलग जनजाति के रूप में संदर्भित किया गया है और विंध्य[6] के ऊपर देश के पश्चिमी भाग में उनका स्थान तय किया गया है।

II

आइए अब हम दूसरे प्रस्ताव की ओर मुड़ें और उन विभिन्न तत्वों की जाँच करें जिनसे यह बना है। प्रस्ताव में दो तत्व हैं। पहला है: क्या जनजातीय अर्थ में प्रयुक्त दस्यु और दास शब्द उनके अनार्य कबीलों के होने के सूचक हैं? दूसरा तत्व यह है कि यह मानते हुए कि वे वही थे, क्या यह इंगित करने के लिए कुछ है कि वे भारत के मूल जनजाति थे? जब तक इन दोनों प्रश्नों का सकारात्मक उत्तर नहीं दिया जाता, तब तक दस्युओं और दासों की शूद्रों के साथ पहचान की कोई संभावना नहीं है।

दस्युओं के बारे में, यह दिखाने के लिए कोई सबूत नहीं है कि इस शब्द का प्रयोग गैर-आर्य लोगों के लिए एक नस्लीय अर्थ में किया गया है।

दूसरी तरफ, इस निष्कर्ष के समर्थन में सकारात्मक सबूत हैं कि इसका उपयोग उन लोगों को निरूपित करने के लिए किया गया था जो धर्म के आर्य रूप का पालन नहीं करते थे। इस संबंध में महाभारत के शांतिपर्व के अध्याय 65 के श्लोक 23 का संदर्भ लिया जा सकता है। यह निम्नानुसार है:

दृश्यन्ते मानुषे लोके सर्ववर्णेषु दस्यवः।
लिंगान्तरे वर्तमाना आश्रमेषुचतुर्ष्वपि।।

श्लोक कहता है: "सभी वर्णों में और सभी आश्रमों में, दस्युओं का अस्तित्व पाया जाता है।"

दस्यु शब्द की उत्पत्ति क्या है, यह कहना कठिन है। लेकिन एक सुझाव[7] सामने रखा गया है कि यह इंडो-आर्यों द्वारा इंडो-ईरानियों के लिए इस्तेमाल किया जाने वाला गाली का शब्द था। इस सुझाव में कुछ भी अस्वाभाविक या दूरगामी नहीं है। दोनों के बीच विवाद हुआ था, यह इतिहास से साबित होता है। इसलिए यह बहुत संभव है कि भारतीय-आर्यों ने अपने शत्रुओं के लिए ऐसा तिरस्कारपूर्ण नाम गढ़ा हो। यदि यह सत्य है तो दस्युओं को भारत का मूल निवासी नहीं माना जा सकता।

दासों के संबंध में, प्रश्न यह है कि क्या उनके और जेंड अवेस्ता के अजी-दहका के बीच कोई संबंध है। अजी-दहका नाम एक मिश्रित नाम है जिसमें दो भाग होते हैं। अजी का अर्थ है सर्प, अजगर और दहांका मूल दाह से आया है जिसका अर्थ है 'डंक मारना, नुकसान पहुँचाना'। इस प्रकार अजी-दहका का अर्थ है एक चुभने वाला अजगर। यह एक ऐसे व्यक्ति का व्यक्तिवाचक नाम है जिसे आमतौर पर इंडो-ईरानी परंपराओं में जोहाक के रूप में जाना जाता है। याश्त साहित्य में उनका कई बार उल्लेख मिलता है। उन्हें बाबुल में रहने का श्रेय दिया जाता है जहाँ उन्होंने एक महल बनाया था। उन्हें बाबुल में एक महान वेधशाला बनाने का श्रेय भी दिया जाता है। इस शक्तिशाली शैतान अजी-दहाका को आर्क-दानव अंगरा मेन्यु द्वारा भौतिक दुनिया की पवित्रता के राज्य को नष्ट करने के लिए बनाया गया था। यह अजी-दहका भारत-ईरानियों के प्रसिद्ध राजा यिमा के खिलाफ युद्ध में गया और न केवल उसे पराजित किया, बल्कि युद्ध में उसे मार डाला।

अवेस्ता में यिमा को हमेशा क्षेता के रूप में बोला जाता है जिसका अर्थ है चमकना या शासन करना। क्षी मूल के दो अर्थ होते हैं, चमकना या शासन करना। आमतौर पर यिमा के लिए इस्तेमाल किया जाने वाला एक

और विशेषण हवन्थवा है जिसका अर्थ है 'अच्छे झुंड रखने वाला'। अवेस्ता का यह यिमा क्षेता बाद की फारसी भाषा में जमशेद बन गया। परंपराओं के अनुसार, विवानघ्वन्त के पुत्र राजा जमशेद ईरानी इतिहास के महान नायक थे, जो एक महान फारसी सभ्यता के संस्थापक थे। वह पेशदियाद्यन राजवंश के राजा थे। याश्ना 9 और 5 (कोएमा यशी) में कहा गया है कि 'विवंशस्' पहला आदमी था जिसने इस भौतिक दुनिया में हस्मा (स्क. सस्मा) को बिना सोचे-समझे मार डाला था और इससे उसे वरदान मिला था जिससे: उसके एक बेटा पैदा हुआ था, जो कि यिमा था, जो चमकीला और अच्छी नस्ल का था, जो जीवित लोगों में सबसे शानदार था। जो मानव जाति के बीच एक चमकते सूरज की तरह था, जिसने अपने शासन के दौरान महानुभावों और मवेशियों (जानवरों) को अमर कर दिया, पानी और पेड़ों को न सूखनेवाला बना दिया। उसके पास अविनाशी (नित्य नवीन) दिव्य महिमा थी। प्रतापी यिमा के राज्य काल में न तो अत्यधिक ठंड थी और न ही अत्यधिक गर्मी, न बुढ़ापा, मृत्यु और ईर्ष्या थी।

क्या जेंडावेष्टा का दहाका वही है जो ऋग्वेद का दास है? यदि नाम में समानता को साक्ष्य के रूप में माना जा सकता है, तो जाहिर है कि यह एक ही व्यक्ति के नाम होने की ओर इशारा करता है। संस्कृत में दास आसानी से अवेष्टा में दाहा हो सकता है क्योंकि पहलेवाले का श्सश बादवाले के 'ह' का प्राकृतिक रूपांतरण है। यदि यह एकमात्र प्रमाण होता तो यह सुझाव कि ऋग्वेद का दास और जेंडावेस्ता का दहाका एक ही हैं, एक अनुमान से अधिक कुछ नहीं होता, लेकिन अन्य और अधिक पुख्ता सबूत हैं जो उनकी पहचान के बारे में कोई संदेह नहीं छोड़ते। यास्ना हा 9 (जो हॉर्न यशे के ही समरूप है) में अजी-दहक को 'तीन मुंह, तीन सिर और छः आंखों वाले[8] के रूप में बताया गया है। आश्चर्यजनक बात यह है कि अवेष्टा में दहक का यह भौतिक वर्णन ठीक ऋग्वेद (x.99.6) में दास के वर्णन के समान है, जहाँ उसे तीन सिर और छह आँखों वाला1 भी बताया गया है। यदि यह स्वीकार किया जाय कि ऋग्वेद का दास अवेष्टा का दहक ही है, तो स्पष्ट रूप से दास भारत के मूल निवासी नहीं थे।

III

क्या वे जंगली थे? दास और दस्यु आदिम लोग नहीं थे। वे आर्यों के समान ही सभ्य थे और वास्तव में आर्यों से अधिक शक्तिशाली थे। ऐसा ऋग्वेद का प्रमाण है। यह श्री अयंगर द्वारा अच्छी तरह से समझाया गया है जब वे कहते हैं कि:

"दस्यु शहरों में रहते थे (ऋग्वेद, i.53.8; i.103.3) और राजाओं के अधीन जिनमें से कई के नाम का उल्लेख किया गया है। उनके पास गायों, घोड़ों और रथों के रूप में 'संचित धन' था (ऋग्वेद., viii.40.6) (ऋग्वेद, ii.15.4) जिसे हालांकि 'सौ द्वार वाले शहरों' (ऋग्वेद., x.99.3) में रखा गया था, इंद्र ने जब्त कर लिया और अपने उपासकों, आर्यों को दे दिया (ऋग्वेद., i.176.4)। दस्यु धनवान थे (ऋग्वेद, i.33.4) और 'मैदानों और पहाड़ियों पर' (ऋग्वेद., x.69.6) की संपत्ति के मालिक थे। वे 'स्वर्ण और आभूषणों की अपनी राशि' से सुशोभित थे (ऋग्वेद, i. 33.8)।

उनके पास बहुत से महल थे (ऋग्वेद., i.33.13; viii.17.14)। दस्यु राक्षस और आर्य देवता समान रूप से सोने, चांदी और लोहे के महल में रहते थे (एसएस.एस., vi.23; अ.वे., v.28.9; ऋग्वेद., ii.20.8)। इंद्र ने अपने उपासक दिवोदास के लिए, जिसका ऋचाओं में अक्सर उल्लेख किया गया है, दस्युओं के 'पत्थर के सौ महल' (ऋग्वेद., iv.30.20) को उखाड़ फेंका। आर्य द्वारा पूजित, और उसके लिए दीप्तिमान अग्नि ने, बिना अग्नि वाले दस्युओं के नगरों को फाड़ डाला और जला दिया। (ऋग्वेद, vii.5.3)। बृहस्पति ने उन पत्थर की जेलों को तोड़ दिया जिसमें वे आर्यों से छीने हुए मवेशियों को रखते थे (ऋग्वेद., iv.67.3)। दस्युओं के पास रथ थे और आर्यों की तरह युद्ध में वे उनका इस्तेमाल करते थे और उनके पास आर्यों के समान ही हथियार थे (ऋग्वेद., viii.24.27; iii.30.5; ii.15.4)"

यह कहना कि दास और दस्यु वही थे जो शूद्र थे, एक कोरी कल्पना है। यह केवल एक भौंडा अनुमान है। इसे इसलिए सहन किया जाता है

क्योंकि इसे मानने वाले सम्मानित विद्वान होते हैं। जहाँ तक प्रमाण का प्रश्न है, उसका कोई अंश भी नहीं है, जो इसके समर्थन में उद्धृत किया जा सके। जैसा कि पहले कहा जा चुका है, दास शब्द ऋग्वेद में 54 बार और दस्यु 78 बार आया है। दास और दस्यु कभी-कभी एक साथ बोले जाते हैं। शूद्र शब्द एक ही बार आया है और वह भी ऐसे संदर्भ में जिसमें दासों और दस्युओं का कोई स्थान नहीं है। इन विचारों के आलोक में, यह कहना मुश्किल है कि कोई भी अपने होश में कैसे कह सकता है कि शूद्र वही हैं, जो दास और दस्यु हैं। एक और तथ्य जो ध्यान देने योग्य है वह यह है कि बाद के वैदिक साहित्य से दास और दस्यु नाम पूरी तरह से गायब हो गए। इसका अर्थ है कि वे वैदिक आर्यों द्वारा पूरी तरह से अवशोषित कर लिए गए थे। लेकिन शूद्रों के साथ यह बिल्कुल अलग है। प्रारंभिक वैदिक साहित्य उनके बारे में बहुत मौन है। लेकिन बाद का वैदिक साहित्य उनसे भरा पड़ा है। इससे पता चलता है कि शूद्र दासों और दस्युओं से भिन्न थे।

IV

क्या शूद्र अनार्य थे? श्री काणे कहते हैं:[9]

"ब्राह्मण ग्रंथों के समय तक और यहाँ तक कि धर्मसूत्रों में भी आर्य और शूद्र के बीच एक स्पष्ट सीमा रेखा रखी गई थी। तांड्य ब्राह्मण एक नकली लड़ाई की बात करता है: 'शूद्र और आर्य छिपकर लड़ते हैं; वे ऐसी व्यवस्था करते हैं कि दोनों में से आर्य वर्ण विजयी हो जाता है।' आप. धर्मसूत्र (I, i.3.40-41) का कहना है कि एक ब्रह्मचारी अगर भिक्षा मांगकर लाए गए पूरे भोजन को स्वयं नहीं खा सकता है, तो वह इसे किसी आर्य के पास रख सकता है (उसके उपयोग के लिए) या वह इसे एक शूद्र को दे सकता है जो एक दास हो (उसके शिक्षक का)। इसी तरह, गौतम x.69 ने शूद्र के लिए 'अनार्य' शब्द का इस्तेमाल किया है।"

शूद्रों और आर्यों के बीच सीमांकन के प्रश्न पर, मामले की सावधानीपूर्वक जाँच करने की आवश्यकता है। इस तर्क का बल कि शूद्र अनार्य थे, निम्नलिखित कथनों में पाया जाता है:

अ. वे., iv.20.4. – "हजार आंखों वाला देवता इस पौधे को मेरे दाहिने हाथ में देगा; उसी से मैं शूद्र और आर्य सभी को देखता हूँ।"

कथक संहिता, xxxiv.5– "शूद्र और आर्य त्वचा को लेकर झगड़ते हैं। देवता और दैत्य सूर्य के विषय में झगड़ने लगे; देवताओं ने इसे (सूर्य) जीत लिया। (शूद्रों से झगड़ने की इस हरकत से) आर्य अपने आर्य वर्ण को विजयी बनाता है, अपने को सफल बनाता है। आर्य वेदी के अंदर होंगे, शूद्र वेदी के बाहर। त्वचा सफेद, गोलाकार-सूर्य के रूप में होगी।"

वाजसनेयी संहिता, xxiii.30–31–"जब एक हिरण खेत में जौ खाता है, तो (खेत का मालिक) पोषित जानवर से प्रसन्न नहीं होता है; जब एक शूद्र महिला एक आर्य को अपना प्रेमी बनाती है, तो (उसका पति) समृद्धि के लिए (परिणामस्वरूप) लालसा नहीं रखता।"

जब हिरण जौ खाता है, तो (खेत का मालिक) पोषित जानवर को पसंद नहीं करता है। जब एक शूद्र एक आर्य स्त्री का प्रेमी होता है, तो (पति) समृद्धि के लिए सहमत नहीं होता।

ये छंद, जो शूद्र और आर्य को अलग और विरोधी बताते हैं, इस सिद्धांत की नींव बनाते हैं कि शूद्र अनार्य हैं। इतना तो कम से कम कहना ही होगा कि, ऐसा निष्कर्ष निकालना बहुत जल्दबाजी होगी। उपर्युक्त कथनों से कोई निष्कर्ष निकालने से पहले दो बातों को ध्यान में रखना चाहिए। सबसे पहले तो यह बात ध्यान में रखनी होगी कि पूर्व में कही गई बातों के अनुसार तथा ऋग्वेद के प्रमाणों के अनुसार आर्यों की दो श्रेणियाँ हैं, वैदिक और अवैदिक। इस तथ्य को देखते हुए, एक वर्ग के आर्य द्वारा दूसरे वर्ग के आर्य के बारे में इस प्रकार बात करना, जैसे कि दोनों अलग और विरोधी थे, बहुत संभव है। इस प्रकार व्याख्या करने पर उपरोक्त कथनों, जिनमें शूद्रों को आर्यों के विरुद्ध खड़ा किया गया है, का अर्थ यह नहीं है कि वे आर्य नहीं थे। वे एक अलग संप्रदाय या वर्ग के आर्य थे।

ऐसा संभव है, यह हिंदुओं के पवित्र साहित्य में निम्नलिखित कथनों से देखा जा सकता है:

(1) अ.वे., xix.32.8.- "हे दर्भ, (दूब), मुझे ब्राह्मणों का प्रिय बनाओ, और राजन्य (यानी, क्षत्रिय) का, शूद्र तथा आर्य का और उसका जिसे हम प्यार करते हैं तथा उस प्रत्येक व्यक्ति का प्रिय बनाओ जो देखने में सक्षम है।"

(2) अ.वे., xix.62.1.- "मुझे देवताओं के बीच प्रिय बनाओ, मुझे राजाओं के बीच प्रिय बनाओ; शूद्रों और आर्यों को, जो भी देखता है, मुझे प्रिय बनाओ।"

(3) वाजसनेयी संहिता, xviii.48.- "(हे, अग्नि), हमें ब्राह्मणों के बीच चमक दो, हमें राजाओं के बीच चमक दो; वैश्यों और शूद्रों के बीच चमक दो; मुझे कान्ति के साथ दीप्ति दो।"

(4) वाजसनेयी संहिता, xx.17.- "हमने गांव में, जंगल में, सभा में, शूद्र के विरुद्ध या आर्य के विरुद्ध अपनी इन्द्रियों से जो भी पाप किये हैं, जो भी पाप हममें से एक (दोनों, यज्ञकर्ता और उसकी पत्नी) ने अपने कर्तव्य के निष्पादन में (दूसरे के प्रति) किये हैं, - उस पाप के, आप नाश करने वाले हैं।"

(5) वाजसनेयी संहिता, xviii.48 - "जब मैं लोगों के लिए, ब्राह्मणों और राजन्य के लिए, शूद्रों के लिए और आर्यों के लिए और अपने स्वयं के शत्रु के लिए ये शुभ शब्द कहता हूँ, तो मैं देवताओं को तथा दक्षिणा देने वाले को, यहाँ इस दुनियाँ में प्रिय हो जाऊँ। मेरी यह इच्छा पूरी हो। वह (मेरा शत्रु) मेरे अधीन हो।"

ये कथन क्या प्रदर्शित करते हैं? पहला कथन ब्राह्मणों और आर्यों के बीच भेद करता है। क्या यह कहा जा सकता है कि ब्राह्मण अनार्य थे? दूसरा कथन शूद्रों के प्रेम और सद्भावना के लिये प्रार्थना करता है। यदि शूद्र आदिम आदिवासी अनार्य थे, तो क्या ऐसी प्रार्थना संभव है? जिन बयानों पर भरोसा किया जाता है, वे यह साबित नहीं करते कि शूद्र अनार्य थे।

यह कि धर्म-सूत्र शूद्र को अनार्य कहते हैं और वाजसनेयी संहिता में शूद्रा स्त्री पर तिरस्कार करने वाले वचन हैं, इन बातों का कोई मतलब नहीं

है। धर्म सूत्र की गवाही को स्वीकार करने के विरुद्ध दो तर्क हैं। पहला तो, जैसा कि बाद में दिखाया जाएगा, धर्म सूत्र और अन्य ग्रंथ शूद्र के शत्रुओं द्वारा लिखी गई पुस्तकें हैं। इसीलिये, उनके साक्ष्य का कोई मूल्य नहीं है। यह भी संदेहास्पद ही है कि क्या ऐसे शूद्र-विरोधी बयान केवल अपशब्द हैं या उन तथ्यों के कथन, जो मौजूद थे। वे अन्य ग्रंथों में बताए गए तथ्यों का खंडन करते प्रतीत होते हैं।

धर्म सूत्र कहते हैं कि एक शूद्र उपनयन समारोह और पवित्र जनेऊ पहनने का हकदार नहीं है। लेकिन संस्कार गणपति में शूद्र को उपनयन[10] का पात्र घोषित करने का स्पष्ट प्रावधान है।

धर्म सूत्र कहते हैं कि शूद्र को वेदों के अध्ययन का अधिकार नहीं है। लेकिन छांदोग्य उपनिषद (iv:स-2) एक जनश्रुति की कहानी से संबंधित है, जिसे वेद विद्या उपदेशक रैक्व द्वारा सिखाई गई थी। यह जनश्रुति शूद्र था। और इससे भी बड़ी बात ये, कि कवश ऐलुश,[11] भी एक शूद्र थे। वह एक ऋषि थे और ऋग्वेद की दसवीं पुस्तक की कई ऋचाओं के लेखक थे।

धर्म सूत्र कहते हैं कि शूद्र को वैदिक अनुष्ठान और यज्ञ करने का कोई अधिकार नहीं है। लेकिन पूर्व मीमांसा[12] के लेखक जैमिनी ने बद्री नाम के एक प्राचीन शिक्षक का उल्लेख किया है- जिसकी कृति खो गई है- जिसमें इसके विपरीत, इस दृष्टिकोण का प्रतिपादन किया गया है कि शूद्र भी वैदिक यज्ञ कर सकते थे। भारद्वाज श्रौत सूत्र (अ.28) स्वीकार करता है कि एक और विचार-परम्परा मौजूद है जो मानती है कि एक शूद्र वैदिक यज्ञों के निष्पादन के लिए आवश्यक तीन पवित्र अग्नियों को प्रज्वलित कर सकता है। इसी तरह, कात्यायन श्रौत सूत्र (1.4.16) के भाष्यकार स्वीकार करते हैं कि कुछ वैदिक ग्रंथ हैं जो इस निष्कर्ष की ओर ले जाते हैं कि शूद्र वैदिक संस्कार करने के योग्य थे।

धर्म सूत्र कहते हैं कि शूद्र सोम के पवित्र पेय का हकदार नहीं है। किन्तु अश्विनों की कहानी में इस बात के निश्चित प्रमाण मिलते हैं कि सोम के दिव्य पेय पर शूद्रों का अधिकार था। जैसा कि कहा जाता है,

अश्विनों ने एक बार सुकन्या को तब देखा जब वह नहा चुकी थी और जब उसका शरीर नंगा था। वह एक युवा लड़की थी जिसका विवाह च्यवन नाम के एक ऋषि से हुआ था, जो विवाह के समय इतने बूढ़े थे कि लगभग किसी भी दिन उनकी मृत्यु हो सकती थी। अश्विनीकुमार सुकन्या की सुंदरता पर मुग्ध हो गए और कहा, "हममें से किसी एक को अपने पति के रूप में स्वीकार कर। तुझे शोभा नहीं देता कि तू अपने यौवन को व्यर्थ गवाँ दे।" उसने यह कहते हुए मना कर दिया कि "मैं अपने पति के प्रति समर्पित हूँ।" उन्होंने फिर से उससे बात की और इस बार सौदेबाजी की पेशकश की: "हम दोनों प्रसिद्ध खगोलीय चिकित्सक हैं। हम तेरे पति को जवान और रूपवान बना देंगे। तो क्या तू हम में से किसी एक को अपना पति चुनेगी?" वह अपने पति के पास गई और उन्हें सौदे की शर्तें बताईं। च्यवन ने सुकन्या से कहा "तुम ऐसा ही करो"; और सौदेबाजी हो गई और अश्विनों द्वारा च्यवन को एक युवा बना दिया गया। इसके बाद, एक सवाल उठा कि क्या अश्विन् सोम के हकदार थे, जो देवताओं का पेय था। इंद्र ने यह कहते हुए आपत्ति जताई कि अश्विन शूद्र थे और इसलिए सोम के हकदार नहीं थे। च्यवन, जिसने अश्विनों से चिर यौवन प्राप्त किया था, ने इस दावे को ठुकरा दिया और इंद्र को उन्हें सोम[13] देने के लिए विवश किया।

एक और कारण है कि धर्मसूत्रों के इस साक्ष्य को कि शूद्र अनार्य हैं, क्यों स्वीकार नहीं किया जाना चाहिए। प्रथम तो यह मनु के मत के विपरीत है। शूद्र आर्य था या अनार्य, इस प्रश्न के निर्णय में मनु के निम्नलिखित श्लोकों पर सावधानीपूर्वक विचार करने की आवश्यकता है:

"यदि ब्राह्मण जाति से उत्पन्न हुई एक महिला तथा एक शूद्र महिला, उच्चतम जातियों में से किसी एक के (बच्चे) को जन्म देती है, तो निचली (जाति) सातवीं पीढ़ी के भीतर उच्चतम जाति को प्राप्त करती है।"

"(इस प्रकार) एक शूद्र एक ब्राह्मण का पद प्राप्त करता है और (इसी तरह) एक ब्राह्मण एक शूद्र के स्तर तक गिर जाता है; लेकिन यह जान लें कि क्षत्रिय या वैश्य की संतान के साथ भी ऐसा ही है।"

"यदि यह (संदेह) उत्पन्न हो जाय, कि प्रमुखता किसके साथ (है), उसके साथ जिसे एक आर्य ने एक गैर-आर्य महिला के संयोग से उत्पन्न किया, या ब्राह्मण महिला के उस (पुत्र के साथ), जो एक अनार्य के संयोग से उत्पन्न हुआ"

निर्णय इस प्रकार है: 'वह जो एक आर्य द्वारा एक गैर-आर्य महिला से पैदा हुआ था, वह अपने गुणों से एक आर्य बन सकता है; वह जिसे एक आर्य (माँ) ने एक गैर-आर्य पिता से जन्म दिया (गैर आर्य है और रहेगा) न कि एक आर्य।"[14]

मनु का श्लोक 64 भी गौतम धर्म सूत्र (यूवी.22) में पाया जाता है। इस श्लोक की सही व्याख्या के संबंध में कुछ विवाद प्रतीत होता है। अलग-अलग व्याख्याओं को संक्षेप में, बुहलर कहते हैं:

"मेध., गोव., कुल्ल., और राघ. के अनुसार, इसका अर्थ यह है कि, यदि एक ब्राह्मण की बेटी और एक शूद्र महिला और उसके वंशज सभी ब्राह्मणों से शादी करते हैं, तो मूल युगल की छठी महिला वंशज की संतान ब्राह्मण होगी। जबकि यह व्याख्या गौतम, के समानांतर पद्यांश पर हरदत्त की टिप्पणी से सहमत है, नर. और नान. पद को बहुत अलग तरीके से लेते हैं। वे कहते हैं कि यदि एक परसव, एक ब्राह्मण और शूद्र स्त्री का पुत्र, उत्तम नैतिक चरित्र और अन्य गुणों वाली श्रेष्ठ परसव स्त्री से विवाह करता है और यदि उसके वंशज ऐसा ही करते हैं, तो छठी पीढ़ी में पैदा होने वाला बच्चा ब्राह्मण होगा। नंदन अपने विचार के समर्थन में यह दृष्टिकोण उद्धृत करते हैं, बौधायन i.16.13-14 (जिसे 'पूर्व की पवित्र पुस्तकें', ii, पृ. 197 के मेरे अनुवाद में छोड़ दिया गया है) ... '(संतान) जो एक निषाद द्वारा एक निषादी से पैदा हुई, पाँच पीढ़ियों के भीतर शूद्रत्व को छोड़ देती है; कोई उसे दीक्षा दे सकता है (पाँचवें वंशज को); कोई भी छठे के लिए यज्ञ करवा सकता है।' बौधायन का यह परिच्छेद जिसे मद्रास के एक नए एमएस द्वारा समर्थित किया गया है, स्पष्ट रूप से दर्शाता है कि बौधायन ने ब्राह्मणों और शूद्र महिलाओं की पुरुष संतानों को आर्यों के स्तर तक उठाने की अनुमति दी थी। यह भी असम्भव नहीं है कि मनु के श्लोक

का अर्थ भी वही हो और अनुवाद यह हो कि "यदि किसी ब्राह्मण पुरुष और शूद्र स्त्री की सन्तान किसी अत्यंत श्रेष्ठ (ब्राह्मण जाति के पुरुष या परसव जाति की स्त्री) से संतान उत्पन्न करे, तो हीन (जनजाति) भी सातवीं पीढ़ी में सर्वोच्च जाति प्राप्त करती है।"

व्याख्या चाहे जो भी हो, तथ्य यह है कि सातवीं पीढ़ी में[15] कुछ परिस्थितियों में एक शूद्र ब्राह्मण बन सकता था। यदि शूद्र आर्य नहीं होता तो ऐसी धारणा असंभव होती।

यह कि शूद्र एक गैर-आर्य है, अर्थशास्त्र के स्कूल द्वारा लिए गए दृष्टिकोण के विपरीत है। इस परम्परा के प्रतिनिधि के रूप में इस प्रश्न पर कौटिल्य का मत बहुत मूल्यवान है। कौटिल्य दासता के नियम को निर्धारित करते हुए कहते हैं:[16]

एक शूद्र जो जन्म से दास नहीं है, और वयस्क नहीं है, लेकिन जन्म से आर्य है, के जीवन को रिश्तेदारों द्वारा बेचने या गिरवी रखने पर 12 पण के जुर्माने के साथ दंडित किया जाएगा।

किसी दास को धन का धोखा देना या उसे उन विशेषाधिकारों से वंचित करना जो वह एक आर्य (आर्यभाव) के रूप में प्रयोग कर सकता है, आधे जुर्माने से दंडित किया जाएगा (जो किसी आर्य के जीवन को गुलाम बनाने के लिए लगाया जाता है)।

फिरौती की आवश्यक राशि प्राप्त करने पर भी एक दास को स्वतंत्र न करने पर 12 पण के जुर्माने से दंडित किया जाएगा; किसी दास को अकारण कैद में रखना (संरोधश्चकारणात्) भी इसी प्रकार दण्डित किया जाएगा।

जिस मनुष्य ने अपने को दास के रूप में बेच डाला हो, उसकी सन्तान आर्य होगी। एक दास न केवल अपने मालिक के काम के अलावा अपनी कमाई का बल्कि उस विरासत का भी हकदार होगा जो उसने अपने पिता से प्राप्त की है।

यहाँ कौटिल्य शूद्र को आर्य कहते हैं, सबसे जोरदार और स्पष्ट शब्दों में!

V

शूद्रों को गुलाम बनाए जाने के सवाल पर, कहा जा सकता है कि अगर यह बकवास नहीं तो झूठ जरूर है। यह दो मान्यताओं पर आधारित है। पहला यह है कि दासों को ऋग्वेद में गुलाम के रूप में वर्णित किया गया है। दूसरा यह है कि दास वही हैं जो शूद्र हैं।

यह सत्य है कि ऋग्वेद में दास शब्द का प्रयोग गुलाम या सेवक के अर्थ में किया गया है। लेकिन इस अर्थ में यह शब्द अधिक नहीं, केवल 5 स्थानों पर आया है। लेकिन अगर यह पाँच से ज्यादा बार भी आया हो तो क्या यह साबित होगा कि शूद्रों को गुलाम बनाया गया था? जब तक यह साबित न हो जाए कि दोनों एक ही व्यक्ति थे, तब तक यह सुझाव बेतुका है। यह ज्ञात तथ्यों के विपरीत है।

शूद्र, राजाओं के राज्याभिषेक में भाग लेते थे। वैदिक काल के बाद या ब्राह्मणों के काल में, एक राजा का राज्याभिषेक वास्तव में लोगों द्वारा राजा को संप्रभुता की पेशकश थी। यह रत्नी नामक लोगों के प्रतिनिधियों द्वारा किया जाता था जो राजा के अभिषेक में बहुत महत्वपूर्ण भूमिका निभाते थे। रत्नी इसलिये कहे जाते थे क्योंकि उनके पास रत्न (गहना) होता था, जो संप्रभुता का प्रतीक था। राजा को अपनी संप्रभुता तभी प्राप्त होती थी जब रत्नियों द्वारा उसे संप्रभुता का आभूषण सौंप दिया जाता था, और अपनी संप्रभुता प्राप्त करने पर राजा प्रत्येक रत्नी के घर जाता था और उसे एक भेंट देता था। यह एक महत्वपूर्ण तथ्य है कि रत्नियों में से एक हमेशा शूद्र[17] ही होता था।

'नीतिमयूख' के लेखक नीलकंठ बाद के समय के राज्याभिषेक समारोह का वर्णन करते हैं। उनके अनुसार, चार मुख्यमन्त्री, ब्राह्मण, क्षत्रिय, वैश्य और शूद्र नए राजा का अभिषेक करते थे। तब प्रत्येक वर्ण और निचली जातियों के नेता उनका पवित्र जल से अभिषेक करते थे। तत्पश्चात द्विज द्वारा अभिनन्दन किया जाता था।[18]

महाभारत[19] में पांडवों के सबसे बड़े भाई युधिष्ठिर के राज्याभिषेक के वर्णन से पता चलता है कि शूद्रों को राजा के राज्याभिषेक के समय ब्राह्मणों के साथ उपस्थित होने के लिए आमंत्रित किया जाता था।

शूद्र प्राचीन काल की दो राजनीतिक सभाओं जनपद और पौर के सदस्य हुआ करते थे और इनके सदस्य के रूप में शूद्र एक ब्राह्मण[20] से भी विशेष सम्मान के हकदार थे।

मनुस्मृति (vi.61) के साथ-साथ विष्णु स्मृति (xxi.64) के अनुसार भी ऐसा ही था। अन्यथा मनु के इस कथन का कोई अर्थ नहीं है कि जिस देश का राजा शूद्र हो, उस देश में ब्राह्मण को नहीं रहना चाहिए। अर्थात शूद्र राजा थे।

महाभारत के शांति पर्व[21] में भीष्म ने युधिष्ठिर को राजनीति पर अपने पाठ में कहा है:

"हालांकि, मैं आपको बताऊंगा कि आपके द्वारा किस प्रकार के मंत्रियों को नियुक्त किया जाना चाहिए। चार ब्राह्मण जो वेदों के ज्ञाता, गरिमा की भावना रखने वाले, स्नातक श्रेणी से संबंधित और शुद्ध व्यवहार वाले हों, और आठ क्षत्रिय, जिनमें से सभी को शारीरिक शक्ति और हथियार चलाने में सक्षम होना चाहिए, और इक्कीस वैश्य, जिनमें से सभी धनवान हों, और तीन शूद्र, जिनमें से प्रत्येक को विनम्र और शुद्ध आचरण वाला और अपने दैनिक कर्तव्यों के प्रति समर्पित होना चाहिए, और सूत जाति का एक व्यक्ति, जिसे पुराणों और आठ प्रमुख गुणों का ज्ञान हो, आपके मंत्री होने चाहिए।"

इससे सिद्ध होता है कि शूद्र मंत्री थे और उनकी संख्या लगभग ब्राह्मणों के बराबर थी।[22]

शूद्र गरीब और नीच नहीं थे। वे अमीर थे। इस तथ्य की गवाही मैत्रायणी संहिता (iv.2.7.10) और पंचविंश ब्राह्मण (vi.1.11) द्वारा दी गई है।[23]

इस प्रश्न के दो और पहलू हैं। शूद्रों की दासता का क्या महत्व हो सकता है, यह मानते हुए कि यह एक तथ्य था? कुछ महत्व हो सकता

था यदि आर्य दासता से अनभिज्ञ होते या आर्यों को दास बनाने के लिए तैयार नहीं होते। लेकिन तथ्य यह है कि आर्य दासता को जानते थे और उन्होंने आर्यों को दास बनाने की अनुमति दी थी। यह ऋग्वेद से स्पष्ट है, (vii.86.7; viii. 19.36 और viii.56.3).

यदि ऐसा था, तो वे विशेष रूप से शूद्रों को गुलाम क्यों बनाना चाहते थे? इससे भी महत्वपूर्ण बात यह है कि उन्हें शूद्र दासों के लिए अलग-अलग कानून क्यों बनाने चाहिये थे?

संक्षेप में, पश्चिमी सिद्धांत हमें हमारे सवालों के जवाब देने में मदद नहीं करते कि शूद्र कौन थे और वे चौथे वर्ण कैसे बने?

ग्रंथ-सूची

1. रिग् वैदिक कल्चर, पृ. 133.
2. धर्म शास्त्र, II (I). पी 33.
3. काणे के धर्म शास्त्र में संदर्भित, II (I), पृ. 155.
4. म्योर, खण्ड 1. पृ. 97.
5. उपनिषद, परिचय, पीपी. lxxix-lxxxi.
6. बी.सी. लॉ द्वारा प्राचीन भारत में जनजातियाँ, में सन्दर्भ देखें, पृ. 35.
7. मुझे खेद है, मैंने संदर्भ खो दिया है।
8. दहाका के साथ दास की पहचान के लिए मैं महाराष्ट्र ज्ञान कोश, वॉल्यूमतृतीय, पृ. 53. का ऋणी हूँ।
9. काणे, धर्म शास्त्र, II (I), पृ. 35.
10. प्राचीन संस्कृत साहित्य (1860) में मैक्स मुलर द्वारा संदर्भित। पृ. 207.
11. उक्त, पृ. 58.
12. अध्याय 6, पद 1, सूत्र 27
13. वी. फॉस्बोल, इंडियन माइथोलॉजी, पृ. 128-134.
14. अध्याय X, छंद 64-67।
15. वह नियम जिसमें यह आवश्यक है कि एक व्यक्ति को अपनी कुलीनता स्थापित करने के लिए किसी अकलंकित वंश में न केवल मुक्त-जन्म बल्कि पूर्ण-जन्म की छह निर्बाध पीढ़ियों का पता लगाने में सक्षम होना चाहिए, प्राचीन काल में एक सार्वभौमिक नियम प्रतीत होता है। देखें डब्ल्यू.ई.हर्न, द आर्यन हाउसहोल्ड, चैप्टर VIII.

16. पुस्तक HI, अध्याय 13.
17. इस बिंदु पर जायसवाल, हिंदू पोलिटी (1943), पृ. 200-201 देखें।
18. देखें जायसवाल, हिंदू पॉलिटी (1943), पृ. 223.
19. महाभारत, सभा पर्व, अध्याय XXXIII, श्लोक 41-42.
20. देखें जायसवाल, - हिंदू पॉलिटी, पृ. 248.
21. रॉय का अनुवाद, खंड II, पृ. 197
22. भीष्म सांप्रदायिक प्रतिनिधित्व में विश्वास करते थे।
23. वैदिक इंडेक्स, में संदर्भित, खंड II, पृ. 390.

अध्याय - 7

कौन थे शूद्र ?

शूद्र यदि अनार्य आदिवासी जाति के नहीं थे तो वे कौन थे? इस सवाल का अब सामना करना होगा। मैं जिस सिद्धांत को आगे बढ़ाने का साहस कर रहा हूँ, उसे निम्नलिखित तीन प्रस्तावों में कहा जा सकता है:

(1) शूद्र आर्य थे।

(2) शूद्र क्षत्रिय वर्ग के थे।

(3) शूद्र क्षत्रियों का इतना महत्वपूर्ण वर्ग था कि प्राचीन आर्य समुदायों के कुछ सबसे प्रतिष्ठित और शक्तिशाली राजा शूद्र थे।

यह थीसिस शूद्रों की उत्पत्ति की क्रांतिकारी थीसिस नहीं तो चौंकाने वाली अवश्य है। यह चौंकाने वाली बात इसलिए है कि बहुत से लोग इसे स्वीकार करने के लिए तैयार नहीं होंगे, भले ही इसका समर्थन करने के लिए पर्याप्त सबूत हों। मेरा दायित्व सबूत पेश करना है और इसके मूल्य का न्याय करने के लिए इसे लोगों पर छोड़ना है।

साक्ष्य का प्राथमिक हिस्सा जिस पर यह थीसिस टिकी हुई है वह एक अनुच्छेद है जो महाभारत के शांति पर्व के अध्याय 60 के श्लोक 38-40 में आता है। यह इस प्रकार है:

"हमने सुना है कि प्राचीन काल में पैजवन नाम के एक शूद्र ने अपने यज्ञ में ऐन्द्राग्नि नामक विधान के अनुसार एक लाख पूर्णपत्रों की दक्षिणा दी थी।"

इस अनुच्छेद में निहित महत्वपूर्ण कथन तीन हैं:

(1) वह पैजवन शूद्र था, (2) यह शूद्र पैजवन यज्ञ करता था, और (3) ब्राह्मण उसके लिए यज्ञ करते थे और उससे दक्षिणा स्वीकार करते थे। ऊपर उद्धृत अंश महाभारत के श्री रॉय के संस्करण से लिया गया है। पहली बात यह पता लगाना है कि क्या पाठ बिल्कुल सही है या कोई भिन्न पाठ्यांक हैं। अपने पाठ की प्रामाणिकता के संबंध में, श्री रॉय[1] यही कहते हैं:

"जहां तक मेरे संस्करण का संबंध है, यह काफी हद तक रॉयल एशियाटिक सोसाइटी ऑफ बंगाल के उस संस्करण पर आधारित है, जो लगभग पैंतालीस साल पहले बंगाल के कुछ विद्वान पंडितों के अधीक्षण के तहत प्रकाशित हुआ था, जैसा कि मेरा मानना है, एक प्रतिष्ठित अंग्रेजी ओरिएंटलिस्ट द्वारा पांडुलिपियां भारत के सभी हिस्सों (दक्षिण अपवाद है) से मंगवाई गई थीं और इन्हें सावधानी से इकट्ठा किया गया था। हालाँकि इतनी सावधानी से संपादित किया गया है, फिर भी, मैंने सोसाइटी के संस्करण का गुलामी से पालन नहीं किया है। मैंने इसकी सावधानीपूर्वक बर्दवान के महाराजा के बंगाली चरित्र के पाठ से तुलना की है जिसे और भी अधिक सावधानी से संपादित किया गया था। भारत के विभिन्न हिस्सों (दक्षिण सहित) से प्राप्त लगभग 18 पांडुलिपियों को बर्दवान पंडितों द्वारा सावधानीपूर्वक एकत्र किया गया था, इससे पहले कि वे एक ही श्लोक को वास्तविक मानते।

महाभारत के समालोचनात्मक संस्करण के विद्वान संपादक प्रो. सुकथांकर ने महाभारत के कई संस्करणों का परीक्षण करने के बाद यह निष्कर्ष निकालते हुए कहा है:[2]

"संपादक प्रिन्सेप्स (कलकत्ता–1856) लगभग एक शताब्दी के अंतराल के बाद, वुल्गेट का सबसे अच्छा संस्करण बना हुआ है।

"यद्यपि महाभारत के श्री रॉय के संस्करण की प्रामाणिकता पर संदेह नहीं किया जा सकता है, यह अनुचित नहीं होगा यदि आलोचकों का कहना है कि वे जानना चाहते हैं कि इस पाठ के पीछे अन्य पांडुलिपि

समर्थन क्या है, जिसे शूद्रों की उत्पत्ति के बारे में इस नए सिद्धांत का आधार बनाया गया है । इस तरह की जाँच करने के लिए दो बातों पर ध्यान देना जरूरी है। एक[3] यह है कि सभी अठारह पर्वों को समाहित करने वाली पांडुलिपियों के पूर्ण सेट के अर्थ में महाभारत पांडुलिपि जैसी कोई चीज नहीं है। प्रत्येक पर्व को एक अलग इकाई के रूप में माना जाता है, जिसके परिणामस्वरूप विभिन्न पर्वों की प्रतियों की संख्या में भारी अंतर पाया जाता है। यही कारण है कि सही पाठ कौन सा है, यह निश्चित करने के लिए आधार के रूप में ली जाने वाली पांडुलिपियों की संख्या प्रत्येक पर्व के साथ अलग-अलग होनी चाहिए।

दूसरा[4] विचार जिस ओर ध्यान आकर्षित किया जाना चाहिए वह तथ्य यह है कि महाभारत की लिखित सामग्री दो अलग-अलग ग्रंथ, आर्यावर्त और दक्षिणापथ के विशिष्ट रूपों में दिया गया है; एक को उत्तरापथ और दूसरे को दक्षिणापथ कहा गया।

यह स्पष्ट है कि पाण्डुलिपि समर्थन की एक परीक्षा उचित संख्या में पाण्डुलिपियों के मिलान और उत्तरी और दक्षिणी पथों के बीच पाण्डुलिपियों के उचित वितरण पर आधारित होनी चाहिए। इन्हीं बातों को ध्यान में रखते हुए महाभारत के शांतिपर्व के 60वें अध्याय के श्लोक 38 के पाठ के मिलान[5] का परिणाम जिसके साथ हम मुख्य रूप से विभिन्न पांडुलिपियों से जुड़े हैं, नीचे प्रस्तुत किया गया है:

1. शूद्रः पैजनो नमः (K) S
   Shudrah Paijavano nama

2. शूद्रः पैलवनो नमः (M/1: M/2) S
   Shudrah Pailavano nama

3. शूद्रः यैलननो नमः (M/[3]: M/4) S
   Shudrah Yailanano nama

4. शूद्रः येजननो नमः (F)
   Shudrah Yaijanano nama

5. शूद्रोपिः यजने नमः (L)
Shudropi Yajane nama

6. शूद्रः पौंजल्कः नमः (TC) S
Shudrah Paunjalka nama

7. शूद्रो वैभवनो नमः (G) N
Shuddho Vaibhavano nama

8. पुरा वैजननो नमः (A, D/2)
Pura Vaijavano nama

7. पुरा वैजननो नमः (M) N
Pura Vaijanano Nama

यहाँ नौ पाण्डुलिपियों के मिलान का परिणाम है। क्या नौ पाण्डुलिपियाँ एक ऐसे पाठ को बनाने के लिए पर्याप्त हैं जिसमें कई प्रकार की अध्ययन सामग्री हैं? यह सच है कि महाभारत के विभिन्न पर्वों के समालोचनात्मक संस्करण के लिए ली गई पांडुलिपियों की संख्या नौ से अधिक है। संपूर्ण महाभारत के पाठ के गठन के लिए ली गई पांडुलिपियों की न्यूनतम संख्या केवल दस है।[6] इसलिए यह तर्क नहीं दिया जा सकता है कि नौ एक अपर्याप्त संख्या है। नौ पाण्डुलिपियाँ दो भौगोलिक विभाजनों, उत्तरी और दक्षिणी में आती हैं। M1, M2, M3, M4 और TC दक्षिणी पर्वतमाला से संबंधित हैं। A, M, G, D2 उत्तरी क्षेत्र से संबंधित हैं। इसलिए पाण्डुलिपियों का चयन उन दो परीक्षणों को पूरा करता है जो विशेषज्ञों ने निर्धारित किए हैं।

अध्ययन की जाँच से पता चलता है कि:

(1) पैजवन के वर्णन में भिन्नता है;

(2) पैजवन के नाम में भिन्नता है;

(3) नौ ग्रंथों में से छह उन्हें शूद्र बताने पर सहमत हैं। एक उसे शुद्ध के रूप में वर्णित करता है और दो उस वर्ग के बारे में बोलने के बदले जिसका वह था, उसके समय का संदर्भ देता है और 'पुरा' शब्द का उपयोग करता है;

(4) नाम के संबंध में, नौ पांडुलिपियों में से किन्हीं दो के बीच कोई सामंजस्य नहीं है। प्रत्येक एक अलग अर्थ देता है।

इस परिणाम को देखते हुए प्रश्न यह है कि वास्तविक पाठ क्या है? पहले नाम से संबंधित ग्रंथों को लेते हैं यह स्पष्ट है कि यह ऐसा मामला नहीं है जिसमें अर्थ का प्रश्न शामिल हो। यह कोई प्रश्न नहीं उठाता है जैसे कि व्याख्या बनाम संशोधन या किसी ऐसे अध्ययन को प्राथमिकता देना जो बताता है कि अन्य अध्ययन कैसे उत्पन्न हो सकते हैं। सवाल यह है कि कौन सा सही नाम है और कौन सा अध्ययन शास्त्रियों द्वारा की गई शास्त्रगत भूल है। इसमें कोई संदेह नहीं है कि सही पाठ पैजवन है। यह दक्षिणी और साथ ही उत्तरी दोनों संशोधनों द्वारा समर्थित है। वैजवानो के लिए नंबर 8 पैजवानो के समान है। बाकी सभी विविधताएं हैं जो मूल प्रति को सही ढंग से न पढ़ पाने और फिर अपने तरीके से पाठ को गढ़ने की कोशिश करने में शास्त्रियों की अज्ञानता के कारण हैं।

पैजवन के विवरण में, शूद्र से पुरा में परिवर्तन के बारे में, यह कहना चाहिए, यह आकस्मिक नहीं है। यह जानबूझ कर किया गया प्रतीत होता है। यह परिवर्तन क्यों हुआ यह स्पष्ट रूप से कहना मुश्किल है। दो बातें बिल्कुल स्पष्ट दिखाई दे रही हैं। प्रथम दृष्टया परिवर्तन स्वाभाविक प्रतीत होता है। दूसरे स्थान पर, परिवर्तन इस निष्कर्ष के विरुद्ध नहीं है कि पैजवन एक शूद्र था। उपर्युक्त निष्कर्ष और स्पष्ट होगा यदि संदर्भ, जिसमें श्लोक 38-40 आते हैं, को ध्यान में रखा जाए। संदर्भ निम्नलिखित श्लोकों से स्पष्ट होगा जो उनसे पहले हैं:

"शूद्र को कभी भी अपने स्वामी का परित्याग नहीं करना चाहिए, चाहे वह किसी भी प्रकार के कष्ट या व्यथा में क्यों न पड़ा हो। यदि स्वामी अपना धन खो देता है, तो शूद्र सेवक को अत्यधिक उत्साह के साथ (स्वामी को) समर्थन देना चाहिए। शूद्र के पास अपना कोई धन नहीं हो सकता। उसके पास जो कुछ भी है वह उसके स्वामी का है। यज्ञ को अन्य तीन श्रेणियों का कर्तव्य बताया गया है। शूद्रों के लिए भी विहित किया गया है, हे! भरत। लेकिन शूद्र स्वाहा और स्वधा या अन्य प्रतिज्ञाओं के किसी

मंत्र का उच्चारण करने में सक्षम नहीं है। इस कारण से, शूद्र को, वेदों में निर्धारित प्रतिज्ञाओं का पालन किए बिना, पाकयज्ञ नामक छोटे यज्ञकार्यों में देवताओं की पूजा करनी चाहिए। पूर्णपत्र नामक उपहार को ऐसे यज्ञों की दक्षिणा घोषित किया जाता है।

38 से 40 श्लोकों को उनके पूर्व के इन श्लोकों के संदर्भ से जोड़ने पर यह स्पष्ट हो जाता है कि पूरा परिच्छेद शूद्रों से संबंधित है। पैजवन की कहानी एक उदाहरण मात्र है। इस पृष्ठभूमि में पैजवन से पहले 'शूद्र' शब्द का प्रयोग अनावश्यक है। यह स्पष्ट करता है कि दो पाण्डुलिपियों में पैजवन से पहले शूद्र शब्द क्यों नहीं आया है। शूद्र के स्थान पर पुरा शब्द के प्रयोग के कारण के रूप में यह याद रखना चाहिए कि पैजवन का मामला बहुत प्राचीन काल में हुआ था। इसलिए रचनाकार के लिए यह महसूस करना बिल्कुल स्वाभाविक था कि इस तथ्य को व्यक्त शब्दों में रखना वांछनीय था। लेखक इस बात से अवगत था कि पैजवन को शूद्र के रूप में जोर देकर वर्णित करने की कोई आवश्यकता नहीं थी क्योंकि यह संदर्भ से स्पष्ट हो गया था। दूसरी ओर, यह जानते हुए कि पैजवन बहुत प्राचीन काल में रहा था और यह तथ्य संदर्भ से बहुत स्पष्ट नहीं किया गया था, लेखक ने 'पुरा' शब्द जोड़ना उचित समझा जो आवश्यक था और शूद्र शब्द को हटा दिया गया जिसका संदर्भ अनावश्यक था।

यदि इस व्याख्या का आधार दृढ़ है, तो हम इसे सुस्थापित मान सकते हैं कि महाभारत के शांतिपर्व में उल्लिखित व्यक्ति पैजवन है और वह पैजवन एक शूद्र था।

II

अगला प्रश्न जो विचार करने योग्य है वह पैजवन की पहचान है। यह पैजवन कौन है?

यास्क का निरुक्त हमें एक संकेत देता प्रतीत होता है। निरुक्त ii. 247 में यास्क कहते हैं:

"द्रष्टा विश्वामित्र सुदास के पुरोहित थे, पिजवन के पुत्र और विश्वामित्र दोनों मित्र थे। वे साथ साथ घूमते फिरते थे। सुदास एक उदार दाता थे।

पैजवन, पिजवन का पुत्र था। फिर पी-जवन जिसकी गति ईर्ष्यापूर्ण थी या जिसकी चाल अद्वितीय थी।

यास्क के निरुक्त से हमें दो महत्वपूर्ण तथ्य मिलते हैं:

(1) पैजवन का अर्थ है पिजवन का पुत्र, और (2) जो पैजवन का पुत्र है वही सुदास है। यास्क की सहायता से, हम इस प्रश्न का उत्तर देने में सक्षम हुए हैं: महाभारत के शांतिपर्व में वर्णित पैजवन कौन है? इसका उत्तर यह है कि पैजवन सुदास का ही दूसरा नाम है।

अगला प्रश्न यह है कि यह सुदास कौन है और हम उसके बारे में क्या जानते हैं? ब्राह्मण साहित्य में की गई खोज से सुदास नाम के तीन व्यक्तियों का पता चलता है

ऋग्वेद में एक सुदास का उल्लेख है। उनके परिवार का विवरण ऋग्वेद के निम्नलिखित छंदों में दिया गया है:[8]

1. ऋग्वेद, vii.18.21.- "सैंकड़ों (राक्षसों) का नाश करने वाले पराशर, और वशिष्ठ, जो आपके प्रति निष्ठावान हैं, उन्होंने आपको घर - घर में गौरवान्वित किया है। आप उन दाताओं की मित्रता की उपेक्षा न करें; क्योंकि पवित्र लोगों के लिए समृद्धि के दिन शुरू हो रहे हैं।"

2. ऋग्वेद, vii। 18.22.- "देववत के पौत्र, पैजवन के पुत्र, दो सौ गायों और दो रथों के दाता, दो पत्नियों के साथ, सुदास की उदारता की प्रशंसा करते हुए, मैं (उपहार के) योग्य, तेरी परिक्रमा करता हूँ, जैसे यज्ञ कक्ष में अग्नि की (परिक्रमा) सेवक पुजारी करते हैं"

3. ऋग्वेद, vii.18.23.- "चार (घोड़े), सोने के जाल वाले, एक कठिन मार्ग पर लगातार चलते हुए, पृथ्वी पर सम्मानित, जिन्होंने मुझे उत्कृष्ट और स्वीकार्य उपहार दिए। वे पिजवन के पुत्र सुदास भोजन और संतान की प्राप्ति के लिए मुझे एक पुत्र के रूप में धारण करें।

4. ऋग्वेद, vii.18.24.- "सात लोक सुदास की स्तुति करते है जैसे कि वह इंद्र हो; वह जिसकी प्रसिद्धि (फैलती है) विशाल स्वर्ग और पृथ्वी के माध्यम से; जिस उदार ने प्रत्येक प्रतिष्ठित व्यक्ति पर (धन) वितरित

किया है, और (जिसके लिए) बहती हुई (नदियों) ने युध्यामाधि को युद्ध में नष्ट कर दिया है।

5. ऋग्वेद, vii। 18.25.- "संस्कारों के नेता मरुत,, इस (राजकुमार के संस्कार) में भाग लें, जैसा कि आपने सुदास के पिता दिवोदास के लिए किया था: पिजवन के भक्त पुत्र की प्रार्थनाओं का पक्ष लें, और उनकी शक्ति अक्षुण्ण हो, अविनाशी हो।"

दो अन्य का उल्लेख विष्णु पुराण द्वारा किया गया है। चौथे अध्याय में एक सुदास का उल्लेख सगर के वंशज के रूप में किया गया है। इस सुदास को सगर से जोड़ने वाला वंशवृक्ष इस प्रकार है:[9]

"कश्यप की पुत्री सुमति और राजा विदर्भ की पुत्री केसिनी, सगर की दो पत्नियाँ थीं। संतानहीन होने के कारण, राजा ने बड़ी गंभीरता के साथ औौर्व ऋषि की सहायता मांगी, और मुनि ने यह वरदान दिया, कि एक पत्नी को एक पुत्र होगा, जो उसके वंश का पालन-पोषण करेगा, और दूसरी साठ हजार पुत्रों को जन्म देगी; और उसने उनका चुनाव करने का काम उन पर छोड़ दिया। केसिनी ने एकल पुत्र को चुना; सुमति ने अनेक को। यह थोड़े ही समय में क्रियान्वित हो गया। पहली (पत्नी ने)असमंजस को जन्म दिया। यह वह राजकुमार था जिसके माध्यम से वंश चलता रहा; और विनता की पुत्री (सुमति) के साठ हजार पुत्र हुए। असमंजस का पुत्र अंशुमत था।

* * *

अंशुमत का पुत्र दिलीप था; उनके पुत्र भगीरथ थे, जो गंगा को पृथ्वी पर लाए थे, जिससे उन्हें भागीरथी कहा जाता है। भगीरथ के पुत्र श्रुत थे; उसका पुत्र नाभाग था; उसका पुत्र अंबरीश था; उसका पुत्र सिंधुद्वीप था; उसका पुत्र आयुतश्व था; उसका पुत्र रितुपर्ण था, जो नल का मित्र था, जो पासा में निपुण था। रितुपर्ण का पुत्र सर्वकाम था; उसका पुत्र सुदास था; उसका पुत्र सौदास था, जिसका नाम मित्रसह भी था।"

एक अन्य सुदास का उल्लेख अध्याय XIX में पुरु के वंशज के रूप में किया गया है। इस सुदास को पुरु से जोड़ने वाला वंशवृक्ष इस प्रकार है:[10]

"पुरु का पुत्र जनमेजय था; उसका पुत्र प्राचीनवत था; उसका पुत्र प्रवीर था, उसका पुत्र मनस्यु था; उसका बेटा भयद था; उसका पुत्र सुधुम्न था; उसका पुत्र बहुगाव था; उसका पुत्र सम्यति था; उसका पुत्र भामयति था; उसका पुत्र रौद्राश्व था, जिसके दस पुत्र हुए, रितेयु, काक्षेयु, स्तंडिलेयु, घृतेयु, जलेयु, स्थलेयु, धनेयु, वनेयु और वराटेयु। रितेयु का पुत्र रंतिनार था जिसके पुत्र तनु, अपर्तिरथ और ध्रुव थे। इनमें से दूसरे का पुत्र कण्व था, और उसका पुत्र मेधातिथि था, जिससे कांवयन ब्राह्मण अवतरित हुए। अनिल तनु का पुत्र था, और उसके चार पुत्र थे, जिनमें से दुष्यंत बड़ा था। दुष्यंत के पुत्र सम्राट भरत थे;...

भरत की अलग-अलग पत्नियों के नौ बेटे थे, लेकिन उन्हें उनकी ही माताओं ने मार डाला, क्योंकि भरत ने टिप्पणी की कि वे उनके जैसे नही दिखते थे, और महिलाओं को डर था कि वह उन्हें छोड़ देंगे। उनके पुत्रों का जन्म इस प्रकार अनुपयोगी होने के कारण, भरत ने मरुतों को बलिदान दिया। मरूतों ने उन्हें उतथ्य की पत्नी ममता द्वारा जन्मे बृहस्पति के पुत्र भारद्वाज को दिया...

* * *

भरत के पुत्रों के लाभहीन (वितथा) जन्म के संदर्भ में, उन्हें वितथ भी कहा जाता था। वितथ का पुत्र भवनमन्यु था; उनके पुत्र कई थे, और उनमें से प्रमुख बृहत्क्षत्र, महावीर्य, नर और गर्ग थे। नर का पुत्र संकृति था; उनके पुत्र रुचिराधि और रंतिदेव थे। गर्ग का पुत्र सिनी था; और उनके वंशज गार्ग्य और सैन्य कहलाए, हालांकि जन्म से क्षत्रिय थे, पर ब्राह्मण बन गए। महावीर्य का पुत्र उरुक्षय था, जिसके तीन पुत्र थे, त्रयरुण, पुष्करिन और कपि, जिनमें से अंतिम ब्राह्मण बने। बृहत्क्षत्र का पुत्र सुहोत्र था, जिसका पुत्र हस्तिन था, जिसने हस्तिनापुर नगर की स्थापना की थी। हस्तिन के पुत्र अजमीध, द्विमिध और पुरुमिध थे। अजमीध का एक पुत्र कण्व था, जिसका पुत्र मेधातिथि था, उसका दूसरा पुत्र बृहदिशु था, जिसका पुत्र बृहद्वसु था; उसका पुत्र बृहत्कर्मण था; उसका पुत्र जयद्रथ था, उसका पुत्र विश्वजीत था, उसका पुत्र सेनजित था, जिसके पुत्र रुचिराश्व, कस्य, दृद्धधनुष और वासानु थे। रुचिराश्व का पुत्र पृथुसेन था; उसका पुत्र पारा

था; उसका पुत्र निपा था; उसके सौ पुत्र थे, जिनमें प्रमुख समारा काम्पिल्य का शासक था। समारा के तीन पुत्र हुए, परा, सम्परा, सदाश्व। पारा का पुत्र पृथु था; उसका पुत्र सुकृति था; उसका पुत्र विभ्रत्रा था; उसका पुत्र अनुहा था, जिसने शुक (व्यास के पुत्र) की पुत्री कृत्वी से विवाह किया था, और उसका ब्रह्मदत्त था; उसका पुत्र विश्वसेन था; उसका पुत्र उदक्षेन था; और उसका पुत्र भल्लाट था।

द्विमिधा का पुत्र यवीनार था; उसका पुत्र धृतिमत था; उसका पुत्र सत्यधृति था; उसका पुत्र दृधनेमि था; उसका पुत्र सुपार्श्व था; उसका पुत्र सुमति था; उसका पुत्र सन्नतिमत था; उसका पुत्र कृत था, जिसे हिरण्यनाभ ने योग के दर्शन की शिक्षा दी थी, और उसने सामवेद का अध्ययन करने वाले पूर्वी ब्राह्मणों के उपयोग के लिए चौबीस संहिताएँ संकलित कीं। कृत का पुत्र उग्रायुध था, जिसके बल से क्षत्रियों की निपा जाति नष्ट हो गई थी; उसका पुत्र क्षेम्य था; उसका पुत्र सुवीर था; उसका पुत्र नृपंजय था; उसका पुत्र बहुरथ था। ये सभी पौरव कहलाए।

अजमीध की नीलिनी नाम की एक पत्नी थी, और उसके द्वारा नील नाम का एक बेटा था; उसका पुत्र संती था; उसका पुत्र सुसंती था; उसका पुत्र पुरुजानु था; उसका पुत्र चक्षु था; उसका पुत्र हरयाश्व था, जिसके पाँच पुत्र मुद्गल, सृंजय, बृहदिशु, प्रवीर और काम्पिल्य थे। उनके पिता ने कहा, श्मेरे ये पाँच (पंच) पुत्र देशों की रक्षा करने में सक्षम (अलम) हैं; और इसलिए उन्हें पांचाल कहा गया। मुद्गल से मौद्गल्य ब्राह्मणों का अवतरण हुआ; उनका बहवाश्व नाम का एक पुत्र भी था, जिसके दो बच्चे थे, जुड़वाँ, एक पुत्र और पुत्री, दिवोदास और अहल्या।

* * *

दिवोदास के पुत्र मित्रयु थे; उसका पुत्र च्यवन था; उसका पुत्र सुदास था; उसका पुत्र सौदास था, जिसे सहदेव भी कहा जाता था; उसका पुत्र सोमक था; उसके सौ पुत्र हुए, जिनमें जन्तु सबसे बड़ा और पृषत सबसे छोटा था। पृषत का पुत्र द्रुपद था; उसका पुत्र धृष्टद्युम्न था; उसका पुत्र दृष्टिकेतु था।

अजमीध के एक और पुत्र का नाम ऋक्ष था; उसका पुत्र संवरण था; उसका पुत्र कुरु था, जिसने पवित्र जिले कुरुक्षेत्र को अपना नाम दिया; उनके पुत्र सुधनुष, परीक्षित और कई अन्य थे। सुधनुष का पुत्र सुहोत्र था; उसका पुत्र च्यवन था; उसका पुत्र कृतक था; उनके पुत्र उपरिचारा वसु थे, जिनके सात बच्चे बृहद्रथ, प्रत्याग्र, कुशम्बा, मावेला, मत्स्य और अन्य थे।बृहद्रथ का पुत्र कुशाग्र था; उसका पुत्र ऋषभ था; उसका पुत्र पुष्पवत था; उसका पुत्र सत्यधृत था; उसका पुत्र सुधनवन था; और उसका पुत्र जंतु था। बृहद्रथ का एक और पुत्र था, जो दो भागों में पैदा हुआ था, जिसे जरा नाम की एक महिला मित्र ने एक साथ (संधिता) रखा था, उसे जरासंध नाम दिया गया था; उसका पुत्र सहदेव था; उसका पुत्र सोमापी था; उसका पुत्र श्रुतश्रव था, ये मगध के राजा थे।

तीन सुदासों के तत्काल वंश को नीचे समानांतर स्तंभों में रखा गया है ताकि इस प्रश्न के समाधान की सुविधा मिल सके कि वे एक या तीन अलग-अलग व्यक्ति हैं:

ऋग्वेदमेंस्थिति			विष्णुपुराणमेंसुदास	
VII, 18:22	VII, 18:23	VII, 18:25	सागरपरिवारमें	पुरुपरिवारमें
देवता	पिजवाना	दिवोदास = पिजवाना	रितुपमा	भाववास्व
पिजवाना	सुदास	सुदास	सर्वकामा	दिवोदास
सुदास			सुदास	मिलारायु
			सौदासा = मित्रासहा	च्यवन
				सुदास
				सौदासा
				सोमक

तालिका से दो चीजें दिन के उजाले की तरह स्पष्ट होती हैं। पहला यह कि विष्णु पुराण में वर्णित सुदास का ऋग्वेद में वर्णित सुदास से कोई लेना-देना नहीं है। दूसरा बिंदु जो स्पष्ट है वह यह है कि यदि महाभारत में वर्णित पैजवन की पहचान प्राचीन काल में रहने वाले किसी भी व्यक्ति के साथ की जा सकती है तो यह केवल ऋग्वेद में वर्णित सुदास के साथ हो सकती है जिसे पैजवन कहा जाता था क्योंकि वह पिजवन का पुत्र था जो कि दिवोदास का एक दूसरा नाम था।[11]

सौभाग्य से मेरे लिए मेरा निष्कर्ष वही है जो प्रो. वेबर का है। महाभारत के शांतिपर्व के उस अंश पर टिप्पणी करते हुए जिस पर मेरी थीसिस आधारित है प्रो. वेबर[12] कहते हैं:

"यहाँ उल्लेखनीय परंपरा दर्ज की गई है कि पैजवन, यानि, सुदास जो अपने यज्ञों के लिए इतना प्रसिद्ध था और जिसे ऋग्वेद में विश्वामित्र के संरक्षक और वसिष्ठ के दुश्मन के रूप में माना जाता है, वह एक शूद्र था।"

प्रोफेसर वेबर दुर्भाग्य से इस गद्यांश के पूर्ण महत्व को नहीं समझ पाए, यह दूसरी बात है। मेरे प्रयोजन के लिए इतना ही काफी है कि वह भी यही सोचते हैं कि महाभारत का पैजवन कोई और नहीं बल्कि ऋग्वेद का सुदास है।

III

पैजवन सुदास के बारे में हम क्या जानते हैं?

उसके बारे में निम्नलिखित विवरण उपलब्ध हैं:

I. सुदास न तो दास थे और न ही आर्य। दास और आर्य दोनों ही उसके शत्रु थे।[13] इसका अर्थ यह है कि वह एक वैदिक आर्य था।

II. सुदास के पिता दिवोदास थे। वह वर्ध्र्यश्व[14] का दत्तक पुत्र प्रतीत होता है। दिवोदास एक राजा था। उसने तुर्वसों और यदुओं,[15] शंभर,[16] परवा, और करंज[17] और गुंगु[18] के विरुद्ध बहुत से युद्ध किए थे। तुर्यवन और दिवोदास और उसके सहयोगी आयु और कुत्स के बीच युद्ध हुआ। विजय तुर्यवन को मिली।[19]

ऐसा प्रतीत होता है कि एक समय इन्द्र विशेष रूप से तुर्यवन के युद्ध में उसके विरुद्ध थे। उनके पुरोहित भारद्वाज थे,[20] जिन्हें दिवोदास ने कई उपहार दिए।[21] लगता है कि भारद्वाज ने दिवोदास के विरुद्ध तुर्यवन में शामिल होकर एक गद्दार की भूमिका निभाई।[22]

सुदास की माता का कोई उल्लेख नहीं है। लेकिन सुदास की पत्नी का एक प्रसंग है। उनकी पत्नी का नाम सुदेवी[23] दिया गया है। कहा जाता है कि अश्विनों ने उन्हें सुदास के लिए खरीदा था।

III. सुदास एक राजा थे और उनका राज्याभिषेक समारोह ब्रह्म-ऋषि, वशिष्ठ द्वारा किया गया था।

ऐतरेय ब्राह्मण में उन राजाओं की सूची दी गई है जिन्होंने महाभिषेक समारोह करवाया था और पुरोहित का नाम जिसने इसे संपन्न किया था।[24]

"इस समारोह के साथ मनु के पुत्र शर्यात का राजतिलक भृगु के पुत्र च्यवन द्वारा किया गया था। तत्पश्चात शर्यात ने पूरी पृथ्वी पर विजय प्राप्त की और यज्ञ के घोड़े की बलि दी। यहाँ तक कि वह देवताओं, कुलपति द्वारा आयोजित बलि सत्र में भी था।

"इस समारोह के साथ वजरत्न के पुत्र समसुषमा ने सत्रजित के पुत्र शतानिक का राजतिलक किया। तत्पश्चात् शतानिक ने सारी पृथ्वी को उसके सिरों तक हर जगह जीत लिया, और यज्ञ के घोड़े की बलि दी।

"इस समारोह के साथ पार्वत और नारद ने अम्बष्ठ का राजतिलक किया। तत्पश्चात् अम्बष्ठ्य ने सारी पृथ्वी पर उसके सिरों तक विजय प्राप्त की और यज्ञ के घोड़े की बलि दी।

"इस समारोह के साथ पर्वत और नारद ने उग्रसेन के पुत्र युधामसौष्टि का राजतिलक किया। तब से युधामसौष्टि ने पूरी पृथ्वी पर उसके सिरों तक हर जगह विजय प्राप्त की, और यज्ञ के घोड़े की बलि दी।

"इस राज्याभिषेक समारोह के साथ कश्यप ने भुवन के पुत्र विश्व-कर्म का राजतिलक किया। तब से विश्वकर्मा ने पूरी पृथ्वी पर उसके सिरों तक हर जगह विजय प्राप्त की, और यज्ञ के घोड़े की बलि दी।

"वे कहते हैं कि पृथ्वी ने विश्वकर्मा के लिए निम्नलिखित श्लोक गाया:

"किसी भी नश्वर को मुझे (दान के रूप में) देने की अनुमति नहीं है।[25] हे विश्व-कर्मा, तू ने मुझे (दान में) दिया है, इसलिए मैं समुद्र के बीच में समा जाऊंगी। कश्यप को दिया गया आपका वचन व्यर्थ हो गया।"

"इस समारोह के साथ वशिष्ठ ने पिजवन के पुत्र सुदास का राजतिलक किया। तब से सुदास पूरी पृथ्वी पर उसके सिरों तक हर जगह विजय प्राप्त करता चला गया, और यज्ञ के घोड़े की बलि दी।

"इस राज्याभिषेक समारोह के साथ, अंगिरस के पुत्र संवर्त ने अविक्षित के पुत्र मारुत का राजतिलक किया। तब से मारुत ने सारी पृथ्वी पर उसके सिरों तक हर जगह विजय प्राप्त की, और यज्ञ के घोड़े की बलि दी।

इस सूची में सुदास और उनके राज्याभिषेक का विशिष्ट उल्लेख वशिष्ठ द्वारा किया गया है।

सुदास प्रसिद्ध दशराज युद्ध या ऋग्वेद में वर्णित दस राजाओं की लड़ाई में नायक थे। इस प्रसिद्ध युद्ध का उल्लेख ऋग्वेद के सातवें मंडल के विभिन्न सूक्तों में मिलता है।

सूक्त 83 कहता है:

4. "इंद्र और वरुण, आपने सुदास की रक्षा की, अभी तक जो अभेद्य था उस भेद को अपने घातक हथियारों से कुचल दिया; युद्ध के समय इन तृत्सुओं की प्रार्थना सुनें, ताकि मेरी सेवा का उन्हें फल मिल सके।

6. धन की प्राप्ति के लिए संघर्ष करते हुए, सुदास और त्रित्सु दोनों आपदोनों (इंद्र और वरुण) को पुकारते हैं, तब आपने दस राजाओं द्वारा हमला किए जाने पर तृत्सुओं के साथ मिलकर सुदास की रक्षा की।

7. "सुदास के खिलाफ दस अधार्मिक राजाओं का दल, इंद्र और वरुण को जीत नहीं पाया। संस्कारों के अग्रणी की स्तुति, यज्ञ के भोजन का प्रस्ताव, फलदायी था। देवता उनके यज्ञों में उपस्थित थे।

9. "आप में से एक युद्ध में शत्रुओं का नाश करता है, दूसरा सदा धर्म की रक्षा करता है; हम स्तुति के द्वारा लाभों की वर्षा करने वाले इंद्र और वरुण का आह्वान करते हैं। आप हमें परमानंद प्रदान करें।)

सूक्त 33 कहता है:

2. "अपमानित (पशद्युम्न), वे क्रोधित इंद्र को दूर से लाए, जब वे सुदास की निंदा(प्राप्त) करने के लिए उनके यज्ञ में सोम का करछुल पी रहे थे। इंद्र शीघ्र ही व्याता के पुत्र पशद्युम्न के प्रवाहित सोम को छोड़ वशिष्ठों के पास गए।

3. "उसी तरह, वह (सुदास), सिंधु नदी को आसानी से पार करने के लिए उनके द्वारा समर्थ बनाया गया। उसी प्रकार,उनकी सहायता से उसने अपने शत्रुओं को आसानी से मार डाला। ऐसा ही वशिष्ठों ने, आपकी प्रार्थना के माध्यम से किया। दस राजाओं के साथ युद्ध में इंद्र ने सुदास की रक्षा की।

"प्यास से पीड़ित,वर्षा की याचना करते हुए, दस राजाओं के साथ युद्ध में (त्रित्सुओं द्वारा) समर्थित, (वशिष्ठों) ने इंद्र को सूर्य के समान उज्ज्वल बना दिया; इंद्र ने वसिष्ठ की उन्हें महिमामंडित स्तुति सुनी और त्रित्सुओं को एक विशाल क्षेत्र प्रदान किया।

सूक्त 19 कहता है:

3. "हे साहसी (इंद्र), आपने यज्ञ के प्रस्ताव के अनुसार अपनी सारी सुरक्षाएं देकर सुदास की रक्षा की है। आपने पृथ्वी पर अधिकार करने के लिए शत्रुओं के साथ युद्ध में पुरुकुत्स के पुत्र त्रसदस्यु और पुरु की रक्षा की है।

6. "हे इंद्र, प्रस्ताव के दाता, हवन के प्रस्तुतकर्ता, अनंत लाभों की वर्षा करने वाले, सुदास की (रक्षा के लिए) आपका आभार। मैं आपके समर के तेजस्वी घोड़ों के लिए जुए में जुता हुआ हूं; हमारी प्रार्थनाएँ आप तक पहुँचें, आप शक्तिशाली हैं, आपके लिए कई संस्कार संबोधित किए जाते हैं।

सातवें मंडल के 18वें सूक्त में कहा गया है:

5. "आराध्य इंद्र ने प्रसिद्ध गहरे पानी (परुष्णि) के जल को सुदास के लिए जेय, और यज्ञकर्ता के प्रचंड जागृति के अवाहनों को नदियों की पंक्तियों में बदल दिया।

6. "तुर्वशा, जो संस्कारों में एकमात्र पूर्ववर्ती थी, बलिदान में मेहनती थी। वह सुदास के पास धन के लिए गई। लेकिन मछलियों की तरह पानी के तत्व तक प्रतिबंधित, भृगु और द्रुह्यु ने जल्दी से उन पर हमला कर दिया; इन दोनों का हर जगह साथ देने वाले सुदास के मित्र इंद्र ने अपने मित्र को बचाया।

7. "उस इंद्र का गौरव गान करें जो हवन करते हैं, जो शुभ वचनों का उच्चारण करते हैं, जो तपस्या से विरत रहते हैं, जो (हाथों में सींग धारण करते हैं), जो (यज्ञ द्वारा संसार को) सुख प्रदान करते हैं, जिसने लुटेरों से आर्यों के मवेशी वापस लाए, जिन्होंने युद्ध में दुश्मनों को मार डाला।

8. "दुष्ट-प्रवृत्त और सुदास के मूर्ख दुश्मन ने विनम्र परुष्णी नदी को पार करते हुए, उसके किनारों को तोड़ दिया है; लेकिन वह अपनी महानता से पृथ्वी पर व्याप्त है, और छायामान के पुत्र कवि एक घायल के समान(चिर निद्रा में) सो रहे हैं।"

9. "पानी अपनी नियमित दिशा में परुष्णी की और बहता रहा, न कि इससे आगे भटका; त्वरित गति से (राजा के) सुलभ स्थानों पर आ गया, और इंद्र ने अपनी कई संतानों के साथ मूर्खतापूर्ण बात करने वाले शत्रुओं को उनके (सुदास के) अधीन कर दिया।

10. "पृश्नि द्वारा भेजे गए वे(मरुत) जो मृग-रंग के मवेशियों पर सवार होकर अपने मित्र (इंद्र) के साथ उनके द्वारा किए गए अनुबंध को याद करते हुए,जब चारागाह से चरवाहे के बिना छोड़ दिए गए मवेशियों की तरह आए, तब प्रफुल्लित नियुत घोड़े उन्हें शीघ्र ही (शत्रु से बचाकर) ले आए।

11. "नायक इंद्र ने (राजा की सहायता के लिए) मरुतों का निर्माण किया, जिन्होंने प्रसिद्धि के महत्वाकांक्षी, (परुष्णि के) दो तटों पर इक्कीस पुरुषों को मार डाला, जैसे कि एक सुंदर दिखने वाला पुजारी बलिदान के कक्ष में पवित्र तृणों को काटता है।

12. "वज्र के वाहक, (इंद्र) आपने श्रुत, कवश, वृद्ध, और बाद में द्रुह्यु को पानी में डुबो दिया; हे इंद्र, उनके लिए जो आपके प्रति समर्पित हैं, और आपकी महिमा का गान करते हैं, आपकी मित्रता को प्राथमिकता देते हैं, इसका आनंद लें।

13. इन्द्र ने अपने पराक्रम के द्वारा उनके सब गढ़ों और सातों नगरों को फुर्ती से ढा दिया; उन्होंने अनु के बेटे का आवास त्रित्सु को दे दिया है; हम, इंद्र को संतुष्ट करके, युद्ध में अपशब्द बोलने वाले व्यक्ति को जीत सकते हैं।

14. "अनुस और द्रुह्युस के योद्धा, पवित्र (सुदास) के पास शत्रुतापूर्ण इरादे से (मवेशियों को ले जाना चाह रहे थे। वे साठ-छह हजार छह सौ साठ की संख्या में मारे गए; इंद्र के सभी गौरवशाली कार्य ऐसे हैं।

15. "ये विरोधी तृत्सु जो अनजाने में इंद्र के साथ संघर्ष कर रहे थे, भाग गए। नीचे की ओर नदियों की तरह तेजी से भागे, और व्याकुल होने के कारण सुदास को अपनी सारी संपत्ति दे दी।"

16. "इंद्र ने अपने वरिष्ठ, यज्ञ के विनियोगकर्ता, नायक (सुदास) के विरोधी प्रतिद्वंद्वी को पृथ्वी पर बिखेर दिया है। इंद्र ने क्रोधी शत्रु के प्रकोप को शांत कर दिया है, और दुश्मन ने रास्ते में (सुदास के खिलाफ) आगे बढ़कर उड़ान का रास्ता अपना लिया है।

17. "इंद्र ने एक कंगाल द्वारा एक मूल्यवान (दान) को पूरा किया है; उस ने एक बूढ़े सिंह को बकरी से मरवा डाला है; उसने सूई से यज्ञ स्तम्भ के कोणों को काटा है; उसने (दुश्मन की) सारी लूट सुदास को दे दी है।"

18. "हे इंद्र! आपके असंख्य शत्रु, अधीनता में कम हो गए हैं; किसी न किसी समय अशांत भेद की अधीनता का प्रभाव, जो अनेक पुरुषों को

कब्जे में रखता है, दुष्टता के दोषी के रूप में आपकी स्तुति कर रहा है। हे इंद्र, उस पर अपना तेज वज्र फेंको।

19. "यमुना और तृत्सु के जिन निवासियों ने युद्ध में भेद को मारने पर इंद्र की महिमा गाई वे थे अजस, शिग्रुस, यक्ष। उन्होंने युद्ध में मारे गए घोड़ों के सिर बलि के रूप में चढ़ाए।"

20. "हे इंद्र, आपका अनुग्रह और आपकी उदारता, चाहे पुरानी हो या नयी, (आवर्ती) भोर की तरह गिनी नहीं जा सकती; आपने मान्यमन के पुत्र देवक को मार डाला है और अपनी मर्जी से विशाल (पहाड़) से शंभर को नीचे गिरा दिया है।

इस लड़ाई में सुदास से लड़ने वाले राजा थे:[26] (1) शिन्यू, (2) तुर्वशा, (3) द्रुह्यु, (4) कवशा, (5) पुरु, (6) अनु, (7) भेद, (8) शंभरा, (9) वैकर्ण, (10) अन्य वैकर्ण, (11) यदु, (12) मत्स्य, (13) पक्था, (14) भलानस, (15) अलीना, (16) विशनिन, (17) अज, (18) शिव, (19) शिगरु, (20) यक्षु, (21) युध्यामाधि, (22) यादव, (23) देवक मान्यमन, (24) छायामन कवि, (25) सुतुक, (26) उच्चथा, (27) शमता, (28) वृद्ध, (29) मन्यु, और (30) पृथु।

स्पष्ट है, युद्ध का नाम जितना इंगित करता है उससे कहीं अधिक बड़ा युद्ध था। भारतीय-आर्यों के इतिहास में यह युद्ध एक बहुत बड़ी घटना रही होगी। कोई आश्चर्य नहीं कि विजयी सुदास अपने समय का एक महान नायक बन गया।[27] हम नहीं जानते कि वास्तव में इस युद्ध का कारण क्या था। कुछ संकेत ऋग्वेद, vii.83.7 द्वारा दिए गए हैं, जहाँ सुदास के खिलाफ खड़े राजाओं को अधार्मिक के रूप में वर्णित किया गया है जो बताता है कि यह शायद एक धार्मिक युद्ध था।

IV सायणाचार्य, साथ ही साथ परंपरा, ऋग्वेद के निम्नलिखित स्त्रोतों की घोषणा करते हैं कि उनके ऋषियों के लिए निम्नलिखित राजा थे:

"वितहव्य (या भारद्वाज) x.9, सिंधुद्वीप, अंबरीश के पुत्र (या त्रिशिरा, त्वष्ट्री के पुत्र) x.75, सिंधुक्षित, प्रियमेध के पुत्र; x.133, सुदास, पिजवन

का पुत्र; x.134, मंधात्री, युवनासा के पुत्र; x.179, सिबी, उसिनारा का पुत्र, प्रतर्दन, दिवोदास का पुत्र और काशी का राजा, और वसुमानस, रोहिदासव का पुत्र; और x.148 में पृथ्वी वैन्या होने की घोषणा की गई है।

यह ध्यान देने योग्य बात है कि इस सूची में वैदिक सूक्तों के रचयिता के रूप में सुदास का नाम आता है।

V सुदास ने अश्वमेध यज्ञ किया। इसका उल्लेख ऋग्वेद, iii.53 में मिलता है।

9. "महान ऋषि, देवताओं के जनक, देवताओं द्वारा आकर्षित, नेताओं के अधिपति (पवित्र संस्कारों पर), विश्व-मित्र ने सुदास के लिए यज्ञ करने पर पानी की धारा को रोक दिया; इससे कुशिकों के साथ इंद्र प्रसन्न थे।

11. "जाओ, कुशिकों, सुदास के घोड़े; उसे जीवित कर दो और उसे (राजा के लिए) धन (जीतने) के लिए खुला छोड़ दो; क्योंकि (देवताओं के) राजा ने पूर्व में, पश्चिम में, उत्तर में वृत्र का वध किया है, इसलिए (सुदास) पृथ्वी के सर्वोत्तम (क्षेत्रों) में उसकी पूजा करें।

VI सुदास ब्राह्मणों के लिए दान के लिए जाने जाते थे, जो उन्हें परोपकारी लोगों का अतिथिग्वा (अतिज्ञ) कहते थे। उनके परोपकार के लिए ब्राह्मणों ने उनकी किस प्रकार प्रशंसा की है, यह ऋग्वेद के निम्नलिखित संदर्भों से प्रकट होता है:

i.47.6. "हे तेजवान अश्विनो, अपने वाहन में धन रखकर सुदास के लिए जीविका लाओ। हमें वह महासागर, या आकाश से भेजें, जो धन बहुत प्रतिष्ठित हैं।

i.63.7. "तूने तब, हे गरजते हुए इंद्र, युद्ध किया और पुरुकुत्स के लिए सात शहरों को चकनाचूर कर दिया, जब तू, हे राजा, बिना किसी प्रयास के सुदास का संकट घास के एक गुच्छे की तरह दूर कर दिया, और पुरु को धन प्रदान किया।"

i. 112.19। "आओ, हे अश्विनों, उन सहायताओं के साथ जिनसे तुमने सुदास को गौरवशाली शक्ति प्रदान की।"

vii.19.3. "यद्यपि हे क्रोधी इन्द्र, आपने हवन करने वाले सुदास की सब प्रकार से रक्षा की है। आपने पुरुकुत्स के पुत्र त्रसदस्यु और पुरु की भूमि पर विजय और शत्रुओं के संहार में रक्षा की है।

vii.20.2 "बल में वृद्धि करने वाले इंद्र वृत्रा का वध करते हैं; नायक उसकी रक्षा करता है जो उसकी प्रशंसा करता है; वह सुदास (या उदार बलिदानी-सयाना) के लिए जगह बनाता है; वह अपने उपासकों को बारंबार धन देता है।"

vii.25.3. "सुदास के पास सौ सहायता, एक हजार वांछित (उपहार) और समृद्धि आने दो। हत्यारे के हथियार को नष्ट करो। हमें यश और धन प्रदान करो।"

vii.32.10. "सुदास के रथ का न तो कोई विरोध कर सकता है और न ही रोक सकता है। वह जिसकी इन्द्र, मरुतों ने रक्षा की, वह मवेशियों से भरे हुए चरागाह में विचरण करता है।

vii.53.3. "और, हे, स्वर्ग और पृथ्वी, सुदास के लिए आपके पास धन के कई उपहार हों ।"

vii.60.8. "चूंकि अदिति, मित्र और वरुण, सुदास (या उदार पुरुष) को सुरक्षित सुरक्षा प्रदान करते हैं, उसे संतान प्रदान करते हैं- क्या हम, हे शक्तिशाली देवता, देवताओं के खिलाफ कोई अपराध नहीं कर सकते.... आर्यमन हमें हमारे दुश्मनों से छुटकारा दिलाएं है शक्तिशाली देवताओं, सुदास को एक विस्तृत स्थान प्रदान करें।

ये अंश पैजवन की जीवनी से संबंधित हैं, जिसका उल्लेख महाभारत के शांति पर्व में सबसे प्रामाणिक स्रोत, अर्थात् ऋग्वेद से लिया गया है। ऋग्वेद से हमें पता चलता है कि उसका असली नाम सुदास था, यह भी कि वह एक क्षत्रिय था बल्कि वह एक क्षत्रिय से भी बढ़कर था। वह एक शक्तिशाली राजा था। इसमें महाभारत एक भिन्न और नया विवरण जोड़ता

है, अर्थात् यह कि वह एक शूद्र था। एक शूद्र का आर्य होना, एक शूद्र का क्षत्रिय होना और एक शूद्र का राजा होना!! क्या इससे बड़ा रहस्योद्घाटन हो सकता है? क्या इससे ज्यादा क्रांतिकारी कुछ हो सकता है?

जीवनी विवरण की यह खोज तीन महत्वपूर्ण प्रश्नों की चर्चा के साथ समाप्त हो सकती है: क्या सुदास आर्य थे? यदि सुदास आर्य थे तो वे किस गोत्र के थे? यदि सुदास शूद्र थे, तो शूद्र का क्या अर्थ है?

दूसरे (विचार)से शुरू करना अच्छा हो सकता है। इस प्रश्न के निर्धारण के लिए ऋग्वेद के कुछ संदर्भों से कुछ सहायता प्राप्त करना संभव है। ऋग्वेद में कई जनजातियों का उल्लेख है, जिनमें से सबसे महत्वपूर्ण हैं त्रित्सु, भरत, तुर्वस, दुर्ह्यु, यदु, पुरु और अनु। लेकिन ऋग्वेद के संदर्भों के अनुसार केवल तीन ही हैं जिनसे सुदास जुड़े थे। वे हैं पुरु, त्रित्सु और भरत। अपने आप को इन तीनों तक ही सीमित रखना और यह पता लगाना काफी है कि वह इनमें से किस जनजाति का था। तृत्सु और सुदास के बीच संबंध पर प्रभाव डालने वाले सबसे महत्वपूर्ण ऋग्वेद के परिच्छेद हैं, i.63.7; I. 130.7; vii.18.15; vii.33.5; vii.33.6; vii.83: 4, 6.

i.63,7 में, दिवोदास को पुरु के राजा कहा गया है और 130.7, में दिवोदास को पौर्व कहा गया है, अर्थात, वह पुरु से संबंधित है।

ऋग्वेद, vii.l8.15 और vii.83.6, सुझाव देते हैं कि सुदास त्रित्सु नहीं था। पहले का सुझाव यह है कि सुदास ने तृत्सुओं के शिविर पर छापा मारा जो भाग गए और सुदास ने उनके धन पर कब्जा कर लिया। दूसरा सुझाव यह है कि दस राजाओं के विरुद्ध युद्ध में तृत्सु और सुदास एक तरफ थे, लेकिन उन्हें अलग-अलग दिखाया गया है। लेकिन vii.35.5 और vii.83. 4 में, सुदास पूरी तरह से तृत्सुओं के साथ पहचाना जाता है; वास्तव में, पहले ही सुदास तृत्सुओं का राजा बन जाता है।

तृत्सु और भरत के बीच और उनके और सुदास के बीच के संबंध के इस प्रश्न पर, हमारे पास हमारे साक्ष्य के रूप में ऋग्वेद, vii.33.6 और

अ. 16.4, 6, 19 हैं। पहले (परिच्छेद) के अनुसार, तृत्सु बिल्कुल भरत जैसे हैं। दूसरे के अनुसार, सुदास के पिता दिवोदास को भरतवंश का बताया गया है।

इन संदर्भों से एक बात निश्चित है कि पुरु, त्रित्सु और भरत या तो एक ही समाज की अलग-अलग शाखाएँ थे या वे अलग-अलग कबीले थे, जो समय के साथ एक जनता बन गए। यह असंभव नहीं है। एकमात्र प्रश्न यह है कि यह मानते हुए कि वे भिन्न थे, सुदास मूल रूप से किससे संबद्ध थे? पुरु से, त्रित्सु से या भरत से? उसके पिता दिवोदास के साथ पुरु और भरत के संबंध के बारे में यह मान लेना स्वाभाविक लगता है कि सुदास मूल रूप से या तो पुरु से जुड़े थे या भरत से- लेकिन किससे, कहना मुश्किल है।

सुदास पुरु से संबद्ध थे या नहीं पता नहीं लेकिन इसमें कोई संदेह नहीं है कि वे भरत वंश के थे, यदि इस तथ्य पर ध्यान दिया जाए कि उनके पिता दिवोदास को भरत वंश का बताया गया है। अगला प्रश्न यह है कि ये भरत कौन थे और क्या ये वे लोग हैं जिनके नाम पर भारत का नाम भारत भूमि या भरतों की भूमि पड़ा। यह प्रश्न महत्त्वपूर्ण है क्योंकि अधिकांश लोगों को सही तथ्यों की जानकारी नहीं है। जब हिंदू भरत की बात करते हैं तो उनके मन में दुश्यंती भरत आते हैं, भरत दुष्यंत और शकुंतला के वंशज थे और जिन्होंने महाभारत में वर्णित युद्ध लड़ा था। वे किसी अन्य भरत के बारे में नहीं जानते हैं, बल्कि उनका मानना है कि भरत भूमि नाम जो भारत को दिया गया था, वह दुश्यंती भरतों के नाम पर दिया गया था।

दो भरत एक दूसरे से काफी भिन्न हैं। भरतों की एक जनजाति ऋग्वेद के भरत हैं, जो मनु के वंशज थे और जिनसे सुदास संबंधित थे। भरत के अन्य गोत्र दुश्यंती भरत हैं। अधिक महत्वपूर्ण बात यह है कि यदि भारत का नाम भरत भूमि रखा गया है तो यह ऋग्वेद के भरत के नाम पर है न कि दुश्यंती भरत के नाम पर। यह भागवत पुराण[28] के निम्नलिखित श्लोकों से स्पष्ट होता है:

प्रियंवदों नाम चुतों मनोः स्वायंभुवस्य ह।
तस्याग्रीधस्ततों नाभिर्ऋषभश्च सुतस्तः।।
अवतीर्ष पृत्रशर्त तस्यासीद्रह्यपारगम्।
तेषां वै भरतों ज्येष्ठों नारायणपरायणः।
विख्यातं वर्षमेतघन्नास्ना भारतभुत्तप्रम्।।

"स्यावंभु के पुत्र मनु का एक पुत्र था जिसका नाम प्रियंवद था; उसका पुत्र आग्नीध्र था; उसका पुत्र नाभी था; उनका एक बेटा ऋषभ था। उसके सौ पुत्र पैदा हुए, सभी वेदों के ज्ञाता थे; उनमें से, भरत सबसे बड़े थे, जो नारायण को समर्पित थे, जिनके नाम से यह उत्कृष्ट भूमि भारत के नाम से जानी जाती है।"

इससे पता चलता है कि यह शूद्र सुदास किस वंश के राजा थे।

अगली बात यह पता लगाने की है कि क्या सुदास आर्य थे। भरत निस्सन्देह आर्य थे और इसलिए सुदास आर्य ही रहे होंगे। यदि ऋग्वेद का संदर्भ दिया गया है, viil18.7, आर्यों के लिए तृत्सु के साथ यह संबंध उनके आर्य मूल के होने पर कुछ संदेह उत्पन्न करता है। यह श्लोक कहता है कि इंद्र ने आर्यों की गायों को तृत्सुओं से बचाया और तृत्सुओं को मार डाला, जिससे यह पता चलता है कि तृत्सु आर्यों के दुश्मन थे। तृत्सुओं को आर्येतर के रूप में दिखाए जाने से ग्रिफिथ बहुत परेशान हैं, जो छंद के शाब्दिक अनुवाद का परिणाम है, और इससे बचने के लिए उन्होंने गायों का अर्थ श्सहयोगीश लिया है।[29] यह निश्चित रूप से अनावश्यक है यदि कोई यह ध्यान में रखता है कि ऋग्वेद में दो प्रकार के आर्यों की कहानी है, शायद वे नस्ल या धर्म में भिन्न हों, यह कहना मुश्किल है। इस तथ्य के प्रकाश में की गई, श्लोक की व्याख्या का अर्थ यह है कि जिस समय यह लिखा गया था उस समय त्रित्सु धर्म से आर्य नहीं बने थे। इसका अर्थ यह नहीं है कि वे जाति से आर्य नहीं थे। इसलिए यह निर्विवाद है कि सुदास को चाहे भरतवंशी रूप में लिया जाए या त्रित्सुओं के रूप में, वह एक आर्य था।

और अब अंतिम प्रश्न पर, वैसे यह किसी भी तरह कम (महत्व का) नहीं है। शूद्र क्या दर्शाता है? इस नई खोज के आलोक में कि सुदास शूद्र थे, अब यह शब्द पूरी तरह से अलग रोशनी में खड़ा है। पुराने विद्वानों के लिए, जिनके लिए यह शब्द केवल एक दास और आदिवासी वर्ग का नाम था, यह नई खोज एक आश्चर्य के रूप में आई होगी, जिसके लिए उनके पिछले शोध संभवतः उत्तर नहीं दे सकते। जहाँ तक मेरी बात है, मैं इससे बेहतर स्थिति में नहीं हूँ। कारण यह है कि वैदिक आर्यों के सामाजिक संगठन का अभी अध्ययन किया जाना बाकी है। हम आदिम समाजों के अध्ययन से जानते हैं कि वे समूहों में संगठित हैं और वे समूहों के रूप में कार्य करते हैं। समूह विभिन्न प्रकार के होते हैं। कहीं ये कुल, बिरादरी, द्विअंशक और जनजाति हैं। कुछ मामलों में, जनजाति प्राथमिक इकाई है, दूसरों में यह गोत्र है और अन्यों में बिरादरी। कुछ मामलों में जनजातियों को कुलों में उप-विभाजित किया जाता है। अन्य मामलों में कोई कुल नहीं हैं। यह एक एकल कुल रहित जनजाति है।

कुल, एक ही पूर्वज के वंशजों को आम वंश की भावना से एक साथ रखते हैं। कुल अक्सर आम सामाजिक और औपचारिक हितों के माध्यम से प्रमुख इकाइयों में जुड़ जाते हैं, जिन्हें भ्रातृ या कुलों का भाईचारा कहा जाता है। बिरादरी के भीतर का बंधन अपेक्षाकृत ढीला हो सकता है, अर्थात, वह बंधन अधिमान्य मित्रता की अनौपचारिक भावना से अधिक नहीं हो सकता है। बिरादरी, द्विअंशक बन सकता है जिसमें प्रत्येक कुल को दो प्रमुख इकाइयों में से एक के हिस्से के रूप में मान्यता दी जाती है। लेकिन द्विअंशक बिना किसी उप-विभाजन के हो सकते हैं, यानि पूरा खानदान दो गोत्रों से मिलकर बना हो सकता है। ये सभी संगठन चाहे वह एक गोत्र हो, एक बिरादरी हो, एक पंथ हो या एक जनजाति हो, सभी रिश्तेदारी के बंधन पर आधारित हैं। वैदिक आर्यों में निस्संदेह सामाजिक संगठन के कुछ ऐसे रूप थे। यह नामकरण से स्पष्ट है। जैसा कि प्रो. सेनार्ट ने बताया है:[30]

"वैदिक सूक्त बाहरी और सामाजिक जीवन के विवरण के संबंध में बहुत अनिश्चित हैं। हम उनसे कम से कम यह देखते हैं कि आर्य आबादी

कई कबीलों या छोटे-छोटे लोगों (जनों) में बंटी हुई थी, रिश्तेदारी के बंधनों से एकजुट होकर कुलों में विभाजित थी, जो बाद में परिवारों में विभाजित हो गए थे। ऋग्वेद की शब्दावली इस संबंध में कुछ दुविधापूर्ण है, लेकिन सामान्य तथ्य स्पष्ट है। सजात, जिसका अर्थ है, नस्ल का 'रिश्तेदार' या 'जाति में साथी', अथर्व-वेद में कबीले में साथी को निरूपित करने के लिए प्रतीत होता है, यानि जन, जो एक व्यापक महत्व रखता है, और कुल के समकक्ष अवेस्तिक की याद दिलाता है- जंतु, और जाति या जात। शब्दों की एक श्रृंखला, व्र, वृजन, व्रज, व्रत, कबीले या जनजातियों के पर्यायवाची या उपखंड प्रतीत होते हैं। तब आर्य आबादी उस युग में रहती थी, जिसका उल्लेख स्तोत्रों में किया गया है, जब वह एक संगठन के शासन के तहत रहती थी जिसपर जनजाति और निम्न या समान समूहों की परंपराओं का प्रभुत्व होता था। नामों की बहुत विविधता दर्शाती है कि यह संगठन कुछ अस्थिर था।"

वैसे, हमारे पास यह निर्धारित करने के लिए कोई जानकारी नहीं है कि इनमें से कौन सा गोत्र से मेल खाता है, कौन सा बिरादरी से और कौन सा कबीले से।[31] ऐसा होने के कारण, यह कहना मुश्किल है कि शूद्र एक गोत्र का नाम था, एक बिरादरी का या एक कबीले का। हालाँकि, प्रो. वेबर के दृष्टिकोण का उल्लेख करना रोचक है। वे शतपथ ब्राह्मण (i. 1.4.12) के अंश पर टिप्पणी करते हैं और यह कहते हैं कि यज्ञकर्ता को आगे बढ़ने के लिए जब आमंत्रित किया जाता है तो अलग-अलग विधि अपनायी जानी चाहिए। यदि वह ब्राह्मण है तो उसे 'आइए', क्षत्रिय है तो 'यहाँ चलें', वैश्य हो तो 'यहाँ चलो' और शूद्र हो तो श्इधर जाश कहकर यज्ञ करें। प्रो वेबर[32] कहते है:-

"संपूर्ण परिच्छेद का बहुत महत्व है, जैसा कि यह दर्शाता है (रोथ इस जर्नल के पहले खंड, पृष्ठ.83 में जो कहते हैं, उसके विपरीत) कि शूद्रों को उस समय आर्यों के पवित्र यज्ञों में शामिल किया जाता था, और वे उनके भाषण को समझते थे, भले ही वे इसे न बोलते हों। बाद के बिंदु को निश्चित रूप से एक आवश्यक परिणाम के रूप में नहीं माना जा सकता

है, लेकिन यह अत्यधिक संभावित है और इसके परिणामस्वरूप मैं उन लोगों के विचार को पसंद करता हूँ जो शूद्रों को एक आर्य जनजाति के रूप में मानते हैं जो दूसरों से पहले भारत में आ गए थे।

उनका यह निष्कर्ष कि शूद्र आर्य थे, हमारे विश्वास को पक्का कर देता है। संदेह का एकमात्र बिंदु यह है कि क्या शूद्र एक जनजाति थे। वे आर्य और क्षत्रिय थे, यह संदेह से परे है।

ग्रंथ-सूची

1. सुकथांकर मेमोरियल एडिशन, खण्ड-I में उद्धृत। पीपी. 43-44.
2. सुकथांकर मेमोरियल एडिशन, खण्ड-I में उद्धृत। पी. 131.
3. सुकथंकर, ऑप। सीआईटी, पृ. 14.
4. पूर्वोक्त, पीपी. 9-42.
5. मैं भंडारकर ओरिएंटल रिसर्च इंस्टीट्यूट का आभारी हूँ कि उन्होंने मुझे उनके कोलेशन शीट का उपयोग करने की अनुमति दी।
   कोष्ठक में अक्षर संस्थान द्वारा पाण्डुलिपि को दिए गए इंडेक्स नंबर को दर्शाते हैं। एन या एस इंगित करते हैं कि पांडुलिपि उत्तर या दक्षिण से आती है या नहीं। K कुंभकोणम है।
6. सुकथंकर, खंड 1, पृ. 14.
7. लक्ष्मण सरूप, द निघंटु एंड निरुक्त, पीपी. 35-36.
8. विल्सन का ऋग्वेद, खण्ड-IV (पूना पुनर्मुद्रण), पृ. 146.
9. विल्सन्स विष्णु पुराण, पीपी. 377-380.
10. विल्सन्स विष्णु पुराण, पीपी. 447-456.
11. ऋग्वेद में इस सुदास की वंशावली के बारे में कुछ कठिनाई का अनुभव होता है, जिसे देववत की दिवोदास के रूप में पहचान करके दूर करने की कोशिश की जाती है। यह कठिनाई मुख्य रूप से 22, 23 और 25 के श्लोक के अलग-अलग ग्रंथों के कारण उत्पन्न हुई है, जिसे किसी ने ठीक से संग्रहित करने का कष्ट नहीं उठाया। चित्रव शास्त्री के ऋग्वेद के पूरे संस्करण में पिजावन है। सातवलेकर के पूरे संस्करण में पैजवन हैं। विल्सन के पास 22 और 23 में पैजवन और 25 में पिजवन है। विल्सन का पाठ सटीक प्रतीत होता है। यहाँ तक कि यास्क ने भी अपने निरुक्त में पैजवन नाम के अस्तित्व पर ध्यान दिया है और उसे वह समझाने का प्रयास करता है। यदि 25 में विल्सन के पाठ को सही मान लिया जाए तो कोई

कठिनाई उत्पन्न नहीं हो सकती। पिजवन तब दिवोदास का दूसरा नाम प्रतीत होगा और पैजवन सुदास का दूसरा नाम होगा।

12. म्योर, खण्ड-1, पृ. 366.
13. ऋग्वेद, VII, 83. 1.
14. ऋग्वेद, IX, 61. 2.
15. ऋग्वेद, VI, 61. 1; VII 19.8.
16. ऋग्वेद, I, 130. 7.
17. ऋग्वेद, I, 53. 10.
18. ऋग्वेद, X, 48
19. ऋग्वेद, I.53, 8; VI, 18.13
20. ऋग्वेद, I. 116. 18.
21. VII. 16.5.
22. ऋग्वेद, VII, 18. 13.
23. ऋग्वेद, 1. 112. 19.
24. मार्टिन हाग, वॉल्यूम। द्वितीय, पी पी। 523-524।
25. राजा ने अपने याचक को सारी पृथ्वी देने का वचन दिया था।
26. यह सूची चित्रव शास्त्री के प्राचीन चरित्र कोष, पृष्ठ 624 से ली गई है। इस बात पर एकमत नहीं है कि सभी नाम राजाओं के हैं। सायणाचार्य कहते हैं कि 13-16 पुरोहितों के नाम हैं। 27-29 को लेकर भी संशय है।
27. सुदास का नाम ऋग्वेद में 27 स्थानों पर आता है। इससे पता चलता है कि वैदिक लोग उन्हें कितना महान नायक मानते रहे होंगे।
28. महाभारत उपसंहार में वैद्य द्वारा उद्धृत, पृ. 200.
29. उनका अनुवाद है "येट टू द त्रित्सुज कम द आर्यन्स कॉमरेड, थ्रू लव ऑफ स्पॉयल एंड हीरोज वॉर टू लीड देम"
30. 'कास्ट्स इन इंडिया', बाय एमिल सेनार्ट पृ. 192.
31. जिसे हम आर्य जनजातियाँ कहते हैं, उनके बदलते गठजोड़ को देखते हुए एक भ्रातृभाव प्रतीत होता है।
32. म्योर. खंड 1. पृ. 366.

अध्याय - 8

वर्णों की संख्या, तीन या चार

I

इंडो-आर्यन समाज में शुरू से ही चार वर्ण थे, यह एक ऐसा विचार है जिसे हिंदुओं के सभी वर्गों और यूरोपीय विद्वानों द्वारा भी सार्वभौमिक रूप से स्वीकार किया जाता है। यदि पूर्व अध्याय में दी गई थीसिस, अर्थात् शूद्र क्षत्रिय थे, को स्वीकार किया जाए, तो यह निष्कर्ष निकलता है कि यह सिद्धांत गलत है और यह कि एक समय था जब इंडो-आर्यन समाज में केवल तीन वर्ण थे, अर्थात, ब्राह्मण, क्षत्रिय और वैश्य। इस प्रकार, यह थीसिस, हालाँकि एक समस्या को हल करती है, परंतु एक और को पैदा करती है। कोई और इस समस्या के महत्व को देखे या नहीं, मैं देखता हूँ। दरअसल, मैं इस तथ्य से अवगत हूँ कि जब तक मैं यह साबित करने में सफल नहीं हो जाता कि मूल रूप से केवल तीन वर्ण थे, तब तक मेरा यह तर्क कि शूद्र क्षत्रिय थे, संदेह की छाया से परे साबित नहीं हो सकता।

हालांकि यह दुर्भाग्यपूर्ण है कि मैं एक ऐसी थीसिस पर पहुँच गया हूँ, जो समस्या को हल करने की बजाए, एक और पैदा करती है, पर मैं भाग्यशाली हूँ कि मेरे पास यह दिखाने के लिए मजबूत और ठोस सबूत हैं कि भारतीय-आर्यों में मूल रूप से केवल तीन वर्ण थे। साक्ष्य का पहला हिस्सा जिस पर मैं भरोसा करता हूँ वह स्वयं ऋग्वेद का है। कुछ विद्वान हैं जो मानते हैं कि ऋग्वेद के युग में वर्ण व्यवस्था मौजूद नहीं थी। यह कथन इस दृष्टिकोण पर आधारित है कि पुरुष सूक्त एक प्रक्षेप है जो ऋग्वेद की समाप्ति के काफी समय बाद लिखा गया। यह स्वीकार करते

हुए भी कि पुरुष सूक्त बाद का प्रक्षेप हो सकता है, इस कथन को स्वीकार करना संभव नहीं है कि वर्ण व्यवस्था ऋग्वेद के समय में अस्तित्व में नहीं थी।

ऐसी मान्यता ऋग्वेद के पाठ के साथ खुले विरोध में है। क्योंकि ऋग्वेद में पुरुष सूक्त के अलावा ब्राह्मणों, क्षत्रियों और वैश्यों का एक बार नहीं बल्कि कई बार उल्लेख मिलता है। ब्राह्मणों को पंद्रह बार, क्षत्रियों को नौ बार एक अलग वर्ण के रूप में वर्णित किया गया है। महत्वपूर्ण बात यह है कि ऋग्वेद में शूद्र को एक अलग वर्ण के रूप में वर्णित नहीं किया गया है। यदि शूद्र एक अलग वर्ण थे तो कोई कारण नहीं है कि ऋग्वेद में उनका उल्लेख क्यों नहीं किया जाना चाहिए था। ऋग्वेद से निकाला जाने वाला सही निष्कर्ष यह नहीं है कि वर्ण व्यवस्था मौजूद नहीं थी, बल्कि यह कि केवल तीन वर्ण थे और शूद्रों को एक चौथा और एक अलग वर्ण नहीं माना जाता था।

साक्ष्य का दूसरा हिस्सा जिस पर मैं भरोसा करता हूँ, वह दो ब्राह्मणों, शतपथ और तैत्तिरीय की गवाही है। दोनों ही केवल तीन वर्णों के निर्माण की बात करते हैं। वे शूद्रों को अलग से बनाने की बात नहीं करते।

शतपथ ब्राह्मण कहता है:[1]

II. 1.4.11.- "(उच्चारण), 'भुः', प्रजापति ने इस पृथ्वी को उत्पन्न किया। (उच्चारण) 'भुवः' उसने वायु उत्पन्न की, और (उच्चारण) 'स्वः' उसने आकाश उत्पन्न किया। यह ब्रह्मांड इन लोकों के साथ सह-व्यापक है। (अग्नि) समग्र के साथ रखा जाता है। 'भुः' कहकर प्रजापति ने ब्रह्म को उत्पन्न किया; 'भुवः' कहकर उन्होंने क्षत्र उत्पन्न किया; और 'स्वः' (कहते हुए), उन्होंने विश उत्पन्न किया। अग्नि पूरे के साथ रखी गई है। भुः (कहते हुए) प्रजापति ने स्वयं को उत्पन्न किया; 'भुवः' (कहकर), उन्होंने संतान उत्पन्न की: 'स्वः' कहकर उन्होंने पशुओं को उत्पन्न किया। यह संसार उतना ही है जितना स्वयं, संतान और पशु। (अग्नि) को पूरे के साथ रखा गया है।"

तैत्तिरीय ब्राह्मण कहता है:[2]

III. 12.9.2.– "यह संपूर्ण (ब्रह्मांड) ब्रह्मा द्वारा बनाया गया है। पुरुषों का कहना है कि वैश्य वर्ग की उत्पत्ति ऋक् छंदों से हुई है। वे कहते हैं कि यजुर्वेद वह गर्भ है जिससे क्षत्रिय का जन्म हुआ। सामवेद वह स्रोत है जिससे ब्राह्मण उत्पन्न हुए। यह शब्द पूर्वजों ने पूर्वजों को घोषित किया।"

यहाँ मेरा सबूत है। इसमें ऋग्वेद से एक अनुमान और दो ब्राह्मणों के दो कथन शामिल हैं जो अधिकार की दृष्टि से वेदों के समान हैं। क्योंकि दोनों श्रुतियाँ हैं और दोनों निश्चित और सटीक शब्दों में कहते हैं कि केवल तीन वर्ण थे। दोनों सहमत हैं कि शूद्रों ने कोई अलग और विशिष्ट वर्ण नहीं बनाया, चौथे वर्ण की तो बात ही छोड़ दें। इसलिए, मेरे इस तर्क के समर्थन में इससे बेहतर सबूत नहीं हो सकता कि मूल रूप से केवल तीन वर्ण थे और यह कि शूद्र केवल दूसरे वर्ण का हिस्सा थे।

II

ऐसा मेरा प्रमाण है। दूसरी ओर, निश्चित रूप से, ऋग्वेद के पुरुष सूक्त में ऐसे साक्ष्य निहित हैं, जो यह बताते हैं कि प्रारंभ से ही चार वर्ण थे। अब प्रश्न यह है कि दोनों में से किसे सही माना जाए? इस प्रश्न का निर्णय कैसे किया जाए? यह मीमांसा के नियमों को लागू करके तय नहीं किया जा सकता है। यदि हमने इसे लागू किया, तो हमें यह स्वीकार करना होगा कि दोनों कथन, एक पुरुष सूक्त में कि चार वर्ण थे और दूसरा ब्राह्मणों में यह कथन कि तीन वर्ण थे, सत्य हैं। यह एक बेतुकी स्थिति है। हमें इस मामले को ऐतिहासिक आलोचना के सिद्धांत, जैसे समय के क्रम और आंतरिक आलोचना, आदि के प्रकाश में तय करना चाहिए। मुख्य प्रश्न यह है कि क्या पुरुष सूक्त मूल ऋग्वेद में बाद की रचना है। शेष ऋग्वेद की भाषा की तुलना में सूक्त की भाषा के आधार पर इस प्रश्न का समाधान किया गया है। सभी विद्वानों का मत है कि यह बाद में निर्मित हुई है। कोलब्रूक यही कहता है:[3]

"वह उल्लेखनीय छंद (पुरुष सूक्त) भाषा, छंद और शैली में बाकी प्रार्थनाओं से बहुत अलग है जिसके साथ यह जुड़ा हुआ है। निश्चित ही

इसका एक अधिक आधुनिक स्वर है; और इसकी रचना संस्कृत भाषा के परिष्कृत होने तथा इसके व्याकरण और लय के पूर्ण होने के बाद की गई होगी। जो आंतरिक साक्ष्य यह प्रस्तुत करता है वह इस महत्वपूर्ण तथ्य को प्रदर्शित करता है कि वेदों का संकलन, उनकी वर्तमान व्यवस्था में, अपनी परिष्कृत और सुरीली भाषा में, जिसमें पौराणिक कविताएँ, पवित्र और अनगढ़ (पुराण और काव्य) लिखी गई, संस्कृत भाषा के उस देहाती और अनियमित बोली से विकसित होने के बाद हुआ जिसमें वेदों के छन्दों और प्रार्थनाओं की राशि रचित की गई थी।"

प्रो. मैक्स मुलर की राय में:[4]

"इसमें जरा भी संदेह नहीं हो सकता, उदाहरण के लिए, कि 10वीं पुस्तक का 90वाँ छंद ... अपने चरित्र और अपने उच्चारण दोनों में आधुनिक है। यह यज्ञ संबंधी अनुष्ठानों के संकेतों से भरा है, यह तकनीकी रूप से दार्शनिक शब्दों का उपयोग करता है, इसमें वसंत, ग्रीष्म, और शरद ऋतु के क्रम में तीन ऋतुओं का उल्लेख है; इसमें ऋग्वेद का वह एकमात्र परिच्छेद है जहाँ चार जातियों की गणना की गई है। इस रचना के आधुनिक होने के भाषाई प्रमाण भी उतने ही प्रबल हैं। उदाहरण के लिए ग्रीष्म, गर्म मौसम के लिए नाम, ऋग्वेद के किसी अन्य छंद में नहीं पाया जाता है; और वसंत भी, यानि वसंत ऋतु का नाम, वैदिक कवियों की प्रारंभिक शब्दावली से संबंधित नहीं हैं। यह एक बार फिर ऋग्वेद (x.161.4) में आता है, एक ऐसे वर्णन में जहाँ तीन ऋतुओं का उल्लेख इस क्रम में किया गया है; शरद, हेमंत और वसंत।"

प्रो वेबर कहते हैं:[5]

"यह कि पुरुष सूक्त, जिसे ऋग्वेद के एक छंद के रूप में माना जाता है, उस संग्रह के नवीनतम भागों में से है, इसकी सामग्री से स्पष्ट रूप से पता चलता है। यह तथ्य कि साम संहिता ने इससे कोई श्लोक नहीं लिया है, महत्वहीन नहीं है (तुलना करें कि मैंने अपने अकादमिक पूर्वकथन में क्या टिप्पणी की है)। वास्तव में ऐसा प्रतीत होता है कि नैगेय स्कूल ने

(हालांकि यह निश्चित नहीं है) पहली अर्चिका के सातवें प्रपाठक में पहले पाँच छंद निकाले हैं, जो इसके लिए विशिष्ट है।"

III

यह तो हुआ तर्क का एक मार्ग। तर्क का एक और मार्ग भी है जो हमें यह निर्धारित करने में भी मदद करता है कि क्या पुरुष सूक्त पहले की रचना है या बाद की। इसके लिए यह पता लगाना आवश्यक है कि वेदों की कितनी संहिताओं ने पुरुष सूक्त को अपनाया है। विभिन्न वेदों और संहिताओं की जाँच करने पर स्थिति इस प्रकार है:

साम वेद पुरुष सूक्त से केवल 5 छंद प्रस्तुत करता है। जहाँ तक श्वेत यजुर्वेद का संबंध है, वाजसनेयी संहिता में इसे शामिल किया गया है, लेकिन दोनों के बीच बहुत बड़ा अंतर है। पुरुष सूक्त में,जैसा कि यह ऋग्वेद में मिलता है, केवल 16 छंद हैं। लेकिन वाजसनेयी संहिता के पुरुष सूक्त में 22 श्लोक हैं। कृष्ण यजुर्वेद की वर्तमान में तीन संहिताएँ उपलब्ध हैं। लेकिन तीनों संहिताओं में से कोई भी, तैत्तिरीय, कठ और मैत्रायणी, पुरुष सूक्त को कोई स्थान नहीं देतीं। अथर्ववेद एकमात्र वेद है जिसमें ऋग्वेद के पुरुष सूक्त को कमोबेश सटीक उद्धृत किया गया है।

पुरुष सूक्त का पाठ, जैसा कि विभिन्न वेदों में आता है, एक समान नहीं है। वाजसनेयी संहिता के छह अतिरिक्त छंद इसमें विशेष हैं और उन पाठों में नहीं पाए जाते जो ऋग्वेद, साम वेद या अथर्ववेद में उपलब्ध हैं। एक और अंतर है जो छंद 16 से संबंधित है। ऋग्वेद का 16वाँ छंद न तो अथर्ववेद में पाया जाता है और न ही सामवेद में और न ही यजुर्वेद में। इसी तरह, अथर्ववेद का 16वां छंद न तो ऋग्वेद में पाया जाता है और न ही यजुर्वेद में।

वे पंद्रह श्लोक, जो तीनों वेदों में समान हैं, उनके पाठ एक जैसे नहीं हैं। न ही तीनों वेदों में उन छंदों का क्रम वैसा ही है जैसा कि निम्न तालिका से देखा जा सकता है:

यजुर्वेद	ऋग्वेद	सामवेद	अथर्ववेद
1	1	3	1
2	2	5	4
3	3	6	3
4	4	4	2
5	5	7	9
6	8	*	10
7	9	*	11
8	10	*	14
9	7	*	13
10	11	*	12
11	12	*	5
12	13	*	6
13	14	*	7
14	6	*	8
15	15	*	15
16†	16	*	16†
17	*	*	*
18	*	*	*
19	*	*	*
20	*	*	*
21	*	*	*
22	*	*	*

प्रश्न यह है कि यदि पुरुष सूक्त किसी प्राचीन परंपरा द्वारा अनुमोदित, कोई प्राचीन पवित्र पाठ होता, तो क्या अन्य वेद इसके साथ ऐसी स्वतंत्रता ले सकते थे? क्या वे इसे बदल सकते थे और इसमें काटछाँट कर सकते थे जैसा उन्होंने किया है?

विभिन्न वेदों के मंत्रों में पुरुष सूक्त का स्थान भी बहुत महत्वपूर्ण है। ऋग्वेद में यह मिले-जुले वाले भाग में आता है और अथर्ववेद में उस भाग में आता है जिसे पूरक भाग के रूप में जाना जाता है। यदि यह ऋग्वेद की प्राचीनतम रचना थी, तो इसे इतने महत्वहीन स्थान पर क्यों रखा जाना चाहिए था

ये बिंदु क्या सुझाव देते हैं? वे सुझाव देते हैं कि:

(1) यदि पुरुष सूक्त को कृष्ण यजुर्वेद की तैत्तिरीय, कथक और मैत्रायणी संहिताओं में शामिल नहीं किया गया था, तो इसका मतलब है,

कि कृष्ण यजुर्वेद की तैत्तिरीय संहिता, कथक संहिता, मैत्रायणी संहिता के बाद पुरुष सूक्त को ऋग्वेद में जोड़ा गया था।

(2) इसे वेदों के विविध और पूरक भागों में रखा जाना, यह दर्शाता है कि इसकी रचना बाद के चरण में की गई थी।

(3) अलग-अलग संहिताओं के लेखकों ने इन छंदों को जोड़ने, छोड़ने और लिखने में जो स्वतंत्रता बरती, उससे पता चलता है कि वे इसे एक प्राचीन छंद के रूप में नहीं मानते थे, जिसे वे इसके सटीक मूल रूप में पुनः प्रस्तुत करने के लिए बाध्य होते।

ये बिंदु प्रो. मैक्स मूलर और अन्य लोगों के विचारों के समर्थन में काफी हद तक पुष्टिकारक साक्ष्य प्रस्तुत करते हैं कि पुरुष सूक्त एक बाद का प्रक्षेप है।

IV

पुरुष सूक्त में छंदों के रूप में अंतर भी बहुत उल्लेखनीय है। जो कोई भी पुरुष सूक्त को पढ़ता है, वह पाता है कि इन दो श्लोकों, 11 और 12 को छोड़कर, यह संपूर्णतया वर्णनात्मक रूप में है। लेकिन ये दो श्लोक जो चारों वर्णों की उत्पत्ति का वर्णन करते हैं, प्रश्नोत्तर के रूप में हैं। प्रश्न यह है कि इन श्लोकों को कथा रूप को छोड़कर प्रश्न रूप में क्यों प्रस्तुत किया जाना चाहिये था? इसका एकमात्र स्पष्टीकरण यह है कि लेखक एक नई बात और एक स्पष्ट तरीके से पेश करना चाहता था। इसका मतलब यह है कि न केवल पुरुष सूक्त ऋग्वेद में बाद में जोड़ा गया है, बल्कि ये विशेष छंद पुरुष सूक्त से भी बहुत बाद में आए हैं।

कुछ आलोचकों का तो यहाँ तक कहना है कि पुरुष सूक्त ब्राह्मणों द्वारा श्रेष्ठता के अपने दावे को मजबूत करने के लिए की गई एक जालसाजी है। पुरोहितों को कई जालसाजियाँ करने के लिए जाना जाता है। कॉन्सटैंटिन और छद्म-इसिडोर डिक्रेटल्स द्वारा दिये गए दान पोप के इतिहास में प्रसिद्ध जालसाजियाँ हैं। भारत के ब्राह्मण ऐसी साजिशों से अछूते नहीं थे। उन्होंने विधवाओं को जलाने के लिए ऋग्वेद से समर्थन लेने के उद्देश्य से मूल शब्द 'अग्रे' को 'अग्ने' में कैसे बदल दिया, यह

प्रोफेसर मैक्स मुलर जैसे अधिकारी विद्वान द्वारा इंगित किया गया है। यह सर्वविदित है कि कैसे ईस्ट इंडिया कंपनी के समय में एक वादी के मामले का समर्थन करने के लिए एक पूरी स्मृति गढ़ी गई थी। इसलिए, अगर ब्राह्मणों ने ऐसा किया तो इसमें कोई आश्चर्य की बात नहीं कि चातुर्वर्ण्य की प्रणाली को वेद की मंजूरी देने की दृष्टि से, चौथे वर्ण के अस्तित्व में आने के लंबे समय पश्चात्, किसी बाद के चरण में, यदि पूरे पुरुष सूक्त की नहीं तो कम से कम इसके दो श्लोक 11 और 12 की रचना की गई होगी।

V

क्या पुरुष सूक्त ब्राह्मणों से भी पहले का है? यह प्रश्न भिन्न और पहले से अलग प्रकार का है। यह हो सकता है कि पुरुष सूक्त ऋग्वेद के बाद के भाग से संबंधित हो। फिर भी, यदि ऋग्वेद समग्र रूप से ब्राह्मणों से पहले का है, तो पुरुष सूक्त भी ब्राह्मणों से पहले का होगा। इसलिए, प्रश्न पर अलग से विचार करने की आवश्यकता है।

प्रो. मैक्स मुलर का मत है कि वैदिक साहित्य के विकास क्रम में पहले वेद, फिर ब्राह्मण और उसके बाद सूत्र थे। यदि इस प्रस्ताव को अपनाया जाय, तो इसका अर्थ यह होगा कि पुरुष सूक्त ब्राह्मणों से पहले का होना चाहिए। प्रश्न है: क्या प्रोफेसर मैक्स मुलर के प्रस्ताव को पूर्ण रूप से स्वीकार किया जा सकता है? यदि इसे पूर्ण रूप से स्वीकार किया जाता है, तो प्रस्ताव से दो निष्कर्ष निकलेंगे:

(1) कि ऋग्वेद के समय में चार वर्ण थे और शतपथ ब्राह्मण के समय वे तीन हो गए; या

(2) कि परंपरा पूरी तरह से शतपथ ब्राह्मण में दर्ज नहीं है।

यह स्पष्ट है कि ये दोनों ही निष्कर्ष बेतुके हैं और इन्हें खारिज किया जाना चाहिए। पहला तो एकदम ही बेतुका है। दूसरा अस्वीकार्य है क्योंकि दोनों ब्राह्मणों द्वारा दिया गया वर्णों के विकास का सिद्धांत पुरुष सूक्त में निर्धारित सिद्धांत से अलग है और अपने आप में पूर्ण है। यदि मैक्स मूलर के प्रस्ताव को निरपेक्ष माना जाए तो परिणाम बेतुका होना अनिवार्य है। प्रस्ताव को पूर्ण नहीं माना जा सकता है कि जब तक सभी संहिताएं

अस्तित्व में नहीं आ गई, तब तक किसी भी ब्राह्मण की रचना नहीं की गई। दूसरी ओर, यह बहुत संभव है जैसा कि प्रोफेसर बेलवलकर और रानाडे ने बताया है कि इनमें से अधिकांश रचनाएँ मिश्रित और समकालिक हैं और इसलिए, वेदों का एक भाग दूसरे भाग से पहले का हो सकता है और ब्राह्मणों का एक हिस्सा वेदों के कुछ हिस्सों से पहले का हो सकता है। यदि यह एक सही दृष्टिकोण है, तो यह मानने में स्वाभाविक रूप से असंभव कुछ भी नहीं है कि शतपथ ब्राह्मण और तैत्तिरीय ब्राह्मण के वे भाग, जो इस किंवदंती को दर्ज करते हैं कि एक समय में केवल तीन वर्ण थे, ऋग्वेद के पुरुष सूक्त से पहले के हैं।

पुरुष सूक्त की इस समीक्षा से क्या निष्कर्ष निकलता है? केवल एक निष्कर्ष है, कि यह सूक्त ऋग्वेद में बाद के चरण में जोड़ा गया है और इसलिए, यह इसकी कोई दलील नहीं है कि आर्य समाज की शुरुआत से ही चार वर्ण थे।

ऊपर दिए गए कारणों से, यह देखा जा सकता है कि शूद्रों की उत्पत्ति के बारे में मेरी थीसिस ऐसी कोई समस्या पैदा नहीं करती, जैसा कि इस अध्याय की शुरुआत में उल्लेख किया गया है। यदि यह कोई समस्या पैदा करती प्रतीत होती है, तो यह इस धारणा के कारण कि पुरुष सूक्त जो कुछ कहना चाहता है उसका यह एक प्रामाणिक और वास्तविक दस्तावेज है। वह धारणा अब बिल्कुल निराधार साबित हो चुकी है। इसलिए, मुझे यह निष्कर्ष निकालने में कोई कठिनाई नहीं दिखती कि एक समय था जब आर्य समाज में केवल तीन वर्ण थे और शूद्र दूसरे या क्षत्रिय वर्ण के थे।

ग्रंथ-सूची

1. म्योर, खंड-1, पृ. 17.
2. म्योर द्वारा उद्धृत, खण्ड-1, पृ. 17.
3. म्योर, खंड-1, पृ. 13 पर उद्धृत
4. उक्त, खंड-1, पृ. 13.
5. म्योर द्वारा उद्धृत, खण्ड-1, पृ. 14.
6. अर्थात् ये ऋचाएँ नहीं मिलतीं।
7. इसका मतलब है कि वे एक जैसी नहीं हैं।

अध्याय 9

ब्राह्मण बनाम शूद्र

यह थीसिस कि शूद्र क्षत्रिय थे और यह कि वे चौथे वर्ण इसलिए बन गए क्योंकि उन्हें उस स्थिति में गिरा दिया गया था, समस्या का पूरी तरह से समाधान नहीं करता है। यह एक और समस्या ही उठाता है। समस्या यह है कि शूद्रों का पतन क्यों हुआ?

समस्या नई है। इसे पहले कभी नहीं उठाया गया है। इसलिए, इस विषय पर वर्तमान साहित्य में एक भी उत्तर होने की आशा नहीं की जा सकती है। यह प्रश्न पहली बार मेरे द्वारा उठाया गया है। चूंकि यह एक ऐसा प्रश्न है जिस पर शूद्रों के बारे में मेरा सिद्धांत टिका है, इसका संतोषजनक उत्तर देने का भार मुझ पर होना चाहिए। मुझे विश्वास है, मैं इस प्रश्न का संतोषजनक उत्तर दे सकता हूँ। मेरा उत्तर है कि शूद्रों का पतन शूद्रों और ब्राह्मणों के हिंसक संघर्ष का परिणाम है। मेरे लिए सौभाग्य से, इसके प्रचुर प्रमाण हैं।

I

शूद्र राजा, सुदास और ब्राह्मण ऋषि वशिष्ठ के बीच हिंसक संघर्ष का प्रत्यक्ष प्रमाण है। हालांकि इस संघर्ष से संबंधित तथ्यों को बहुत ही भ्रमित तरीके से बताया गया है। आगे के वर्णन में, मैंने उन्हें एक साफ और व्यवस्थित तरीके से बताने का प्रयास किया है।

संघर्ष की प्रकृति को समझने के लिए सबसे पहले वसिष्ठ और विश्वामित्र के संबंधों को समझना आवश्यक है।

वसिष्ठ और विश्वामित्र शत्रु थे। वे आरंभ से लेकर अंत तक शत्रु ही रहे। ऐसी कोई घटना नहीं थी जिसमें एक पक्ष स्वयं को दूसरे के प्रतिद्वंद्वी के रूप में नहीं पाता था। उनकी शत्रुता के प्रमाण के रूप में, मैं कुछ प्रसंगों का उल्लेख करूँगा। पहला सत्यव्रत का है जिसे अन्यथा त्रिशंकु कहा जाता है।

जैसा कि हरिवंश[1] की कहानी में कहा गया है:

"इस बीच वसिष्ठ ने, राजा (सत्यव्रत के पिता) और स्वयं के बीच के संबंध से, शिष्य और आध्यात्मिक गुरु के रूप में, अयोध्या शहर, देश और शाही महल के अंतः पुर पर शासन किया। लेकिन, चाहे पूरी तरह से मूर्खता हो या भाग्य के बल से, सत्यव्रत ने वसिष्ठ के विरुद्ध लगातार एक आक्रोश को पाला हुआ था, जिसने (उचित) कारण से अपने पिता द्वारा शाही सत्ता से अपने बहिष्कार को रोकने के लिए हस्तक्षेप नहीं किया था। सत्यव्रत ने कहा, 'विवाह समारोह के सूत्र केवल बाध्यकारी हैं,' जब सातवां कदम उठाया गया और जब मैंने कन्या (के हाथ)को पकड़ा था यह तब नहीं किया गया था; अभी भी वसिष्ठ, जो कानून के नियमों को जानते हैं, मेरी सहायता के लिए नहीं आ रहे। 'इस प्रकार सत्यव्रत के मन में वशिष्ठ के प्रति क्रोध था, जिन्होंने हालांकि न्यायपूर्ण भाव से काम किया था।इतना ही नहीं सत्यव्रत ने अपने पिता द्वारा उस पर थोपी गई मौन तपस्या के (औचित्य को) भी नहीं समझा ... जब उन्होंने इस कठिन संस्कार का समर्थन किया, (उन्होंने माना कि) उन्होंने अपने परिवार की स्थिति को भुनाया है। हालाँकि, आदरणीय मुनि वशिष्ठ ने, (जैसा कि कहा गया है), उसके पिता को उसे अलग करने से नहीं रोका, लेकिन उसके बेटे को राजा के रूप में स्थापित करने का संकल्प लिया। जब शक्तिशाली राजकुमार सत्यव्रत ने बारह वर्षों तक तपस्या की, जब उसके पास खाने के लिए मांस नहीं था, तो उसने वसिष्ठ की दुधारू गाय देखी जिसने सभी इच्छाओं की पूर्ति की, तब क्रोध, भ्रम और थकावट के प्रभाव में, भूख से व्यथित, और दस कर्तव्यों में विफल होने के कारण उसने उसकी हत्या कर दी ... और स्वयं उसका मांस खाया, और विश्वामित्र के पुत्रों को खाने के लिए दिया। यह सुनकर वसिष्ठ उस पर क्रोधित हो गए और उस पर त्रिशंकु का नाम

आरोपित कर दिया क्योंकि उसने तीन पाप किए थे। अपने घर लौटने पर, विश्वामित्र अपनी पत्नी को मिले समर्थन से संतुष्ट[2] हुए और उन्होंने त्रिशंकु को एक वरदान का प्रस्ताव दिया। जब यह प्रस्ताव किया गया, तो त्रिशंकु ने सशरीर स्वर्ग जाने का अपना वरदान चुना। बारह वर्षों के अकाल की आशंकाएं अब समाप्त होने को थीं, मुनि (विश्वामित्र) ने त्रिशंकु को अपने पिता की राजगद्दी पर बिठाया और उसकी ओर से यज्ञ किया। तब शक्तिशाली विश्वामित्र ने देवताओं और वसिष्ठ के प्रतिरोध के बावजूद राजा को जीवित स्वर्ग का उच्चपद प्राप्त करवाया ।

अगला एक प्रसंग है जिसमें वे विपरीत दिशा में दिखाई देते हैं, वह त्रिशंकु के पुत्र हरिश्चंद्र का है। कहानी विष्णु पुराण और मार्कंडेय पुराण में बताई गई है।

निम्नलिखित कारण से[3] यह कहानी चली आ रही है:

"एक अवसर पर, शिकार करते समय, राजा ने स्त्री विलाप की आवाज सुनी, जो बढ़ती जा रही थी। ऐसा प्रतीत होता है, उन विद्याओं से जिनमें तपस्वी ऋषि विश्वामित्र द्वारा दक्षता प्राप्त की जा रही थीं, एक तरह से वे पहले कभी किसी के द्वारा (सिद्ध) नहीं की गई थी; उसके फलस्वरूप वे उनकी श्रेष्ठता से अभिभूत होकर चिल्ला रही थीं। कमजोरों की रक्षा के लिए एक क्षत्रिय के रूप में अपने कर्तव्य की पूर्ति के लिए, और भगवान गणेश से प्रेरित होकर, जिन्होंने उनमें प्रवेश किया था, हरिश्चंद्र ने कहा, 'यह कौन सा पापी है जो अपने वस्त्र के हेम में आग बांध रहा है, जबकि मैं उसका स्वामी, बल और उग्र शक्ति के साथ देदीप्यमान यहाँ अवस्थित हूँ? वह आज अपनी चिर निद्रा में प्रवेश करेगा, बाणों द्वारा उसके सभी अंगों को छेद दिया जाएगा, जो मेरे धनुष से निकलकर आकाश के सभी दिशाओं को प्रकाशित करते हैं।' इस संबोधन से विश्वामित्र को गुस्सा आया। उनके क्रोध के परिणामस्वरूप विद्याएं तुरंत नष्ट हो गयीं।, और हरिश्चंद्र ने, एक अश्वत्थ वृक्ष के पत्ते की तरह कांपते हुए, विनम्रतापूर्वक कहा कि उन्होंने केवल एक राजा के रूप में अपना कर्तव्य निभाया था, जिसे उन्होंने प्रतिष्ठित ब्राह्मणों और अन्य लोगों को दान

देने और दुबले-पतले लोग अर्थात डरपोक की रक्षा और शत्रुओं से युद्ध करने के रूप में परिभाषित किया था। विश्वामित्र इसके बदले में एक ब्राह्मण के रूप में उनसे दान मांगते हंस राजा कहते हैं, उन्हें जो कुछ भी मांगना हो मांग सकते हैं, उन्हें प्रदान किया जाएगा : सोना, उसका अपना पुत्र, पत्नी, शरीर, जीवन, राज्य, सौभाग्य सबकुछ। ऋषि सबसे पहले राजसूय यज्ञ के लिए उपहार मांगते है और फिर वचन दिए जाने पर और इससे भी अधिक भेंट देने का प्रस्ताव रखने पर वह पूरी पृथ्वी के साम्राज्य की माँग करते हैं, जिसमें सब कुछ शामिल है, लेकिन स्वयं हरिश्चंद्र, उनकी पत्नी, उनका पुत्र, और उनके गुणों को छोड़कर जो उनके स्वामी जहाँ भी जाएं उनका अनुसरण करते हैं। हरिश्चंद्र प्रसन्नतापूर्वक सहमत हो जाते हैं। तब विश्वामित्र ने उनसे अपने सभी आभूषणों को उतारने, पेड़ों की छाल में स्वयं को लपेटने और अपनी पत्नी शैव्या और अपने बेटे के साथ राज्य छोड़ने के लिए कहते हैं। जब वे जा रहे होते हैं, तो ऋषि उन्हें रोकते हैं और अपने अभी तक अवैतनिक यज्ञ शुल्क के भुगतान की मांग करते हैं। राजा उत्तर देते हैं कि उसके पास केवल उनकी पत्नी, उनके बेटे और स्वयं वे, बस इतने लोग बचे हैं। विश्वामित्र जोर देकर कहते हैं कि उन्हें फिर भी भुगतान करना होगा, ब्राह्मणों को दिए गए दान के अधूरे वचन विनाश लाते हैं। दुर्भाग्यशाली राजा, एक श्राप की धमकी के कारण, एक महीने में भुगतान करने की बात कहकर उसमें उसकी व्यवस्था में संलग्न हो जाते है; और अपनी प्रजा के सार्वभौमिक विलाप के बीच, इस प्रकार के श्रम के लिए अप्रयुक्त पत्नी के साथ अपनी यात्रा शुरू करते हैं। जब वह अपने राज्य को छोड़ने के विरुद्ध उनके स्नेहपूर्ण अनुनय-विनय को सुन रहे होते हैं, तब विश्वामित्र आते हैं, और इस देरी के लिए और राजा की स्पष्ट हिचकिचाहट से क्रुद्ध होकर, अपने कर्मचारियों को कहकर रानी को धक्का दिलवाते हैं, क्योंकि उसके पति उसे अपनी ओर खींच रहे थे। हरिश्चंद्र तब अपनी पत्नी और छोटे बेटे के साथ बनारस के लिए रवाना हुए, यह कल्पना करते हुए कि यह दिव्य शहर, शिव की विशेष संपत्ति के रूप में, किसी भी नश्वर के पास नहीं हो सकता। यहाँ उसने पाया कि विश्वामित्र अधीरता से उनकी प्रतीक्षा कर रहे थे, और अनुग्रह की पूरी

अवधि समाप्त होने से पहले ही, अपने यज्ञ के दान के भुगतान के लिए दबाब बना रहे थे। इस विकट घड़ी में, शैव्या रानी सिसकती हुई सुझाव देती है कि उसके पति उसे बेच दें। इस प्रस्ताव को सुनकर हरिश्चंद्र मूर्छित हो जाते हैं, फिर जब संभलते हैं, विलाप करते हैं और पुनः मूर्छित हो जाते हैं, और उनकी पत्नी भी उनकी दयनीय स्थिति को देखकर मूर्छित हो जाती हैं। जब वे बेहोशी की हालत में होते हैं तो उनका भूखा बच्चा कष्ट में चिल्लाता है, श्हे पिताजी, मुझे रोटी दो; ओ, माँ, माँ, मुझे भोजन दो; मुझे भूख लगी है और मेरी जीभ सूख गई है।

विश्वामित्र लौटते हैं, और हरिश्चंद्र को पानी छिड़क कर होश में लाने के बाद, फिर से वर्तमान का भुगतान करने का आग्रह करते हैं। राजा फिर से बेहोश हो जाता है, और फिर से ठीक हो जाता है। सूर्यास्त तक उसका वचन पूरा नहीं होने पर ऋषि ने उसे श्राप देने की धमकी दी। अब अपनी पत्नी द्वारा दबाव डाले जाने पर, राजा उसे बेचने के लिए सहमत हो गया, हालांकि, 'अगर मेरी आवाज कोई घृणास्पद शब्द का उच्चारण कर सकती है, तो मैं वह करता हूँ जो सबसे अमानवीय और नीच होगा वह भी ऐसा पापकर्म नहीं कर सकता।' वह फिर शहर में जाता है, और आत्म-आरोप लगाने वाली भाषा में अपनी रानी को गुलाम के रूप में बिक्री के लिए पेश करता है। एक अमीर बूढ़ा ब्राह्मण उसे अपने घर का काम करने के लिए, उसके अनुरूप मूल्य देकर खरीदने का प्रस्ताव रखता है। अपनी माँ को घसीट कर ले जाते देख बच्चा उसके पीछे भागने लगा, उसकी आँखें आँसुओं से धुँधली हो गई, और रोते हुए 'माँ-माँ' पुकारने लगा। उस ब्राह्मण ने उसे पास आता देख उसे धक्का दे दिया लेकिन उसने अपनी माँ को जाने नहीं दिया, और 'माँ, माँ' बोलकर रोता रहा। रानी ने तब ब्राह्मण से कहा, श्मेरे स्वामी, इतनी कृपा करें कि इस बच्चे को भी खरीद लें, क्योंकि उसके बिना मेरा क्रय आपके लिए व्यर्थ सिद्ध हो जाएगा। ऐसा करके मेरी दुर्दशा में मुझ पर दया करें, मुझे अपने पुत्र के साथ वैसे ही मिला दें जैसे एक गाय को अपने बछड़े से मिलाया हो।' ब्राह्मण सहमत हो जाता है : 'यह पैसा लो और मुझे वह लड़का दे दो।' जब ब्राह्मण खरीददारी करके चला गया, विश्वामित्र फिर से प्रकट हुए और अपनी मांगों को नवीनीकृत किया:

और जब पीड़ित हरिश्चंद्र ने उन्हें अपनी पत्नी और बेटे की बिक्री से प्राप्त छोटी राशि प्रस्तुत की, तो उन्होंने गुस्से में उत्तर दिया, हे दुखी क्षत्रिय! यदि आप इसे मेरी योग्यताओं के लिए एक यज्ञ की दक्षिणा मानते हैं तो आप जल्द ही मेरे उत्कृष्ट शक्ति और मेरे पवित्र अध्ययन की प्रबल तपस्या की पारलौकिक शक्ति को देखेंगे,' हरिश्चंद्र एक अतिरिक्त दक्षिणा का वचन देते हैं, और विश्वामित्र इसके परिसमापन के लिए दिन के शेष पहर की अनुमति देते हैं। इस क्रूर मांग को पूरा करने के साधनों को प्राप्त करने के लिए भयभीत और पीड़ित राजा ने खुद को बिक्री के लिए प्रस्तुत कर दिया।धर्म एक भयानक और आक्रामक चांडाल के रूप में प्रकट होता है, और उसे अपने मनमाने मूल्य पर खरीदने के लिए सहमत होता है, चाहे वह कम हो या अधिक। हरिश्चंद्र इस तरह के अपमानजनक उत्तरजीविता को अस्वीकार करते हैं, और घोषणा करते हैं कि वह इस तरह के भाग्य के अधीन होने के बजाय अपने उत्पीड़क के अभिशाप की आग से भस्म हो जाएंगे। हालाँकि, विश्वामित्र फिर से दृश्य में आते हैं, पूछते हैं कि वे चांडाल द्वारा दी गई बड़ी राशि को क्यों स्वीकार नहीं करते, और जब वे अपने सौर जाति के वंशज होने के कारण इसके लिए क्षमा याचना करते हैं, तो उसे स्वीकार न करने और अपना दायित्व पूरा न करने पर शाप की धमकी देते हैं। हरिश्चंद्र ने विनती की कि उसे इस अधोगति के चरम से बचाया जा सकता है।वे अपने ऋण के अवशेष के भुगतान में विश्वामित्र का दास बनने का प्रस्ताव रखते हैं; जिस पर ऋषि का प्रत्युत्तर होता है, श्यदि आप मेरे दास हैं, तो मैं आपको चांडाल को सौ करोड़ रुपये में बेच रहा हूँ।' चांडाल, प्रसन्न होकर पैसे का भुगतान करता है, और बंधनयुक्त,लूटे पिटे, भ्रमित और पीड़ित हरिश्चंद्र को अपने निवास स्थान पर ले जाता है। चांडाल हरिशचंद्र को कब्रिस्तान में कब्र के कपड़े चुराने के लिए भेजता है और कहता है कि वह अपने पारिश्रमिक के मूल्य का दो-छठा हिस्सा प्राप्त करेगा; तीन-छठा उसके स्वामी के पास जाएगा, और एक-छठा राजा के पास जाएगा। इस भयावह स्थान में, और इस अपमानजनक व्यवसाय में उन्होंने बारह महीने बड़े कष्ट में बिताए, जो उन्हें सौ साल के समान लग रहे थे। एकबार वह सो रहा था और सपनों की एक श्रृंखला में डूबा था

जो उस जीवन द्वारा दिखाई जा रही थी जिसका वह नेतृत्व कर रहा था। उसके जागने के बाद, उसकी पत्नी अपने बेटे का अंतिम संस्कार करने के लिए कब्रिस्तान आई, जो एक सर्प के काटने से मर गया था। पहले तो पति-पत्नी एक-दूसरे को पहचान नहीं पाए, क्योंकि उनके रूप-रंग में परिवर्तन उन दोनों के दुखों के कारण हुआ था। हालाँकि, हरिश्चंद्र को जल्द ही उसके विलाप के स्वर से पता चल गया कि यह उसकी पत्नी है, और बेहोश हो जाता है; वैसा ही रानी के साथ भी होता है जब वह अपने पति को पहचानती है।

जब होश आता है तो दोनों, पिता अपने पुत्र की हानि, और पत्नी, राजा की दुर्दशा की मार्मिक विवशता पर फूट फूट कर विलाप करने लगते हैं। फिर वह उसे गले लगाती है और पूछती है कि 'क्या यह सब एक सपना है, या वास्तविकता, क्योंकि वह बिल्कुल अचंभित है'; वह आगे कहती है कि "यदि यह एक वास्तविकता है, तो धार्मिकता उनके लिए अनुपयोगी है जो इसका अभ्यास करते हैं।" अपने मालिक की अनुमति के बिना अपने बेटे के अंतिम संस्कार के साथ स्वयं को भी मृत्यु को समर्पित करने में हिचकिचाहट के बाद सभी परिणामों का निडरता से सामना करने और आशा भरी संभावना के साथ स्वयं को सांत्वना देते हुए हरिश्चंद्र यह संकल्प लेते हैं, 'यदि मैंने दान दिए हैं और यज्ञकर्म किए हैं और अपने धर्मगुरुओं को संतुष्ट किया है, तो मैं अपने बेटे से और मेरी पत्नी से दूसरे लोक में फिर से मिल सकूँ।' रानी भी उसी प्रकार प्राण त्यागने का निर्णय लेती है। जब हरिश्चंद्र, अपने बेटे के शरीर को अंतिम संस्कार की चिता पर रखने के बाद, भगवान हरि नारायण कृष्ण, सर्वोच्च आत्मा का ध्यान कर रहे हैं, तब धर्म के नेतृत्व में सभी देवता विश्वामित्र के साथ आते हैं। धर्म राजा से आग्रह करता है कि वे इस प्रकार अधीर न हों; और इंद्र ने घोषणा की कि, हरिशचंद्र ने, उनकी पत्नी ने और पुत्र ने अपने अच्छे कर्मों के कारण स्वर्ग को जीत लिया है। मृत्यु के प्रतिकारक अमृत और देवताओं द्वारा आकाश से पुष्पों की वर्षा की जाती है; और राजा का पुत्र फिर से जीवित और सजग हो जाता है। दिव्य वस्त्रों और मालाओं से विभूषित राजा

और रानी अपने पुत्र को गले लगाते हैं। हालाँकि, हरिश्चंद्र ने घोषणा की कि वह तब तक स्वर्ग नहीं जा सकता जब तक कि वह अपने स्वामी चांडाल की अनुमति प्राप्त नहीं कर लेते, और उसे फिरौती नहीं दे देते। धर्म तब राजा को बताते हैं कि वे स्वयं ही थे जिन्होंने चमत्कारिक रूप से चांडाल का रूप धारण किया था। राजा ने अगली आपत्ति जताई कि वे तब तक नहीं जा सकते जब तक कि उनकी निष्ठावान प्रजा, जो उनके गुणों में सहभागी रही हैं, उन्हें कम से कम एक दिन के लिए उनके साथ स्वर्ग जाने की अनुमति नहीं दी जाती। यह अनुरोध इंद्र ने मान लिया। उसके बाद विश्वामित्र ने राजा के पुत्र रोहिताश्व को अपना उत्तराधिकारी घोषित किया। हरिश्चंद्र, उनके मित्र और अनुयायी, सभी साथ में स्वर्ग की ओर बढ़ते हैं। इस महान समापन के बाद हरिश्चंद्र के कुलगुरु वशिष्ठ, गंगा के पानी में बारह साल के निवास के अंत में, जो कुछ हुआ है, उसका लेखा-जोखा सुनकर, ऐसे उत्कृष्ट सम्राट के अपमानित होने पर अत्यधिक क्रोधित हो जाते हैं जिनके गुण और देवताओं और ब्राह्मणों के प्रति समर्पण का वे उत्सव मनाते रहे हैं। वे घोषणा करते हैं कि उनका क्रोध तब भी इतना अधिक नहीं भड़का था, जब उनके अपने सौ पुत्रों को विश्वामित्र ने मार डाला था, और उन्होंने कहा निम्नलिखित शब्दों में विश्वामित्र को एक बगुले में बदल जाने का दंड देता हूँ : जिससे वह दुष्ट, ब्राह्मणों का दुश्मन, मेरे श्राप से पीड़ित, बुद्धिमान प्राणियों के समाज से निष्कासित कर दिया जाएगा, और अपनी समझ खोकर बगुले में बदल जाएगा। 'विश्वामित्र शाप का बदला लेते हैं, और वसिष्ठ को अरी नामक प्रजाति के पक्षी में बदल देते हैं। अपने नए आकार में दोनों के बीच भयंकर युद्ध होता है, अरी दो हजार योजन = 18,000 मील की विशाल ऊंचाई का है, और बका 3090 योजन का है। वे पहले एक दूसरे पर अपने पंखों से आक्रमण करते हैं; तब बगुला अपने प्रतिपक्षी को पंखों से मारता है, जबकि अरी अपने पंजे से वार करता है। गिरते हुए पहाड़, उनके पंखों के फड़फड़ाने से उठने वाली हवा के झोंके से उलट जाते हैं, पूरी धरती को हिला देते हैं, समुद्र का पानी उमड़ पड़ता है, धरती ही, अपने लंबवत ढलानों को नीचे पाताल और निचले क्षेत्रों में फेंक देती है। इन नाना प्रकार के संघर्षों के कारण अनेक

जीव मर गए। इस भयानक विकार से सजग होकर, सभी देवताओं के साथ ब्रह्मा मौके पर पहुँचे, और लड़ाकों को लड़ाई रोकने का आदेश दिया।

वे दोनों इतने गुस्से में थे कि इस निषेधाज्ञा को मानने के लिए तैयार नहीं थे; लेकिन ब्रह्मा ने उन्हें उनके प्राकृतिक रूपों में पुनर्स्थापित करके उन्हें सुलह करने की सलाह देकर संघर्ष को समाप्त कर दिया।

अगला प्रकरण जिसमें वे विरोधियों के रूप में आए, अयोध्या के राजा अंबरीश से जुड़ा है:

"कहानी[4] इससे संबंधित है कि अंबरीश उस समय एक यज्ञ कर रहे थे, जब इंद्र पीड़ित को ले गया। पुजारी ने कहा कि यह अशुभ घटना राजा के बुरे प्रशासन के कारण हुई है; और अब एक बड़ा प्रायश्चित करना पड़ेगा, जब तक कि एक मानव बलि नहीं दी जाती। एक लंबी खोज के बाद शाही-ऋषि (अंबरीश) ब्राह्मण ऋषि, ऋचिका, जो भृगु के वंशज थे, के पास आए और उनसे अपने एक बेटे को बलि के लिए एक लाख गायों की मूल्य पर बेचने को कहा। ऋचिका ने उत्तर दिया कि वह अपने बड़े बेटे को नहीं बेचेगा और उसकी पत्नी ने कहा कि वह सबसे छोटे को नहीं बेचेगी; उसने देखा, 'सबसे छोटे बेटे', 'आम तौर पर अपनी माताओं के प्रिय होते हैं।' दूसरा बेटा था शुनस्शेप। उसने कहा कि इस दशा में तो वह अपने आप को ही बिकनेवाला समझता है, और राजा से बिनती की, कि वे उसे ले जाएं। लाखों सोने के टुकड़ों और गहनों के ढेर वाली एक लाख गायों को भुगतान कर दिया गया और शुनशेप को ले जाया गया। जब वे पुष्कर से गुजर रहे थे, शुनशेप ने अपने मामा विश्वामित्र को देखा, जो वहाँ अन्य ऋषियों के साथ तपस्या में लगे हुए थे। उसने स्वयं को उनकी बाहों में गिरा दिया और चूंकि ऋषि के परोपकार के दावे के अनुसार स्वयं की अनाथ, मित्रहीन और असहाय अवस्था दर्शाते हुए उनसे सहायता की याचना की। विश्वामित्र ने उन्हें शांत किया; और अपने पुत्रों पर दबाव डाला कि वे शुनस्शेप के कक्ष में स्वयं को बलि के रूप में अर्पित करें। इस प्रस्ताव को मधुश्यानंद और शाही साधु के अन्य पुत्रों से कोई समर्थन नहीं मिला, जिन्होंने अहंकार और उपहास के साथ उत्तर दिया: 'यह कैसे हो

सकता है कि आप अपने स्वयं के पुत्रों का बलिदान करें और दूसरों के बचाव का उपाय करें ? हम इसे गलत मानते हैं, और अपने ही मांस को स्वयं खाने के समान समझते हैं। 'ऋषि अपने आदेश की इस अवहेलना पर बहुत क्रोधित हुए, और अपने पुत्रों को वसिष्ठ के पुत्रों की तरह सबसे नीच वर्गों में पैदा होने और एक हजार वर्ष तक कुत्ते का मांस खाने का श्राप दिया। फिर उन्होंने शुनशेप से कहा: अंबरीश के बलिवेदी पर जब तुम पवित्र रस्सियों से बंधे हो, लाल माला से अलंकृत हो, और लेप से तुम्हारा अभिषेक किया गया हो और विष्णु के यज्ञ-स्तंभ से बंधे हो, तब स्वयं को अग्नि से संबोधित करना, और इन दो दिव्य छंदों (गाथाओं) को गाना : तब तुम्हारी इच्छा पूरी हो जाएगी। दो दिव्य छंदों से सुसज्जित होने के कारण, शुनशेप ने राजा अम्बरीश को कहा कि अब उन्हें अपने गंतव्य के लिए प्रस्थान करना चाहिए। जब वेदी पर आहुति देने के लिए बाँधा गया, तो लाल वस्त्र पहने हुए, उन्होंने दो देवताओं, इंद्र और उनके छोटे भाई (विष्णु) को उत्कृष्ट छंदों के साथ मनाया। सहस्र नेत्र (इंद्र) गुप्त भजन से प्रसन्न हुए; और शुनशेप को दीर्घायु प्रदान की।"

अंतिम प्रसंग तब देखा गया जब दोनों ने स्वयं को विपरीत दिशाओं में विस्तृत किया था। यह प्रसंग राजा कलमाशपाद से जुड़ा है और महाभारत के आदि पर्व में कलमबद्ध है:[5]

कलमाशपाद इक्ष्वाकु वंश के एक राजा थे। विश्वामित्र ने कामना की उन्हें स्थानापन्न पुजारी के रूप में नियोजित किया जाए; पर राजा ने वशिष्ठ को प्राथमिकता दी। फिर ऐसा हुआ कि राजा शिकार के लिए निकले, और बहुत सारे शिकार करके, वे बहुत थक गए, साथ ही भूखे-प्यासे भी हो गए। रास्ते में वशिष्ठ के सौ पुत्रों में सबसे बड़ा पुत्र शक्ति उनसे मिला उन्होंने उसे अपने रास्ते से हटने का आदेश दिया। पुजारी (के पुत्र) ने शालीनता से उत्तर दिया: 'हे राजन, रास्ता मेरा है; यह सनातन नियम है; सभी आकलन यही कहते हैं कि राजा को ब्राह्मण को रास्ता देना चाहिए। 'कोई भी पक्ष नहीं झुकने को तैयार नहीं था, विवाद बढ़ता जा रहा था, राजा ने मुनि को अपने चाबुक से मारा, मुनि ने नाराज संतों के सामान्य उपाय का सहारा लेते हुए, एक अभिशाप दे दिया जिससे राजा आदमखोर

बन गया। ऐसा तब हुआ था जब विश्वामित्र और वशिष्ठ के बीच कलमाशपाद के पुजारी होने के अपने-अपने दावों के कारण शत्रुता थी। जब राजा शक्ति से विवाद कर रहा था तब विश्वामित्र ने राजा का अनुसरण किया और उनसे संपर्क किया हालाँकि, अपने प्रतिद्वंद्वी वशिष्ठ के पुत्र को देखते हुए, विश्वामित्र ने स्वयं को अदृश्य बना लिया था और इस अवसर का लाभ उठाने के लिए उनके पास से गुजरे थे। राजा शक्ति से क्षमा याचना करने लगा; लेकिन विश्वामित्र ने उनके मेल-मिलाप को रोकने की इच्छा रखते हुए, एक मानव-भक्षक राक्षस को राजा के भीतर प्रवेश करने की आज्ञा दी। ब्राह्मण-ऋषि के शाप और विश्वामित्र के आदेश के संयुक्त प्रभाव के कारण, राक्षस ने आदेश का पालन किया। यह मानते हुए कि उनका उद्देश्य पूरा हो गया है, विश्वामित्र ने चीजों को अपना काम करने के लिए छोड़ दिया और स्वयं देश से बाहर चले गए। राजा को एक भूखे ब्राह्मण से मिलने का मौका मिला, और उसे अपने रसोइए के हाथों थोड़ा मानव-मांस भेज दिया, वह भी उसके द्वारा शक्ति के समान प्रभाव से शापित किया गया था। श्राप, जो अब प्रबल हो गया था, प्रभावी हो गया, और शक्ति स्वयं राजा द्वारा खाए जाने वाले पहले शिकार बन गए। विश्वामित्र के उकसाने पर वशिष्ठ के अन्य सभी पुत्रों का भी यही हश्र हुआ। शक्ति को मरा हुआ समझकर विश्वामित्र ने बार-बार वशिष्ठ के पुत्रों के विरुद्ध राक्षसों को उकसाया तदनुसार क्रोधित राक्षस ने उनके (विश्वामित्र के) उन पुत्रों को खा लिया जो शक्ति से छोटे थे जैसे सिंह जंगल के छोटे जानवरों को खा जाता है। विश्वामित्र द्वारा अपने पुत्रों के नाश की बात सुनकर, वशिष्ठ ने उनके दु:ख का समर्थन किया जैसे महान पर्वत पृथ्वी को धारण करता है। उन्होंने स्वयं के पुत्रों के नाश का ध्यान किया, लेकिन कौशिकों के विनाश के बारे में कभी नहीं सोचा।इस दिव्य ऋषि ने स्वयं को मक्रू के शिखर से फेंक दिया, लेकिन चट्टानों पर इस तरह गिरे मानो कपास के ढेर पर गिरे हों। अपने गिरने से जीवित बचकर, वह जंगल में एक जलती हुई आग में प्रवेश कर गए; लेकिन आग, जबकि प्रचंड रूप से धधक रही थी, न केवल उन्हें जलाने में असफल रही, बल्कि पूरी तरह से ठंडी पड़ गई थी। इसके बाद उन्होंने अपने गले में एक भारी

पत्थर बांधकर खुद को समुद्र में फेंक दिया; परन्तु लहरों के द्वारा सूखी भूमि पर उछाल दिए गए। वे फिर अपने घर चले गए; परन्तु उसे सूना और उजाड़ देखकर, वह फिर शोक से भर गए और बाहर निकल गए; और विपासा नदी को देखकर, जो हाल ही में हुई बारिश से उफन गई थी, और अपने किनारे के कई पेड़ों को उखाड़ कर साथ में बहाकर ले जा रही थी। उन्होंने स्वयं को इसके पानी में डुबाने की परिकल्पना की; तदनुसार उन्होंने अपने आप को डोरियों के साथ मजबूती से बांधकर लिटाया, और अपने आप को पानी के अंदर फेंक दिया; लेकिन नदी ने उनके बंधनों को तोड़कर, उन्हें मुक्त करके सूखी भूमि पर लौटा दिया; तब से उस धारा का नाम विपासा पड़ा जो ऋषि के द्वारा रखा गया। बाद में उन्होंने स्वयं को भयानक सतद्रु (सतलज) में फेंक दिया, जो मगरमच्छों आदि से भरा था, लेकिन उस अग्नि के समान तेजस्वी ब्राह्मण का नाम लेते हुए वे सौ दिशाओं में भाग गए। परिणामस्वरूप, वे फिर से असहाय हो गए; और यह देखते हुए कि वे स्वयं को नहीं मार सकते, वे अपने आश्रम में वापस चले गए।

ऐसे कई विशिष्ट उदाहरण हैं जिनमें वसिष्ठ और विश्वामित्र एक दूसरे के साथ संघर्ष में आमने सामने आ गए थे। लेकिन दोनों के बीच कभी-कभार होने वाले इन संघर्षों से कहीं अधिक कुछ था। उनके बीच सामान्य शत्रुता थी। यह सामान्य शत्रुता इतनी घातक थी कि विश्वामित्र वसिष्ठ की हत्या तक करना चाहते थे जैसा कि महाभारत के शल्यपर्व में देखा जा सकता है। महाभारत के लेखक कहते हैं:[6]

"विश्वामित्र और ब्राह्मण ऋषि वसिष्ठ के बीच, उनकी तपस्या में प्रतिद्वंद्विता से उत्पन्न एक महान शत्रुता विद्यमान थी। स्थाणुतिन्हा में वशिष्ठ का एक विस्तृत आश्रम था, उसके पूर्व में विश्वामित्र का आश्रम था। ये दोनों महान तपस्वी प्रतिदिन अपने-अपने तप संबंधी कार्यों में अतीव अनुकरण का प्रदर्शन करते थे। लेकिन विश्वामित्र वसिष्ठ के तप बल को देखकर बहुत अधिक चिढ़ते थे; एकबार वे गहरी सोच में पड़ गए। कर्तव्यपरायण इस ऋषि का मानना यह था 'यह सरस्वती नदी शीघ्र ही मेरी लिए तपस्वी वसिष्ठ को अपनी धारा पर ले आएगी, जो प्रार्थनाओं के सभी

उच्चारणकर्ताओं में सबसे प्रतिष्ठित हैं। जब वह श्रेष्ठ ब्राह्मण आएगा, तो मैं निश्चित रूप से उसका वध कर दूंगा।' इस प्रकार दृढ़ संकल्प करके, क्रोध से लाल हो चुकी आँखों वाले सिद्ध ऋषि विश्वामित्र ने नदियों में प्रमुख (सरस्वती) को याद किया। वह (सरस्वती नदी) उनके विचारों का विषय जानकर बहुत चिंतित हो गई, क्योंकि वह जानती थी कि वह बहुत शक्तिशाली और बहुत चिड़चिड़े स्वभाव के हैं। तब पीली होकर काँपती हुई और हाथ जोड़कर सरस्वती, मुनियों के प्रमुख के सामने एक ऐसी महिला की तरह खड़ी हो गई, जिसका पति मारा गया हो; वह बहुत व्यथित थी, उसने कहा, मुझे क्या आज्ञा है?' क्रोधित मुनि ने उत्तर दिया, 'वसिष्ठ को शीघ्र यहाँ लाओ, ताकि मैं उसे मार सकूं।' कमल–नेत्र देवी, अपने हाथ जोड़कर, बड़े भय से कांप रही थी, जैसे कोई लता हवा से हिलती हो। विश्वामित्र ने उसकी स्थिति को देखते हुए भी अपनी आज्ञा दोहराई। सरस्वती, जो जानती थी कि उसकी योजना कितनी पापपूर्ण थी, और यह कि वशिष्ठ की शक्ति अप्रतिम थी, दोनों ऋषियों द्वारा श्राप दिए जाने से भयभीत होकर वसिष्ठ के पास गई और उसे बताया कि उसके प्रतिद्वंद्वी ने क्या कहा था। वसिष्ठ ने उसे दुर्बल, पीला और चिंतित देखकर इस प्रकार कहा, 'हे नदियों में श्रेष्ठ, तुम अपनी रक्षा करो; मुझे निःसंकोच विश्वामित्र के पास ले चलो, कहीं ऐसा न हो कि वे तुम्हें श्राप दे दें।' दयालु ऋषि के इन शब्दों को सुनकर सरस्वती ने विचार किया कि कैसे वह इस कार्य को बुद्धिमानी से कर सकती है। उन्होंने सोचा, 'वसिष्ठ ने मुझ पर हमेशा बड़ी कृपा की है, मुझे उनका कल्याण करना चाहिए।' तब कौशिक मुनि को उसकी कगार पर प्रार्थना और यज्ञ करते देख उसने इसे अच्छा अवसर समझा और अपनी धारा के बल से तट को बहा ले गई। इस प्रकार मित्र और वरुण के पुत्र (वशिष्ठ) को तलशेष में ले जाया गया; और जब वे ले जाए जा रहे थे, तब उन्होंने नदी की स्तुति की; 'हे सरस्वती, आप ब्रह्मा की झील से निकलती हैं, और अपनी उत्कृष्ट धाराओं के साथ पूरी दुनिया में फैली हुई हैं। आकाश में निवास करते हुए आप बादलों में पानी विसर्जित करती हैं। आप ही संपूर्ण जल हैं। आपके द्वारा हम अध्ययन करते हैं।' आप पोषण, तेज, प्रसिद्धि, पूर्णता, बुद्धि, प्रकाश हैं। आप वाणी है, आप स्वाहा

है; यह संसार आपके अधीन है। आप चतुर्गुण रूप में, सभी प्राणियों में वास करती हैं। 'वशिष्ठ को सरस्वती द्वारा निकट लाया गया, विश्वामित्र ने एक हथियार की खोज की, जिससे उनका अंत किया जा सके, उनके क्रोध को देखते हुए, और इस डर से कि कहीं वह ब्राह्मणवादी न कहलाए, नदी तुरंत वशिष्ठ को पूर्व दिशा में ले गई। इस प्रकार उसने दोनों ऋषियों के आदेशों को पूरा किया, लेकिन विश्वामित्र को टाल दिया। वशिष्ठ को इस तरह ले जाते देख, विश्वामित्र, अधीर और अतिक्रोधित हो गए, उन्होंने उससे कहा, 'हे नदियों में श्रेष्ठ, चूंकि तुम अवहेलना करके पीछे हट गई इसलिए अब राक्षसों के प्रमुख को (जो रक्त पर गर्व करने में सक्षम हैं) स्वीकार्य रक्त की लहरों में लोटती रहो। इस प्रकार शापित होने पर सरस्वती एक वर्ष तक रक्त से मिश्रित धारा में बहती रही। राक्षस उस तीर्थस्थल पर आए जहाँ वसिष्ठ को बहाया गया था, और निर्भयता के साथ उन्होंने रक्तरंजित जलधारा संतुष्ट होने तक पीया, फिर नाचते और हँसते हुए आनंदोत्सव मनाया, मानो उन्होंने स्वर्ग को जीत लिया हो। कुछ ऋषि जो कुछ समय बाद उस स्थान पर पहुँचे तो खून से सने पानी को देखकर भयभीत हो गए, राक्षसों ने उसे गटक लिया था। फिर सरस्वती को बचाने के लिए सबने कठोर प्रयास किए।

वसिष्ठ और विश्वामित्र के बीच की दुश्मनी दो पुजारियों के बीच की दुश्मनी नहीं थी। यह एक ब्राह्मण पुजारी और एक क्षत्रिय पुजारी के बीच की दुश्मनी थी। वशिष्ठ ब्राह्मण थे। विश्वामित्र क्षत्रिय थे। वे राजसी वंश के क्षत्रिय थे। ऋग्वेद (iii.33.11) में विश्वामित्र को कुशिका का पुत्र बताया गया है। विष्णु पुराण[7] विश्वामित्र के बारे में अधिक जानकारी देता है। इसमें कहा गया है कि विश्वामित्र गढ़ी के पुत्र थे जो राजा पुरुरवा के वंशज थे। इसकी पुष्टि हरिवंश द्वारा की जाती है।[8] ऋग्वेद (iii: 1:21) से हम जानते हैं कि विश्वामित्र का परिवार हर पीढ़ी में 'अग्नि' प्रज्वलित करता रहा है।[9] हम ऋग्वेद से यह भी जानते हैं कि विश्वामित्र वेद के कई सूक्तों के रचयिता थे और राजर्षि के रूप में जाने जाते थे। वे उस मंत्र के रचयिता थे, जिसे सभी वेदों में सबसे पवित्र माना जाता है, अर्थात् ऋग्वेद का गायत्री मंत्र (iii.62.10)। एक अन्य महत्वपूर्ण तथ्य जो हम उनके बारे

में जानते हैं वह यह है कि वे एक क्षत्रिय थे और उनका परिवार भरत वंश का था।[10]

ऐसा प्रतीत होता है कि इसी समय ब्राह्मणों और क्षत्रियों में निम्नलिखित बिंदुओं पर विवाद चल रहा था:

(1) दान प्राप्त करने का अधिकार। दान का अर्थ है बिना काम के किया गया भुगतान। ब्राह्मणों का तर्क था कि कोई भी दान प्राप्त नहीं कर सकता। दान लेने का अधिकार केवल ब्राह्मणों का था।

(2) वेदों को पढ़ाने का अधिकार। ब्राह्मणों का तर्क था कि क्षत्रियों को केवल वेदों के अध्ययन का अधिकार था। उसे वेद पढ़ाने का अधिकार नहीं था। यह केवल ब्राह्मणों का विशेषाधिकार था।[11]

(3) यज्ञ करने का अधिकार। इस बिंदु पर ब्राह्मणों का तर्क था कि क्षत्रियों को यज्ञ करने का अधिकार था, लेकिन उन्हें यज्ञ में पुरोहित (पुजारी) के रूप में कार्य करने का कोई अधिकार नहीं था। यह ब्राह्मणों का विशेषाधिकार था।

ध्यान देने वाली बात यह है कि इन बिंदुओं पर और विशेष रूप से तीसरे बिंदु पर विवादों में भी वे एक-दूसरे के विरोधी के रूप में अपनी भूमिका निभाने से नहीं चूके। इसकी पुष्टि रामायण[12] में वर्णित त्रिशंकु की कहानी से होती है और जो इस प्रकार है:

"इक्ष्वाकु के वंशजों में से एक, राजा त्रिशंकु ने एक यज्ञ का आयोजन करने की योजना बनाई थी जिसके आधार पर वह सशरीर स्वर्ग जा सके। जब वसिष्ठ को बुलाकर यह बताया गया तब उन्होंने घोषणा की कि यह असंभव है (असक्यम)। त्रिशंकु ने तब दक्षिण की ओर यात्रा की, जहाँ ऋषि के सौ पुत्र तपस्या में लगे हुए थे, और उनके पिता ने जो मना किया था, उसे करने के लिए उनसे आवेदन किया। यद्यपि उन्होंने उन सबको बड़ी श्रद्धा और विनम्रता के साथ संबोधित किया, साथ में यह भी कहा कि इक्ष्वाकु अपने परिवार-पुरोहितों को कठिनाइयों में अपना सर्वोच्च संसाधन मानते हैं, और यह कि उनके पिता के बाद, वह स्वयं उन्हें अपने संरक्षक

देवताओं के रूप में देखते हैं।' उसे उन स्वाभिमानी पुरोहितों से अपनी प्रकल्पना के लिए निम्नलिखित रूप से फटकार मिली: 'मूर्ख, सत्य बोलने वाले गुरु द्वारा तुझे मना कर दिया गया है। कैसे तुमने उनके अधिकार की अवहेलना करते हुए दूसरी शाखा का सहारा लिया? कुलगुरु सभी इक्ष्वाकुओं का सर्वोच्च अलंकार है; और उस सच्चे व्यक्ति की आज्ञा का उल्लंघन नहीं किया जा सकता। दिव्य ऋषि वसिष्ठ ने घोषणा कर दी है कि यह संभव नहीं है:' तो हम यज्ञ कैसे कर सकते हैं? तुम मूर्ख हो। हे राजन; अपनी राजधानी को लौट जाओ। ऋषि वसिष्ठ तीन कर्मों के पुरोहित के रूप में कार्य करने में सक्षम है; हम उनका अनादर कैसे कर सकते हैं?

तब त्रिशंकु ने उन्हें समझा दिया, कि उनके गुरु और उनके गुरु पुत्रों ने उनके अनुरोधों के अनुपालन से मना कर दिया है, अब उन्हें कुछ अन्य उपाय के बारे में सोचना पड़ेगा। "उसके इस धृष्टपूर्ण विचार को व्यक्त करने के दुस्साहस के परिणामस्वरूप, उन्होंने उसकी भर्त्सना करते हुए उसे चांडाल बनने का श्राप दे दिया। जैसे ही इस श्राप का असर हुआ, वह अप्रसन्न राजा एक पतित और बहिष्कृत व्यक्ति के रूप में बदल गया। अब उसने विश्वामित्र का सहारा लिया (जैसा कि हमने देखा है कि वे इस अवधि में भी दक्षिण में निवास कर रहे थे), अपने गुणों और धर्मपरायणता का विस्तार करते हुए और अपने भाग्य को कोसते हुए। विश्वामित्र ने उनकी स्थिति से सहानुभूति जताई और उनकी ओर से यज्ञ करने का वादा किया, और उसे उसी चांडाल रूप में स्वर्ग ले जाने का वादा किया, जिसके लिए उसके गुरु के श्राप के द्वारा उसे दंडित किया गया था। विश्वामित्र ने कहा "स्वर्ग अब उतना ही अच्छा है जितना आपकी पहुँच में है। क्योंकि आपने कुशिका के पुत्र का सहारा लिया है।" फिर उन्होंने निर्देश दिया कि यज्ञ की तैयारी की जाए, और समारोह के लिए वशिष्ठ को सपरिवार तथा अन्य सभी ऋषियों को भी आमंत्रित किया जाए।

विश्वामित्र के जिन शिष्यों ने उनका संदेश पहुँचाया था, उन्होंने अपनी वापसी पर इन शब्दों में परिणाम की सूचना दी: "आपका संदेश सुनकर, महोदय (वसिष्ठ) को छोड़कर अनेक देशों से सभी ब्राह्मण एकत्रित होकर आ गए हैं। सुनिए उन सौ वशिष्ठों ने, क्रोध से काँपती हुई आवाज में

कितने कठोर शब्द कहे हैं: 'देवता और ऋषि उस व्यक्ति के यज्ञ में कैसे हवन कर सकते हैं, विशेषकर यदि वह चांडाल हो। क्षत्रिय किसके लिए कार्यवाहक पुरोहित होता है? चांडाल का भोजन करने और विश्वामित्र द्वारा सत्कार किए जाने के बाद, प्रतिष्ठित ब्राह्मण कैसे स्वर्ग प्राप्त कर सकते हैं? महोदय वशिष्ठ सहित सभी वसिष्ठों ने ये निर्मम शब्द कहे। उनकी आँखें क्रोध से भरी हुई थीं।" विश्वामित्र यह संदेश पाकर बहुत क्रोधित हुए। उन्होंने एक श्राप के द्वारा वशिष्ठ के पुत्रों को राख में बदल दिया और उन्होंने सात सौ जन्मों के लिए पतित बहिष्कृत (मृतपह) के रूप में पुनर्जन्म लिया और महोदय (वशिष्ठ) को निषाद बनने के लिए कहा।

यह जानकर कि यह श्राप प्रभावी हो गया है, विश्वामित्र ने त्रिशंकु की सराहना करने के बाद, एकत्रित ऋषियों को प्रस्ताव दिया कि अब यज्ञ आरंभ किया जाना चाहिए। इसके लिए उन्होंने सहमति व्यक्त की, क्रूर ऋषि (विश्वामित्र) के क्रोध के डर से सभी संचालित थे, विश्वामित्र ने स्वयं यजक के रूप में यज्ञ किया; और अन्य ऋषियों ने पुजारी (ऋतविज) के रूप में। (अन्य कार्यों के साथ) सभी समारोह संपन्न हुए।

वसिष्ठ और विश्वामित्र के बीच इस विवाद में, सुदास ने एक महत्वपूर्ण भूमिका निभाई है। वसिष्ठ सुदास के कुल पुरोहित थे। यह वशिष्ठ ही थे जिन्होंने उनका राज्याभिषेक समारोह किया था। यह वसिष्ठ ही थे जिन्होंने दस राजाओं के खिलाफ लड़ाई जीतने में उनकी मदद की थी। इतना होते हुए भी सुदास ने वशिष्ठ को पद से हटा दिया था। उनके स्थान पर उन्होंने विश्वामित्र को अपना पुरोहित[13] नियुक्त किया जिन्होंने सुदास के लिए यज्ञ किया। यह सुदास का पहला कर्म है जिसने सुदास और वसिष्ठ के बीच शत्रुता पैदा की। एक और काम था जो सुदास ने किया जिससे वैर बढ़ता ही गया। उसने वशिष्ठ के पुत्र शक्ति को आग में फेंक कर जिंदा जला दिया था। कहानी सत्ययान ब्राह्मण[14] में बताई गई है। सत्ययान ब्राह्मण इस तरह के नृशंस कृत्य का कारण नहीं बताता है। सद्गुरुशिष्य[15] ने कात्यायन की ऋग्वेद की अनुक्रमणिका पर अपनी टिप्पणी में इस पर कुछ प्रकाश डाला है। सद्गुरुशिष्य के अनुसार, सुदास द्वारा एक यज्ञ किया गया था, जिसमें विश्वामित्र और वशिष्ठ के पुत्र शक्ति के बीच

एक प्रकार की सार्वजनिक बहस हुई थी और इस बहस में, सद्गुरुशिष्य के शब्दों में:

"वसिष्ठ के पुत्र शक्ति ने विश्वामित्र की शक्ति और भाषण को पूरी तरह से निस्तेज कर दिया था; और गढ़ी का पुत्र (विश्वामित्र) पराजित होकर बिल्कुल निराश हो गया।

यही कारण था कि सुदास ने शक्ति को आग में झोंक दिया। स्पष्ट है, सुदास ने विश्वामित्र के अपमान और उन्हें लज्जित करने का बदला लेने के लिए ऐसा किया था। सुदास और वसिष्ठ के बीच पनप रही घातक शत्रुता को कोई नहीं रोक सका। ऐसा नहीं लगता कि सुदास और वशिष्ठ की यह शत्रुता समाप्त हुई हो। ऐसा लगता है कि यह उनके बेटों में फैल गई। यह तैत्तिरीय संहिता द्वारा समर्थित है जो कहता है कि[16]

"वसिष्ठ का पुत्र जब मारा गया, उन्होंने कामना की, 'क्या मुझे संतान प्राप्त हो सकती है; क्या मैं सौदासों को हरा सकता हूँ।' उन्होंने इस एकसमानपंचस को देखा, उन्होंने इसे लिया और इसके साथ यज्ञ किया। परिणामस्वरूप उसने संतान प्राप्त की, और सौदासों पर विजय प्राप्त की।

कौषीतकी ब्राह्मण[17] से इसकी पुष्टि होती है, जिसमें कहा गया है:

"जब वसिष्ठ का बेटा मारा गया था, उसे इच्छा हुई, 'क्या मैं संतान और पशुओं से समृद्ध होकर सौदासों को हरा सकता हूँ। उन्होंने इसके प्रसाद स्वरूप वसिष्ठ-यज्ञ का ध्यान किया; और इसे पूरा करने के बाद, उन्होंने सौदासों पर विजय प्राप्त की।"[18]

II

सुदास और वसिष्ठ का संघर्ष केवल राजाओं और ब्राह्मणों के बीच का संघर्ष नहीं है। पुराण राजाओं और ब्राह्मणों के बीच अन्य संघर्षों को भी उल्लिखित करते हैं। उन्हें यहाँ जोड़ना वांछनीय है। पहला राजा वेन से संबंधित है। ब्राह्मणों के साथ उनके संघर्ष की कहानी विभिन्न स्रोतों द्वारा बताई गई है। निम्नलिखित विवरण[19] हरिवंश से लिया गया है:

"पूर्व में एक प्रजापति (जीवों के भगवान) थे। वे अत्रि की जाति के अंग नामक धार्मिकता के रक्षक थे, और शक्ति में उनके समान थे। उनका पुत्र प्रजापति वेण था जो कर्तव्य में अत्यंत कुशल था, और काल (मृत्यु) की पुत्री सुनीता से पैदा हुआ था। काल की पुत्री का यह पुत्र अपने नाना के कलंक के कारण अपने कर्त्तव्यों से मुंह फेरकर कामवासना के वशीभूत होकर लोलुपतापूर्ण जीवन व्यतीत कर रहा था। इस राजा ने आचरण की एक अधार्मिक व्यवस्था की स्थापना की; वेद के नियमों का उल्लंघन करते हुए, वह अधर्म के प्रति समर्पित था। उसके शासनकाल में लोग पवित्र पुस्तकों के अध्ययन के बिना और वषट्कार के बिना रहते थे, और देवताओं के पास यज्ञों में पीने के लिए कोई सोम पेय नहीं था। 'कोई यज्ञ या आहुति नहीं दी जाएगी' – ऐसा उस प्रजापति का निर्मम निश्चय था, जब उसके विनाश का समय निकट आ गया था। 'मैं,' उन्होंने घोषणा की, 'मैं वस्तु हूँ, और यज्ञ का कर्ता हूँ, और स्वयं यज्ञ करता हूँ; मेरे लिए यज्ञ किया जाना चाहिए, और आहुति दी जानी चाहिए। 'कर्तव्य के नियमों का वह उल्लंघनकर्ता, जिसने वह सबकुछ हड़प लिया जो उसके लिए नहीं था। तब मारीचि की अध्यक्षता में सभी महान ऋषियों ने उसे संबोधित किया : 'हम एक ऐसे समारोह के लिए अपने आप को अभिमंत्रित कर रहे है जो वर्षों तक चलेगा; अधर्म का अभ्यास मत करो, हे वेण; यह कर्तव्य का शाश्वत नियम नहीं है। तू वास्तव में अत्रि की जाति का प्रजापति है, और तू अपनी प्रजा की रक्षा करने के लिए नियुक्त हुआ है।' मूर्ख वेण जो यथार्थ से अनभिज्ञ था, ने हंसते हुए उन महान ऋषियों को उत्तर दिया, जिन्होंने उसे संबोधित किया था; 'मेरे अलावा कौन कर्तव्य का आदेशकर्ता है? या मुझे किसकी आज्ञा माननी चाहिए? पृथ्वी पर कौन पवित्र ज्ञान में, पराक्रम में, तपस्या में, सत्य में मेरी बराबरी करता है? तुम, जो मोहग्रस्त और संवेदनहीन हो, यह मत जानो कि मैं समस्त प्राणियों और कर्तव्यों का स्रोत हूँ। यह मानने में संकोच न करें कि यदि मैं चाहूँ तो मैं पृथ्वी को जला सकता हूँ, या इसे जल से सींच सकता हूँ, या स्वर्ग और पृथ्वी को बंद कर सकता हूँ।, जब भ्रम और अहंकार के कारण वेण को नियंत्रित नहीं किया जा सका, तब पराक्रमी ऋषियों ने क्रोधित होकर, कर्कश और संघर्षरत

राजा को पकड़ लिया और उनकी बाईं जांघ को रगड़ दिया। इस घिसी हुई जाँघ से एक काला आदमी पैदा हुआ, कद का बहुत छोटा, जो भयभीत होकर हाथ जोड़कर खड़ा हो गया। उसे घबराया हुआ देखकर अत्रि ने उससे कहा 'बैठ जाओ (निशिदा)'। वह निषादों की जाति के संस्थापक बना, और धीवरों (मछुआरे) का पूर्वज भी बना, जो वेण के भ्रष्टाचार से उत्पन्न हुए थे।"

ब्राह्मणों के साथ संघर्ष में आने वाला अगला राजा पुरुरवा था। यह पुरुरवा इला का पुत्र और मनु वैवस्वत का पौत्र है। ब्राह्मणों के साथ उनके संघर्ष का विवरण महाभारत के आदिपर्व में दिया गया है:[20]

"इसके बाद, बुद्धिमान पुरुरवा का जन्म इला से हुआ, जैसा कि हमने सुना है, इला ही उसके पिता और उसकी माँ दोनों थी। समुद्र के तेरह द्वीपों पर शासन करते हुए, वे उन प्राणियों से घिरे हुए थे जो सभी अतिमानवी थे। स्वयं एक महान यशस्वी व्यक्ति थे पुरुरवा लेकिन अपने पराक्रम के नशे में, ब्राह्मणों के साथ संघर्ष में लगे हुए थे। उनके पुरजोर विरोध के पश्चात भी उनके आभूषण पुरुरवा ने लूट लिए थे। उसके बाद ब्रह्मलोक से सनत्कुमार से आए और उन्हें चेतावनी दी। फिल्मी उन्होंने इसका सम्मान नहीं किया। उसके बाद क्रोधित ऋषियों द्वारा शापित होने के कारण, वह लोभी सम्राट, जिसने शक्ति के अभिमान के कारण अपनी बुद्धि खो दी थी, नष्ट हो गया।"

इस श्रृंखला में तीसरा राजा नहुष है। यह नहुष पुरुरवों का पौत्र है, जिसके ब्राह्मणों से संघर्ष का वर्णन ऊपर किया जा चुका है। नहुष और ब्राह्मणों के साथ उनके संघर्ष की कहानी महाभारत में दो स्थानों पर कही गई है, एक बार वनपर्व में और फिर उद्योगपर्व में। निम्नलिखित विवरण उद्योग पर्व से लिया गया है।[21] इसमें कहा गया है:

राक्षस वृत्रासुर के वध के बाद, इंद्र एक ब्राह्मण की जान लेने के विचार से चिंतित हो गए (क्योंकि वृत्रासुर को ब्राह्मण माना जाता था)। इसलिए उन्होंने स्वयं को जल में छिपा लिया। देवताओं के राजा के गायब होने के परिणामस्वरूप, सभी आकाशीय और स्थलीय कार्यों में असमंजस

उत्पन्न होने लगा। तब ऋषियों और देवताओं ने नहुष को अपना राजा बनाने के लिए आवेदन किया। सत्ता पाने की इच्छा के तर्क पर पहले स्वयं को बचाने के बाद, नहुष ने उनकी आग्रह का अनुपालन किया और उच्च समारोह स्वीकार कर लिया। अपनी उन्नति की अवधि तक उन्होंने एक सदाचारी जीवन व्यतीत किया था, लेकिन अब वे मनोरंजन और कामुक आनंद के आदी हो गए; यहाँ तक कि इंद्राणी अर्थात इंद्र की पत्नी, जिसे उन्होंने कभी देखा था, उसपर अधिकार करने की भी इच्छा की। रानी ने अपनी रक्षा के लिए नियुक्त देवताओं के गुरु अंगिरस बृहस्पति का सहारा लिया। इस व्यवधान को सुनकर नहुष बहुत क्रोधित हुए; लेकिन देवताओं ने उसे शांत करने का प्रयास किया, और दूसरे व्यक्ति की पत्नी को हड़पने की अनैतिकता की ओर इशारा किया। जबकि नहुष ने कोई प्रतिवाद नहीं सुना, और जोर देकर कहा कि अपने व्यभिचारी इरादों में वह स्वयं इंद्र से अधिक दुराचारी नहीं है। प्रसिद्ध अहिल्या, एक ऋषि की पत्नी, पूर्व में अपने पति के जीवनकाल में इंद्र द्वारा भ्रष्ट हो गई थी। उसे आपके द्वारा रोका क्यों नहीं गया? और भी कई बर्बर कार्य, अधम कर्म, और धोखाधड़ी इंद्र द्वारा पहले किए गए हैं; उसे आपके द्वारा रोका क्यों नहीं गया? नहुष के आग्रह पर देवता इंद्राणी को लाने गए; लेकिन बृहस्पति ने उसे नहीं छोड़ा। बल्कि उसके आग्रह पर, उन्होंने नहुष से थोड़ी अवधि की याचना की जब तक कि वे पता नहीं लगा लेती कि उनके पति का क्या हुआ। उनका यह अनुरोध मान लिया गया। इन्द्राणी अब अपने पति की खोज में निकली; और उपश्रुति (रात की देवी और रहस्यों को प्रकट करने वाली) की मदद से उन्हें हिमालय के उत्तर में एक महासागर के भीतर एक महाद्वीप में स्थित एक झील में उगने वाले कमल के तने में एक बहुत ही सूक्ष्म रूप में विद्यमान पाया। उन्होंने उन्हें नहुष के दुष्ट इरादों से अवगत कराया, और उनसे अपनी शक्ति का प्रयोग करने, और उन्हें इस अनिष्ट से बचाने और अपने प्रभुत्व को फिर से स्थित करने की विनती की। इंद्र ने नहुष की श्रेष्ठ शक्ति की दलील पर किसी भी तत्काल हस्तक्षेप को अस्वीकार कर दिया; लेकिन उन्होंने अपनी पत्नी को एक ऐसा उपाय सुझाया जिसके द्वारा उस अन्यायी को उसके पद से हटाया जा सकता है। उसे नहुष से यह आग्रह

करने को कहा कि 'यदि वह ऋषियों द्वारा वहन किए गए एक दिव्य रथ पर उसके पास जाएगा, तो वह सहर्ष स्वयं को उसके सामने प्रस्तुत कर देगी।'

देवताओं की रानी ने तदनुसार यह प्रस्ताव रखाः 'हे देवताओं के राजा, मैं आपसे एक दिव्य रथ की कामना करती हूँ, जैसा न तो विष्णु, न रुद्र, न असुर, न ही राक्षस चलाते हैं। सभी प्रख्यात ऋषि एकजुट होकर, आपको एक रथ में वहन करें; यह अवधारणा मुझे प्रसन्न करती है'। नहुष ने इस आग्रह को अपने अहंकार के अनुकूल पाया, और अपने उत्तर के क्रम में इस प्रकार स्वयं को आत्म-बधाई दी; 'वह अवश्य ही मुनियों को अपना वाहक बनाने के पात्र है।' उसने इंद्राणी से कहा- 'मैं महान शक्ति का एक उत्साही भक्त हूँ, भूत, भविष्य और वर्तमान का स्वामी। यदि मैं क्रुद्ध होता, तो संसार टिकता नहीं; मुझ पर सब कुछ निर्भर करता है। इसलिए, हे देवी, जो आपने प्रस्तावित किया है, मैं निस्संदेह उसे पूरा करूँगा। सात ऋषि और सभी ब्राह्मण ऋषि मुझे लेकर चलेंगे। हे सुंदर देवी! तुम मेरी महिमा और मेरी समृद्धि को निहारना।

कथा जारी हैः

तदनुसार उस दुष्ट, अधार्मिक, हिंसक, दंभ के बल के नशे में चूर, और आचरण से स्वेच्छाचारी ने उन ऋषियों को अपने रथ से जोड़ा। उन्होंने उनकी आज्ञा का पालन किया, उसने उन्हें यह सहन करने के लिए विवश किया। इंद्राणी फिर बृहस्पति का सहारा लेती है जो उसे आश्वासन देते है कि जल्द ही नहुष के अनुमान से बढ़कर प्रतिशोध लिया जाएगा; और वचन देते हैं कि वे स्वयं उस अत्याचारी के विनाश और इंद्र के छिपे हुए स्थान की खोज के लिए एक यज्ञ करेंगे। फिर अग्नि को भेजा जाता है कि वह इंद्र को खोजकर बृहस्पति के पास लाए। बाद में, इंद्र के आगमन पर, उन्हें उनकी अनुपस्थिति में हुई सभी घटनाओं के बारे में सूचित करते हैं। उसके बाद जब इंद्र, कुबेर, यम, सोम और वरुण एक साथ नहुष के विनाश के लिए साधन तैयार कर रहे थे, तब ऋषि अगस्त्य आए, उन्होंने अपने प्रतिद्वंद्वी के पतन पर इंद्र को बधाई दी, और बताया कि यह कैसे हुआ था।

प्रख्यात दिव्य-ऋषि और निर्दोष ब्राह्मण-ऋषि पापी नहुष के रथ को ले जाने से थके हुए थे। उन्होंने उस उच्च पदासीन नहुष से पूछा; 'हे वासव, हे विजेताओं में श्रेष्ठ, आप उन ब्राह्मण ग्रंथों को आधिकारिक मानते हैं या नहीं जो राजा के वध के समय पढ़े जाते हैं?' 'नहीं', नहुष ने उत्तर दिया, जिसकी बुद्धि भ्रष्ट हो चुकी थी। ऋषियों ने पुनः कहा, 'पूर्व में जो महान ऋषियों के द्वारा कहे गए थे और हम सभी के द्वारा आधिकारिक माने जाते हैं, अधर्म में लगे रहने के कारण आप उन परीक्षणों में धार्मिकता को प्राप्त नहीं होते।' तब (अगस्त्य आगे बढ़ते हैं) मुनियों से विवाद करते हुए, नहुष ने अधर्म से प्रेरित होकर अपने पैर से मेरे सिर पर वार किया। इसके परिणामस्वरूप, राजा की कीर्ति धूमिल हुई और उसकी समृद्धि का क्षय हुआ। इसलिए वह तुरंत उत्तेजित हो गया और भय से पीड़ित हो गया। फिर मैंने उससे कहा, अरे मूर्ख! चूंकि तू, उस पवित्र ग्रंथ की निंदा करता है, जो हमेशा सम्मान में रखा जाता है, जिसे पूर्व ऋषियों द्वारा रचा गया है और ब्राह्मण-ऋषियों द्वारा नियोजित किया गया है, तूने मेरे सिर को अपने पैरों से छुआ है और स्वयं को ले जाने के लिए ब्रह्म-समान और अप्रतिरोध्य ऋषियों को वाहक के रूप में नियोजित किया है, इसलिए, तुम अपनी कीर्ति की चमक से वंचित हो गए हो और तुम्हारी सारी योग्यता समाप्त हो गई है, हे पापी, तुम्हारा स्वर्ग से पृथ्वी पर पतन हो गया है। अब दस हजार वर्ष तक तू विशाल सर्प के रूप में पृथ्वी पर रेंगता रहेगा। जब वह अवधि पूरी होगी, तब तुम फिर से स्वर्ग में आरोहण करोगे।' इसलिए वह दुष्ट नीच देवताओं की संप्रभुता से नीचे गिर गया। अब हम समृद्ध होंगे, क्योंकि ब्राह्मणों का शत्रु मारा गया है। हे इंद्र! हे शची-पति! (प्रसन्नता से) इंद्रियों को वश में करते हुए, अपने शत्रुओं पर विजय प्राप्त करते हुए, महान ऋषियों द्वारा प्रशंसित होते हुए अब तुम तीनों लोकों पर अधिकार करो, और उनके निवासियों की रक्षा करो।

ब्राह्मणों के साथ संघर्ष में आने वाला चौथा राजा निमि था। कहानी का विवरण विष्णु पुराण[22] में वर्णित है जो कहता है:

"निमि ने ब्राह्मण-ऋषि, वशिष्ठ से एक यज्ञ को संपन्न करने का अनुरोध किया था, जो एक हजार वर्षों तक चलने वाला था। जवाब में

वसिष्ठ ने पाँच सौ वर्षों के लिए इंद्र को समर्थन देने की याचना की, लेकिन उस अवधि के अंत में लौटने का वचन दिया। राजा ने कोई टिप्पणी नहीं की, और वशिष्ठ यह मानकर चले गए कि उन्होंने उनकी व्यवस्था पर सहमति व्यक्त की है। लेकिन अपने लौटने पर, पुरोहित (वशिष्ठ) ने पाया कि निमी ने गौतम (जो वसिष्ठ के समान ही एक ब्राह्मण-ऋषि थे) और अन्य लोगों को यज्ञ करने के लिए पदासीन किया हुआ था; तब क्रुद्ध होकर, उसने राजा को, जो उस समय सो रहा था, अपने भौतिक रूप को खो देने का श्राप दिया। जब निमि जागे और उन्हें पता चला कि उन्हें बिना किसी पूर्व चेतावनी के श्राप दिया गया है, तो उन्होंने वशिष्ठ को भी वैसा ही श्राप दिया और फिर उनकी मृत्यु हो गई। निमी के शरीर पर लेप लगाया गया। उन्होंने जो प्रारंभ किया था उस यज्ञ की समाप्ति के समय पुरोहितों के आग्रह पर देवता उन्हें पुनर्जीवित करने के लिए, तैयार थे; लेकिन उन्होंने प्रस्ताव को अस्वीकार कर दिया; और देवताओं के द्वारा उसकी इच्छा के अनुसार, सब जीवित प्राणियों की आँखों के ऊपर रखा गया। इसका ही परिणाम है कि वे (आंखें) हमेशा खुलती और बंद होती रहती हैं (निमिषा का अर्थ है 'आँख की टिमटिमाहट')।

संघर्ष की इन पूर्वगामी घटनाओं का उल्लेख मनु ने अपनी स्मृति में किया है;[23]

"नम्रता के अभाव में बहुत से राजा अपनी सम्पत्ति समेत नष्ट हुए; विनयभाव के कारण वन के साधुओं ने भी राज्य प्राप्त कर लिया। विनम्रता की कमी के कारण वेण का नाश हो गया, इसी तरह राजा नहुष, सुदास, पिजावन के पुत्र, सुमुख और निमि का नाश हुआ।"

दुर्भाग्य से, शूद्रों की स्थिति पर इन घटनाक्रमों के प्रभाव का इतना अनुभव नहीं किया गया जितना होना चाहिए था। कारण यह है कि किसी ने यह अनुभव नहीं किया कि यह संघर्ष ब्राह्मणों और शूद्रों के बीच का संघर्ष था। सुदास जरूर शूद्र था। अन्य, हालांकि उन्हें शूद्र के रूप में वर्णित नहीं किया गया है, उन्हें इक्ष्वाकु के वंशज के रूप में वर्णित किया गया है। सुदास को इक्ष्वाकु का वंशज भी बताया गया है। यह समझना कोई दूर की कौड़ी नहीं

है कि वे सभी शूद्र थे। इसका अनुमान मनु को भी नहीं था। वे इन घटनाओं को ब्राह्मणों और क्षत्रियों के बीच संघर्ष की घटनाओं के रूप में प्रस्तुत करते हैं। डॉ. म्योर यह अनुभव करने में विफल रहे हैं कि सुदास एक शूद्र थे और उन्होंने इन कहानियों का वर्णन करते हुए यह दर्शाया है कि इन संघर्षों के पक्षकार एक ओर ब्राह्मण थे और दूसरी ओर क्षत्रिय। एक अर्थ में यह सत्य है कि संघर्ष ब्राह्मणों और क्षत्रियों के बीच था क्योंकि शूद्र भी क्षत्रियों की ही एक शाखा थे। वैसे, यह कहीं अधिक प्रकाशमान होता अगर उन्हें अधिक सटीक शब्दों में ब्राह्मणों और शूद्रों के बीच संघर्ष के रूप में वर्णित किया गया होता। यह चूक हुई है और यह भ्रांति बनी हुई है और यह भारतीय-आर्य समाज के इतिहास के इतने महत्वपूर्ण हिस्से की वास्तविक स्वरूप को छुपाती रही है। इस भ्रांति को दूर करने के लिए इस अध्याय की सुनवाई 'ब्राह्मण बनाम शूद्र' है न कि 'ब्राह्मण बनाम क्षत्रिय'। ब्राह्मणों और शूद्रों के बीच संघर्ष के इतिहास के रूप की समझे जाने पर, यह समझने में मदद मिलती है कि शूद्र दूसरे वर्ण से चौथे वर्ण में कैसे अवनत हुए।

ग्रंथ-सूची

1. म्योर द्वारा उद्धृत, खंड I, पीपी. 377-378.
2. हरिवंश में कहा गया है:

   "उस दुष्टता के परिणामस्वरूप, जो किया गया था, इंद्र ने बारह साल की अवधि के लिए बारिश नहीं की थी, उस समय विश्वामित्र अपनी पत्नी और बच्चों को छोड़कर समुद्र के किनारे तपस्या करने के लिए गए थे। उनकी पत्नी अभाव के कारण चरम सीमा पर चली गई, दूसरों का समर्थन करने के लिए, सौ गायों के लिए अपने दूसरे बेटे को बेचने के लिए तैयार थी; लेकिन सत्यव्रत के हस्तक्षेप से इस व्यवस्था को रोक दिया गया। उसने उनके पुत्र को बंधने से मुक्त कर दिया, और उन्हें जंगली जानवरों का मांस प्रदान करके परिवार का भरण-पोषण किया और अपने पिता के आदेश के अनुसार, बारह वर्षों तक मौन तपस्या करने के लिए खुद को विवश कर लिया।" जैसा कि हरिवंश में एक अन्य स्थान पर कहा गया है, त्रिशंकु को उसके पिता ने एक आपराधिक जुनून के प्रभाव में नागरिकों में से एक की युवा पत्नी को ले जाने के अपराध के लिए घर से निकाल दिया था और वशिष्ठ ने उसके निर्वासन को रोकने के लिए हस्तक्षेप नहीं किया था। यह इस पाठ में संदर्भित होता है।
3. म्योर, खंड, 1, पीपी. 379-387.

4. म्योर द्वारा उद्धृत, खंड 1. पीपी. 405-407.
5. उक्त, पीपी. 415-417.
6. मुइर, खंड 1 द्वारा उद्धृत, पीपी. 420-422.
7. म्योर, खंड 1 में उद्धृत।पृ. 349.
8. म्योर, खंड 1 में उद्धृत। पृ. 353.
9. म्योर, खंड 1 में उद्धृत। पृ. 316.
10. म्योर, खंड 1 में उद्धृत। पृ 354.
11. इसीलिए मनु कहते हैं, "यदि राजा शूद्र को दान देना चाहता है तो उसे उससे काम लेना चाहिए।"
12. म्योर, खंड 1, पीपी. 401-404
13. इसका कोई प्रत्यक्ष प्रमाण नहीं है लेकिन परंपरा इसे सही मानती है जो ऋग्वेद,ा 53.9.पर आधारित प्रतीत होती है। इसकी पुष्टि यास्क ने अपने निरुक्त (द्वितीय, 24) में की है जहाँ वे कहते हैं, "फिर वे एक कहानी सुनाते हैं। ऋषि विश्वामित्र पिजवन के पुत्र सुदास के पुरोहित थे।
14. इसका उल्लेख सयाण ने ऋग्वेद, xii.32 की अपनी प्रस्तावना में किया है, अणुमणिका के अधिकार पर जिसे म्योर, खंड 1.पृ 328 द्वारा उद्धृत किया गया है।
15. इसका उल्लेख सायण ने सूक्त के 15 और 16 श्लोकों की प्रस्तावना में किया है ऋग्वेद के तीसरे मंडल के 53, जिसे म्योर, खंड 1 पृ 343 द्वारा उद्धृत किया गया है।
16. म्योर, खंड, 1. पृ 328.
17. उक्त.
18. कुछ संदेह प्रतीत होता है कि वशिष्ठ की यह शत्रुता सुदास के विरुद्ध विकसित हुई थी या सुदास के पुत्रों के विरुद्ध। यह संदेह इसलिए उत्पन्न हुआ है क्योंकि सत्ययान और कौषीतकी ब्राह्मण सौदास की बात करते हैं, जिससे यह पता चलता है कि वशिष्ठ का झगड़ा सुदास के पुत्रों से था न कि सुदास से। दूसरी ओर, मनु निश्चित है कि यह सुदास ही अपराधी था। सद्गुरुशिष्य सुदास की बात करता है न कि सौदास की, जबकि बृहद्देवता के इसी तरह के परिच्छेद में सुदास लिखा है। कठिनाई को हल किया जा सकता था यदि सौदास को सुदास का परिवार माना जाता, जिसमें सुदास और उनके पुत्र दोनों शामिल थे।
19. म्योर द्वारा उद्धृत, खंड 1, पृ. 302.
20. म्योर द्वारा उद्धृत, खंड 1, पृ. 307.
21 म्योर में उद्धृत, खंड 1, पीपी. 310-313.
22. म्योर द्वारा उद्धृत, खंड 1. पृ. 316.
23. मैक्स मुलर की 'पूर्व की पवित्र पुस्तकें' खंड-xxv पृ. 222.

अध्याय - 10

शूद्रों का पतन

ब्राह्मणों ने शूद्रों को दूसरे वर्ण से चौथे वर्ण तक नीचे उतारने के लिए कौन-सी तकनीक अपनाई?

यह चर्चा अब तक दो प्रश्नों के इर्द-गिर्द केंद्रित रही है कि क्या शूद्र मूल रूप से दूसरे या क्षत्रिय वर्ण का हिस्सा थे या नहीं और क्या ब्राह्मणों को इसके लिये पर्याप्त प्रोत्साहन मिला था जिससे वे शूद्रों को नीचा दिखाएं। अब उस प्रश्न से निपटना आवश्यक है, जो तार्किक रूप से इस क्रम में अगला है। ब्राह्मणों द्वारा नियोजित इस पतन की तकनीक क्या है?

इस प्रश्न का मेरा उत्तर यह है कि इस उद्देश्य के लिए ब्राह्मणों ने जो तकनीक अपनाई, वह थी शूद्रों का उपनयन करने से इंकार करना। मुझे इसमें कोई संदेह नहीं है कि इसी तकनीक से ब्राह्मणों ने अपना उद्देश्य सिद्ध किया और शूद्रों से बदला लिया।

उपनयन का अर्थ क्या है और इंडो-आर्यन समाज में इसका क्या महत्व था, इसकी व्याख्या करना शायद आवश्यक है। उपनयन का एक परिचय देने का सबसे अच्छा तरीका है इस समारोह का एक विवरण देना।

संस्कार के रूप में उपनयन मूल रूप से एक बहुत ही साधारण समारोह था, लड़का अपने हाथ में एक समिध (एक दूब) लेकर आचार्य के पास आता था और आचार्य से कहता था कि वह एक ब्रह्मचारी (एक छात्र) बनना चाहता है और आचार्य से अध्ययन के प्रयोजन के लिये अपने साथ

रहने की अनुमति देने के लिए विनती करता था। बाद की तारीख में यह एक बहुत ही विस्तृत समारोह बन गया। यह कितना विस्तृत हो गया था इसका अंदाजा अश्वलायन गृह्य सूत्र में उपनयन के निम्नलिखित विवरण से लगाया जा सकता है:[1]

वह उस लड़के को दीक्षा दे जो अलंकृत है, जिसके बाल (सिर पर) मुड़े हुए हैं (और व्यवस्थित हैं), जो एक नया वस्त्र या मृग की खाल पहने हुए है यदि ब्राह्मण है, भेड़ की खाल अगर एक क्षत्रिय है, बकरी की खाल अगर एक वैश्य है; यदि वे वस्त्र पहिन लें तो उन्हें रंगे हुए वस्त्र पहनने चाहिये, लालिमा-युक्त पीले, लाल और पीले (क्रमशः एक ब्राह्मण, क्षत्रिय, वैश्य के लिए); उनके पास करधनी और दण्ड होने चाहिए (जैसा कि ऊपर वर्णित है)। जब लड़का अपने शिक्षक का (हाथ) पकड़ लेता है, तो शिक्षक (जैसा कि ऊपर वर्णित है), अग्नि में (घी की आहुति का एक होम) प्रदान करता है, और स्वयं अग्नि के उत्तर में पूर्व की ओर मुंह करके बैठ जाता है, जबकि लड़का (शिक्षक के) सामने बैठता है और उसका चेहरा पश्चिम की ओर होता है। फिर शिक्षक अपने और लड़के दोनों के हाथ जोड़कर उनमें जल भरता है और 'हम सावित्री का चयन करते हैं' (ऋग्वेद. 82.1) छंद के साथ अपने हाथों के जल को लड़के के मुड़े हुए हाथों में गिरा देता है; इस प्रकार जल डालने के बाद, उसे अपने हाथ से लड़के के हाथ को अंगूठे (लड़के के) के सहित इस सूत्र से पकड़ना चाहिए 'सावित्री के आग्रह (या आदेश) से, दो अश्विनों की भुजाओं के साथ, पूषन के हाथों से, 'हे अमुक', मैं तुम्हारा हाथ पकड़ता हूँ'; 'सावित्री ने तुम्हारा हाथ पकड़ा है, हे अमुक शब्दों के साथ दूसरी बार (शिक्षक लड़के का हाथ पकड़ता है); और 'अग्नि तुम्हारे आचार्य हैं, हे अमुक' शब्दों के साथ तीसरी बार। शिक्षक को (लड़के को सूरज की ओर देखने के लिए कहना चाहिये, जबकि शिक्षक दोहराता है 'भगवान सावित्री, यह आपका ब्रह्मचारी है, इसकी रक्षा करें, इसकी मृत्यु न हो' और (शिक्षक को आगे) कहना चाहिए 'तुम किसके ब्रह्मचारी हो? तुम प्राण के ब्रह्मचारी हो। कौन तुम्हें दीक्षा देता है और किसे (वह दीक्षा देता है)? मैं तुम्हें 'का'

(प्रजापति को) सौंपता हूँ।' आधे श्लोक के साथ (ऋग्वेद III. 8.4) 'हे युवक, अच्छी तरह से तैयार और कपड़े पहने, यहाँ आओ' शिक्षक को उसे दाहिनी ओर घुमाना चाहिए और अपने दोनों हाथों को (लड़के के) कंधों पर रखकर उसे लड़के के हृदय के स्थान को स्पर्श करते हुए शेष आधे श्लोक को दोहराना चाहिए (ऋग्वेद III. 8.4)। आग के चारों ओर जमीन को पोंछकर, ब्रह्मचारी को मौन होकर (अग्नि में) ईंधन की लकड़ी डालनी चाहिए, क्योंकि यह ज्ञात है (श्रुति से) 'जो प्रजापति का है वह चुपचाप किया जाता है,' और ब्रह्मचारी प्रजापति का है। कुछ इसे (ईंधन की लकड़ी का हवन) अग्नि को एक मंत्र के साथ करते हैं: 'मैं महान जातवेदों के लिए एक ईंधन की लकड़ी लाया हूँ; ईंधन की लकड़ी से आप बढ़ें, हे अग्नि और हम (बढ़ें) ब्रह्म द्वारा '(प्रार्थना या आध्यात्मिक विद्या), स्वाहा।' ईंधन की लकड़ी (आग पर) डालकर और आग को स्पर्श करने के बाद, वह (छात्र) 'मैं तेज से अपना अभिषेक करता हूँ' इन शब्दों से तीन बार अपने चेहरे को पोंछता है, यह ज्ञात है (श्रुति से) क्योंकि वह स्वयं का तेज से अभिषेक करता है। 'अग्नि मुझे अंतर्दृष्टि, संतान और तेज प्रदान करें: इंद्र मुझे अंतर्दृष्टि, संतान और शक्ति (इंद्रिय) प्रदान करें; सूर्य मुझे अंतर्दृष्टि, संतान और तेज प्रदान करें; आपकी जो दीप्ति है, हे अग्नि, मैं इसके द्वारा तेजोमय हो जाऊं; आपकी जो शक्ति है, हे अग्नि, मैं इससे बलवान हो जाऊं; आपकी जो उपभोग शक्ति है, अग्नि, मैं भी इसी प्रकार उपभोग शक्ति प्राप्त कर लूं।' इन सूत्रों के साथ अग्नि की (पूजा) आराधना करने के बाद, (छात्र) को अपने घुटनों को मोड़कर (शिक्षक के पैर) पकड़ना चाहिए और उनसे कहना चाहिए, 'पाठ करें, श्रीमान, पाठ करें, श्रीमान, सावित्री का।' छात्र के हाथों को ऊपरी वस्त्र (छात्र के) और अपने हाथों से पकड़ते हुए, शिक्षक सावित्री का पहले पद द्वारा, फिर बंध द्वारा (और अंत में) पूरे पद का पाठ करता है। (गुरु) को उसे (छात्र से) जितना हो सके उतना (सावित्री) पाठ कराना चाहिए। छात्र के हृदय के स्थान पर गुरु अपना हाथ ऊपर की ओर उँगलियों से रखता है, इस सूत्र के साथ 'मैं तुम्हारा हृदय मेरे प्रति कर्तव्य में नियत करता हूँ, तुम्हारा मन मेरे मन का अनुसरण करे; तुम एकाग्र मन से मेरे शब्दों पर ध्यान दे

सको; बृहस्पति तुम्हें मेरे लिए नियुक्त करें।' उसके (लड़के) को कमरबंद बांधकर और उसे छड़ी देकर, शिक्षक को उसे ब्रह्मचर्य के पालन का निर्देश देना चाहिए इन शब्दों के साथ कि 'तुम एक ब्रह्मचारी हो, आचमन करो, सेवा में लगो, दिन में मत सोओ, (पूरी तरह से) शिक्षक पर निर्भर रहकर वेद सीखो।' उसे (छात्र को) शाम और सुबह (अन्न) का भिक्षाटन करना चाहिए; उसे शाम और सुबह में एक ईंधन की लकड़ी (आग पर) डालनी चाहिए। उसने (जो कुछ भिक्षा में प्राप्त किया है) उसे गुरु को बताना चाहिए; बाकी दिन उसे बैठना नहीं चाहिए (बल्कि खड़ा रहना चाहिए)।

उपनयन की समाप्ति बालक को आचार्य द्वारा गायत्री मंत्र के रूप में प्रसिद्ध वैदिक मंत्र के उपदेश के साथ होती है। गायत्री मंत्र को इतना आवश्यक क्यों माना जाता है कि इसे सिखाने से पहले उपनयन संस्कार की आवश्यकता होती है, यह कहना मुश्किल है।

उपनयन संस्कार के इस वर्णन से दो बातें स्पष्ट होती हैं। पहला यह है कि उपनयन का उद्देश्य एक व्यक्ति को वेदों के अध्ययन में दीक्षा देना था, जो आचार्य द्वारा ब्रह्मचारी को गायत्री मंत्र के शिक्षण के साथ शुरू हुआ। दूसरी बात जो स्पष्ट है वह यह है कि कुछ वस्तुओं को उपनयन संस्कार के लिए बहुत आवश्यक माना जाता था। वे हैं (1) दो वस्त्र, एक शरीर के निचले हिस्से के लिए जिसे तकनीकी रूप से वासा कहा जाता है और दूसरा शरीर के ऊपरी हिस्से के लिये जिसे उत्तरीय कहा जाता है, (2) दण्ड या लकड़ी का डंडा, (3) मेखला या कमर पर बंधी घास की करधनी।

यदि कोई भी व्यक्ति जो उपनयन, जैसा कि प्राचीन काल में होता था, के इस वर्णन की तुलना बाद के दिनों में किए जानेवाले उपनयन समारोह के विवरण के साथ करेगा, तो उसका ब्रह्मचारी द्वारा पहने जाने वाले यज्ञोपवीत नामक धागे के किसी भी उल्लेख के अभाव में आश्चर्यचकित होना तय है। उपनयन के आधुनिक समारोह का मुख्य बिन्दु इस धागे को धारण करना है और उपनयन का पूरा उद्देश्य इस यज्ञोपवीत[2] को धारण

करना है। यज्ञोपवीत की भूमिका इतनी महत्वपूर्ण हो गई है कि इसके निर्माण और इसके उपयोग के लिये अत्यंत पेंचीदे नियम बना दिये गए हैं।

यज्ञोपवीत में तीन सूत्र होने चाहिए, प्रत्येक सूत्र नौ तंतुओं का होना चाहिए जो अच्छी तरह से मुड़े हुए हों। एक तंतु (स्ट्रैंड) एक देवता का सूचक है।

यज्ञोपवीत को नाभि तक पहुँचना चाहिए,[3] नाभि से आगे नहीं पहुँचना चाहिए, न ही छाती के ऊपर होना चाहिए।

एक व्यक्ति एक से अधिक यज्ञोपवीत धारण कर सकता है।

मनुष्य को सदैव यज्ञोपवीत धारण करना चाहिए। यदि वह यज्ञोपवीत पहने बिना भोजन करता था, या यज्ञोपवीत को दाहिने कान पर रखे बिना शौच-क्रिया करता था, तो उसे प्रायश्चित्त से गुजरना पड़ता था, अर्थात, स्नान करना, प्रार्थना करना और उपवास करना।

दूसरे का यज्ञोपवीत धारण करने के अलावा कई अन्य वस्तुएँ (जैसे जूते, आभूषण, माला और कमण्डलु) धारण करना वर्जित है।[4]

यज्ञोपवीत धारण करने के तीन तरीके माने जाते हैं: (1) निवीत, (2) प्राचीनवीत और (3) उपवीत। जब डोरी को गर्दन, दोनों कंधों और छाती के ऊपर से ले जाया जाता है और दोनों अंगूठों (दोनों हाथों के) से हृदय के क्षेत्र से नीचे और नाभि के ऊपर से पकड़ा जाता है, तो इसे निवीत कहा जाता है। डोरी को बाएँ कंधे पर इस प्रकार डालने से कि वह दाहिनी ओर नीचे की ओर लटके, उपवीत हो जाता है। उसे दाहिने कंधे पर इस प्रकार डालने से कि वह नीचे बायीं ओर लटक जाए, वह प्रचीनवीत बन जाता है।

यह यज्ञोपवीत कैसे आया? श्री तिलक एक स्पष्टीकरण[5] देते हैं जो उद्धृत करने योग्य है। श्री तिलक कहते हैं:

"ओरियन या मृगशिरा को वैदिक ग्रंथों में प्रजापति कहा जाता है, अन्यथा यज्ञ कहा जाता है। इसलिये ओरियन या यज्ञ की कमर के चारों

ओर कपड़े की एक पट्टी या करधनी स्वाभाविक रूप से उसके नाम पर यज्ञोपवीत, यानि यज्ञ का उपवीत या कपड़ा होगा।

हालाँकि, यह शब्द अब ब्राह्मणों के पवित्र धागे को दर्शाता है, और यह स्वाभाविक रूप से पूछा जा सकता है कि क्या यदि इसके मूल नहीं, तो चरित्र का श्रेय ओरियन की पट्टी को जाता है? मुझे लगता है कि यह निम्नलिखित आधारों पर ऐसा ही है:

यज्ञोपवीत शब्द यज्ञ + उपवीत से सभी देशी विद्वानों द्वारा लिया गया है; लेकिन इस बात पर मतभेद है कि क्या हमें इस यौगिक का मतलब 'यज्ञ के लिए उपवीत' समझना चाहिए, या क्या यह 'यज्ञ का उपवीत' है। पहला गलत नहीं है, लेकिन विद्वान बाद वाले के पक्ष में हैं। इसलिये प्रयोग-लेखक इस आशय की एक स्मृति उद्धृत करते हैं कि 'उच्च आत्मा को होतृ द्वारा यज्ञ कहा जाता है, यह उसका उपवीत है; इसलिए यह यज्ञ-उपवीत है।' एक मंत्र, जिसे जनेऊ धारण करने के अवसर पर पढ़ा जाता है, का अर्थ है, 'मैं तुम्हें यज्ञ के उपवीत से बांधता हूं', जबकि उस सामान्य सूत्र का पूर्वार्ध जिसके साथ एक ब्राह्मण हमेशा जनेऊ धारण करता है, इस प्रकार है:

यज्ञोपवीतं परमंपवित्रं प्रजापतेर्यत्सहजं पुरस्तात्

मंत्र किसी भी मौजूदा संहिता में नहीं पाया जाता है, लेकिन ब्रह्मोपनिषद और बौधायन द्वारा दिया गया है। यह श्लोक हओमा यक्स्त से ऊपर उद्धृत श्लोक के समान है। यह कहता है, 'यज्ञोपवीत उच्च और पवित्र है; यह पुराने प्रजापति के साथ उत्पन्न हुआ था।' पुरस्तत शब्द अवेस्ता छंद में पौरवनिम के साथ मेल खाता है और इस प्रकार डॉ. हौग द्वारा उठाए गए प्रश्न का निर्णय करता है,

जबकि सहज, प्रजापति के अंगों के साथ पैदा हुआ, मैन्युतस्तेम के समान अर्थ बताता है। इन छंदों के बीच संयोग आकस्मिक नहीं हो सकता है, और मुझे ऐसा प्रतीत होता है कि पवित्र धागा ओरियन के बेल्ट से निकला होगा। उपवीत, वी से बुनाई तक, का शाब्दिक अर्थ है कपड़े का टुकड़ा, न कि धागा। इसलिए, ऐसा प्रतीत होता है कि कमर के चारों ओर

पहना जाने वाला कपड़ा यज्ञोपवीत का आदिम रूप था, और पवित्रता का विचार इस सिद्धांत द्वारा पेश किया गया कि इसे प्रजापति के कमरबंद या बेल्ट का प्रतीकात्मक प्रतिनिधित्व करना था।

श्री तिलक की यह व्याख्या निस्संदेह बहुत रोचक है। लेकिन यह कुछ कठिनाइयों की व्याख्या करने में मदद नहीं करती। यह यज्ञोपवीत के उत्तरीय और वासा दो वस्त्रों के संबंध की व्याख्या नहीं करती है, जो एक व्यक्ति के लिए उपनयन के दौरान पहनने के लिए आवश्यक हैं। क्या यज्ञोपवीत दो वस्त्रों के अतिरिक्त था? यदि ऐसा है, तो ऐसा कैसे हो सकता है कि उपनयन संस्कार के प्रारंभिक विवरण में इसका कोई उल्लेख नहीं है? दूसरी कठिनाई यह है कि यदि वह धागा वस्त्र का स्थानापन्न है तो उपनयन में वस्त्र धारण को कैसे बनाए रखा गया?

ऐसा लगता है कि एक और स्पष्टीकरण है। ये जैसा भी हो, मैं इसे पेश करता हूँ। इसके अनुसार, सूत्र धारण करने का संबंध गोत्र को अपनाने से था। इसका उद्देश्य स्वयं को एक विशेष गोत्र से बांधना था। इसका उपनयन से कोई लेना-देना नहीं था, जिसका उद्देश्य किसी व्यक्ति को वेदों के अध्ययन में दीक्षा देना था। लोगों को इसकी पर्याप्त रूप से जानकारी नहीं है कि प्राचीन आर्य कानून के तहत, एक पुत्र स्वाभाविक रूप से अपने पिता के गोत्र को प्राप्त नहीं करता था। पिता को अपने बेटे को अपना गोत्र देने के लिए एक विशेष समारोह करना पड़ता था। जब यह संस्कार किया जाता था तभी पुत्र का गोत्र पिता के समान होता था। इस संबंध में, इंडो-आर्यन समाज द्वारा अपनाए गए दो नियमों का हवाला दिया जा सकता है। एक अशुद्धता का नियम है। दूसरा गोद लेने का नियम है। मृत्यु द्वारा आई हुई अपवित्रता के नियम के संबंध में, अशुद्धता के दिन मृतक के साथ संबंध के अनुसार भिन्न होते हैं। अगर नातेदार बहुत करीब का हो तो अशुद्धता के दिन कम करीबी रिश्तेदारी के दिनों से ज्यादा होते हैं। एक लड़के की मृत्यु से जुड़ी अशुद्धियाँ, जिसे सूत्र प्रदान नहीं किया गया है, बहुत कम है,[6] कुछ दिनों से अधिक के लिए नहीं। गोद लेने के नियम के संबंध में, यह निर्धारित किया गया है कि एक लड़का जो सूत्र से बंधा हुआ

है, गोद लेने के योग्य नहीं है।[7] इन नियमों के पीछे क्या विचार है? विचार काफी स्पष्ट प्रतीत होता है। अशुद्धियाँ नाममात्र की हैं क्योंकि सूत्र न होने के कारण लड़के ने औपचारिक रूप से अपने पिता के गोत्र में प्रवेश नहीं किया था। गोद लेने का मतलब है

दत्तक पिता के गोत्र में प्रवेश करना। एक बार जनेऊ संस्कार हो जाने के बाद लड़का पहले ही और अपरिवर्तनीय रूप से दूसरे गोत्र में प्रवेश कर चुका था।

गोद लेने के लिए कोई जगह नहीं बची थी। इन दोनों नियमों से पता चलता है कि जनेऊ संस्कार गोत्र से जुड़ा था न कि उपनयन से।

यह विचार कि सूत्र का गोत्र से संबंध है, जैन साहित्य से समर्थन प्राप्त करता प्रतीत होता है। आचार्य रविसेन द्वारा रचित पद्मपुराण के चतुर्थ पर्व का श्लोक 87 इस प्रकार है:[8]

"भगवान! आपने हमें क्षत्रिय, वैश्य और शूद्र की उत्पत्ति बताई है। मैं उन लोगों की उत्पत्ति जानने के लिए उत्सुक हूँ जो अपने गले में जनेऊ धारण करते हैं।"

'गले में जनेऊ धारण करने वाले' यह शब्द बहुत महत्वपूर्ण है। इसमें कोई संदेह नहीं है कि यह ब्राह्मणों का वर्णन है। इससे यह स्पष्ट होता है कि एक समय ऐसा भी था जब केवल ब्राह्मण ही जनेऊ धारण करते थे और कोई अन्य वर्ग नहीं करता था। इस तथ्य के साथ रखने पर कि गोत्र संबंध केवल ब्राह्मणों तक ही सीमित था, यह स्पष्ट है कि जनेऊ संस्कार लड़के को उसके पिता के गोत्र में लाने- बल्कि उसे पिता के गोत्र से बांधने से जुड़ा हुआ था, और इसका उपनयन से कोई लेना-देना नहीं था जो कि वेदों के शिक्षण में दीक्षा से जुड़ा था।

यदि यह सत्य है, तो जनेऊ संस्कार और उपनयन संस्कार के अलग-अलग उद्देश्य थे। कुछ समय बाद दोनों एक में विलीन हो गए। इस विलय का कारण बहुत स्वाभाविक प्रतीत होता है। जनेऊ संस्कार के बिना उपनयन में आचार्य द्वारा लड़के को अपने गोत्र में ले लेने का खतरा शामिल था।

इस खतरे से बचने के लिए लड़के का पिता उसे आचार्य को सौंपने से पहले जनेऊ संस्कार करवाता था। यही संभावित कारण है कि दो समारोह एक साथ किए जाने लगे।

जैसा भी हो, उपनयन का अर्थ है वैदिक ब्राह्मण द्वारा वेद का उपदेश।

III

हालाँकि मुझे विश्वास है कि मेरी थीसिस मजबूत है, पर यह सोचना अति आत्मविश्वास होगा कि ऐसे व्यक्ति नहीं मिलेंगे जो इस पर आपत्ति नहीं उठाएंगे। मैं निम्नलिखित की अपेक्षा रखता हूँ:

1. क्या उपनयन की अनुपस्थिति शूद्रवाद की कसौटी है;
2. क्या शूद्र को कभी उपनयन का अधिकार था?
3. उपनयन की हानि से शूद्रों का सामान्य पतन कैसे हो सकता है?
4. शूद्रों को उपनयन से वंचित करने के लिए ब्राह्मणों के पास क्या अधिकार थे?

अपनी थीसिस पर संभावित आपत्तियों का उल्लेख करने के बाद, मैं उन्हें अपना उत्तर देना चाहता हूँ।

IV

पहले से शुरू करें तो, इस आपत्ति से निपटने का सबसे अच्छा तरीका न्यायिक निर्णयों का संदर्भ लेना है ताकि यह पता लगाया जा सके कि भारत में न्यायालयों ने शूद्र कौन है यह निर्धारित करने के लिए सबसे पक्का मानदंड क्या माना है।

पहला मामला जिसका संदर्भ 7, एम.आई.ए.18.[9] में पाया जा सकता है, यह प्रिवी काउंसिल द्वारा 1837 में तय किया गया था। इस मुद्दे पर सवाल यह था कि क्या तत्कालीन समय में भारत में कोई क्षत्रिय थे। एक पक्ष का तर्क था कि वे थे। दूसरी तरफ विवाद यह था कि कोई नहीं था। बाद का विवाद ब्राह्मणों द्वारा प्रचारित इस सिद्धांत पर आधारित था कि ब्राह्मण परशुराम ने सभी क्षत्रियों को मार डाला था और यदि कोई बचा था तो शूद्र राजा महापद्म नंद द्वारा उन्हें खत्म कर दिया गया था, ताकि उसके बाद कोई क्षत्रिय न बचे और यह कि केवल ब्राह्मण और शूद्र बच गए थे। प्रिवी

काउंसिल ने इस सिद्धांत को स्वीकार नहीं किया, जिसे उन्होंने झूठा और ब्राह्मणों द्वारा मनगढ़ंत माना और ये माना कि क्षत्रिय अभी भी भारत में मौजूद हैं। हालांकि प्रिवी काउंसिल ने कोई कसौटी नहीं रखी जिसके द्वारा एक क्षत्रिय को एक शूद्र से अलग किया जा सके। उनके विचार में, प्रश्न प्रत्येक मामले में अपने स्वयं के तथ्यों पर निर्धारित किया जाना चाहिए।

इस विषय पर दूसरा मामला I.L.R.10 Cal 688.[10] में पाया जाता है। मामले में उठाया गया सवाल यह था कि बिहार के कायस्थ क्षत्रिय थे या शूद्र। उच्च न्यायालय ने निर्णय दिया कि वे शूद्र थे। कायस्थों के पक्षकारों का पक्ष ये था कि बिहार के कायस्थ बंगाल, ऊपरी प्रांतों और बनारस के कायस्थों से अलग थे और जबकि ऊपरी प्रांतों और बनारस के लोग शूद्र थे, बिहार के कायस्थ क्षत्रिय थे। अदालत ने यह भेद करने से इनकार कर दिया और कहा कि बिहार के कायस्थ भी शूद्र थे।

इस फैसले की वैधता को इलाहाबाद उच्च न्यायालय ने स्वीकार नहीं किया। आई.एल.आर.12 All, 328[11] न्यायमूर्ति महमूद ने पृष्ठ 334 पर इस प्रकार निर्णय दिया:

"मुझे इस दृष्टिकोण की सत्यता के बारे में काफी संदेह है, जो कि नीचे के दोनों न्यायालयों द्वारा अपनाया गया लगता है, कि देश के इस हिस्से में कायस्थों की साहित्यिक जाति, जिसमें ये पक्ष शामिल हैं, शूद्रों की श्रेणी में आती है, जैसा कि मनु के संस्थान में या हिंदू कानून के आधिकारिक ग्रंथों में कहीं और मानव जाति के विभाजन में समझा गया है। जहाँ तक आबादी के इस महत्वपूर्ण वर्ग के लिए हिंदू कानून के प्रशासन का संबंध है, न केवल जातीय रूप से, बल्कि कानूनी दृष्टिकोण से भी यह प्रश्न काफी कठिन है। मैं इस प्रश्न को प्रिवी कौंसिल के लार्डों द्वारा श्री नारायण माइनर बनाम श्रीमती कृष्ण सुन्दरी दासी,[12] या महाशय शशिनाथ घोष बनाम श्रीमती कृष्ण सुंदरी दासी[13] में दोनों में से किसी भी निर्णय द्वारा हल करने के लिए नहीं लेता, जिनमें से दोनों में निचले बंगाल के कायस्थों द्वारा गोद लेने के मामलों को संदर्भित किया जाता है, जो उत्तर-पश्चिमी

प्रांतों और अवध जैसे ऊपरी भारत में कायस्थों की बारह जातियों से अलग हो सकते हैं। न ही मुझे लगता है कि चौधरी हजारी लाल बनाम बिष्णु दयाल (1886 की पहली अपील संख्या 113, 15 जून 1887 को तय किया गया) में विद्वान मुख्य न्यायाधीश और मेरे भाई टायरेल के असूचित निर्णय, जो कि गोद लेने का मामला भी था, ने इस मामले को सुलझाया। लेकिन मुझे इस विषय को और आगे बढ़ाने की जरूरत नहीं है...।"

तीसरा मामला (1916) 20 Cal. W.N. 9014 में बताया गया है। यहाँ यह प्रश्न उठा कि बंगाल के कायस्थ क्षत्रिय थे या शूद्र। कलकत्ता उच्च न्यायालय ने माना कि वे शूद्र थे। कलकत्ता उच्च न्यायालय के फैसले के खिलाफ अपील के माध्यम से मामला प्रिवी काउंसिल में ले जाया गया। प्रिवी काउंसिल का निर्णय (1926) 47 I.A.140 में बताया गया है। यह सवाल कि बंगाली कायस्थ शूद्र हैं या क्षत्रिय, प्रिवी काउंसिल द्वारा तय नहीं किया गया था, बल्कि खुला छोड़ दिया गया था। 1916 और 1926 के बीच कलकत्ता उच्च न्यायालय ने दो फैसले दिए, जिसमें कहा गया कि बंगाल के कायस्थों और दो निम्न जातियों तांती[15] और डोम[16] के बीच के अंतर्विवाह इस आधार पर वैध थे कि वे दोनों शूद्रों की उप-जातियां थीं।

इन फैसलों के कारण कायस्थों की स्थिति में और गिरावट आई, जिसके बाद एक और निर्णय लिया गया, जिसकी रिपोर्ट आई.एल.आर. 6 पटना 506[17] में दी गई है। 47 पृष्ठों के विस्तृत निर्णय में श्री न्यायमूर्ति ज्वाला प्रसाद ने प्रत्येक पुराण और प्रत्येक स्मृति का हवाला दिया जिसमें कायस्थों का जिक्र था। उन्होंने कलकत्ता उच्च न्यायालय से भिन्न मत देते हुए माना कि बिहार के कायस्थ क्षत्रिय थे।

फिर ऐसे मामले आए जिनमें सवाल यह था कि क्या मराठा क्षत्रिय हैं या शूद्र। पहला मामला जिसमें इस मुद्दे को उठाया गया था, वह था 48 Mad. I.[18]। यह तंजौर के राजा की संपत्ति के रिसीवर द्वारा दायर किया गया एक इंटरप्लीडर सूट था जिसमें राजा के सभी वंशजों के साथ-साथ दूर के गोत्र और सगोत्रों को मुकदमे में प्रतिवादी बनाया गया था। तंजौर राज्य की

स्थापना वेंकोजी ने की थी, जिन्हें एकोजी भी कहा जाता था, जो मराठा साम्राज्य के संस्थापक शिवाजी के भाई और मराठा थे। मामले में फैसले में 229 पृष्ठ शामिल थे और इस सवाल पर कि क्या मराठा क्षत्रिय थे, अत्यंत विस्तृत तरीके से विचार किया गया था। मद्रास उच्च न्यायालय का निर्णय था कि मराठा शूद्र थे न कि क्षत्रिय, जैसा कि प्रतिवादियों ने तर्क दिया था।

अगला मामला जो मराठों से ही संबंधित है, आई.एल.आर. (1928) 52 बॉम.497[19] में रिपोर्ट किया गया है। न्यायालय ने निर्णय दिया कि:

"बॉम्बे प्रेसीडेंसी में मराठों के बीच तीन वर्ग हैं: (1) पाँच परिवार; (2) छियानवे परिवार; (3) शेष, प्रथम दो वर्ग कानूनी रूप से क्षत्रिय हैं।"

अंतिम मामला जिसका संदर्भ दिया जा सकता है, I.L.R. (1927) 52 Mad-I.[20] में रिपोर्ट किया गया है। मुद्दा यह था कि क्या मदुरा के यादव क्षत्रिय थे। यादवों ने खुद को क्षत्रिय होने का दावा किया। लेकिन मद्रास उच्च न्यायालय ने इस दावे को खारिज कर दिया और कहा कि वे शूद्र थे।

ऐसा है इस मुद्दे पर न्यायिक घोषणाओं का सिलसिला, कि यह कैसे निर्धारित किया जाए कि कौन क्षत्रिय है और कौन शूद्र। यह राय की अत्यंत भ्रमित करने वाली श्रृंखला है जो सुलझाती कम है और उलझाती ज्यादा है। बिहार, ऊपरी प्रांत (अब यूपी) और बनारस के कायस्थ क्षत्रिय हैं, जबकि बंगाल के कायस्थ शूद्र हैं !! मद्रास उच्च न्यायालय के अनुसार सभी मराठा शूद्र हैं। लेकिन बॉम्बे हाई कोर्ट के अनुसार पाँच परिवारों और 96 परिवारों के मराठा क्षत्रिय हैं और बाकी शूद्र हैं !! कृष्ण जिस यादव समुदाय से संबंधित थे, उन्हें लोकप्रिय रूप से क्षत्रिय माना जाता है। लेकिन मद्रास उच्च न्यायालय के अनुसार यादव शूद्र हैं !!

संदर्भित मामलों में अदालत के विशेष निर्णयों की तुलना में हमारे उद्देश्य के लिये अधिक महत्वपूर्ण वे मानदंड हैं जिन्हें अदालतों ने अपने निर्णयों पर आने के लिए अपनाया है। न्यायालयों ने जो मानदंड निर्धारित किए हैं, उनमें निम्नलिखित ध्यान देने योग्य हैं:

(1) आई.एल.आर. 10 कैल. 688, में अपनाए गए मानदंड थे (i) उपनाम के रूप में दास का उपयोग, (ii) पवित्र धागा पहनना, (iii) होम करने की योग्यता, (iv) अशुद्धता की अवधि; (v) उत्तराधिकारी होने के लिए नाजायज बेटों की योग्यता या अयोग्यता।

(2) आई.एल.आर. 6 पटना 606, में कसौटी सामान्य ख्याति लगती है। यदि कोई समुदाय सामान्य प्रतिष्ठा से क्षत्रिय है तो उसे क्षत्रिय समुदाय माना जाएगा।

(3) 48 मद्रास 1 में कई तरह के मापदंड अपनाए गए। एक थी समुदाय की चेतना। दूसरा उपनयन संस्कार जो पवित्र जनेऊ धारण करने से अलग था। तीसरी कसौटी यह थी कि सभी गैर-ब्राह्मण शूद्र हैं जब तक कि वे यह साबित नहीं करते कि वे क्षत्रिय या वैश्य हैं।

(4) आई.एल.आर. बोम. 497, में अपनाए गए परीक्षण थे (i) जाति की चेतना (ii) इसकी प्रथा, और (iii) अन्य जातियों द्वारा उस चेतना की स्वीकृति।

इस विषय के बारे में जानने वाला कोई भी व्यक्ति यह नहीं कह सकता कि विभिन्न न्यायालयों द्वारा अपनाए गए मानदंड सही हैं। अशुद्धता की अवधि जैसे मानदंड अप्रासंगिक हैं और प्रश्न का निर्धारण करने के लिए इनका कोई मूल्य नहीं है। होम करने की योग्यता जैसी कसौटी प्रासंगिक तो है लेकिन मान्य नहीं है। यह एक कारण को प्रभाव समझने की भूल करती है। चेतना की कसौटी शायद ही कोई उचित कसौटी है। एक समुदाय आवश्यक धार्मिक अनुष्ठानों के लंबे समय तक अनुपयोग के कारण अपनी चेतना खो सकता है, जिन कारणों पर उसका कोई नियंत्रण नहीं है। उपनयन की कसौटी एक अलग आधार पर है। अदालतों ने इसे ठीक से नहीं रखा है। लेकिन इसमें कोई संदेह नहीं, कि उपनयन की कसौटी यदि ठीक से समझी और ठीक से रखी जाय तो सही है। न्यायालयों ने उपनयन के संबंध में समुदाय की वास्तविक स्थिति और इसकी कानूनी स्थिति के बीच कोई अंतर नहीं किया है, और इस धारणा पर आगे बढ़े हैं कि वास्तव में जो सत्य है वह कानूनन भी सत्य होना चाहिए। उपनयन की कसौटी को लागू करने

में यह दोष है जिसने विसंगतियों और बेतुकेपन को जन्म दिया है, जैसे कि एक समुदाय की एक क्षेत्र में एक स्थिति और एक दूसरे क्षेत्र में काफी अलग स्थिति – या किसी ढोंगी समुदाय को धागा पहनने की अनुमति देना और यदि वह इसे एक अवधि तक धारण करे तो उसके द्वारा एक निहित अधिकार प्राप्त करने का ढोंग करना अथवा इसके उलट किसी समुदाय को यह घोषित करके दंडित करना कि उसके पास केवल इसलिए धागा पहनने का कोई कानूनी अधिकार नहीं है क्योंकि उसने इसे वास्तविक रूप से नहीं पहना है। असली कसौटी जनेऊ पहनना नहीं बल्कि जनेऊ पहनने का अधिकार है। उचित अर्थों में समझा जाए तो, बिना किसी विरोधाभास के डर के यह कहा जा सकता है कि उपनयन का अधिकार ही किसी व्यक्ति की स्थिति को आंकने का वास्तविक और एकमात्र परीक्षण है कि वह शूद्र है या क्षत्रिय।

V

दूसरी आपत्ति एकदम अस्वीकार्य है। यह मान लेना, कि आरंभ से ही आर्य समाज ने उपनयन के मामले में अपने विभिन्न वर्गों के साथ अलग-अलग व्यवहार किया, मेरे विचार से एक बहुत ही अप्राकृतिक अनुमान है। आदिम समाज भेदभाव से शुरू नहीं होता। यह एकरूपता से शुरू होता है और विविधता में समाप्त होता है। यह मान लेना स्वाभाविक होगा कि उपनयन के मामले में प्राचीन आर्य समाज अपने सभी वर्गों के साथ समान स्तर पर व्यवहार करता था। हालांकि, दूसरी तरफ यह तर्क दिया जा सकता है कि एकरूपता के पक्ष में इस तरह की मूल प्रवृत्ति को सार्वभौमिक होने के रूप में स्वीकार करने की आवश्यकता नहीं है, यह भी हो सकता है कि प्राचीन आर्य समाज में शूद्रों और महिलाओं को उपनयन से बाहर रखा गया था। सौभाग्य से मेरे लिए, सिर्फ तर्क पर भरोसा करना जरूरी नहीं है, हालांकि मैं मानता हूँ कि तर्क मेरे पक्ष में है। क्योंकि परिस्थितिजन्य और प्रत्यक्ष दोनों ही तरह के ऐसे पर्याप्त प्रमाण हैं जिनसे यह पता चलता है कि शूद्रों और महिलाओं दोनों को एक समय जनेऊ धारण करने का अधिकार था।

प्राचीन आर्य समाज उपनयन को सभी के लिए आवश्यक मानता था, यह स्पष्ट हो जाएगा यदि निम्नलिखित तथ्यों को ध्यान में रखा जाए।

उपनयन की अनुमति बहरे, गूंगे, मूर्ख और यहाँ तक कि नपुंसकों के लिए भी थी। मूक-बधिरों और मूर्खों के उपनयन के लिए एक विशेष प्रक्रिया निर्धारित की गई थी। जिन मुख्य बातों में उनका उपनयन दूसरों से भिन्न है, वह यह है कि समिध की भेंट, पत्थर पर पैर रखना, वस्त्र पहनना, मेखला बांधना, हिरण की खाल और छड़ी देना चुपचाप किया जाता है, लड़का अपने नाम का उल्लेख नहीं करता, स्वयं आचार्य ही पके हुए भोजन या घी का हवन करते हैं, सभी मंत्र स्वयं आचार्य द्वारा धीरे-धीरे उच्चारित किए जाते हैं। नपुंसक, अंधे, पागल, मिर्गी, सफेद कुष्ठ या काला कुष्ठ आदि रोगों से पीड़ित अन्य व्यक्तियों के लिए भी यही प्रक्रिया अपनाई जाती है।

छह अनुलोम जातियाँ भी उपनयन के लिए पात्र थीं; यह क्षत्रियों, वैश्यों और रथकार, अम्बष्ठ आदि मिश्रित जातियों के उपनयन के नियमों[21] से स्पष्ट है।

पतितसावित्रिकों को उपनयन की अनुमति थी। ब्राह्मण बालक की उपनयन की उचित आयु जन्म से 8 वर्ष, क्षत्रिय की 11 वर्ष और वैश्य की 12 वर्ष होती है। लेकिन कुछ छूट की अनुमति दी गई ताकि ब्राह्मणों, क्षत्रियों और वैश्यों के मामले में उपनयन का समय क्रमश: 16वें, 22वें और 24वें वर्ष में भी बीता हुआ न समझा जाए। उपनयन के बिना इन वर्षों के बीत जाने के बाद, एक व्यक्ति को सावित्री (पवित्र गायत्री छंद) सीखने के लिए अक्षम माना जाता था। ऐसे व्यक्तियों को तब पतितसावितृक या सवितृपतित कहा जाता था। नियमों की कड़ी व्याख्या के अनुसार, उसके बाद उनके लिए कोई उपनयन नहीं किया जाना चाहिए, उन्हें वेद नहीं पढ़ाया जाना चाहिए, न ही उनके यज्ञों को पूरा करना चाहिए और उनके साथ कोई सामाजिक संबंध नहीं बनाना चाहिए (अर्थात् विवाह नहीं करना चाहिए)। लेकिन उनके मामले में भी, प्रायश्चित के लिये नियम[22] में कुछ ढील देने की तैयारी थी।

उपनयन को ब्रह्मघ्नों के मामले में अनुमति दी गई थी। ब्रह्मघ्न वह व्यक्ति होता है जिसके पिता या दादा उपनयन करने में असफल रहे हों। मूल नियम[23] यह था कि यदि किसी व्यक्ति के पिता और दादा ने भी स्वयं के लिए उपनयन नहीं कराया था, तो वे (अर्थात, तीन पीढ़ियाँ) ब्रह्म (पवित्र प्रार्थना या विद्या) के संहारक कहलाते हैं; लोगों को उनके साथ संबंध नहीं बनाना चाहिए, उनका भोजन नहीं करना चाहिए और न ही उनके साथ विवाह बंधन में बंधना चाहिए। लेकिन उनके मामले में भी नियम में ढील दी गई थी और उन्हें इच्छा होने पर उपनयन की अनुमति दी गई थी, बशर्ते उन्होंने निर्धारित प्रायश्चित किया हो।

उस व्यक्ति के मामले में एक और छूट दी गई थी, जिसकी पीढ़ी परदादा के साथ शुरू हुई थी और उनका उपनयन नहीं किया गया था।[24] यहाँ तक कि उन्हें अपना उपनयन कराने की अनुमति थी, यदि वे चाहें, बशर्ते उन्होंने तपस्या की, जिसमें बारह साल तक छात्र जीवन और पवमानि आदि छंदों के साथ स्नान शामिल था। उनके उपनयन पर, उन्हें गृहस्थ के कर्तव्यों का निर्देश दिया जाता था, और यद्यपि उन्हें स्वयं वेद की शिक्षा नहीं दी जा सकती थी, फिर भी उनके पुत्र संस्कार करा सकते थे जैसा कि पतितसावित्रिक के मामले में किया जाता था ताकि उनका पुत्र 'किसी दूसरे आर्य जैसा' बन जाता।

व्रात्यों को उपनयन की अनुमति थी। यह कहना मुश्किल है कि व्रात्य कौन थे, क्या वे आर्य थे जो तीन पीढ़ियों से अधिक समय तक उपनयन करने में विफल रहे थे या क्या वे अनार्य थे जो कभी भी आर्यों के दायरे में नहीं थे और जिन्हें ब्राह्मण आर्य आस्था में धर्मांतरित करना चाहते थे। संभव है कि इसमें दोनों शामिल हों। जो भी हो, इसमें कोई संदेह नहीं कि उपनयन व्रात्यों के लिए खुला था बशर्ते वे व्रात्यस्तोम का अनुष्ठान करते। व्रात्य वे थे जो व्रात्य जीवन व्यतीत करते थे, निम्न थे और अधम अवस्था में आ गए थे क्योंकि उन्होंने न तो विद्यार्थीत्व (ब्रह्मचर्य) का पालन किया था और न ही वे खेती करते थे और न ही व्यापार में संलग्न थे। व्रत्यस्तोम चार थे जिनमें से पहला सभी व्रात्यों के लिए है, दूसरा उन लोगों के लिए

है जो अभिशास्ता हैं जो दुष्ट हैं या भारी पाप के दोषी हैं और जिनकी निंदा की जाती है और वे व्रात्य जीवन व्यतीत करते हैं, तीसरा उनके लिए है जो सबसे कम उम्र के हैं और व्रात्य जीवन जीते हैं और चौथा उनके लिए जो बहुत वृद्ध हैं और फिर भी व्रात्य जीवन व्यतीत करते हैं। चारों व्रात्यस्तोम में से प्रत्येक में, षोडशस्तोम[25] हमेशा किया जाता है। षोडशस्तोम द्वारा ही वे इस (श्रेष्ठ स्थिति) को प्राप्त कर सकते हैं। माना जाता है कि षोडशस्तोम में इनके दोषों को दूर करने की शक्ति थी। व्रात्यस्तोम यज्ञ करने से, वे व्रात्य नहीं रह जाते थे और रूढ़िवादी आर्यों के साथ सामाजिक संपर्क के पात्र हो जाते थे, उनका संस्कार (उपनयन संस्कार) हो सकता था और फिर वेद का अध्ययन करने के योग्य हो जाते थे।

व्रात्यताशुद्धिसंग्रह[26] में उचित तपस्या करने पर बारह पीढ़ियों के बाद भी व्रात्यों की शुद्धि का विधान किया गया है।

उपनयन को इतना श्रेष्ठ माना गया था कि बौधायन (ii.10) ने अश्वत्थ वृक्ष के उपनयन की भी अनुमति दी थी।

इन तथ्यों को देखते हुए, यह विश्वास करना मुश्किल है कि आर्य समाज द्वारा शुरू से ही महिलाओं और शूद्रों को उपनयन से बाहर रखा गया था। इस संदर्भ में, भारत-ईरानियों के बीच प्रचलित रीति-रिवाजों पर ध्यान आकर्षित किया जा सकता है जो संस्कृति और धर्म के मामले में भारतीय-आर्यों के बहुत निकट थे। भारत-ईरानियों में, न केवल पुरुषों और महिलाओं दोनों बल्कि सभी वर्गों के पुरुषों और महिलाओं को पवित्र धागा पहनाया जाता था। यह विरोधियों को साबित करना है कि भारतीय-आर्यों के बीच यह व्यवस्था भिन्न क्यों थी।

हालाँकि, परिस्थितिजन्य साक्ष्य पर ही निर्भर होना आवश्यक नहीं है। यह दर्शाने के लिए पर्याप्त प्रत्यक्ष प्रमाण हैं कि एक समय था जब महिलाओं और शूद्रों दोनों को उपनयन का अधिकार था और वे इसे कराते भी थे।

महिलाओं के उपनयन के संबंध में हिंदू धार्मिक ग्रंथों में निहित कथन[27] काफी स्पष्ट हैं। जो कोई भी उनकी जाँच करेगा वह पायेगा कि उपनयन

महिलाओं के लिए स्वीकृत था। महिलाओं ने न केवल वेदों को सीखा बल्कि वे वेदों को पढ़ाने के लिए संस्थाएं भी चलाती थीं, यहाँ तक कि महिलाएं पूर्व मीमांसा पर टिप्पणियां लिखने के लिये भी जानी जाती हैं।

जहां तक शूद्रों का संबंध है, उनके लिये प्रमाण भी उतने ही सकारात्मक हैं। यदि सुदास राजा थे, यदि सुदास शूद्र थे, यदि उनका राज्याभिषेक समारोह वशिष्ठ द्वारा किया गया था और उन्होंने राजसूय यज्ञ किया था, तो इसमें कोई संदेह नहीं कि शूद्र कभी जनेऊ धारण करते थे। परिस्थितिजन्य साक्ष्य और पहले उल्लिखित लेखकों के साक्ष्य के अलावा, मैक्स मुलर[28] द्वारा उद्धृत संस्कार गणपति में शूद्र को उपनयन के योग्य घोषित करने का एक स्पष्ट प्रावधान है।

महिलाओं और शूद्रों के बीच एकमात्र अंतर यह है कि महिलाओं के मामले में महिलाओं के उपनयन को क्यों रोका गया, इसकी कुछ उचित व्याख्या दी गई है, जबकि शूद्रों के उपनयन को रोकने के लिए ऐसी कोई व्याख्या नहीं है। यह तर्क दिया जाता है कि स्त्रियों का उपनयन तब तक चलता रहा जब तक उपनयन की आयु और विवाह की आयु अलग-अलग रही। कहा जाता है कि प्राचीन काल में उपनयन की आयु 8 वर्ष और विवाह की आयु काफी बाद में थी। लेकिन बाद के चरण में, विवाह की उम्र को घटाकर 8 कर दिया गया, जिसके परिणामस्वरूप उपनयन का एक स्वतंत्र विधि-विधान के रूप में अस्तित्व समाप्त हो गया और वह विवाह में विलीन हो गया। यह स्पष्टीकरण सही है या गलत यह दूसरी बात है। मुद्दा यह है कि शूद्र के मामले में, उपनयन एक समय उसके लिए खुला था, बाद में यह उसके लिए बंद हो गया और इस परिवर्तन के लिए कोई स्पष्टीकरण नहीं है।

जिन साक्ष्यों का मैंने उल्लेख किया है, उनके बावजूद जो लोग सोचते हैं कि उन्हें अपनी आपत्ति पर जोर देना चाहिए, उन्हें अपने पक्ष की कमजोरी याद रखनी चाहिए। यदि यह माना जाए कि शूद्रों को उपनयन का आदेश कभी नहीं था, तो उन्हें इस प्रश्न का सामना करना पड़ेगा कि शूद्रों को उपनयन का लाभ क्यों नहीं दिया गया। रूढ़िवादी सिद्धांत केवल यह

कहता है कि शूद्र के लिए उपनयन नहीं है। लेकिन इसमें यह नहीं बताया गया है कि शूद्र को उपनयन क्यों नहीं करवाना चाहिए। यह स्पष्टीकरण कि शूद्र का उपनयन नहीं होता था क्योंकि वह अनार्य था, एक आधुनिक आविष्कार है जिसे पूरी तरह निराधार दिखाया गया है। या तो कभी उपनयन था और उसे रोक दिया गया, या उपनयन को शुरू से ही रोक दिया गया था। दोनों में से कुछ भी सच हो सकता है। लेकिन इससे पहले कि एक या दूसरे को सच माना जाए, इसके साथ कारण भी होने चाहिए। चूंकि इसका कोई कारण नहीं है कि शूद्रों को उपनयन का लाभ क्यों नहीं दिया गया, अनुमान मेरी थीसिस के पक्ष में होना चाहिए, जिसमें कहा गया है कि उन्हें उपनयन का अधिकार था, और वे इससे वंचित किये गए और कारण भी बताती है कि वे इसकी वैधता से क्यों वंचित किये गए।

VI

तीसरी आपत्ति कोई आपत्ति ही नहीं है। केवल वही व्यक्ति जो उपनयन की सभी घटनाओं को पूरी तरह से नहीं जानता, उसे वैध बताने पर अड़ा रह सकता है।

आर्यों के समाज में कुछ समारोहों को संस्कार माना जाता था। गौतम धर्म सूत्र (VIII. 14-24) में संस्कारों की संख्या चालीस बताई गई है। वो हैं :

गर्भाधान, पुंसवन, सीमन्तोन्नयन, जातकर्म, नामकरण, अन्नप्राशन, कौल, उपनयन, वेद के चार व्रत, स्नान (या समावर्तन), विवाह, पाँच दैनिक महायज्ञ (देव, पितृ, मनुष्य, भूत और ब्रह्म के लिए); सात पाकयज्ञ (अर्थात, अष्टक, परवनस्थलिपक, श्रद्धा श्रावणी, अग्रहायणि, चौत्री, अश्वयुजी); सात हविर्यज्ञ (जिसमें होमबलि है लेकिन कोई सोम नहीं है, अर्थात, अग्निधेय, अग्निहोत्र, दर्शपूर्णमास, अग्रायण, चातुर्मास्य, निरुधपशुबंध और सौत्रमणि); सात सोम यज्ञ (अग्निष्टोम, अत्यग्निष्टोम, उक्थ्य, षोडशिन, वाजपेय, अतिरात्र, आप्तोर्यमा)।

बाद के चरण में संकीर्ण अर्थों में संस्कारों और व्यापक अर्थों में संस्कारों के बीच एक अंतर खींचा गया प्रतीत होता है। व्यापक अर्थों में

संस्कार वास्तव में यज्ञ थे और इसलिए उन्हें संस्कार के उचित अर्थों में शामिल नहीं किया गया, जिन्हें घटाकर सोलह कर दिया गया।

संस्कारों के बारे में कुछ भी अजीब नहीं है। हर समाज उन्हें मानता है। उदाहरण के लिए, ईसाई बपतिस्मा, पुष्टिकरण, विवाह, चरम एकता, यूचरिस्ट, प्रभु भोज और पवित्र मिलन को संस्कार मानते हैं। हालाँकि संस्कारों के बारे में भारतीय आर्यों और ईसाइयों की धारणाओं के बीच अंतर प्रतीत होता है। ईसाई धारणाओं के अनुसार, संस्कार (Sacraments) विशुद्ध रूप से आध्यात्मिक मामला – विशेष संस्कारों द्वारा ईश्वर की कृपा प्राप्त करना, है। इसका कोई सामाजिक महत्व नहीं था। इंडो–आर्यों के बीच संस्कारों का मूलत: एक विशुद्ध आध्यात्मिक महत्व था। पूर्व मीमांसा के लेखक जैमिनी का संस्कारों के बारे में क्या कहना है, यह इससे स्पष्ट हो जाता है। जैमिनी के अनुसार सामान्य सिद्धांत यह है कि संस्कार योग्यता प्रदान करते हैं। वे दो तरह से कार्य करते हैं। वे दोषों को दूर करते हैं और वे नए गुण उत्पन्न करते हैं। इन संस्कारों के बिना, एक व्यक्ति को इस आधार पर अपने यज्ञ का प्रतिफल नहीं मिलता है कि वह इसे करने के योग्य नहीं है। उपनयन संस्कारों में से एक था और अन्य संस्कारों की तरह, इसका महत्व सिर्फ आध्यात्मिक था। शूद्रों को उपनयन से वंचित करने से अनिवार्य रूप से इसके महत्व में बदलाव आया। अपने आध्यात्मिक महत्व के अतिरिक्त इसने एक सामाजिक महत्व भी प्राप्त किया जो पहले नहीं था।

जब उपनयन आर्य या अनार्य सभी के लिए खुला था, तो यह सामाजिक महत्व का विषय नहीं था। यह सबका सामान्य अधिकार था। यह कुछ का विशेषाधिकार नहीं था। जब शूद्रों को इससे वंचित कर दिया गया, तो इसका अधिकार सम्मान की बात बन गया और इसका इनकार गुलामी का प्रतीक बन गया। शूद्रों को उपनयन की मनाही ने भारतीय आर्य समाज में एक नया कारक पेश किया। इससे शूद्र उच्च वर्गों को अपने से वरिष्ठों के रूप में देखने लगे और तीन उच्च वर्ग शूद्रों को अपने से नीचे देखने में समर्थ हो गए। यह एक तरीका है जिससे उपनयन की हानि से शूद्रों का पतन हुआ।

उपनयन की और भी घटनाएं हैं। पूर्व मीमांसा[29] में निर्धारित नियमों को देखने से इनका अंदाजा लगाया जा सकता है।

इन नियमों में एक यह है कि एक व्यक्ति की पूरी संपत्ति मुख्य रूप से उसे यज्ञ करने के साधन प्रदान करने के उद्देश्य से होती है। संपत्ति का अधिकार यज्ञ करने की क्षमता पर निर्भर है।[30] दूसरे शब्दों में, जो कोई यज्ञ करने में अक्षम है, उसे संपत्ति का कोई अधिकार नहीं है। यज्ञ करने की योग्यता उपनयन से आती है। तो इसका अर्थ हुआ कि जो उपनयन के अधिकारी हैं, उन्हें ही संपत्ति पर अधिकार है।

पूर्व मीमांसा का दूसरा नियम यह है कि यज्ञ के साथ वेद मंत्रों का होना आवश्यक है। इसका अर्थ यह है कि यज्ञ करने वाले को वेदों के अध्ययन का अभ्यास होना चाहिए। जिस व्यक्ति ने वेदों का अध्ययन नहीं किया है वह यज्ञ करने के योग्य नहीं है। वेद का अध्ययन केवल उन्हीं व्यक्तियों के लिए खुला है जो उपनयन संस्कार से गुजरे हैं। दूसरे शब्दों में, ज्ञान और सीखने की क्षमता – जो वेद के अध्ययन का अर्थ है – उपनयन पर निर्भर है। उपनयन न हो तो ज्ञान का मार्ग बंद हो जाता है। उपनयन कोई खोखला समारोह नहीं है। संपत्ति का अधिकार और ज्ञान का अधिकार उपनयन की दो सबसे महत्वपूर्ण उपलब्धियाँ हैं।

जो लोग यह नहीं समझ सकते कि उपनयन की हानि से शूद्रों का पतन कैसे हो सकता है, यदि वे ऊपर उल्लिखित पूर्व मीमांसा के नियमों को ध्यान में रखेंगे तो उन्हें इस मामले को समझने में कोई कठिनाई नहीं होनी चाहिए। शिक्षा और संपत्ति से उपनयन का संबंध एक बार समझ में आने के बाद, इस थीसिस को स्वीकार करने में कोई कठिनाई नहीं होगी कि शूद्र का पतन पूरी तरह से उपनयन की हानि के कारण हुआ था।

ऊपर कही गई बातों से यह देखा जा सकता है कि प्राचीन आर्य समाज में उपनयन संस्कार किस प्रकार मौलिक था और किस प्रकार व्यक्तियों की सामाजिक स्थिति और व्यक्तिगत अधिकार इस पर निर्भर थे। उपनयन के बिना, एक व्यक्ति सामाजिक पतन, अज्ञानता और गरीबी के लिए अभिशप्त था। उपनयन को रोकना ब्राह्मणों द्वारा शूद्रों से बदला लेने के लिए खोजा

गया सबसे घातक हथियार था। इसका प्रभाव किसी परमाणु बम जैसा था। इसने शूद्रों को, ब्राह्मणों की भाषा में कहें तो, एक कब्रिस्तान बना दिया।

VII

ब्राह्मण उपनयन की मनाही कर सकते थे, यह प्रश्न से परे है। संदेह शायद इस तथ्य से उत्पन्न होता है कि ब्राह्मणों को इस तरह की शक्ति प्रदान करने वाला एक भी स्पष्ट कथन कहीं नहीं है। फिर भी, जिन लोगों को भारतीय-आर्यों की धार्मिक व्यवस्था के क्रियाशील भागों के बारे में जानकारी नहीं है, उनके मन में जो भी संदेह हो सकता है, यदि दो बातों को ध्यान में रखा जाए तो वह गायब हो जाना चाहिए: (1) ब्राह्मण को उपनयन कार्य कराने का विशेषाधिकार सौंपना और (2) अनधिकृत उपनयन के लिए ब्राह्मण पर लगाया गया दंड।

संभवत: अत्यंत प्राचीन काल में पिता ही अपने पुत्र को गायत्री की शिक्षा देता था, जिसके साथ वेद का अध्ययन शुरू होता था और जिसके लिए बाद में उपनयन संस्कार निर्मित किया गया था। लेकिन इसमें कोई संदेह नहीं कि बहुत प्रारम्भिक समय से ही उपनयन करने का कार्य एक गुरु या आचार्य को सौंपा जाता था और लड़का आचार्य के घर जाकर रहता था।

आचार्य कौन होना चाहिए और उसकी योग्यता क्या होनी चाहिए, यह प्रश्न बहुत प्राचीन काल से चर्चा का विषय रहा है।

आचार्य को वेदों का ज्ञाता होना चाहिए। एक ब्राह्मण ग्रन्थ[31] कहता है, "वह, जिसे ज्ञान से रहित शिक्षक दीक्षा देता है, अंधकार से अंधकार में प्रवेश करता है और वह भी (अर्थात आचार्य) जो स्वयं अज्ञानी है (अंधकार में प्रवेश करता है)।"

आप.ध. सू.(1.1.1.12-13), यह निर्धारित करता है कि उपनयन करने के लिए चुने गए आचार्य को विद्या से संपन्न होना चाहिए और उसके परिवार को भी वंशानुगत रूप से शिक्षित होना चाहिये तथा उसे मन से शांत होना चाहिये, और उसके अधीन वैदिक विद्या का अध्ययन करना चाहिए

(ब्रह्मचर्य के अंत तक) या जब तक कि शिक्षक धर्म के मार्ग से नहीं हटता।[32]

परंतु एक आचार्य होने की पहली और सबसे महत्वपूर्ण योग्यता यह है कि वह एक ब्राह्मण होना चाहिए: केवल कठिनाई के समय में (अर्थात्, जब कोई ब्राह्मण उपलब्ध नहीं हो) किसी व्यक्ति को अनुमति थी कि

वह किसी क्षत्रिय या वैश्य आचार्य का वरण कर ले।[33] इस अपवाद को केवल उस अवधि में अनुमति दी गई थी जब वेदों को सीखने के अधिकार तथा वेदों को पढ़ाने के अधिकार के बीच भेद नहीं किया गया था। लेकिन जब यह भेद किया जाने लगा- और यह बहुत ही शुरुआती समय में किया जाने लगा था- वास्तव में वशिष्ठ और विश्वामित्र के बीच संघर्ष बस इसी बिंदु पर था- तब केवल ब्राह्मण ही एक आचार्य होने का अधिकारी हो गया, जो उपनयन कराने का कार्य कर सकता था।

इसलिए एक बात को अच्छी तरह से स्थापित समझ लेना चाहिए, कि एक ब्राह्मण के अलावा कोई भी उपनयन संस्कार नहीं करवा सकता था। किसी अन्य के द्वारा किया गया उपनयन मान्य उपनयन नहीं है।

इंडो-आर्यन धार्मिक प्रणाली का एक अन्य भाग जो ब्राह्मण पर लागू था, वह ये था कि वह किसी धार्मिक चरित्र का कोई भी अनधिकृत कार्य नहीं कर सकता था। ऐसे किसी भी आचरण का दोषी ब्राह्मण दंड या प्रायश्चित का पात्र था। प्राचीन कानून की किताबों में ऐसे कई दंड पाए जाते हैं। मेरा इशारा मनु और पराशर की ओर है।

मनु (III.150ff.), यह बताता है कि ब्राह्मणों के किस वर्ग को देवताओं और पितरों को अर्पित (भाग लेने के लिए) अयोग्य मानना चाहिये। इस सूची में शामिल हैं:

III.156. – "वह जो एक निर्धारित शुल्क के लिए पढ़ाता है और वह जिसे उस शर्त पर पढ़ाया जाता है, वह जो शूद्र शिष्यों को उपदेश देता है और वह जिसका शिक्षक शूद्र है, वह जो अशिष्टता से बोलता है, व्यभिचारिणी का पुत्र और विधवा का पुत्र।"

पराशर कहते हैं:[34]

"वह ब्राह्मण, जो दक्षिणा (धन या शुल्क का उपहार) के लिए शूद्र के लिये अग्नि में आहुति देता है, शूद्र हो जाता है, क्या शूद्र (जिसके लिए वह आहुति देता है) ब्राह्मण बन जाएगा;" माधव के अनुसार, यह प्रतिपादित करता है कि संस्कार का पुण्य "शूद्र को जाता है और ब्राह्मण को पाप लगता है।"

जो लोग यह पूछते हैं कि शूद्र को उपनयन के अधिकार से वंचित करने के लिए ब्राह्मणों के पास क्या अधिकार थे, वे इन दो तथ्यों के संयुक्त प्रभाव पर विचार कर सकते हैं: (1) ब्राह्मण का उपनयन कार्य कराने का विशेष अधिकार, और (2) वह दंड जिसका वह एक अनधिकृत उपनयन करने के लिए भागी बनता है। यदि वे यह विचार करेंगे, तो उन्हें इसमें कोई संदेह नहीं होगा कि इन दोनों कारकों का संयुक्त प्रभाव था-ब्राह्मण को उपनयन पूरा कराने के साथ-साथ इससे इनकार करने का अधिकार प्रदान करना। यह सच है कि ऐसी शक्ति प्रकट रूप से ब्राह्मण में निहित नहीं की गई है। ऐसा इसलिए, क्योंकि प्रकट शब्दों में वह करना अनावश्यक था

जो वास्तव में अप्रत्यक्ष लेकिन अधिक प्रभावी साधनों से किया गया था। यह भी संदेह से परे है कि ब्राह्मण उपनयन को नकारने के इस अधिकार के प्रति सचेत हैं। जहाँ तक रिकॉर्ड की बात है, तो ऐसे 16 मामले सामने आए हैं जिनमें उन्होंने विभिन्न समुदायों के खिलाफ इस अधिकार के प्रयोग की उन्हें धमकी दी है। नौ मामलों में, उन्होंने कायस्थों को चुनौती दी, चार में उन्होंने पांचालों को चुनौती दी, एक में उन्होंने पल्शे को चुनौती दी। महत्वपूर्ण बात यह है कि उन्होंने दो मराठा राजाओं को भी चुनौती दी। ये उदाहरण 556 से 1904 ई. के बीच के हैं। यह सत्य है कि ये प्राचीन काल के मामले नहीं हैं। परंतु यह याद रखना चाहिए कि ये उदाहरण ब्राह्मणों द्वारा उपनयन को नकारने की अपनी शक्ति के प्रयोग के प्रमाण मात्र हैं। यह शक्ति बहुत पहले प्राचीन काल में अर्जित की गई होगी। उन्होंने इसे पहले ही हासिल कर लिया था, यह कोई आधाररहित खोखला

दावा मात्र नहीं है। सत्यकाम जाबालि का उदाहरण जो बहुत प्राचीन है, आमतौर पर यह साबित करने के लिए उद्धृत किया जाता है कि किसी व्यक्ति का वर्ण उसके गुण (मानसिक और नैतिक गुणों) से निर्धारित होता था न कि उसके जन्म से। हालाँकि यह सच है, पर यह भी उतना ही सच है कि जाबालि का मामला यह साबित करता है कि प्राचीन काल में भी ब्राह्मणों ने उपनयन करने से इनकार करने का अधिकार हासिल कर लिया था।

इन मामलों को गिनाने से कोई खास उद्देश्य सिद्ध नहीं होता जब तक कि हम उन नतीजों को नहीं जान लेते जो उन निर्णयों से निकाले जा सकते हैं। ऐसा करने में सक्षम होने के लिए, हमें प्रत्येक मामले का विवरण जानना चाहिए। दुर्भाग्य से, उनमें से अधिकांश में निर्णय के अलावा अन्य विवरण हमारे उद्देश्य के लिए पर्याप्त रूप से पूर्ण नहीं हैं। 'ब्राह्मण बनाम शिवाजी' का केवल एक मामला है जिसके संबंध में विवरण पूर्ण और प्रसिद्ध हैं। मामला काफी महत्वपूर्ण है और इसलिए विस्तृत जाँच के लायक है। इसमें से निकाले गए निष्कर्ष न केवल रोचक और शिक्षाप्रद हैं बल्कि चर्चा के बिंदु पर काफी प्रकाश डालते हैं।

VIII

जैसा कि सर्वविदित है, शिवाजी ने महाराष्ट्र के पश्चिमी भाग में एक हिंदू स्वतंत्र राज्य स्थापित करने के बाद अपना राज्याभिषेक करवाकर खुद को राजा घोषित करने का विचार किया। शिवाजी और उनके मित्रों ने महसूस किया कि राज्याभिषेक समारोह तभी अर्थपूर्ण होगा यदि उसे वैदिक संस्कारों के अनुसार किया जाए। लेकिन अपनी इच्छा पूरी करने में शिवाजी को कई कठिनाइयों का सामना करना पड़ा। उन्होंने पाया कि वैदिक संस्कारों के साथ उनका राज्याभिषेक किया जा सकता है या नहीं यह पूरी तरह से ब्राह्मणों पर निर्भर करता है।

धार्मिक दृष्टिकोण से ब्राह्मण को छोड़कर कोई भी यह समारोह सम्पन्न कराने के योग्य नहीं था। दूसरे, उन्होंने पाया कि ऐसा कोई समारोह तब तक नहीं किया जा सकता जब तक यह साबित न हो जाए कि वह क्षत्रिय हैं।

एक तीसरी कठिनाई यह भी थी कि यदि वह क्षत्रिय भी पाए जाते हैं, तो भी वह उपनयन की आयु से अधिक के हो चुके हैं और उपनयन के बिना राज्याभिषेक नहीं हो सकता था। तीसरी कठिनाई छोटी थी क्योंकि व्रात्यस्तोम समारोह के अनुष्ठान से इसे दूर किया जा सकता था। पहली कठिनाई सबसे बड़ी बाधा थी। यह शिवाजी की स्थिति से संबंधित थी। प्रश्न था, क्या वह क्षत्रिय थे? अगर यह बाधा समाप्त हो जाती, तो बाकी काम आसान था। शिवाजी के इस दावे का कि वे क्षत्रिय थे, कई लोगों ने विरोध किया। उनके प्रमुख विरोधी ब्राह्मण थे जिनका नेतृत्व उनके ही प्रधानमंत्री मोरो पंत पिंगले कर रहे थे। दुर्भाग्य से उनके मराठा सरदारों ने भी उन्हें सामाजिक वरीयता देने से इनकार कर दिया[35] और उनके विरोध में खड़े हो गए। उनकी दृष्टि में वह शूद्र थे। शिवाजी का दावा भी ब्राह्मणों द्वारा लंबे समय से सुस्थापित धारणा के विरोध में था कि कलियुग में क्षत्रिय नहीं रहे। शिवाजी कलियुग में जी रहे थे। जाहिर है वह क्षत्रिय नहीं हो सकते थे। क्षत्रिय होने के उनके दावे पर यह आपत्ति और भी कड़ी हो गई क्योंकि पवित्र जनेऊ से उनका उपनयन समारोह उचित समय पर नहीं हुआ था, जो क्षत्रिय के लिये शास्त्रों द्वारा ग्यारहवां वर्ष निर्धारित किया गया था। इसे उनके शूद्र होने का प्रमाण माना गया। हालाँकि, भाग्यवश वह बनारस के एक प्रसिद्ध ब्राह्मण, गागाभट्ट की सेवाओं को हासिल करने में कामयाब हुए, जिन्होंने वेदों और शास्त्रों दोनों की शिक्षा हासिल की हुई थी। गागाभट्ट ने सभी कठिनाइयों को हल किया और 6 जून 1674 को रायगढ़ में पहले व्रात्यस्तोम और फिर उपनयन के बाद शिवाजी का राज्याभिषेक किया।[36]

शिवाजी का मामला कई कारणों से महत्वपूर्ण है। यह महत्वपूर्ण है क्योंकि यह साबित करता है कि ब्राह्मण को छोड़कर किसी को भी उपनयन करने का अधिकार नहीं है और अगर ब्राह्मण ऐसा करने के लिए तैयार नहीं है तो कोई भी उसे यह करने के लिए मजबूर नहीं कर सकता। शिवाजी एक स्वतंत्र राज्य के शासक थे और उन्होंने पहले से ही खुद को महाराजा और छत्रपति की तरह दर्शाना शुरू कर दिया था। कई ब्राह्मण थे जो उनकी प्रजा थे। फिर भी, शिवाजी उनमें से किसी को भी अपना राज्याभिषेक करने के लिए बाध्य नहीं कर सके।

यह महत्वपूर्ण है क्योंकि यह साबित करता है कि अनुष्ठान वैध होने के लिए एक ब्राह्मण द्वारा किया जाना चाहिए। एक गैर-ब्राह्मण द्वारा किया गया कोई भी अनुष्ठान निष्फल होगा। शिवाजी को अपना राज्याभिषेक किसी गैर-ब्राह्मण से कराने का अधिकार था। लेकिन उन्होंने ऐसा करने की हिम्मत नहीं की।[37] क्योंकि वह जानते थे कि यह किसी सामाजिक या आध्यात्मिक प्रभाव से रहित होगा।

तीसरे स्थान पर, यह महत्वपूर्ण है क्योंकि यह सिद्ध करता है कि एक हिन्दू की स्थिति का निर्धारण करना पूरी तरह से ब्राह्मणों की इच्छा पर निर्भर करता है। शिवाजी के पक्ष में निर्णय को शिवाजी के मित्र, बालाजी अवाजी द्वारा मेवाड़ से लाई गई वंशावली द्वारा उचित ठहराया गया, जो शिवाजी को मेवाड़ के सिसोदिया वंश से जोड़ती थी, जिन्हें क्षत्रिय माना जाता था। यह आरोप भी लगाया जाता है कि यह वंशावली फर्जी थी जो इस अवसर के लिए तैयार की गई थी।

यह मान भी लें कि यह मनगढ़ंत नहीं थी,[38] तो भी यह शिवाजी के क्षत्रिय होने के दावे की मान्यता को कैसे सही ठहरा सकती है? शिवाजी एक क्षत्रिय थे यह स्थापित करने की बात तो दूर, वंशावली एक और सवाल उठाने के अलावा और कुछ नहीं कर सकती थी, और वो ये कि सिसोदिया क्षत्रिय थे या नहीं। सिसोदिया राजपूत थे। इसमें काफी संदेह है कि क्या राजपूत मूल क्षत्रियों के वंशज हैं, जिन्होंने प्राचीन इंडो-आर्यन समुदाय के दूसरे वर्ण का गठन किया था। एक दृष्टिकोण यह है कि वे विदेशी हैं, उन हूणों के अवशेष हैं जिन्होंने भारत पर आक्रमण किया और खुद को राजपुताना में स्थापित किया और जिन्हें ब्राह्मणों ने मध्य भारत में बौद्ध धर्म को दबाने के उद्देश्य से एक विशेष समारोह में पवित्र अग्नि के सामने क्षत्रियों की हैसियत प्रदान की, और इसलिए जिन्हें अग्निकुल क्षत्रियों के रूप में जाना जाता है। इस दृष्टिकोण को कई जानकार विद्वानों का समर्थन प्राप्त है जो इस विषय पर बोलने के हकदार हैं। विन्सेंट स्मिथ कहते हैं:[39]

यहाँ मैं इस तथ्य की ओर ध्यान आकर्षित करना चाहता हूँ, जिसकी लंबे समय से आशंका थी, और जो अब पुख्ता सबूतों द्वारा स्थापित हो चुका है कि विदेशी आक्रमणकारी देशी राजाओं के साथ युद्धों के दौरान राजपुताना और ऊपरी गंगा घाटी में पूरी तरह से नष्ट नहीं हुए थे। निश्चित रूप से कई नष्ट हो गए लेकिन बहुत से बच गए और सामान्य आबादी में मिश्रित हो गए, जिसका एक बड़ा हिस्सा उनके ही वंशज हैं। इन विदेशियों ने पहले के शकों और यू-ची की तरह सामूहिक रूप से हिंदू धर्म की अद्‌भुत आत्मसात करने वाली शक्ति के आगे घुटने टेक दिए और तेजी से हिंदू बन गए। वे कुल या परिवार जो सरदारी हासिल करने में सफल हुए, क्षत्रिय या राजपूतों के रूप में हिंदू राजनीति के ढांचे में आसानी से प्रवेश पा गए और इसमें कोई संदेह नहीं कि परिहार और उत्तर के कई अन्य प्रसिद्ध राजपूत वंश उसी बर्बर समूह से निकले थे, जो पाँचवीं और छठी शताब्दी में भारत में घुसे थे। इन अजनबियों की बड़ी संख्या गूजर तथा अन्य जातियाँ बन गईं जिनकी हैसियत राजपूतों की तुलना में कम थी। आगे दक्षिण में, विभिन्न स्वदेशी या आदिवासी जनजातियाँ और कबीले भी हिंदूकृत सामाजिक ढाँचे में उन्नति कर गए जिसके फलस्वरूप गोंड, भार, खरवा आदि जातियाँ चंदेल, राठौर, गहरवार तथा अन्य प्रसिद्ध राजपूत वंशों के रूप में उभरीं, जिनकी वंशावली सूर्य और चंद्र तक जाती थी।

विलियम क्रूक[40] कहते हैं:

हाल के शोधों ने राजपूतों की उत्पत्ति पर बहुत प्रकाश डाला है। वैदिक क्षत्रियों और मध्यकाल के राजपूतों के बीच एक विस्तृत खाई है, जिसे अब पाटना संभव नहीं है। अब यह निश्चित हो गया है कि कई कुलों की उत्पत्ति शक या कुषाण आक्रमणों से या अधिक संभव है श्वेत हूणों से हुई है जिन्होंने लगभग 480 ई. में गुप्त साम्राज्य को नष्ट कर दिया था। इन्हीं हूणों से जुड़ी गूजर जनजाति ने हिंदू धर्म अपनाया और उनके नेता ही वह मुख्य वर्ग थे जिससे उच्च राजपूत परिवार पनपे। जब राजसी सम्मान के इन नए दावेदारों ने आस्था और ब्राह्मणवाद की संस्था को स्वीकार कर लिया तो स्वाभाविक रूप से उन्हें महाभारत और रामायण के नायकों से जोड़ने का प्रयास किया जाता। इसलिए इन इतिहासों में कई किंवदंतियाँ दर्ज की

गई, जिनके द्वारा इन राजपूत परिवारों को सूर्य और चंद्रमा से दिव्य उत्पत्ति का श्रेय दिया गया ... क्षत्रिय या राजपूत नाम से निरूपित ये समूह, वंश के बजाय हैसियत पर निर्भर था और इसलिए विदेशियों को इन जनजातियों में बिना किसी जाति-पूर्वाग्रह के प्रवेश दिया जा सकता था, जो तब केवल आंशिक रूप से विकसित हुआ था। लेकिन विदेशियों के इस प्रवेश को एक सुविधाजनक कल्प-कथा का आडम्बर देना जरूरी था। इस तरह एक किंवदंती उत्पन्न हुई कि कैसे प्राचीन वैदिक ऋषियों के निरीक्षण में एक पवित्र दीक्षा या शुद्धिकरण द्वारा, ब्राह्मणों को बौद्ध धर्म और अन्य पाखंडों को दबाने में सहायता के लिए अग्नि से उत्पन्न घराने स्थापित किये गए। यह विशेषाधिकार चार घरानों को मिला जिन्हें अग्निकुल या अग्नि से उत्पन्न कहा जाता है – परमार, परिहार, चालुक्य और चौहान।

डॉ. डी. आर. भंडारकर[41] का भी यही मत है। उनके अनुसार, राजपूत गूजरों के वंशज हैं, गूजर विदेशी थे और राजपूत इसलिए विदेशियों के वंशज हैं।

राज्याभिषेक करनेवाले ब्राह्मण राजपूतों की उत्पत्ति और उनके क्षत्रियों के वंशज होने के दावे से अनभिज्ञ नहीं हो सकते थे। लेकिन मान भी लिया जाय कि वे इस तथ्य को नहीं जानते थे, तो भी वे इतना तो जानते ही थे कि ब्राह्मणों का पहले से ही एक निर्णय था, कि कलियुग में क्षत्रिय नहीं हैं। यह एक पुराना, लंबे समय से चला आ रहा निर्णय था। यदि ब्राह्मणों में परम्परा के लिए सम्मान था, तो उन्हें सिसोदिया के साथ-साथ शिवाजी के दावे को भी खारिज कर देना चाहिये था। अगर उन्होंने ऐसा किया होता तो कोई उन्हें दोष नहीं देता। लेकिन ब्राह्मणों ने कभी भी परम्परा के नियम को अपने ऊपर बाध्यकारी नहीं माना। उनके साथ पूर्व-निर्णय अनुसरण जैसी कोई बात नहीं थी।

चौथी बात, यह महत्वपूर्ण है क्योंकि इससे पता चलता है कि हैसियत के मामलों में ब्राह्मणों के निर्णय कैथोलिक पादरियों के अनुग्रह की तरह बिक्री के लिए खुले थे। गागाभट का निर्णय एक ईमानदार निर्णय नहीं था, यह गागाभट्ट और अन्य ब्राह्मणों को कार्यवाहक पुजारियों के रूप में प्राप्त

होने वाली राशि से स्पष्ट है। शिवाजी ने राज्याभिषेक पर कितना धन खर्च किया और कितना गागाभट्ट और ब्राह्मणों के पास गया, यह श्री वैद्य द्वारा एकत्रित निम्नलिखित विवरण से पता चलेगा:[42]

"इन मंत्रियों को एक-एक लाख हॉन, एक हाथी, एक घोड़ा, वस्त्र और आभूषण भेंट किए गए। पूरे समारोह के निरीक्षण के लिए गागाभट्ट को एक लाख रुपए दिए गए। राज्याभिषेक समारोह के कई अवसरों पर शिवाजी द्वारा दी गई दक्षिणा बहुत बड़ी थी, जो अवसर के अनुकूल थी। सभासद की रिपोर्ट है कि पूरा खर्च एक करोड़ बयालीस लाख हॉन या 426 लाख रुपये का था।

सभासद का वर्णन है कि शिवाजी के राज्याभिषेक के अवसर पर 50,000 वैदिक ब्राह्मण एकत्र हुए थे।[43] इनके अलावा हजारों की संख्या में जोगी, सन्यासी आदि थे। इन्हें किले के नीचे मक्का खिलाया या दिया गया था। समकालीन पत्रों में यह वर्णित है कि शिवाजी को राज्याभिषेक से पहले सोने और लगभग हर दूसरी धातु के साथ-साथ शुभ वस्तुओं के साथ तौला गया था। 3 अक्टूबर पीएस 1684 को विस्तार से समारोह का वर्णन करते हुए डच रिकॉर्ड में कहा गया है कि शिवाजी का वजन 17,000 हॉन्स या 160 पौंड था। उन्हें चाँदी, ताँबा, लोहा आदि, कर्पूर, नमक, शक्कर, मक्खन, नाना प्रकार के फल, पान, सुपारी आदि से भी तौला गया और उसका मूल्य ब्राह्मणों में बाँट दिया गया। राज्याभिषेक के अगले दिन 7 जून को सभी को भेंट दी गई और प्रत्येक ब्राह्मण को तीन से पाँच रुपये और अन्य सभी को, चाहे महिला हो या बच्चा, दो रुपये और एक रुपये। कुल मिलाकर दक्षिणा का मूल्य डेढ़ लाख हॉन्स[44] था।

ऑक्सेंडेन ने अपनी 18 मई से 13 जून तक की डायरी में यह भी लिखा है कि शिवाजी को सोने से तौला गया था और 16,000 हॉन्स वजन, साथ में एक लाख हॉन्स को ब्राह्मणों के बीच दक्षिणा के रूप में वितरित किया गया था।

उपर्युक्त प्रसिद्ध डच रिकॉर्ड में आगे कहा गया है कि व्रात्य समारोह के लिए 7,000 हॉन्स गागाभट्ट को और 17,000 अन्य ब्राह्मणों को दिए गए

थे। 5 जून को शिवाजी ने पवित्र गंगाजल में स्नान किया और उपस्थित प्रत्येक ब्राह्मण को 100 हॉन्स दिए गए।

क्या यह कहा जा सकता है कि गागाभट्ट को दी गई राशि एक पुरोहित को उचित रूप से देय शुल्क[45] से अधिक कुछ भी नहीं था? एक स्थिति है जिसमें यह कहा जा सकता है कि गागाभट्ट को पर्याप्त धन भी नहीं दिया गया था। वह यह है कि गागाभट्ट को जो मिला वह शिवाजी के मंत्रियों की तुलना में बहुत कम था। हालांकि इस तथ्य से कोई निष्कर्ष निकालने से पहले दो तथ्यों पर ध्यान दिया जाना चाहिये जो दूसरी तरफ इशारा करते हैं। वे इस बात को पूरी तरह से नकार देते हैं। पहला यह कि मंत्रियों ने स्वयं शिवाजी के राज्याभिषेक के अवसर पर उन्हें बड़े-बड़े उपहार[46] दिये थे। पेशवा या शिवाजी के प्रधान मंत्री मोरोपंत पिंगले, मुजमदार ने 7,000 हॉन्स और अन्य दो मंत्रियों में से प्रत्येक ने 5,000 हॉन्स दिए थे। इन्हें घटाने पर शिवाजी द्वारा उन्हें दिए गए उपहारों को जितना वे दिखाई देते हैं, उससे कहीं कम कहा जाना चाहिए।

दूसरा तथ्य यह है कि शिवाजी के ये मंत्री राज्याभिषेक की इस योजना में शिवाजी के सबसे बड़े विरोधी थे। वे अपने विचार में कट्टर थे कि शिवाजी एक शूद्र थे और वह राज्याभिषेक के अधिकारी नहीं थे क्योंकि यह अधिकार केवल क्षत्रियों का था। इसलिए, यह कोई आश्चर्य की बात नहीं थी कि शिवाजी ने उन्हें चुप कराने और स्थायी रूप से अपने पक्ष में लेने के उद्देश्य से बड़े-बड़े उपहार दिए। अतः शिवाजी द्वारा मंत्रियों को दी गई धनराशि यह निर्धारित करने का कोई मानदंड नहीं है कि क्या गागाभट्ट को दी गई राशि अनुष्ठान के लिए उचित शुल्क से अधिक नहीं थी। सच तो ये है कि गागाभट्ट ने बार बार इतने पैंतरे बदले कि कोई इसी निष्कर्ष पर पहुँचेगा कि यह उचित से अधिक दान था और इसमें उसे चुप रखने के लिए अवैध परितोषण के रूप में कुछ भाग शामिल था।

राज्याभिषेक के इस कार्यक्रम को आयोजित करने में जिस व्यक्ति ने सबसे प्रमुख भूमिका निभाई, वह महाराष्ट्र के एक कायस्थ थे, जिनका नाम बालाजी अवाजी था, जो शिवाजी के निजी सचिव थे। बालाजी ने पहला

कदम यह उठाया कि शिवाजी के दूत के रूप में तीन ब्राह्मणों[47] को शिवाजी की स्थिति और उद्देश्य के बारे में पूरी जानकारी के साथ बनारस से गागाभट्ट को लिवा लाने के लिए भेजा। गागाभट्ट ने क्या किया? उन्होंने तीनों दूतों को एक पत्र के साथ यह कहकर निमंत्रण अस्वीकार करते हुए वापस भेज दिया कि उनकी दृष्टि में शिवाजी एक शूद्र थे और इसलिए राज्याभिषेक के अधिकारी नहीं थे। बालाजी ने अगला कदम ये उठाया कि शिवाजी के क्षत्रिय होने के दावे के समर्थन में साक्ष्य एकत्र किया। वह एक वंशावली प्राप्त करने में सफल रहे जिससे पता चलता था कि शिवाजी सिसोदिया वंश के क्षत्रिय थे जो राजपूत थे और मेवाड़ के शासक थे। इस प्रमाण को उन्होंने एक अन्य दूत के साथ गागाभट्ट के पास भेजा।[48] ऐसा प्रतीत होता है कि गागाभट्ट इन सबूतों से प्रभावित हो गए क्योंकि वे राज्याभिषेक समारोह करने के लिए रायगढ़ आने के लिए सहमत हो गए। आने पर गागाभट्ट ने क्या किया? उन्होंने कहा कि उन्होंने सबूतों की फिर से जाँच की है और इस निष्कर्ष पर पहुँचे हैं कि शिवाजी शूद्र हैं और इसलिए राज्याभिषेक के लिए अयोग्य हैं।

गागाभट्ट ने इस झमेले में सिर्फ यही कलाबाजी नहीं ली। उन्होंने एक और विचित्र पलटी मारी और घोषणा की कि वे बालाजी अवाजी का राज्याभिषेक करने के लिए तैयार हैं क्योंकि वे एक कायस्थ हैं और इसलिए एक क्षत्रिय हैं लेकिन शिवाजी का नहीं जो शूद्र हैं। गागाभट्ट यहीं नहीं रुके। वह फिर से पलटे और अब ये राय दी कि शिवाजी एक क्षत्रिय हैं और वह उनका राज्याभिषेक करने के लिए तैयार हैं और यहाँ तक कि उन्होंने एक ग्रंथ लिखा– गागाभट्टी, जिसमें उन्होंने यह साबित करने की कोशिश की कि कायस्थ कमीने होते हैं।

ये बार बार पलटी मारना क्या सिद्ध करता है? क्या यह नहीं दिखाता कि उनकी पुरोहिताई की इच्छा नहीं थी और कि उनकी इच्छा को नकद में खरीदा गया था? यदि यह तर्क सही है तो इसमें कोई संदेह नहीं कि शिवाजी के क्षत्रिय होने के उनके निर्णय को उनके द्वारा रिश्वत लेकर बेचा गया था।[49]

अंत में, शिवाजी का मामला महत्वपूर्ण है क्योंकि इससे पता चलता है कि हैसियत के मामले में ब्राह्मणों ने पूर्वन्याय के सिद्धांत से बंधे होने को स्वीकार नहीं किया। वे अपने ही द्वारा पहले से तय किए गए मामले को फिर से खोलने के लिए खुद को स्वतंत्र मानते हैं। शिवाजी के क्षत्रिय होने के अपने निर्णय का ब्राह्मणों ने कितने समय तक सम्मान किया?

शिवाजी ने अपने राज्याभिषेक के दिन अर्थात् 6 जून 1674 से एक नए सम्वत् की शुरुआत की, जिसे उन्होंने राज्याभिषेक सम्वत् नाम दिया। यह कब तक प्रचलन में रहा? सिर्फ जब तक शिवाजी और उनके वंशज सिंहासन पर सक्रिय शासकों के रूप में बने रहे। जैसे ही प्रभावी संप्रभुता ब्राह्मण पेशवाओं के हाथों में आई, उन्होंने इसे बंद करने का आदेश जारी कर दिया।[50] उन्होंने न केवल इस संवत् का उपयोग बंद कर दिया, बल्कि उन्होंने मुस्लिम शासकों की शैली, अर्थात् फसली वर्ष का इस्तेमाल करना शुरू कर दिया। ब्राह्मण यहीं नहीं रुके। वे और आगे जाकर शिवाजी के वंशजों की क्षत्रियों के रूप में स्थिति पर सवाल उठाने लगे।[51] वे शिवाजी के दो पुत्रों, संभाजी और राजाराम के साथ कुछ नहीं कर सके। शिवाजी ने अपने जीवन काल में उनका उपनयन वैदिक संस्कारों से ब्राह्मणों से कराया था। वे उनके पोते शाहू का कुछ नहीं कर सकते थे क्योंकि ब्राह्मणों के हाथ कोई सत्ता नहीं थी।

जिस क्षण शाहू ने अपनी सार्वभौम सत्ता अपने ब्राह्मण पेशवा को हस्तांतरित की, उनकी अस्वीकृति का मार्ग प्रशस्त हो गया। इस बात का कोई सबूत नहीं है कि शाहू के उत्तराधिकारी और दत्तक पुत्र रामजी राजे, जो नाबालिग थे और जिनके संरक्षक पेशवा थे, उनका उपनयन किया गया था और यदि किया गया था, तो क्या वह वैदिक संस्कारों के साथ किया गया था। लेकिन इस बात के निश्चित प्रमाण हैं कि उनके उत्तराधिकारी, शाहू II, जिसे 1777 में गोद लिया गया था, का उपनयन संस्कार पौराणिक विधि से पेशवाओं[52] के निर्देशन में किया गया था। शाहू II के उपनयन संस्कार का पौराणिक विधि से होना पेशवाओं द्वारा उसे शूद्र के रूप में मानना था। क्योंकि केवल शूद्रों के मामले में ही धार्मिक अनुष्ठानों को पौराणिक रीतियों से संपन्न किया जाता है। 1808 में शाहू द्वितीय के

उत्तराधिकारी महाराजा प्रतापसिंह के साथ क्या हुआ था, उनका उपनयन किया गया था या नहीं और किया गया था तो वैदिक रीति से या पौराणिक रीति से किया गया था, यह निश्चित नहीं है। परंतु, एक बात निश्चित रूप से ज्ञात है कि लगभग 1827 में करवीर के शंकराचार्य ने सांगली के कायस्थों की स्थिति के बारे में अपने फैसले में कहा था[53] कि "कलियुग में कोई क्षत्रिय नहीं हैं और दस्तावेज जिनसे पता चलता है कि न तो शिवाजी, न संभाजी और न ही शाहू क्षत्रिय थे, उनके दफ्तर में मौजूद हैं"। यह आरोप लगाया जाता है कि यह कथन मूल निर्णय में नहीं पाया जाता है, बल्कि सांगली के ब्राह्मण राजा द्वारा जोड़ दिया गया था। जो भी हो, यह शिवाजी के वंशज के रूप में प्रतापसिंह की हैसियत के लिए एक सीधी चुनौती थी। प्रतापसिंह को इस मुद्दे को 1830 में सतारा में आयोजित ब्राह्मणों के एक सम्मेलन में रखना पड़ा। बहुमत ने पक्ष में निर्णय दिया और प्रतापसिंह को शूद्र की स्थिति में गिरने से बचाया।

शिवाजी के वंश की एक पंक्ति को शूद्र के दर्जे में ले जाने के अपने प्रयास में विफल, ब्राह्मणों ने शिवाजी के वंश की दूसरी पंक्ति के दर्जे पर अपना हमला शुरू कर दिया, जिसने कोल्हापुर में स्वयं को स्थापित किया था। बाबासाहेब महाराज नाम के कोल्हापुर के एक शासक के शासनकाल में, उनके महल के पुजारी रघुनाथ शास्त्री पर्वते के दिमाग में आया कि महल के सभी समारोह पौराणिक रीतियों से करने चाहिए। कहा जाता है कि उन्हें कार्य जारी रखने से रोक दिया गया। 1886 में बाबासाहेब की मृत्यु हो गई। 1886 से 1894 तक, सभी शासक नाबालिग थे और शासन अंग्रेजों के हाथों में था। इस बाबत कोई प्रत्यक्ष जानकारी नहीं है कि महल के पुजारी ने समारोहों के आयोजन में कौन सी विधियाँ और तरीके अपनाए। 1902 में, स्वर्गीय शाहू महाराज ने महल के पुजारी को सभी समारोह वैदिक विधि से करने का आदेश जारी किया।

पुजारी ने मना कर दिया और इसे पौराणिक तरीके से करने पर जोर दिया, आशय यह था कि कोल्हापुर के शासक शूद्र थे, क्षत्रिय नहीं। इस मामले में करवीर मठ के शंकराचार्य की भूमिका अत्यंत उल्लेखनीय है। विवाद के समय मठ के प्रमुख जिन्हें गुरु कहा जाता था, ने ब्राह्मणलकर

नाम के एक शिष्य को उत्तराधिकारी बनाया था और उसे मठ के प्रमुख के सभी अधिकार दिए थे। पहले गुरु और शिष्य दोनों महल के पुजारी के पक्ष में और महाराजा के खिलाफ थे। बाद में, शिष्य ने महाराजा का पक्ष लिया और उनका दर्जा एक क्षत्रिय के रूप में स्वीकार कर लिया। पुजारी के पक्ष में रहने वाले गुरु ने शिष्य को बहिष्कृत कर दिया। बाद में महाराजा ने अपना स्वयं का शंकराचार्य[54] बनाने की कोशिश की लेकिन वह भी महाराजा के सामने झूठे साबित हुए।

शिवाजी की मान्यता एक क्षत्रिय के रूप में थी। जाहिर है, वह दर्जा उन्हें दिया गया कोई व्यक्तिगत सम्मान नहीं था। यह हैसियत उनके परिवार के साथ-साथ उनके वंशजों के साथ भी जुड़ी रहने वाली थी। कोई इस पर सवाल नहीं उठा सकता था। हाँ, किसी विशेष वंशज द्वारा कुछ ऐसा कार्य करने से यह खो सकती थी जो इसके अनुरूप नहीं था। यह आम तौर पर खो नहीं सकती थी। शिवाजी के वंशजों में से किसी ने भी क्षत्रिय मर्यादा के प्रतिकूल कोई कार्य नहीं किया था। फिर भी ब्राह्मण उनकी पदवी पर अपने ही निर्णय को अस्वीकार करने लगे।

यह केवल इसलिए हो सका क्योंकि ब्राह्मण किसी भी समय किसी भी हिंदू के दर्जे को बनाने और बिगाड़ने की शक्ति का दावा करते थे। वे शूद्र को क्षत्रिय का दर्जा दे सकते हैं। वे क्षत्रिय को शूद्र की स्थिति में गिरा सकते हैं। शिवाजी की घटना से साबित होता है कि इस मामले में उनकी संप्रभुता असीमित और बिना चुनौती वाली है।

ये दृष्टान्त[55] निःसंदेह केवल बॉम्बे प्रेसीडेंसी से लिए गए हैं। लेकिन इनके सिद्धांत स्पष्ट हैं और हर जगह सामान्य रूप से लागू होते हैं। वो हैं :

(1) कि ब्राह्मणों को उपनयन करने का विशेष अधिकार है। न तो शिवाजी, न ही प्रताप सिंह और न ही कायस्थ, पंचाल या पलाशे चाहते थे कि उपनयन एक गैर-ब्राह्मण द्वारा किया जाए। केवल एक बार ऐसा हुआ कि कायस्थों ने कायस्थों द्वारा अपने अनुष्ठान कराने का संकल्प लिया। लेकिन यह केवल कागजी संकल्प था।

(2) ब्राह्मण को यह कहने का अधिकार है कि वह किसका उपनयन करेगा और किसका नहीं करेगा। दूसरे शब्दों में, किसी समुदाय को उपनयन का अधिकार है या नहीं, यह तय करने का एकमात्र निर्णायक ब्राह्मण है।

(3) यह आवश्यक नहीं कि उपनयन क्रिया के लिए ब्राह्मण की सहमति ईमानदारी के आधार पर ली गई हो। इसे धन से भी खरीदा जा सकता है। धन के भुगतान पर शिवाजी को ब्राह्मण गागाभट्ट का सहयोग प्राप्त हुआ था।

(4) ब्राह्मण द्वारा उपनयन से इनकार कानूनी या धार्मिक आधार पर होना जरूरी नहीं है। इनकार के विशुद्ध राजनीतिक कारण हो सकते हैं। ब्राह्मणों द्वारा कायस्थों को उपनयन से मना करना पूरी तरह से दोनों के बीच राजनीतिक प्रतिद्वंद्विता के कारण था।

(5) ब्राह्मण द्वारा उपनयन से इनकार के खिलाफ अपील केवल एक विद्वत-परिषद में ही की जा सकती है और विद्वत-परिषद एक सभा है जिसके सदस्य होने की पात्रता केवल एक ब्राह्मण को ही है।

पूर्वगामी चर्चा से, यह सभी के लिए स्पष्ट होना चाहिए कि ब्राह्मणों के पास उपनयन को अस्वीकार करने की शक्ति थी। इस अधिकार और उनके मकसद को देखते हुए इसमें कोई आश्चर्य की बात नहीं कि उन्होंने इसका इस्तेमाल शूद्रों के खिलाफ किया।

ग्रंथ-सूची

1. काणे, धर्मशास्त्र का इतिहास, खंड II (i), pp. 281-283.
2. याज्ञवल्क्य (T, 16 और 133) इसे ब्रम्ह सूत्र कहते हैं,
3. काणे, डी.एस. एच (i), पी। 292.

   देवल स्मृति के अनुसार नौ तंतुओं के नौ देवता हैं, ओंकार, अग्नि, नाग, सेम, पितृ, प्रजापति, वायु, सूर्य, विश्वदेव। इस दृष्टि से कुछ परिवर्तन आया प्रतीत होता है। क्योंकि मेधातिथि (काणे देखें) का कहना है कि इष्टियों में, पशु बलि में और सोमयज्ञ में, यज्ञोपवीत में तीन तंतुओं का केवल एक धागा होता था, लेकिन यह अहिना, एकहु और सत्र यज्ञों के तीन वर्गों में तीन गुणा होता था क्योंकि उन्हें तीन अग्नियों की आवश्यकता होती थी, और सात सोमसंस्था में सात गुणा, और जब तीन सावन और दो सांध्यों के संदर्भ में देखा जाता था तो पाँच गुणा।

एक ब्रह्मचारी को केवल एक यज्ञोपवीत पहनना होता था, और संन्यासी, जब वे यज्ञोपवीत रखते थे, तो भी केवल एक ही धारण करते थे। एक स्नातक (अर्थात, जो ब्रह्मचर्य के बाद आचार्य के घर से लौटा है) और गृहस्थ को दो पहनना था, जबकि जो लंबे जीवन की इच्छा रखता है वह दो से अधिक धारण कर सकता है। एक स्नातक को सदैव दो यज्ञोपवीत धारण करने चाहिए, जबकि एक गृहस्थ अधिकतम दस की संख्या तक कितने भी धारण कर सकता है।

4. काणे, धर्मशास्त्र का इतिहास। खण्ड II, (1). पृ. 293.
5. ओरियन, pp. 144-146.
6. मनु स्मृति, अध्याय V, श्लोक 66-70 देखें,
7. व्यवहार मयूख द्वारा उद्धृत कालिकापुराण, काणे द्वारा संपादित, पृ. 114. यह दलील अदालतों में विभिन्न मामलों में वादियों द्वारा ली गई है, जिसका श्री काणे ने उल्लेख किया है।
8. नाथूराम प्रेमी द्वारा अपने जैन साहित्य और इतिहास (हिंदी) में उद्धृत, पृ. 55 ए।
9. चौधरी रणमर्दन सिंह बनाम साहिब प्रहलाद सिंह।
10. राज कुमार लाल बनाम बिसेसुर दयाल।
11. तुलसी राम बनाम बिहारी लाल।
12. एल.आर.आई.ए. सुपर., वॉल्यूम. 149।
13. एल.आर. 7, 1.ए., 250.
14. असित मोहन घोष बनाम नीरद मोहन घोष मौलिक.
15. (1921) 48 कैल. 626. विश्वनाथ घोष बनाम श्रीमती बलाई देसाई.
16. (1924) 51 कैल. 788. भोलानाथ मित्तर बनाम सम्राट.
17. (1926) ईश्वरी प्रसाद बनाम राय हरि प्रसाद लाल.
18. (1924) कोल्हापुर के महाराजा बनाम सुंदरम अय्यर।
19. सुब्बाराव हम्बिराव पाटिल बनाम राधा हंबीराव पाटिल.
20. मोक्का कोने बनाम अम्माकुट्टी।
21. बौधायन गृह्यसूत्र (II.8). काणे, धर्मशास्त्र का इतिहास, II (1), पृ. 299.
22. आप.ध. सू.,I. 1.1 28-31, यह निर्धारित करता है कि 16 वें या 24 वें वर्ष के बाद, व्यक्ति को दो महीने के छात्रत्व के नियमों से गुजरना चाहिए जैसे कि वे लोग करते हैं जो तीन वेदों का अध्ययन करना चाहते हैं और जिनका उपनयन किया गया है, (अर्थात भिक्षा माँगना आदि), फिर उसका उपनयन करना चाहिए, फिर एक वर्ष तक प्रतिदिन (यदि संभव हो तो तीन बार) स्नान करना चाहिए और फिर उसे वेदों की शिक्षा देनी चाहिए। यह कुछ सहज तपस्या है। लेकिन अन्य लोग भारी दंड देते हैं। वास. ध. सू. XI. 76-79 और वैक. स्मार्त, 11.3 में कहा

गया है कि पतितसावितृक को या तो उद्दालक व्रत करना चाहिए या अश्वमेध यज्ञ करने वाले के साथ स्नान करना चाहिए या व्रात्यस्तोम यज्ञ करना चाहिए। देखें काणे, उक्त., पृ. 377.

23. आप. ध. सू., I. 1.1. 32-2. 4 निर्धारित प्रायश्चित यह था कि प्रत्येक पीढ़ी के लिए (जिनका उपनयन नहीं हुआ था) एक वर्ष के छात्रत्व के नियमों का पालन करना था, फिर उपनयन होता था और फिर उन्हें एक वर्ष के लिए हर दिन (तीन बार या एक बार) कुछ मंत्रों के साथ स्नान करना पड़ता था, अर्थात, यजुस् पवित्रा (तै. सं. X. 2.1. = ऋग्वेद. X. 17. 10) के साथ 'यद अमी यश्च दुराके' (ऋग्वेद. IX. 67. 21-27) से शुरू होने वाले सात पवमानि छंद।) सामपवित्र के साथ और अंगिरस नामक मंत्रों के साथ (ऋग. IV.40.5) या कोई केवल व्याहृतियों के साथ जल गिरा सकता है। यह सब हो जाने के बाद, व्यक्ति को वेद पढ़ाना चाहिए। देखें, काणे, वही., पृ. 378.
24. आप.ध.सू., 1.1. 2.5-10.
25. काणे (पूर्वोक्त, पृ. 385) तांड्य ब्राह्मण 17.1.1 की चर्चा करता है जो इस कथा को बताता है कि जब देवता स्वर्ग में गए तो उनके कुछ आश्रित जो व्रात्य जीवन जीते थे उन्हें पृथ्वी पर पीछे छोड़ दिया गया। तब देवताओं की कृपा से आश्रितों को मरुतों के हाथों षोडशस्तोम (16 स्तोत्र युक्त) और छंद (अर्थात् अनुष्टुभ) प्राप्त हुआ और तब आश्रितों को स्वर्ग प्राप्त हुआ।
26. काणे, उक्त, पृ. 387
27. सितम्बर 1940 का पुरुषार्थ अंक देखें जिसमें समस्त प्रामाणिक लेखन एक स्थान पर एकत्रित है।
28. प्राचीन संस्कृत साहित्य का इतिहास (1860), पृ. 207.
29. देखें गंगानाथ झा, पूर्व मीमांसा, पृ. 368-369 और 171-172।
30. बहुत लोग यह नहीं समझ पाते कि मनुस्मृति और अन्य स्मृतियाँ महिलाओं और शूद्रों को संपत्ति रखने और वेदों के अध्ययन के अधिकार से क्यों वंचित करती हैं। हालाँकि, सभी कठिनाइयाँ यह ध्यान रखने से गायब हो जाती हैं, कि यह विकलांगता उसी नियम के सहज परिणाम हैं, जो पूर्व मीमांसा में थोपे गए हैं। महिलाएं और शूद्र संपत्ति नहीं रख सकते, इसलिए नहीं कि वे महिलाएं और शूद्र हैं, बल्कि इसलिए कि उन्हें यज्ञ करने से वंचित कर दिया गया है।
31. आप.ध.सू. में उद्धृत. I.1.1.11, काणे, II (i), पृ.324.
32. व्यास के अनुसार (साम पृ. 408 में उद्धृत) आचार्य वह है जो पूरी तरह से वेद के प्रति समर्पित हो, जो धर्म को जानता हो, अच्छे परिवार में उत्पन्न हुआ हो, जो शुद्ध हो, श्रोत्रिय हो जिसने अपनी वैदिक शाखा का अध्ययन किया हो और

जो आलसी नहीं हो। श्रोत्रिय को उस व्यक्ति के रूप में परिभाषित किया गया है जिसने किसी वेद की एक शाखा का अध्ययन किया हो।

33. यह ध्यान देने योग्य बात है कि ऐसे मामलों में एक ब्राह्मण छात्र को अपने क्षत्रिय या वैश्य गुरु की सेवा करने के लिए केवल उनके पीछे चलने की आवश्यकता थी; उसे शारीरिक सेवा (जैसे साबुन लगाना या पैर धोना आदि) नहीं करनी थी। आप.ध.सू., II. 2.4, 25-28; गौत., 7, 1-3, बौधा.ध.सू.I.-2, 40-42; मनु, II. 241. यह भी माना जाता था कि एक क्षत्रिय या वैश्य को एक ब्राह्मण द्वारा केवल उसके द्वारा आग्रह किए जाने पर ही पढ़ाना चाहिए, न कि अपनी इच्छा से।
34. व्यवहार मयूख द्वारा उद्धृत (काणे द्वारा संपादित, पृष्ठ 115)।
35. राज्याभिषेक के विचार का जन्म कैसे हुआ, इसके बारे में Kinkaid के कुछ दिलचस्प विवरण उपलब्ध हैं। वह कहता है:

"यद्यपि अति उत्साही दक्कन के सरदारों ने रणक्षेत्र में शिवाजी का खुशी से अनुगमन किया, वे निजी जीवन में उनकी प्रधानता को स्वीकार करने के लिए तैयार नहीं थे। और राजकीय रात्रिभोजों में वे इस बात पर नाराजगी व्यक्त करते थे कि एक भोसले उस उच्चासन पर आसीन होगा जो मोहिते और निंबालकर, सावंत और घोरपड़े के लिये नियत था। उन्होंने अपने सचिव, बालाजी अवाजी चिटनिस से इस मुद्दे पर बात की जिन्होंने सुझाव दिया कि वे मुगल सम्राट से नहीं, बल्कि बनारस के एक पुजारी के हाथों से शाही मुकुट ग्रहण करें। राजा ने अपनी माता जीजाबाई, संत रामदास और अपनी पूज्यदेवी भवानी से परामर्श किया और उन सभी को अपने सचिव के सुझावों के अनुकूल पाया।" - महाराष्ट्र का इतिहास, पृ. 244.

इससे यह प्रतीत होता है कि वैदिक राज्याभिषेक के पीछे उनका उद्देश्य सामाजिक प्रधानता प्राप्त करना था न कि कानूनी और राजनीतिक संप्रभुता प्राप्त करना।

36. ऐसा लगता है कि कुछ ब्राह्मण शिवाजी का राज्याभिषेक करने के लिए तैयार थे लेकिन वैदिक रीति से नहीं, बल्कि पौराणिक रीति से, जैसा कि शूद्रों के मामले में किया जाता है। उन्होंने अनेक प्रकार के अनिष्ट की भविष्यवाणी की अगर शिवाजी वैदिक संस्कारों से अपना राज्याभिषेक करते। दुर्भाग्य से ये अनिष्ट हुए और शिवाजी, जो निस्संदेह अंधविश्वासी थे, ने गैर-वैदिक अनुष्ठानों के साथ एक और राज्याभिषेक करवाया। श्री सी. वी. वैद्य से लिए गए इस दूसरे राज्याभिषेक के निम्नलिखित विवरण को पढ़ना दिलचस्प होगा:

"बाधक और असंतुष्ट ब्राह्मण तब भी हमेशा की तरह थे। उन्होंने समारोह को संतोषजनक नहीं माना, हालांकि पूरे महाराष्ट्र ने इसकी सराहना की। राज्याभिषेक कल्पतरु नाम की एक कविता, जिसकी एक प्रति बंगाल रॉयल एशियाटिक सोसाइटी के पुस्तकालय में है और जिसे इतिहास द्वारा प्रकाशित किया गया है

पूना का एस. मंडल (त्रैमासिक, खंड X-I), राज्याभिषेक समारोह के खिलाफ उठाई गई कुछ आपत्तियों का प्रतीक है। यह कविता बिल्कुल समकालीन नहीं है, क्योंकि इसमें बाद के विचार का उल्लेख है कि शिवाजी शिव के अवतार थे (विष्णु के नहीं जैसा कि पहले शिवभारत द्वारा दर्शाया गया था) हालांकि यह राजाराम के समय की है। यह बनारस के एक विद्वान ब्राह्मण तपस्वी निश्चलपुरी, जो गागाभट्ट के विरोधी थे, और गोविंदभट्ट बर्वे के बीच कोंकण में होने वाली एक काल्पनिक बातचीत बयान करती है। यह उन अपशकुनों का वर्णन करती है जो राज्याभिषेक से पहले और बाद में हुए थे, जैसे कि प्रतापराव गूजर की मृत्यु, शिवाजी की पत्नी काशीबाई की मृत्यु, आदि, और एक छत के गिरने से खुद गागाभट्ट की नाक पर लगा घाव। कविता स्पष्ट रूप से कहती है कि गागाभट्ट ने केवल उन ब्राह्मणों को समारोह में शामिल किया जो उनके अनुयायी थे और निश्चलपुरी द्वारा अनुशंसित लोगों को नियुक्त करने से इनकार कर दिया। समारोह में हुए कई दोषों का उल्लेख आगे किया गया है। यथा जब शिवाजी सिंहासनारूढ़ होने की विधि के बाद रथ में सवार हो रहे थे तो स्वयं गागाभट्ट पहले रथ में बैठे और फिर शिवाजी। निश्चलपुरी ने पूरे समारोह को देखने के बाद किला छोड़ दिया लेकिन शिवाजी से कहा कि 13वें, 22वें और 55वें दिन बुरी घटनाएं होंगी। तदनुसार 13वें दिन शिवाजी की माता का देहांत हो गया। इसके बाद प्रतापगढ़ में बहुत से घोड़ों के साथ एक घोड़े की बाड़ी जल गई और सिंहगढ़ में एक हाथी की मौत हो गई। इन घटनाओं ने शिवाजी को निश्चलपुरी को वापस बुलाने के लिए प्रेरित किया और उनके तथा उनके ब्राह्मणों के सहयोग से शिवाजी ने वैदिक अनुष्ठानों के साथ नहीं, बल्कि तांत्रिक विधि-विधान से सिंहासन पर पुनः बैठने का समारोह किया। इस समारोह का भी विस्तार से वर्णन किया गया है। सामवेद के कुछ वैदिक मंत्रों का उल्लेख किया गया है जिनका पाठ किया गया; लेकिन समारोह वैदिक नहीं था। यह अश्विन सुधा 5 (ललिता पंचमी के दिन स. 1596) को किया गया था, जैसा कि कविता के अंत में कहा गया है। इस समारोह का उल्लेख जे ने भी किया है और निश्चलपुरी का उल्लेख भी एक मुस्लिम रिकॉर्ड में हुआ है। '– मराठा स्वराज के संस्थापक शिवाजी, पृ. 252–253."

37. कायस्थों ने एक समय ब्राह्मणों द्वारा अपनी हैसियत पर लगातार चुनौती के खिलाफ एक पुजारी के रूप में अपने अनुष्ठान करने का संकल्प लिया था। लेकिन उन्होंने अपने संकल्प को अमल में नहीं लाया। कारण वही होना चाहिए।
38. मेवाड़ का सिसोदिया परिवार दो कारणों से महत्वपूर्ण था (1) वे उदयपुर के सिसोदिया की एक शाखा थे जो रामायण के नायक राम के बड़े पुत्र लव के वंशज थे। (2) मेवाड़ के सिसोदिया शुद्ध थे क्योंकि उन्होंने मुगल सम्राटों को अपनी महिलाओं को शादी में देने से इनकार कर दिया था और जयपुर और

जोधपुर जैसे अन्य राजपूत परिवारों के साथ विवाह करने से इनकार कर दिया था जिन्होंने ऐसा किया था। क्या इन्हीं कारणों से यह स्थापित करने का प्रयास किया गया था कि शिवाजी मेवाड़ के सिसोदियों के वंशज थे?

39. सी. वी. वैद्य द्वारा अपने हिस्ट्री ऑफ मीडियावैल इंडिया, खंड II, पृ.8 में उद्धृत.
40. वैद्य द्वारा उद्धृत, उक्त., पृ. 9.
41. वैद्य द्वारा उद्धृत, उक्त, पृ. 10. श्री वैद्य इस विचार का विरोध करते हैं और यह साबित करने की कोशिश करते हैं कि राजपूत विदेशी नहीं हैं, बल्कि मूल आर्य-क्षत्रियों के वंशज हैं। श्री वैद्य जो कहते हैं वह बहुत ठोस प्रतीत नहीं होता है।
42. शिवाजी, मराठा स्वराज के संस्थापक, पीपी. 248 और 252.
43. वैद्य कहते हैं कि यह 5,000 के लिए एक गलती होनी चाहिए। वह अपने 'चाहिए' के समर्थन में कोई कारण नहीं देते।
44. एक हॉन 3 रुपये के बराबर था।
45. यह नहीं मानना चाहिए कि गागाभट्ट को केवल रु. 1 लाख मिले थे। ब्रात्यस्तोम के लिए उन्हें अतिरिक्त 7,000 हॉन या 21,000 रुपये मिले। इसके अलावा उन्हें सोने का कुछ हिस्सा और अन्य चीजों का मूल्य प्राप्त हुआ होगा, जिनमें शिवाजी को तौला गया था और जिसे ब्राह्मणों में वितरित किया गया था।
46. वैद्य, उक्त., पृ. 247.
47. वे थे 1. केशव भट्ट, 2. भालचन्द्र भट्ट, और 3.सोमनाथ भट्ट।
48. दूत का नाम नीलो येसाजी था। वह कायस्थ था। गागाभट्ट को लाने के लिए पहली बार गए तीन ब्राह्मणों पर संदेह था कि उन्होंने शिवाजी, जिनके वे ब्राह्मणों के रूप में विरोधी थे, के हितों के साथ विश्वासघात करके उनके निर्देशों के विपरीत कार्य करके एक बेईमानी की थी। हो सकता है कि बालाजी को लगा हो कि उनके द्वारा लाए गए पत्र में कुछ छेड़खानी की गई है। इसलिए बालाजी ने इस बार अपनी ही जाति के एक कायस्थ को भेजा।
49. ऊपर बताए गए गागाभट्ट की कलाबाजियों के बारे में तथ्यों को मैंने के.एस. ठाकरे की मराठी पुस्तिका ग्रामन्याचा इतिहास से लिया है। पुनः ठाकरे ने बखारों या कालक्रम से तथ्य हासिल किये हैं। वे कहां तक विश्वसनीय हैं, यह कहना कठिन है। परंतु यह स्वीकार किया जाना चाहिए कि गागाभट्ट की कलाबाजियां सच प्रतीत होती हैं क्योंकि उनके बिना कुछ प्रासंगिक और परेशान करने वाले तथ्यों की व्याख्या करना मुश्किल होगा। उदाहरण के लिए, निम्नलिखित प्रश्न को लें: क्या रायगढ़ आने के बाद गागाभट्ट बदल गए और यदि ऐसा है, तो क्यों? यह परिवर्तन और इसका कारण गागाभट्ट की उस खोज में छुपा था, कि मोरोपंत पिंगले नाम का एक अन्य ब्राह्मण जो शिवाजी के प्रधान मंत्री से कम नहीं था, शिवाजी के क्षत्रिय होने के दावे का घोर विरोधी था। यह संभावना बनती है कि दोनों ब्राह्मण

आपस में मिलने पर आमने सामने हुए जिसने गागाभट्ट को बदल दिया। मोरोपन्त जो राज्याभिषेक के प्रबल विरोधी थे, बाद में शिवाजी के प्रबल समर्थक क्यों बन गये? यदि यह तथ्य है कि गागाभट्ट ने प्रस्ताव दिया था कि बालाजी को राजा घोषित किया जाना चाहिए तो यह मोरोपंत के मोर्चा परिवर्तन की पूरी व्याख्या करता है। बालाजी के कायस्थ होने और कायस्थ ब्राह्मणों के सबसे घातक दुश्मन होने के नाते, मोरोपंत ने शिवाजी के राज्याभिषेक को दो बुराइयों में से कम बुराई के रूप में स्वीकार कर लिया।

50. सरदेसाई, मराठी रियासत, II. पृ. 363, और वैद्य, शिवाजी, पृ. 251
51. आगे जो कुछ कहा जाएगा वह राव बहादुर डोंगरे द्वारा संपादित सिद्धान्त विजय से लिया गया है।
52. डोंगरे सिद्धांत विजय, परिचय, पृ. 6।
53. डोंगरे, उक्त, परिचय, पृ. 9।
54. उन्हें डॉ कुर्तांकोटि के नाम से जाना जाता है।
55. प्रत्येक के विवरण के लिए के.एस. ठाकरे द्वारा 1919 में प्रकाशित एक मराठी प्रकाशन, ग्रामन्याचा इतिहास देखें।

अध्याय - 11

सुलह की कहानी

अब तक मैंने निम्नलिखित प्रस्तावों को स्थापित करने का प्रयास किया है:

(1) ये ब्राह्मण ही हैं जिन्होंने भारतीय-आर्य समाज में शूद्रों को दूसरे वर्ण से चौथे वर्ण में गिराया;

(2) यह कि ब्राह्मणों द्वारा शूद्रों को नीचा दिखाने के लिए अपनाई गई तकनीक उन्हें उपनयन के लाभ से वंचित करना था;

(3) यह कि शूद्र राजाओं के अत्याचारों,उत्पीड़न और अवहेलनाओं से कराह रहे ब्राह्मणों की ओर से बदले की भावना से अपमान का यह कृत्य उत्पन्न हुआ था।

जबकि सब कुछ अब बिल्कुल स्पष्ट हो चुका है, फिर भी कुछ (लोग) ऐसे हो सकते हैं जिनके पास पूछने के लिए कुछ प्रश्न होंगे। जैसे कि :

(i) कुछ राजाओं के साथ ब्राह्मणों के झगड़े ने उन्हें पूरे शूद्र समुदाय का शत्रु क्यों बना दिया?

(ii) घृणा की भावना और प्रतिशोध लेने की इच्छा जागृत करने के लिए क्या इतना अधिक उकसाया गया था?

(iii) क्या दोनों पक्षों ने (कभी) समझौता नहीं किया ? यदि ऐसा हुआ होता, तो ब्राह्मणों के पास शूद्रों को नीचा दिखाने का कोई प्रयोजन नहीं होता।

(iv) शूद्रों ने इस अपमान को कैसे सहा? मैं स्वीकार करता हूँ कि गंभीर विचार के लिए इन प्रश्नों में पर्याप्त बल और सार है। यह उचित ही है कि उनका उत्तर दिया जाए।

I

यह प्रश्न कि कुछ राजाओं के साथ अपने झगड़ों के कारण ब्राह्मणों ने शूद्रों के पूरे समुदाय को नीचा क्यों दिखाया, न केवल प्रासंगिक है बल्कि बहुत उचित भी है। वैसे, इस प्रश्न का उत्तर देने में कोई कठिनाई नहीं होगी यदि दो बातों को ध्यान में रखा जाए।

सबसे पहले, अध्याय 9 में ब्राह्मणों और शूद्र राजाओं के बीच वर्णित संघर्ष व्यक्तिगत संघर्ष नहीं थे, हालांकि ऐसा प्रतीत होता है। इसमें कोई संदेह नहीं कि ब्राह्मणों की तरफ से पूरा वर्ग शामिल था। वशिष्ठ से संबंधित प्रकरण को छोड़कर, अन्य सभी प्रकरण सामान्य रूप से ब्राह्मणों से संबंधित हैं। प्रसंग बताते हैं, यह सच है कि राजाओं की ओर से ब्राह्मणों के साथ हुए संघर्ष में व्यक्तिगत रूप से राजाओं के शामिल होने का उल्लेख है। लेकिन यह नहीं भूलना चाहिए कि वे सभी उसी वंश के थे जिससे सुदास संबंधित थे।

जहाँ तक सुदास का संबंध है, संघर्ष ब्राह्मणों और क्षत्रियों के शूद्र वंश के बीच था। इसमें कोई संदेह नहीं हो सकता। हमारे पास यह कहने के लिए कोई प्रत्यक्ष प्रमाण नहीं है कि अन्य अपराधी राजा भी क्षत्रियों के शूद्र वंश के थे। लेकिन हमारे पास दूसरे सबूत हैं जो इस निष्कर्ष की ओर ले जाते हैं कि वे सुदास की वंश परंपरा के ही थे।

अगले पृष्ठ पर दिखाई देने वाले वंशावली वृक्ष की ओर ध्यान दिलाया जा रहा है जो महाभारत के आदि पर्व से लिया गया है।[1]

ब्राह्मणों के साथ संघर्ष में आए क्षत्रिय राजाओं के अंतर्संबंध इस विषय पर कुछ रोचक प्रकाश डालते हैं, पुरुरवास[2] इला के पुत्र और मनु वैवस्वत के पौत्र हैं। नहुष[3] पुरुरवा के पौत्र हैं। निमि[4] इक्ष्वाकु के पुत्रों में से एक हैं, जो मनु विवस्वत के पुत्र हैं। त्रिशंकु[5] इक्ष्वाकु के वंश में 28वें स्थान पर है। सुदास[6] इक्ष्वाकु के वंशज हैं और उनसे 50वें वंशज हैं। वेण[7] मनु

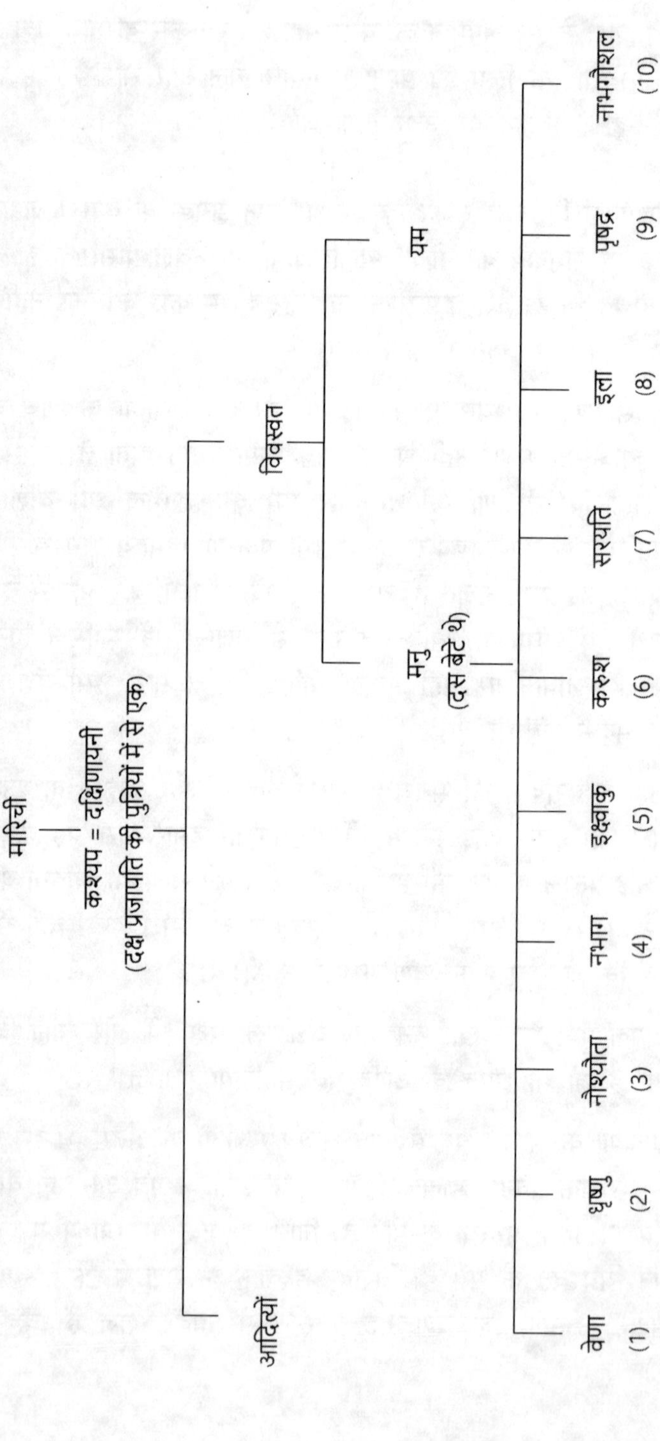
मारिची
कश्यप = दक्षिणायनी
(दक्ष प्रजापति की पुत्रियों में से एक)
आदित्यों
विवस्वत
मनु
(दस बेटे थे)
यम
वेणा (1)
धृष्णु (2)
नौश्यौता (3)
नभाग (4)
इक्ष्वाकु (5)
करुश (6)
सरयति (7)
इला (8)
पृषद्र (9)
नाभगौशल (10)

वैवस्वत के पुत्र हैं। उन सभी ने मनु से या कुछ ने मनु से और कुछ ने इक्ष्वाकु वंश से होने का दावा किया है। मनु और इक्ष्वाकु के वंशज होने के कारण यह तर्क दिया जा सकता है कि वे सभी सुदास के वंशज थे। इस तथ्य को देखते हुए कि सुदास एक शूद्र है, तार्किक रूप से यह निष्कर्ष निकलता है कि ये सभी राजा शूद्र समूह के थे।

हमारे पास कोई प्रत्यक्ष प्रमाण नहीं है, लेकिन यह मानने में कुछ अस्वाभाविक नहीं होगा कि ब्राह्मणों के साथ इन संघर्षों में केवल कुछ शूद्र राजा ही नहीं बल्कि पूरा शूद्र समुदाय शामिल था। यह संघर्ष, याद रखना चाहिए कि अति प्राचीन काल में हुआ था जब विचारों और कार्यों में जीवन जनजातीय था।

उस समय नियम यह था कि जनजाति के एक व्यक्ति द्वारा किया गया कार्य पूरे जनजाति द्वारा किया गया माना जाता था। सभी प्राचीन समाजों में इकाई जनजाति या समुदाय थी, न कि व्यक्ति। जिसके परिणामस्वरूप व्यक्ति का दोष समुदाय का दोष था और समुदाय का दोष उससे संबंधित प्रत्येक व्यक्ति का दोष था। यदि इस तथ्य को ध्यान में रखा जाता है, तो यह कहना बिल्कुल स्वाभाविक होगा कि ब्राह्मणों ने अपनी घृणा को आक्रामक राजाओं तक ही सीमित नहीं रखा, बल्कि इसे पूरे शूद्र समुदाय तक फैला दिया और उपनयन के खिलाफ प्रतिबंध को सभी शूद्रों पर लागू कर दिया।

II

जहां तक यह प्रश्न है कि क्या उकसाने की कार्रवाई पर्याप्त रूप से हुई थी, इस मामले पर शायद ही कोई सवाल उठाया जा सके।भृकुटी दोनों तरफ से तन गई होगी। विस्फोट होने के लिए दोनों तरफ पर्याप्त ज्वलनशील सामग्री रही होगी।

ब्राह्मणों की ओर से, यह स्पष्ट है कि सामाजिक श्रेष्ठता और विशेषाधिकारों के लिए उनके दावे के कारण उनका व्यवहार अपमानजनक और एक सीमा तक असहनीय हो गया था।

ब्राह्मणों द्वारा चौथे स्थान पर रखे गए आडंबरों की सूची[8] निम्नलिखित है:

(i) ब्राह्मण को बस उसके जन्म मात्र से सभी वर्णों का गुरु माना जाना चाहिए;

(ii) एकमात्र ब्राह्मण को अन्य सभी वर्गों के कर्तव्यों पर निर्णय लेने का अधिकार है कि उनके लिए कौन सा आचरण उचित था और उनकी आजीविका का साधन क्या होना चाहिए; और अन्य वर्गों को उसके निर्देशों का पालन करना अनिवार्य था और राजा को ऐसे निर्देशों के अनुसार शासन करना था;

(iii) ब्राह्मण राजा के अधिकार के अधीन नहीं है। राजा ब्राह्मण को छोड़कर सभी का शासक था;

(iv) ब्राह्मण मुक्त थे- (1) कोड़ों से (2) बेड़ियों से; (3) जुर्माने से; (4) निर्वासन से; (5) निंदा से (6) और परित्याग से।

(v) एक श्रोत्रिय (वेदाध्ययन किया हुआ एक ब्राह्मण) करों से मुक्त था।

(vi) एक ब्राह्मण को पूरा खजाना मिलने पर दावा करने का अधिकार था और यदि राजा को मिल जाए तो उसे ब्राह्मण को आधा देना चाहिए था।

(vii) बिना उत्तराधिकारी के मरने वाले ब्राह्मण की संपत्ति राजा के पास नहीं जाएगी, बल्कि श्रोत्रिय या ब्राह्मणों के बीच वितरित की जाएगी।

(viii) सड़क पर किसी श्रोत्रिय या ब्राह्मण से मिलने वाले राजा को ब्राह्मण को रास्ता देना चाहिए।

(ix) सबसे पहले ब्राह्मण को प्रणाम करना चाहिए।

(x) ब्राह्मण व्यक्ति पवित्र होता है। किसी ब्राह्मण को हत्या का दोषी होने पर भी मृत्युदंड नहीं दिया जा सकता था।

(xi) किसी ब्राह्मण को हमला करने की धमकी देना, उसे पीटना या उसके शरीर से खून निकालना एक अपराध है।

(xii) कुछ अपराधों के लिए ब्राह्मण को अन्य वर्गों के सदस्यों की तुलना में कम सजा मिलनी चाहिए। राजा को किसी ब्राह्मण को गवाह के रूप में नहीं बुलाना चाहिए, जहाँ विवादी ब्राह्मण न हो।

(xiii) यहाँ तक कि यदि किसी महिला के दस पूर्व पति होते हैं, जो ब्राह्मण नहीं होते है ऐसे में यदि कोई ब्राह्मण उस महिला से शादी करता है, तो वह अकेला ही उसका पति होता है, न कि राजन्य या वैश्य[9] जिससे उसका विवाह हुआ हो।

(xiv) ब्राह्मणों द्वारा दावा किए गए इन आडंबरों और विशेषाधिकारों पर चर्चा करने के बाद, श्री केन कहते हैं:[10]

"ब्राह्मणों को सौंपे गए अतिरिक्त विशेषाधिकार हैं: भीख मांगने के उद्देश्य से अन्य लोगों के घरों में अन्यथा पहुँच; ईंधन, फूल, पानी और इसी तरह की अन्य चीजों का संग्रह करने का अधिकार जिसे चोरी का नाम न दिया जा सके, बिना किसी प्रतिरोध के अन्य पुरुषों की पत्नियों के साथ बातचीत करने का अधिकार; फेरी-नाव के लिए कोई किराया चुकाए बिना नदियों को पार करने और अन्य लोगों के पहले (दूसरे किनारे पर) पहुँचाने का अधिकार। जब वे व्यापार में लगे हों और फेरी वाली नाव का उपयोग कर रहे हों, तो उन्हें कोई किराया नहीं देना होगा। एक ब्राह्मण जो यात्रा कर रहा है, जो थका हुआ है और खाने के लिए कुछ नहीं है, वह दो ईख या दो कमल ककड़ी ले ले तो ये कोई अपराध नहीं होता।"

इन विशेषाधिकारों में निस्संदेह समय के साथ वृद्धि हुई है और यह कहना कठिन है कि जब ये संघर्ष उग्र थे तब इनमें से कौन-सा निहित अधिकार बन गया था। लेकिन इसमें कोई संदेह नहीं है कि इनमें से कुछ बहुत अधिक परेशान करने वाले थे जैसे (i), (ii), (iii), (viii) और (xiv) उसी समय अस्तित्व में आए थे। ये किसी भी सभ्य और स्वाभिमानी पुरुष वर्ग को क्रोधित करने के लिए पर्याप्त थे।

क्षत्रिय राजा की ओर से ये वर्जित था कि वे नीचे पड़ी चीजों को लेने के लिए तैयार हो जाएं। ऐसा वे कैसे कर सकते हैं? यह नहीं भूलना चाहिए कि अधिकांश क्षत्रिय राजा जो ब्राह्मणों के साथ संघर्ष कर रहे थे, वे सौर

परंपरा[11] के थे। वे चंद्र परंपरा के क्षत्रियों से विद्वता, गौरव और शूरवीरता में भिन्न थे। जो क्षत्रिय सौर परंपरा से संबंधित थे, वे साहसी लोग थे, जबकि जो चंद्र वंश से संबंधित थे, वे स्वाभिमान विहीन और बहुत ही मूर्ख थे। पहले वालों (सूर्यवंशियों)ने ब्राह्मणों को चुनौती दी। बाद वालों ने उनके आगे घुटने टेक दिए और उनके अधीन हो गए। यह तो होना ही था। चंद्र वंशी क्षत्रिय जहाँ विद्या से रहित थे, वहीं सूर्यवंशी विद्वता के विषय में ब्राह्मणों के बराबर ही नहीं थे,

बल्कि उनसे श्रेष्ठ थे। उनमें से कई वैदिक मंत्रों के रचयिता थे और उन्हें राजर्षि के रूप में जाना जाता था। यह उन लोगों के लिए विशेष रूप से सत्य थाः जिन्होंने ब्राह्मणों के साथ संघर्ष किया।

ऋग्वेद की अनुक्रमणिका के अनुसार तथा परंपरा के अनुसार निम्नलिखित सूक्तों की रचना निम्नांकित राजाओं द्वारा की गई बताई जाती है:[12]

"vi.15: वितहव्य (या भारद्वाज); x.9: सिंधुवीप, अंबरीश के पुत्र (या त्रिशिरा, त्वष्ट्री का पुत्र); x.75: प्रियमेध के पुत्र सिंधुक्षित; x.133, पिजवन के पुत्र सुदास; x.134, मंधात्री, युवनास्व के पुत्र; x.179, सिबि, उशीनर का पुत्र, प्रतर्दन, दिवोदास का पुत्र और काशी का राजा, और वसुमानस, रोहिदासव का पुत्र; और x.148 को पृथ्वी वैन्या घोषित किया गया है।"

मत्स्य पुराण उन लोगों की सूची भी देता है[13] जिन्होंने ऋग्वेद के स्तोत्रों की रचना की थी, जो कहता है:

"भृगु, कश्य, प्रचेतस, दधीच, आत्मवत, और्व, जमदग्नि, कृपा, शरदवत, अर्ष्टिशेन, युधाजित, विताहव्य, सुवर्चस, वैन, पृथु, दिवोदास, ब्रह्मस्व, गृत्स, शौनक- ये उन्नीस भृगु हैं, जो स्तोत्रों के रचयिता हैं। अंगिरस, वेधास, भारद्वाज, भलंदना, ऋतबाध, गर्ग, सती, संकृति, गुरुधिरा, मंधात्री, अंबरीश, युवनास्व, पुरुकुत्स, प्रद्युम्न, श्रवणस्य, अजामिधा, हरयाश्व, तक्षप, कवि, पृषदश्व, विरूपा, कण्व, मुद्‌गल, उतथ्य, शरदवत, वाजश्रव, अपस्य, सुवित, वामदेव, अजित, बृहदुक्त, दीर्घतम, काक्षीवत, को तैंतीस प्रख्यात अंगिरस के रूप में अंकित किया गया है। ये सभी स्तोत्रों के रचयिता थे।

अब कश्यपों को जानें... गढ़ी के पुत्र विश्वामित्र, देवराज, ज्ञानी बाला मधुचंददास, ऋषभ, अघमर्षण, अष्टक, लोहिता, भृतकिला, वेदश्रव, देवरात, पुराणश्व, धनंजय, गौरवशाली मिथिला, सलंकायन, - ये सभी तेरह भक्त और प्रतिष्ठित कुशिकों के रूप जानने योग्य हैं। मनु वैवस्वत, इड़ा, राजा पुरुरवा, ये क्षत्रियों के बीच स्तोत्रों के प्रख्यात कर्ता के रूप में जाने जाते हैं। भालंडा, वंद्य और संस्कृति ये हमेशा वैश्यों के बीच तीन प्रतिष्ठित व्यक्तियों के रूप में जाने जाते हैं जो स्तोत्रों के रचयिता थे। इस प्रकार नब्बे व्यक्तियों की घोषणा की गई है जिनके द्वारा स्तोत्रों को जन्म दिया गया है, ब्राह्मण, क्षत्रिय और वैश्य।

निम्नलिखित वंशवृक्षः-

सोम=तारा

बुद्ध=इला

पुरुरवास=उर्वशी

आयुस

नहुष

यदि यह ध्यान में आता है कि पुरुरवा की माता "हा" मनु वैवस्वत की पुत्री थी तो यह देखा जा सकता है कि वे भी ब्राह्मणों के साथ संघर्ष करने वाले सौर क्षत्रियों के स्वजन थे।

वैदिक स्तोत्रों के रचयिताओं की सूची में केवल अनेक क्षत्रियों के ही नाम नहीं हैं, बल्कि अनेक ऐसे क्षत्रियों के नाम भी हैं जो ब्राह्मणों के साथ संघर्ष में सामने आ गए थे। वैदिक स्तोत्र निर्माताओं में क्षत्रिय अग्रणी थे। सबसे प्रसिद्ध वैदिक स्तोत्र अर्थात् गायत्री मंत्र विश्वामित्र का उत्पादन है जो एक क्षत्रिय थे। ब्राह्मणों की इस चुनौती को स्वीकार न करना इस क्षमता के क्षत्रियों के लिए असंभव था।

उनका गौरव जो उनके पराक्रम से पैदा हुआ था और उनकी शिक्षा ब्राह्मणों के ढोंग से कितनी बुरी तरह आहत हुई होगी कि जब उन्होंने ब्राह्मणों की चुनौती स्वीकार की तो निर्ममता से ब्राह्मणों के कूल्हे और जांघ पर प्रहार किया। वेन ने उन्हें अपनी पूजा करने के लिए विवश किया,

किसी अन्य भगवान की नहीं। पुरुरवों ने उनका धन लूट लिया। नहुष ने उन्हें अपने रथ में जोता और उन्हें नगर में घसीटता हुआ ले गया। निमी ने परिवार में सभी समारोहों को करने के लिए एक परिवार के पुरोहित के अनन्य और वंशानुगत अधिकार का हनन किया और सुदास वशिष्ठ के पुत्र को जिंदा जलाने की हद तक चले गए, जो कभी उनके परिवार के पुरोहित थे। निश्चित रूप से, ब्राह्मणों को शूद्रों से बदला लेने के लिए भड़काने का इससे बड़ा कोई कारण नहीं हो सकता।

III

ब्राह्मणों और शूद्रों के बीच संभावित सुलह के बिंदु पर, निस्संदेह कुछ सबूत हैं जिन पर कुछ लोग भरोसा कर सकते हैं। इस साक्ष्य के मूल्य पर अपने विचार व्यक्त करने से पहले, इस पर ध्यान आकर्षित करना वांछनीय है। साक्ष्य में सुलह की कहानियाँ हैं जो पूरे महाभारत और पुराणों में बिखरी हुई हैं।

सुलह की पहली कहानी दो जनजातियों से संबंधित है, भरत जिनसे विश्वामित्र संबंधित थे और तृत्सु जिनसे वशिष्ठ संबंधित थे। भरत वसिष्ठ या तृत्सुओं के शत्रु थे, यह ऋग्वेद से ही स्पष्ट है। जो कहता है:[14]

iii. 53.24.– "हे इंद्र, भरत के ये पुत्र, (वसिष्ठों) से बचने की इच्छा रखते हैं, उनसे संपर्क करने की इच्छा नहीं रखते।"

उनके मेल-मिलाप की कहानी महाभारत[15] के आदि पर्व में वर्णित है और इस प्रकार है:

"और उनके शत्रुओं के यजमानों ने भी भरतों को मारा। पंचाल्य सेनापति ने चार प्रकार की सेना लेकर पृथ्वी को कंपाते हुए उस पर आक्रमण कर दिया, शीघ्रता से पृथ्वी पर विजय प्राप्त की और दस पूर्ण यजमानों के साथ उसे जीत लिया। तब राजा संवरण अपनी पत्नियों, मंत्रियों, पुत्रों और मित्रों के साथ उसकी ललकार सुनकर भाग गया और विशाल सिंधु नदी के घने इलाकों में धारा से लगे पहाड़ी प्रदेश के पास रहने लगा। वहाँ भरतगण बहुत समय से दुर्ग में शरण लेकर निवास करते आ रहे थे। वे वहाँ हजार वर्षों तक निवास करते रहे, तब आदरणीय ऋषि वशिष्ठ

उनके पास आए। उनके आगमन पर सभी भरतगण उनसे मिलने आए, प्रणाम किया और गौरवशाली ऋषि के प्रति सम्मान दिखाते हुए उन्हें अर्घ्य दिया। जब वे बैठे, तो राजा ने स्वयं उनसे बिनती की, 'आप हमारे पुरोहित बन आइए हम अपने राज्य को फिर से प्राप्त करने का प्रयास करेंगे।' वशिष्ठ ने स्वयं को भरतों से जोड़ने के लिए सहमति दे दी। और जैसा कि हमने सुना है, पुरु के वंशज को संपूर्ण क्षत्रिय जाति की संप्रभुता के साथ पूरी पृथ्वी पर विजय प्राप्त करने के लिए पद पर बैठाया गया। उसने पूर्व में भरत द्वारा बसाए गए भव्य नगर पर अधिकार कर लिया, और सभी राजाओं को फिर से अपने अधीन कर लिया,"

दूसरी कहानी भृगु और क्षत्रिय राजा कृतवीर्य के बीच संघर्ष और उनके बाद के सुलह से संबंधित है। यह महाभारत के आदि पर्व में आता है।[16]

"कृतवीर्य नाम का एक राजा था, जिसकी उदारता से वेदों के ज्ञाता भृगु, जो उनके पुरोहितों के रूप में कार्य करते थे, गायों और धन से बहुत समृद्ध हुए थे। उनके स्वर्ग जाने के बाद, उनके वंशजों को धन की कमी हो गई। वे भृगु से आपूर्ति की भीख माँगने आए क्योंकि उनके धन के बारे में वे जानते थे। कुछ भृगुओं ने अपना धन भूमिगत कर दिया था। दूसरों ने इसे ब्राह्मणों को दे दिया, क्योंकि वे क्षत्रियों से डरते थे, जबकि अन्य ने उन्हें उनके मांगने पर उन्हें लौटा दिया। ऐसा भी हुआ कि एक क्षत्रिय ने जमीन खोदते समय भृगु के घर में कुछ धन दबा हुआ पाया। क्षत्रिय तब इकट्ठे हुए और इस खजाने को देखा, और क्रोधित होकर, उन सभी भृगुओं को मार डाला, जिन्हें वे तिरस्कार से देखते थे, यहाँ तक कि गर्भ में पल रहे बच्चों तक को भी नहीं छोड़ा। फिर विधवाएँ हिमालय के पहाड़ों पर भाग गईं। उनमें से एक ने अपने अजन्मे बच्चे को अपनी जाँघ में छिपा लिया। एक ब्राह्मणी गुप्तचर से उस बच्चे के अस्तित्व के बारे में सुनकर क्षत्रियों ने उसे मारने की कोशिश की, लेकिन वह अपनी माँ की जांघ से चमक के साथ निकला, और उसने उत्पीड़कों को अंधा कर दिया। कुछ समय तक पहाड़ों के बीच भटकने के बाद, उन्होंने अपनी दृष्टि की पुन:प्राप्ति के लिए बच्चे की माँ से विनम्रतापूर्वक प्रार्थना की; लेकिन उसने

उन्हें अपने अद्‌भुत शिशु ओर्वा के पास भेज दिया, जिसमें संपूर्ण वेद, अपने छह वेदांगों के साथ, एक व्यक्ति के रूप में प्रवेश कर गया था, जिसने (अपने संबंधियों के वध के प्रतिशोध में) उनकी आंखों की रोशनी लूट ली थी, और केवल वही इसे पुनर्स्थापित कर सकता था। तदनुसार उन्होंने उसकी शरण ली, और उसने उनकी दृष्टि लौटाई। हालाँकि, और्वा ने, भृगु के वध का बदला लेने के लिए, सभी जीवित प्राणियों के विनाश की मध्यस्थता की और तपस्या के दौरान आकर, दोनों देवताओं, असुरों और पुरुषों को चिंतित कर दिया; लेकिन उनके पूर्वज (पितृ) स्वयं प्रकट हुए, और यह कहकर उसे अपने उद्देश्य से मोड़ने की कोशिश की। उन्होंने कहा कि उन्हें क्षत्रियों से बदला लेने की कोई इच्छा नहीं है। यह दुर्बलता के कारण नहीं था कि धर्मनिष्ठ भृगु ने हत्यारे क्षत्रियों द्वारा किए गए नरसंहार की अनदेखी की। 'जब हम वृद्धावस्था से व्याकुल हो उठे तो हमने स्वयं उनके द्वारा वध किए जाने की इच्छा की।

जो धन था वह क्षत्रियों को भड़काने की इच्छा रखने वाले लोगों द्वारा घृणा फैलाने के उद्देश्य से भृगु के घर में किसी के द्वारा दबा कर रख दिया गया था। हम जो स्वर्ग की इच्छा कर रहे थे, उन्हें पैसे से क्या लेना-देना? 'उन्होंने कहा कि उन्होंने यह युक्ति अपनाई क्योंकि वे आत्महत्या के लिए दोषी नहीं होना चाहते थे, और अंत में उन्होंने और्व को अपने क्रोध को शांत करने और उस पाप से दूर रहने का आग्रह किया जिसपर उसका ध्यान केंद्रित था: उन्होंने कहा, 'क्षत्रियों को नष्ट मत करो, हे पुत्र, और न ही सातों लोकों को नष्ट करो। अपने दहकते हुए क्रोध को दबाओ, जो तपस्या की शक्ति को कम कर देता है। फिर और्व ने उत्तर दिया कि वह अपने संकल्प को अप्रभावित होने की अनुमति नहीं दे सकता। वह कहता है उसका क्रोध, यदि किसी अन्य वस्तु पर नहीं उतरता तो वह स्वयं को भस्म कर लेगा। फिर वह न्याय, समीचीनता और कर्तव्य के आधार पर, क्षमादान के विरुद्ध तर्क देता है, जिसके लिए उसके पूर्वजों ने आग्रह की थी। तथापि वह अपने क्रोध की आग को समुद्र में फेंकने के लिए राजी हो गया, जहाँ कहा गया कि वह पानी के तत्व को आत्मसात करने का काम करेगा, और इस तरह उसका संकल्प पूरा हो जाएगा, तदनुसार वह विशाल हयासिरा बन

गया, जो उस आग को उगल देता है और पानी को पी जाता है इसको वे जानते हैं जो वेद से परिचित हैं।

तीसरी कहानी हैहयों के राजा कृतवीर्य के पुत्र अर्जुन और परशुराम के बीच संघर्ष और उनके बीच बाद के सुलह से संबंधित है। यह प्रसंग महाभारत के वनपर्व में निम्नानुसार आया है:[17]

"कृतवीर्य के पुत्र और हैहय के राजा अर्जुन के पास, हमें बताया गया है कि एक हजार भुजाएँ थीं। उन्होंने दत्तैरेया से सोने का एक हवाई यान प्राप्त किया, जिसकी उड़ान अप्रतिरोध्य थी। इससे उसने देवताओं, यक्षों, ऋषियों को कुचला और सभी प्राणियों पर अत्याचार किया। देवताओं और ऋषियों ने विष्णु से उसे रोकने का निवेदन किया और उन्होंने इंद्र के साथ, जिनका अर्जुन द्वारा अपमान किया गया था, उसके विनाश के साधनों को तैयार किया। इस समय, कहानी आगे बढ़ती है, कान्यकुब्ज का एक राजा रहता था, जिसे गढ़ी कहा जाता था, जिसकी सत्यवती नाम की एक बेटी थी। इस राजकुमारी का ऋषि ऋचिका से विवाह और जमदग्नि का जन्म, लगभग उसी तरह बताया गया है जैसा कि ऊपर वर्णित है। जमदग्नि और सत्यवती के पाँच पुत्र थे, जिनमें से सबसे छोटे परशुराम थे। अपने पिता की आज्ञा से उसने अपनी माँ की हत्या कर दी (जो अशुद्ध इच्छा के भोग से, अपनी पिछली पवित्रता से च्युत हो गई थी), जब चार बड़े बेटों ने मातृहत्या जैसा कुकर्म करने से मना कर दिया था जिसके परिणामस्वरूप वे अपने पिता के शाप के कारण तर्कशक्ति से वंचित हो गए। हालाँकि, परशुराम की इच्छा पर, उनकी माँ को उनके पिता ने जीवित कर दिया, और उनके भाइयों को तर्कशक्ति दे दी; और वह स्वयं हत्या के सारे दोष से मुक्त हो गए; साथ ही अपने पिता से अजेयता और लंबी आयु का वरदान प्राप्त किया। उसका इतिहास अब राजा अर्जुन (या कृतवीर्य) के इतिहास से जुड़ा हुआ लगता है। बाद वाला (अर्जुन) जमदग्नि के आश्रम में आया था, और उनकी पत्नी ने उसका सम्मानपूर्वक स्वागत किया था; लेकिन वह ऋषि की बलिगाय के बछड़े को जबरदस्ती ले गया और उसके ऊंचे और फलदार पेड़ों को तोड़कर इस सम्मान का बदला दिया। इस हिंसा की सूचना मिलने पर, परशुराम क्रोध से भर गए, उन्होंने अर्जुन पर हमला किया, उसकी

हजार भुजाएँ काट दीं और उसका वध कर दिया। बदले में अर्जुन के पुत्र ने परशुराम की अनुपस्थिति में शांत ऋषि जमदग्नि का वध कर दिया। परशुराम अपने पिता के वध से बहुत क्रोधित हुए, जिसके परिणामस्वरूप सभी क्षत्रियों को पृथ्वी से मिटा देने की प्रतिज्ञा की, उनके हथियारों को जब्त कर लिया और अर्जुन के सभी पुत्रों और पौत्रों का वध कर दिया। हजारों हैहयों के साथ, उन्होंने पृथ्वी को बंधी हुई मिट्टी के ढेर में बदल दिया। इस प्रकार पृथ्वी को क्षत्रियों से विहीन करके वे गहरी करुणा से व्याकुल हो गए और वन में चले गए। कुछ हजार वर्ष बीत जाने के बाद, रायभय के पुत्र और विश्वामित्र के पौत्र परवसु द्वारा स्वाभाविक रूप से चिड़चिड़े नायक को इन शब्दों में एक सार्वजनिक सभा में ताना मारा गया था: 'क्या ये पुण्य पुरुष, प्रतरदान और अन्य नहीं हैं, जो ययाति की नगरी में यज्ञ के लिए एकत्रित हुए हैं- क्या वे क्षत्रिय नहीं हैं? तू अपने प्रण का पालन करने में असफल रहा, और सभा में व्यर्थ ही घमण्ड करता है। तू उन वीर क्षत्रियों के भय से पर्वत पर चला गया था, जबकि उनकी सैकड़ों जातियों से पृथ्वी फिर पलट गई है, 'यह वचन सुनकर परशुराम ने शस्त्र उठा लिए। सैकड़ों क्षत्रिय जिन्हें पहले छोड़ दिया गया था, जो अब शक्तिशाली राजा बन गए थे, परशुराम के द्वारा अब अपने बच्चों के साथ मारे डाले गए। वे असंख्य शिशु भी मारे गए जो तब अजन्मे थे और बाद में दुनिया में आए और कुछ को उनकी माताओं द्वारा संरक्षित कर लिया गया था। इक्कीस बार पृथ्वी को क्षत्रियों से विहीन करने के बाद, परशुराम ने अश्वमेध के समापन पर कश्यप को एक यज्ञ-शुल्क के रूप में पूरी पृथ्वी दे दी।

संघर्ष की कहानी कहने के बाद महाभारत का लेखक सुलह की कहानी को निम्नलिखित शब्दों में बयान करता है:[18]

जमदग्नि के पुत्र ने पृथ्वी से सभी क्षत्रियों को एक और बीस बार मिटाने के बाद पर्वतों में श्रेष्ठ महेन्द्र पर्वत पर तपस्या की। पृथ्वी से क्षत्रियों को मिटाने के बाद, उनकी विधवाएँ संतान के लिए प्रार्थना करते हुए ब्राह्मणों के पास आईं। धार्मिक ब्राह्मण, वासना के किसी भी आवेग से मुक्त, इन महिलाओं के साथ उचित मौसम में सहवास करते थे, जो

परिणामस्वरूप गर्भवती हुई, और क्षत्रिय वंश को बनाए रखने के लिए शूरवीर क्षत्रिय बालक और बालिकाओं को जन्म दिया। इस प्रकार क्षत्रिय जाति को ब्राह्मणों ने क्षत्रिय महिलाओं के द्वारा गुणवत्तापूर्वक उत्पन्न किया और वे बहुगुणित और दीर्घजीवी हो गई। तब से ब्राह्मणों से चार निम्न वर्ण उत्पन्न हुए।

ब्राह्मणों और क्षत्रियों के बीच संघर्ष और सुलह के उपरोक्त उदाहरण उन क्षत्रिय राजाओं से संबंधित नहीं हैं जिन्हें इतिहास में ब्राह्मणों से युद्ध की घोषणा करने के रूप में चित्रित किया गया है। ब्राह्मणों के साथ सुलह की उनकी[19] कहानियों के उदाहरणों की ओर मुड़ें तो सबसे पहले कलमाशपाद की कहानी है। उन्हें सुदास का पुत्र कहा जाता है।[20] कहानी महाभारत के आदि पर्व में दी गई है।[21] कहानी का वह भाग जो कलमाशपाद और वशिष्ठ के बीच शत्रुता का वर्णन करता है, पहले ही सुनाया जा चुका है।[22] कहानी का वह भाग जो सुलह से ससंबंधित है वह इस प्रकार कही जाती है:

"कई पहाड़ों और देशों में घूमने के बाद, वे (वसिष्ठ) अपने पुत्र शक्ति की[23] विधवा पुत्रवधू अद्रिश्यंती के लिए घर आ गए।

जिसके गर्भ से उन्होंने एक ध्वनि या वेदों का पाठ सुना, क्योंकि वह गर्भवती थी, उस बच्चे के जन्म लेने पर उसे पराशर नाम मिला। उससे यह जानकर कि इस प्रकार उनका वंश चलते रहने की आशा है, उन्होंने अपने स्वयं के जीवन पर आगे के प्रयासों से परहेज किया। हालाँकि, राजा कलमाशपाद, जिनसे वे जंगल में मिले थे, उन दोनों को भस्म करने वाले थे, जब वशिष्ठ ने उन्हें अपने मुंह से एक विस्फोट करके रोक दिया, और पवित्र पाठ द्वारा अभिसिक्त जल को उनके ऊपर छिड़का और उन्हें उस श्राप से मुक्ति दिलाई जिससे वे बारह वर्षों से प्रभावित थे। राजा ने तब वसिष्ठ को इस प्रकार संबोधित किया: 'परम श्रेष्ठ ऋषि, मैं सौदास हूँ, जिसके पुरोहित आप हैं, मैं ऐसा क्या करूं जिससे आपको प्रसन्नता होगी?' वशिष्ठ ने उत्तर दिया: 'यह जो कुछ भी हुआ है वह भाग्य के बल के कारण हुआ है; जाओ, और अपने राज्य पर शासन करो; लेकिन, हे सम्राट,

ब्राह्मणों की कभी निंदा न करना।' राजा ने उत्तर दिया, 'मैं कभी श्रेष्ठ ब्राह्मणों का तिरस्कार नहीं करता; बल्कि आपकी आज्ञा के अनुसार मैं अब उनका पूरा आदर करूंगा। अब मुझे आपसे इक्ष्वाकुओं के ऋण को चुकाने का साधन प्राप्त करना होगा। आपको मुझे वह संतान देनी होगी जो मैं चाहता हूँ।' वशिष्ठ ने उनके अनुरोध का पालन करने का वादा किया। इसके बाद वे अयोध्या लौट आए। वसिष्ठ से राजा ने सिंहासन के लिए एक उत्तराधिकारी उत्पन्न करने की याचना की। रानी[24] उनके द्वारा गर्भवती हुई, और बारह वर्ष के अंत में एक पुत्र को जन्म दिया।

दूसरा उदाहरण महाभारत के अनुशासन पर्व में आता है:[25]

"जिस समय इक्ष्वाकु वंश में उत्पन्न हुए वाक्पटु राजा सौदास, प्रणाम करने के बाद, अपने कुल पुरोहित वशिष्ठ से पूछताछ करने के लिए आगे बढ़े, जो शाश्वत संत, ऋषियों में श्रेष्ठ थे, जो सारे संसार को पार करने में सक्षम थे और पवित्र ज्ञान का कोष थे। उन्होंने पूछा, 'हे आदरणीय और निष्पाप ऋषि, तीनों लोकों में सबसे शुद्ध किसे घोषित किया गया है, जिसकी लगातार सेवा करने से मनुष्य सर्वोच्च पुण्य प्राप्त कर सकता है? उत्तर में वशिष्ठ ने गायों को दान करने से प्राप्त पुण्य के विषय में बहुत विस्तार से बताया, और इन जानवरों के कुछ अद्‌भुत गुण बताए ताकि वे वर्तमान और भविष्य में 'सभी प्राणियों के समर्थन' में रहें। गाय को संपूर्ण 'ब्रह्मांड में व्याप्त' के रूप में वर्णित किया। उसे भूत और भविष्य की जननी कहा। महान आत्म-दमनकारी राजा ने ऋषि के इन शब्दों को सबसे उत्कृष्ट मानते हुए, ब्राह्मणों पर गायों के रूप में बहुत बड़ा पशु धन लुटाया और संसार को जीत लिया। तो यहाँ हम सौदास के पुत्र को एक संत के रूप में पाते हैं।

तीसरा उदाहरण उस सुलह से संबंधित है जिसमें सुदास के वंशजों का उल्लेख है। यह महाभारत के शांति पर्व में वर्णित है:[26]

"पृथ्वी पर प्रभुत्व प्राप्त करने के बाद, कश्यप ने इसे ब्राह्मणों का निवास बना दिया और स्वयं जंगल में चले गए। शूद्रों और वैश्यों ने तब ब्राह्मणों की पत्नियों के साथ अधर्म करना शुरू कर दिया। कोई शासक न

होने के परिणामस्वरूप, दुर्बलों को शक्तिशालियों द्वारा दबाया गया। कोई भी किसी संपत्ति का स्वामी नहीं था। पृथ्वी दुष्टों से व्यथित हो रही थी।

उस विकार के परिणामस्वरूप, और क्षत्रिय जो न्याय के संरक्षक थे उनके द्वारा शासन न हो पाने के कारण असुरक्षित (पृथ्वी) निचले क्षेत्रों में उतरी। कश्यप ने उसे भयभीत होकर एक स्थान से दूसरे स्थान पर जाते हुए देखकर, अपनी जंघा (उरु) से पकड़ लिया। इस कारण से वह अपना नाम उर्वी रखती है। देवी पृथ्वी ने तब कश्यप को मनाया और उनसे अपनी सुरक्षा के लिए एक राजा की मांग करते हुए प्रार्थना की। उसने कहा, मैंने कई क्षत्रियों को महिलाओं के बीच संरक्षित किया है जो हैहय की जाति में पैदा हुए हैं; वे मेरे रक्षक बनें। विदुरथ के पुत्र पौरव के उत्तराधिकारी हैं, जिन्हें ऋक्षवत पर्वत पर रीछों द्वारा पाला गया है; उन्हें मेरी रक्षा में लगाएं। इसी तरह, सौदास के उत्तराधिकारी को भी कोमल हृदय और गौरवशाली पुजारी पराशर द्वारा संरक्षित किया गया है, जिन्होंने एक ब्राह्मण होते हुए भी, शूद्र की तरह उनके लिए सभी घरेलू कार्य किए थे, जहाँ से राजकुमार का नाम सर्वकर्मन रखा गया। 'अन्य राजाओं को जिन्हें बचाया गया था, उन्हें चिह्नित करने के बाद, पृथ्वी आगे कहती है: 'इन सभी क्षत्रिय वंशों को अलग-अलग जगहों पर संरक्षित किया गया है, जो लगातार द्योकरों और सुनारों के वर्गों में रहते हैं। यदि वे मेरी रक्षा करेंगे, तो मैं अचल रहूंगी। उनके पिता और पितामह जो बहुत कर्मठ थे परशुराम द्वारा मेरे कारण ही मारे गए थे। उनका बदला लेना मेरा कर्तव्य है। मैं सदा के लिए एक असाधारण (कश्यप जैसे) व्यक्ति द्वारा संरक्षित होने की इच्छा नहीं रखती; बल्कि मैं साधारण शासक से ही सन्तुष्ट रहूंगी। कृपया इसे शीघ्र संभव करें।' कश्यप ने तब इन क्षत्रियों को बुलाया, जिन्हें पृथ्वी ने इंगित किया था, और उन्हें राज कार्यालय में स्थापित किया।

ये है प्रमाण! क्या कोई इसे विश्वसनीय मान सकता है? मेरी राय में, इसे स्वीकार करना तो दूर, ऐसे प्रमाणों से सावधान रहना चाहिए।

सबसे पहले, सुलह की ये सभी कहानियाँ क्षत्रियों के सम्मान के बिना शांति से पूरी हो जाती हैं। प्रत्येक घटना में, क्षत्रियों को निकृष्टता से समर्पण

करते हुए दिखाया गया है। भरत वशिष्ठ के शत्रु हैं। अचानक उनके देश में अकाल पड़ जाता है। वे देश छोड़कर चले जाते हैं और अपना राज्य खो देते हैं। वे अपने सदियों पुराने शत्रु वसिष्ठ से प्रार्थना करते हैं और याचना करते हैं कि वे उनके पुरोहित बनें और उन्हें आपदा से बचाएं। भृगु और क्षत्रियों की कहानी में, ब्राह्मणों को युद्ध के लिए गौरवान्वित होने का श्रेय दिया जाता है। हैहय क्षत्रियों और कलमाशपाद जैसे सौदास की कहानी में, क्षत्रियों के समर्पण के बारे में कहा गया है कि उन्होंने विजयी ब्राह्मणों को अपनी महिलाओं को समर्पित करके खरीदा था। (सच तो ये है कि) ब्राह्मणों का महिमामंडन और क्षत्रियों को अपमानित करने की दृष्टि से सभी कहानियाँ गढ़ी गई हैं। सुलह की ऐसी गंदी, अधम, घिनौनी और अहंकार भरी कहानियों को कौन सही ऐतिहासिक तथ्य मान सकता है? ऐसा केवल ब्राह्मणवाद का समर्थक ही कर सकता है।

सुलह के प्रश्न पर साक्ष्य का सामान्य स्वरूप ऐसा है। सुदास के वंशजों, ब्राह्मणों और शूद्रों के बीच सुलह के विशेष प्रकरण में, यह दिखाने के लिए पर्याप्त सबूत हैं कि ऐसा कोई सुलह नहीं हुआ था। सबसे पहले तो इसे अस्वीकार नहीं किया जा सकता कि वशिष्ठ के पुत्र शक्ति और शक्ति के पुत्र पराशर ने जब सुना कि उसके पिता की मृत्यु कैसे हुई थी- अर्थात्, शूद्र राजा, सुदास द्वारा उसे जिंदा जला दिया गया था, तो उसने संकल्प लिया कि सभी प्राणियों का एकसाथ वध कर देगा। एक साथ वध, स्पष्ट है, यह एक आलंकारिक शब्द है। इसका तात्पर्य यह है कि वसिष्ठ ने सुदास के वंशजों अर्थात् शूद्रों के विरुद्ध सामान्य प्रतिशोध की शपथ ली। इसमें कोई संदेह नहीं है कि महाभारत में कहा गया है कि वशिष्ठ ने पराशर को रोक दिया और उन्हें यह बताकर बदला लेने के लिए मना लिया कि कैसे भृगु और क्षत्रिय में संघर्ष हुआ और कैसे अहिंसा को अपनाकर पहले पक्ष ने दूसरे पक्ष पर विजय प्राप्त की थी। लेकिन यह कहानी सच नहीं हो सकती; क्योंकि, अन्य कहानियों की तरह इसमें भी ब्राह्मणों का यशोगान करने की दृष्टि से छेड़छाड़ की गई है।

दूसरे स्थान पर, इस तर्क के समर्थन में कि ब्राह्मणों और शूद्रों के बीच कोई मेल-मिलाप नहीं था, सबसे मजबूत प्रमाण ब्राह्मणों द्वारा शूद्रों के

विरुद्ध बनाए गए कानून से मिलता है। शूद्रों के विरुद्ध कानूनों का उल्लेख पहले ही किया जा चुका है। उनके विकास और उनके असाधारण चरित्र की ओर इशारा किया गया है। बस यही कहना बाकी रह गया है कि काले कानूनों की इस पृष्ठभूमि में सुलह के बारे में कोई भी सुझाव पूरी तरह से अपुष्ट प्रतीत होना चाहिए। ब्राह्मणों ने न केवल शूद्रों को क्षमा नहीं किया, बल्कि उन्होंने शूद्रों की संतानों तक को उसी प्रतिशोध की भावना से सताया। जैसा कि बहुत से लोगों को इसका कोई अंदाजा नहीं लगता है, चांडाल और निषाद के बारे में कुछ तथ्य बताना वांछनीय हो सकता है।

चांडाल और निषाद मिश्रित विवाह के विषय हैं। निषाद एक अनुलोम है जबकि चांडाल एक प्रतिलोम है। अनुलोमों[1] को उपनयन का पात्र माना गया है। लेकिन मजे की बात यह है कि इस नियम का एक अपवाद भी है। निषाद, जो एक शूद्र स्त्री से ब्राह्मण का पुत्र है, हालांकि एक अनुलोम है, उपनयन के योग्य नहीं माना जाता है। यह जानना दिलचस्प है कि यह अपवाद क्यों बनाया गया। इसका एक ही उत्तर प्रतीत होता है कि यह मनमाना कृत्य अपने शत्रु की सन्तानों से बदले की कार्रवाई है।

1 छह अनुलोम होते हैं जैसा कि निम्नलिखित तालिका में दिखाया गया है:

पिता	माता	संतान का नाम
ब्राह्मण	क्षत्रिय	मूरधवसिक्ता
ब्राह्मण	वैश्य	अम्बष्ठ
ब्राह्मण	शूद्र	निषाद
क्षत्रिय	वैश्य	महिष्य
क्षत्रिय	शूद्र	उर्ग
वैश्य	शूद्र	करण

प्रतिलोमों की ओर मुड़ते हुए,[1] मनु निःसंदेह उन सभी को मनुष्यों में सबसे नीच कहते हैं। इस समय, प्रतिलोमों पर कलंक उन सभी के बीच समान रूप से वितरित नहीं किया गया है। अधिकारों और विशेषाधिकारों के विषय में, आयोगव और क्षत्तर का अविश्वसनीय रूप से ध्यान रखा गया है, जबकि चांडाल की अकथनीय निंदा की जाती है। इस भेदभाव के

उदाहरण के रूप में मनु स्मृति में निम्नलिखित प्रावधानों का दृष्टांत दिया जा सकता है:

अयोगव के रूप में, मनु स्मृति केवल यही कहती है:

एक अयोगव का बढ़ईगीरी (व्यवसाय होगा)।–x.46. क्षत्तर के बारे में मनु स्मृति कहती है:

...गड्ढों में रहने वाले जानवरों को पकड़ना और मारना क्षत्तर का (व्यवसाय होगा)।–x.49.

उन्हें केवल निम्न व्यवसाय सौंपा गया है।

इसकी तुलना करें कि चांडाल के बारे में मनु स्मृति क्या कहती है: "एक चांडाल, एक सूअर, एक मुर्गा, एक कुत्ता, एक रजस्वला महिला और एक किन्नर, ब्राह्मणों को खाते हुए नहीं देख सकते।"–iii. 239.

कोई बहिष्कृत लोगों के साथ नहीं रह सकता है, न ही चांडाल, न पुक्कस, न मूर्ख, न अभिमानी (लोग), न ही नीच (लोगों) के साथ और न ही अंत्यावसायियों के साथ।–iv.79.

यदि किसी ने चांडाल, या एक रजस्वला महिला, एक परित्यक्त, एक लेटी हुई महिला, एक लाश या उसे छूने वाले को छुआ हो तो वह व्यक्ति स्नान करने के बाद पवित्र हो जाता है।–v.85.

मनु ने कुत्तों द्वारा मारे गए जानवर के मांस को शुद्ध घोषित किया है; अन्य मांसाहारी जानवर, चांडाल और अन्य दस्युओं द्वारा मारे गए जानवर का मांस भी शुद्ध कहा है।–v.131.

एक वर्ष के भीतर फिर से सजा पाए जाने वाले अपराधी का जुर्माना दो गुना होना चाहिए, और यह उतना ही होना चाहिए जितना कि एक वर्णसंकर महिला या चांडाल महिला के साथ सहवास करने का होता है।–viii.373.

हालाँकि, जो व्यक्ति मूर्खतावश इसे अपनी जाति की पत्नी के अलावा किसी अन्य (पत्नी) द्वारा करने की अनुमति देता है, जबकि उसके पास

अपनी जाति की पत्नी मौजूद हो, तो उसे प्राचीन काल से ही एक चांडाल (से जरा भी बेहतर) नहीं माना जाता।–ix.87.

1 गौत। डीएच, एस., IV. 21, केन ii. द्वारा उद्धृत, भाग 1, पृ 229.

पिता	माता	जाति का नाम
शूद्र	ब्राह्मण	चांडाल
शूद्र	क्षत्रिय	क्षत्तर
शूद्र	वैश्य	अयोगव
वैश्य	ब्राह्मण	सूत
वैश्य	क्षत्रिय	वैदेहक
क्षत्रिय	ब्राह्मण	मगध

चाण्डालों और स्वपकाओं का निवास गाँव के बाहर (होना चाहिए)। उन्हें व्यंजन (अपपत्र) से वंचित कर देना चाहिए; उनकी संपत्ति में कुत्ते और गधे शामिल हों।–x.51.

इसके अलावा, विश्वामित्र, शुद्ध और अशुद्ध को अच्छी तरह से जानते हुए भी, भूख से पीड़ित होकर एक चांडाल के हाथ से कुत्ते के रैंप को खाने के लिए आगे बढ़े।–x.108.

एक ब्राह्मण को यज्ञ के लिए कभी भी शूद्र से संपत्ति की भीख नहीं मांगनी चाहिए, क्योंकि (शूद्र से) भीख मांगकर यज्ञ करने पर वह मृत्यु के बाद चांडाल के रूप में पैदा होता है।–vi.24.

चांडाल स्त्रियों (या निम्न कुल में जन्मी स्त्री) के साथ (कामुक) संभोग करने पर, उनका भोजन करने पर या अनजाने में उनसे दान प्राप्त करने पर, एक ब्राह्मण पतित हो जाता है; लेकिन अगर वह ऐसा जानबूझकर करता है तो वह उन्हीं के समान हो जाता है।–xi.175.

एक ब्राह्मण का वध करने वाला कुत्तों, सूअरों, गधों, ऊँटों, गायों, बकरियों, भेड़ों, जंगली पशुओं, पक्षियों, चांडालों और पुक्कसों के गर्भ में प्रवेश करता है।–xi.55.

चांडाल के साथ किया जाने वाला व्यवहार अयोगव और क्षत्तर के साथ किए गए व्यवहार की तुलना में कितना अलग है, जबकि वे सभी प्रतिलोम

हैं? चांडाल को प्रतिलोमों में सर्वाधिक कुख्यात क्यों माना जाना चाहिए? केवल इसलिए कि वह घृणित शूद्र की संतान हैं। यह सिर्फ अपने दुश्मन के बच्चों से बदले की कार्रवाई है।

इन सब बातों से कोई संदेह नहीं रह जाता कि ब्राह्मणों और शूद्रों के बीच कोई मेल-मिलाप नहीं था।

IV

आखिरी आपत्ति पर आते हैं तो लगता है कि इसके पीछे यह भावना है कि शूद्र, भारतीय-आर्य समाज का एक बहुत बड़ा हिस्सा रहे होंगे। इस तरह की भावना के साथ यह अजीब लगता है कि शूद्रों ने उपनयन के खंडन जैसे कृत्य को चुपचाप सहन किया। क्योंकि हिंदू समाज में शूद्र जनसंख्या का इतना बड़ा हिस्सा हैं, इसलिए भारतीय-आर्य समाज के शूद्रों ने भी आबादी का एक बहुत बड़ा हिस्सा बनाया होगा ये ऐसी भावना का एकमात्र आधार हो सकता है। इस तरह का अनुमान निराधार है, क्योंकि भारतीय-आर्य समाज के शूद्र, हिंदू समाज के शूद्रों से जाति में बिल्कुल अलग हैं। हिंदू समाज के शूद्र भारतीय-आर्य समाज के शूद्रों के वंशज नहीं हैं।

यह भ्रम इस बात को समझने में विफलता के कारण उत्पन्न हुआ है कि भारतीय-आर्य समाज में 'शूद्र' शब्द का अर्थ हिंदू समाज में इसके अर्थ से बहुत भिन्न है। भारतीय-आर्यों में शूद्र शब्द एक ही तरह के लोगों का असल नाम था। यह उन लोगों का नाम था जो एक विशेष जाति के थे। शूद्र शब्द, जैसा कि हिंदू समाज में प्रयोग किया जाता है, नाम नहीं है। यह लोगों के निम्न, असंस्कृत वर्ग के लिए एक विशेषण है। यह जनजातियों और समूहों के एक विविध और विषम संग्रह के लिए एक सामान्य संज्ञा है, जिनके पास संस्कृति के निचले तल पर होने के अलावा कुछ भी सामान्य नहीं है। उन्हें शूद्र नाम से पुकारना गलत है। उन्हें आर्य समाज के अपने समान नाम वालों से बहुत कम लेना-देना है, जिन्होंने ब्राह्मणों को नाराज कर दिया था। यह खेद की बात है कि बाद के दिनों के इन निर्दोष और पिछड़े लोगों को मूल शूद्रों के साथ जोड़ दिया गया और उन्हें वही दंड दिया गया जिसके लिए उन्होंने कोई कारण नहीं बताया था।

भारतीय- आर्य के शूद्र और हिंदू समाज के शूद्र अलग और विशिष्ट हैं, यह एक ऐसा तथ्य है जो एक समय में धर्म सूत्रकारों के मस्तिष्क में स्थित था, यह बिल्कुल स्पष्ट है। यह उनके द्वारा सच्छूद्र और असच्छुद्र के बीच और अनिर्वासित शूद्र और निर्वासित शूद्र के बीच किए गए भेद से स्पष्ट है। सच्छुद्र का अर्थ होता है सुसंस्कृत शूद्र और असच्छूद्र का अर्थ होता है असंस्कृत शूद्र। निर्वासित शूद्र का अर्थ है ग्राम समुदाय में रहने वाला शूद्र। अनिर्वासित शूद्र का अर्थ है ग्राम समुदाय से बाहर रहने वाला शूद्र। यह कहना बिल्कुल गलत है जैसा कुछ लोग कहते हैं[27] कि यह विभाजन इंगित करता है कि कानून निर्माताओं की दृष्टि में शूद्रों की स्थिति में सुधार हो रहा था, जिसमें कुछ लोगों को सामाजिक संसर्ग में प्रवेश दिया गया था जबकि पहले किसी को नहीं दिया गया था। सही व्याख्या यह है कि सच्छूद्र और निर्वासित शूद्र आर्य समाज के शूद्रों को संदर्भित करते हैं और असच्छुद्र और अनिर्वासित शूद्र शूद्रों को विशेषण के रूप में संदर्भित करते हैं जिन्होंने हिंदू समाज का हिस्सा बनना शुरू कर दिया था। हमें आर्य समाज के शूद्रों से सरोकार है। उनका हिंदू समाज के बाद के दिनों के शूद्रों से कोई संबंध नहीं है। ऐसा होने पर, यह तथ्य कि हिंदू समाज में शूद्रों की इतनी बड़ी संख्या है, को इस तर्क का आधार नहीं बनाया जा सकता है कि भारतीय-आर्यों के शूद्र भी लोगों का एक बहुत बड़ा समूह रहे होंगे। हम ठीक-ठीक यह नहीं जानते कि शूद्र एक गोत्र थे, गोत्र थे या अर्धांश थे या परिवारों का समूह था।

लेकिन जैसे वे भले ही एक जनजाति के रूप में बड़े थे, वे कुछ हजार से बड़े नहीं हो सकते थे। ऋग्वेद, vii.33.6 में भरतों को संख्या में कम होने के रूप में स्पष्टतया वर्णित किया गया है। शतपथ ब्राह्मण में पांचाल राजा सोन सत्रसहा[28] द्वारा की गई अश्वमेध यज्ञ का उल्लेख करते हुए कहा गया है:

"जब सत्रसहा अश्वमेघ की भेंट चढ़ाता है, तब कवच पहनकर, छः हजार छः और तीस, तार्वस उत्पन्न हुए थे।"

यदि यह कोई संकेत है कि तुर्वसों के गोत्र की संख्या छह हजार थी, तो शूद्रों की संख्या बहुत अधिक नहीं हो सकती थी। संख्या के प्रश्न के

अलावा शूद्र आपदा को रोकने के लिए क्या कर सकते थे? यदि कुछ ब्राह्मण, जिन्हें उन्होंने क्रुद्ध किया था, उनका उपनयन करने से मना कर दिया था, तो क्या उन्हें अन्य ब्राह्मणों की सेवाएं मिल सकती थीं, जिन्हें उन्होंने क्रुद्ध नहीं किया था? ऐसी संभावना निश्चित रूप से विभिन्न परिस्थितियों पर निर्भर करेगी। पहली बात तो यह है कि हम नहीं जानते कि क्या सभी ब्राह्मणों ने एक साझा मोर्चा बना लिया था और क्या उस मोर्चे को तोड़ना संभव था। हम नहीं जानते कि जिस समय यह एक ज्वलंत विषय था उस समय ब्राह्मण एक जाति बन गए थे या नहीं। लेकिन यह स्पष्ट[29] है कि ऋग्वेद के काल में भी ब्राह्मण अपने आप में एक वर्ग थे। वे वर्ग चेतना विकसित कर चुके थे और वर्ग हितों को बनाए रखने के इच्छुक थे। उस स्थिति में शूद्रों के लिए ब्राह्मणों के षड़यंत्र को तोड़ना कठिन होता। दूसरे, यह भी हो सकता है कि उपनयन का प्रदर्शन कुल पुरोहित का अनन्य अधिकार बन गया हो। राजा निमि[30] की कहानी से पता चलता है कि यज्ञ करना कुल पुरोहित का अनन्य अधिकार बन गया था। यदि इन सुझावों में दम है, तो स्पष्ट है कि शूद्र अपने विरुद्ध कार्य कर रहे ब्राह्मणों के साझा मोर्चे को रोकने के लिए कुछ अधिक नहीं कर पा रहे होंगे।

एक अन्य संभावना सभी क्षत्रियों के बीच एक साझा मोर्चा बनाने की थी, जिसका प्रभाव ब्राह्मणों के विरोध को कम करना हो सकता है। क्या ऐसा संभव था, यह केवल अटकलबाजी का विषय हो सकता है। सर्वप्रथम, क्या शूद्रों को इस बात का आभास था कि उपनयन के नष्ट होने का उनकी भावी स्थिति पर क्या प्रभाव पड़ने वाला है? मुझे विश्वास है कि उन्हें नहीं होगा। दूसरे, क्या क्षत्रिय, लोगों का एक संयुक्त निकाय थे? मुझे संदेह है कि वे थे। तीसरे, क्या अन्य क्षत्रिय राजाओं में शूद्रों के प्रति कोई सहानुभूति थी? यदि ऋग्वेद में वर्णित दशराज युद्ध की कहानी सच है, तो यह पर्याप्त है।

स्पष्ट है कि शूद्रों और अन्य शुद्रेतर क्षत्रियों के बीच बहुत अधिक प्रेम नहीं था। इन सभी परिस्थितियों को ध्यान में रखते हुए, इसमें कोई आश्चर्य

की बात नहीं है कि शूद्रों को ब्राह्मणों द्वारा उपनयन के खंडन को एक तथ्य के रूप में स्वीकार करना पड़ा।

ग्रंथ-सूची

1. म्योर, खंड 1, पृ. 126.
2. म्योर, खंड 1, पृ. 126.
3. म्योर, खंड 1, पृ. 307.
4. म्योर, खंड 1, पृ. 316.
5. म्योर, खंड 1, पृ. 362.
6. मुइर, खंड 1, पृ. 362.
7. सुदास के पिता दिवोदास को ऋग्वेद में पुरु के राजा के रूप में वर्णित किया गया है और पुरु को इक्ष्वाकु के रूप में वर्णित किया गया है।
8. यह सारांश केन के धर्म शास्त्र में दी गई सूची पर आधारित है, खंड 2 (I), पीपी. 138–153.
9. संख्या (xiv) केन द्वारा वर्णित नहीं है, लेकिन अथर्ववेद v में इसका उल्लेख है। 17. 8–9; म्योर, खंड 1 देखें। पृ. 280.
10. सूक्त, पीपी। 153–4।
11. केवल पुरुरवा और नहुष, क्षत्रियों की चंद्र परंपरा से संबंधित हैं, जैसा कि इससे देखा जा सकता है।
12. म्योर, खंड 1, पृ. 268.
13. म्योर, खंड 1, पृ. 279.
14. म्योर, खंड 1, पृ. 354.
15. म्योर, खंड 1, पृ. 361.
16. म्योर, खंड 1, पीपी. 448–449.
17. म्योर, खंड 1, पीपी. 449–454.
18. म्योर, खंड 1, पीपी। 451–452.
19. मैं आश्वस्त नहीं हूँ कि आने वाली घटना में वर्णित राजा वही हैं जो अध्याय IX में वर्णित हैं। मैं उनका उल्लेख इसलिए करता हूँ क्योंकि वे इक्ष्वाकु वंश से संबंधित हैं।
20. मैं आश्वस्त नहीं हूँ कि वह कौन सा सुदास है। विवरण से वह पैजवन सुदास प्रतीत होता है।
21. म्योर. खंड 1, पीपी 415–418.

22. अध्याय 9 देखें।
23. शक्ति के लिए यह शायद एक गलती है।
24. उसका नाम मदयन्ती था, उसे अनुशासन पर्व में मित्रसाह की पत्नी के रूप में संदर्भित किया गया है, जो कामशपद का दूसरा नाम है।
25. म्योर खंड देखें. पीपी, 418, 423 और 514, 2. म्योर, खंड 1. पृ. 374.
26. उक्त, खंड 1. पीपी. 455-456.
27. सेक केन, II (I), पृ.123. उनका यह विचार कि शूद्रों को धीरे-धीरे उनकी निम्न स्थिति से ऊपर उठाया जा रहा था, यह बिल्कुल गलत है।
28. ओल्डकनबर्ग द्वारा उद्धृत, बुद्ध का जीवन, पृ. 404.
29. केन, खंड एच (1) पृ. 29.
30. सुप्रा, पृ. 175.

अध्याय - 12

सिद्धान्त कसौटी पर

I

इस निबंध का उद्देश्य शूद्रों की उत्पत्ति का पता लगाना और उनके पतन के कारणों की खोज करना था। ऐतिहासिक सामग्री तथा विभिन्न लेखकों- रूढ़िवादी और आधुनिक दोनों - द्वारा सुझाए गए सिद्धांतों की जाँच के बाद मैंने एक नई थीसिस प्रस्तुत की है। पिछले अध्यायों में प्रत्येक भाग की अलग-अलग नींव रखने की सुविधा के लिए इसे भागों में प्रस्तुत किया गया है। अब समय है कि यह थीसिस क्या है, इसे सम्पूर्णता से समझने के लिए इन भागों को एक साथ इकट्ठा किया जाय। इसे निम्नानुसार संक्षेपित किया जा सकता है:

1. शूद्र, सूर्य वंश के आर्य समुदायों में से एक थे।
2. शूद्रों को इंडो-आर्यन समाज में क्षत्रिय वर्ण के रूप में स्थान दिया गया था।
3. एक समय था जब आर्य समाज केवल तीन वर्णों को मान्यता देता था, अर्थात् ब्राह्मण, क्षत्रिय और वैश्य। शूद्र एक अलग वर्ण नहीं बल्कि क्षत्रिय वर्ण का हिस्सा थे।
4. शूद्र राजाओं और ब्राह्मणों के बीच लगातार झगड़ा होता रहा, जिसमें ब्राह्मणों को अनेक अत्याचारों तथा अपमान से गुजरना पड़ा।
5. शूद्रों के अत्याचारों और दमन के कारण उनके प्रति घृणा के कारण ब्राह्मणों ने शूद्रों को जनेऊ धारण कराने से मना कर दिया।

6. पवित्र जनेऊ से हीन होने के कारण शूद्र सामाजिक रूप से पतित हो गए, वैश्यों के दर्जे से नीचे गिर गए और चौथे वर्ण के रूप में आ गए।

अब इस थीसिस की वैधता का आकलन करना बाकी है। लेखक सामान्यतया यह कार्य दूसरों पर छोड़ देते हैं। पर मैं इस लीक से हटकर स्वयं अपनी थीसिस को परीक्षा की कसौटी पर रखने के कार्य में प्रवेश करता हूँ। मैं ऐसा इसलिए करता हूँ क्योंकि इससे मुझे अपनी थीसिस की पुष्टि करने का अवसर मिलता है।

II

मैं कल्पना कर सकता हूँ कि मेरे आलोचक यह आरोप लगाएंगे कि मेरी थीसिस महाभारत के एक ही कथन पर आधारित है जिसमें पैजवन को शूद्र के रूप में वर्णित किया गया है; सुदास के साथ पैजवन की पहचान संदेह की छाया से परे साबित नहीं हुई है; कि पैजवन का शूद्र के रूप में वर्णन महाभारत के एक स्थान को छोड़कर किसी अन्य स्थान पर नहीं मिलता है। ऐसी कमजोर नींव पर बना सिद्धांत कैसे स्वीकार्य हो सकता है? वे उसी सामान्य सिद्धान्त का हवाला देंगे कि एक जंजीर अपनी सबसे कमजोर कड़ी से अधिक मजबूत नहीं होती। मुझे यकीन है कि मेरी थीसिस को इतने आसान तरीके से बदनाम और ध्वस्त नहीं किया जा सकता है।

पहली बात तो यह है कि मैं यह नहीं मानता कि एक थीसिस को किसी एक साक्ष्य के आधार पर नहीं बनाया जा सकता। साक्ष्य के कानून का यह एक प्रसिद्ध नियम है कि गवाह को तौला जाना चाहिए, गिना नहीं जाना चाहिए। प्रत्येक की व्यक्तिगत गवाही या सभी की गवाही के योग से जुड़े वजन की तुलना में गवाहों की संख्या एक कम महत्वपूर्ण बात है। पैजवन के शूद्र होने के कथन की सत्यता पर संदेह करने का कोई कारण नहीं है। महाभारत के लेखक के पास गलत विवरण देने का कोई कारण नहीं है। इतने लंबे समय के बाद लेखक को किसी मकसद या पक्षपात का जिम्मेदार नहीं ठहराया जा सकता। केवल एक ही निष्कर्ष निकाला जा सकता है कि लेखक एक सच्ची कथा को दर्ज कर रहा था।

यह तथ्य कि पैजवन को ऋग्वेद में शूद्र के रूप में वर्णित नहीं किया गया है, महाभारत के कथन की सत्यता के विरुद्ध नहीं है। ऋग्वेद में पैजवन के वर्णन में शूद्र शब्द की अनुपस्थिति के लिये कई स्पष्टीकरण दिए जा सकते हैं। पहली व्याख्या तो यह है कि ऋग्वेद में इस प्रकार के वर्णन की अपेक्षा करना ही गलत है। ऋग्वेद धर्म का ग्रंथ है। धर्म की किसी पुस्तक में शूद्र जैसे वर्णन की अपेक्षा नहीं की जा सकती। यह अप्रासंगिक होता। लेकिन इस तरह के विवरण की उम्मीद महाभारत जैसी इतिहास की किसी पुस्तक में की जा सकती है, जहाँ वास्तव में यह दिया गया है।

सुदास के बारे में शूद्र शब्द के कहीं-कहीं उल्लेख के लिए दूसरा स्पष्टीकरण जो मैं सोच सकता हूँ वो ये है कि यह अनावश्यक था। कुल, गोत्र, जनजाति... आदि के विवरण, सच कहें तो, पहचान के चिह्न होते हैं।

पहचान के चिह्न निम्न श्रेणी के लोगों के मामले में जरूरी होते हैं। प्रसिद्ध पुरुषों के मामले में वे अनावश्यक हैं। इसमें कोई संदेह नहीं है कि सुदास अपने समय का सबसे प्रसिद्ध व्यक्ति था। लोगों को उसकी पहचान कराने के उद्देश्य से उसे शूद्र बताना अनावश्यक था। यह सिर्फ अटकलों पर आधारित बात नहीं है। ऐतिहासिक उदाहरणों का हवाला दिया जा सकता है। बुद्ध के समय में रहने वाले दो राजाओं, बिंबिसार और पसेनदी का मामला लें। अन्य सभी राजा जो उनके समकालीन थे, उस समय के साहित्य में उनके गोत्र नाम से वर्णित हैं। लेकिन इन दोनों को सिर्फ उनके निजी नामों से ही बोला गया है। इस तथ्य पर ध्यान देने वाले प्रो. ओल्डनबर्ग[1] इस आधार पर इसकी व्याख्या करते हैं कि वे सुविख्यात थे और उन्हें अपने गोत्र नामों से वर्णित किए जाने की आवश्यकता नहीं थी।

III

लेकिन यह मान लेना वास्तव में गलत होगा कि मेरा निष्कर्ष महाभारत के एकमात्र अंश या सुदास के साथ पैजवन की पहचान पर आधारित है। ऐसा बिल्कुल नहीं है। थीसिस सिर्फ एक श्रृंखला पर आधारित नहीं है और इसलिए यह तर्क कि एक श्रृंखला अपनी सबसे कमजोर कड़ी से अधिक मजबूत नहीं होती, यहाँ लागू नहीं होती है। यह मुद्दा कई समानांतर

श्रृंखलाओं द्वारा समर्थित है। उनमें से किसी एक में एक कड़ी की कमजोरी को, समर्थन को, कमजोर करने वाला नहीं कहा जा सकता। एक जंजीर की एक कड़ी की कमजोरी से सारा भार दूसरी जंजीरों पर आ जाता है। नतीजतन, यह निष्कर्ष निकालने से पहले कि सिद्धांत टूट गया है, यह साबित करना आवश्यक है कि अन्य जंजीरें वजन को संभालने में सक्षम नहीं हैं।

पैजवन का शूद्र के रूप में वर्णन और ऋग्वेद के सुदास के साथ पैजवन की पहचान ही वह एकमात्र श्रृंखला नहीं है जो थीसिस का समर्थन करती है। अन्य श्रृंखलाएं भी हैं। इनमें से एक यह, कि शतपथ और तैत्तिरीय ब्राह्मणों में स्वीकार किया गया है कि केवल तीन वर्ण थे और शूद्रों का कोई अलग वर्ण नहीं बना था। दूसरे में इस बात के प्रमाण हैं कि शूद्र राजा और राज्य मंत्री थे। तीसरे में इस बात के प्रमाण हैं कि शूद्र एक समय में उपनयन के हकदार थे। ये सभी मजबूत जंजीरें हैं जो पहली श्रृंखला के संभावित टूटने से उत्पन्न होने वाले पूरे अतिरिक्त भार को उठाने में काफी सक्षम हैं।

जहां तक साक्ष्य का संबंध है, पूर्ण निश्चितता जिसे प्रदर्शन कहा जा सके, शायद ही कभी संभव होती है और मैं पूर्ण दावा नहीं करता कि

मेरी थीसिस बिल्कुल सच्ची है। लेकिन मैं दावा करता हूँ कि सिद्धांत के समर्थन में साक्ष्य प्रत्यक्ष भी हैं और परिस्थितिजन्य भी हैं, और जहाँ यह परस्पर विरोधी है, वहाँ इसके पक्ष में मजबूत संभावनाओं का समर्थन प्राप्त है।

IV

मैंने जो थीसिस प्रस्तुत की है उसमें कितना बल है, यह मैंने दिखाया है। अब मैं यह दिखाने के लिए आगे बढ़ूंगा कि थीसिस वैध है। एक परीक्षण है जो मुझे लगता है कि आम तौर पर एक थीसिस की वैधता का मूल्यांकन करने के लिए सही के रूप में स्वीकार किया जाता है। वो यह है कि एक थीसिस जो स्वीकृति की मांग करती है, उसे न केवल एक समाधान का सुझाव देना चाहिए, बल्कि यह भी दिखाना चाहिए कि वह

जिस समाधान का प्रस्ताव करती है, वह उन पहेलियों का भी उत्तर देता है जो उस समस्या को घेरे हुए हैं जिसे वह हल करने का दावा करता है। यही वह परीक्षण है जिसे मैं अपनी थीसिस पर लागू करना चाहता हूँ।

शूद्रों की पहेलियों को एक जगह सूचीबद्ध करके शुरू करता हूँ।

निम्नलिखित उनमें से सबसे महत्वपूर्ण में से हैं:

1. शूद्रों को आर्येतर, आर्यों के प्रति शत्रुतापूर्ण कहा जाता है, जिनके बारे में कहा जाता है कि आर्यों ने उन्हें जीत लिया था और गुलाम बना लिया था। फिर यह कैसे हो सकता है कि यजुर्वेद और अथर्ववेद के ऋषि शूद्रों की महिमा की कामना करें और शूद्रों के पक्ष में होने की इच्छा व्यक्त करें?
2. कहा जाता है कि शूद्रों को वेदों के अध्ययन का अधिकार नहीं था। फिर यह कैसे हो सकता है कि सुदास, एक शूद्र, ऋग्वेद की ऋचाओं के रचयिता थे?
3. कहा जाता है कि शूद्रों को यज्ञ करने का अधिकार नहीं था। फिर यह कैसे हुआ कि सुदास ने अश्व-मेध यज्ञ किया? शतपथ ब्राह्मण शूद्र को यज्ञकर्ता मानकर उसे संबोधित करने का सूत्र क्यों देता है?
4. कहा जाता है कि शूद्रों को उपनयन का अधिकार नहीं था। अगर शुरू से ही ऐसा था तो इस पर विवाद क्यों होना चाहिए? बद्री और संस्कार गणपति क्यों कह रहे हैं कि उन्हें उपनयन का अधिकार है?
5. शूद्र को संपत्ति संचय करने की अनुमति नहीं है। फिर ऐसा कैसे हो सकता है कि मैत्रायणी और कथक संहिता में शूद्रों के समृद्ध और धनवान होने की बात कही गई है?
6. शूद्र को राज्य का अधिकारी बनने के लिए अयोग्य कहा गया है। फिर यह कैसे हो सकता है कि महाभारत शूद्रों को राजाओं के मंत्री होने की बात करता है?
7. कहा जाता है कि शूद्र का कर्तव्य है कि वह एक सेवक के रूप में तीन वर्णों की सेवा करे। फिर ऐसा कैसे हो सकता है कि शूद्रों

में राजा थे जैसा कि सुदास के मामले और सायण द्वारा वर्णित अन्य मामलों से प्रमाणित होता है?

8. यदि शूद्र को वेद पढ़ने का अधिकार नहीं था, यदि उसे उपनयन का अधिकार नहीं था, यदि उसे यज्ञ करने का अधिकार नहीं था, तो उसे अपना उपनयन कराने, वेद पढ़ने और यज्ञ करने का अधिकार क्यों नहीं दिया गया?
9. शूद्र का उपनयन संस्कार, वेदों को पढना सीखना, यज्ञ करना, चाहे वे शूद्र के लिए किसी लाभ के हों या नहीं, निश्चित रूप से ब्राह्मणों के लिए लाभ के अवसर थे क्योंकि ब्राह्मणों को समारोहों में कार्य करने और वेदों को पढ़ाने का एकाधिकार था। यह ब्राह्मण ही हैं जो शूद्र को उपनयन का अधिकार, यज्ञ करने और वेद पढ़ने का अधिकार देकर बड़ी राशि अर्जित कर सकते थे। ब्राह्मण शूद्रों को इन रियायतों से वंचित करने के लिए इतने दृढ़ क्यों थे, जबकि उन्हें देने से कोई नुकसान नहीं होता और उनकी खुद की कमाई बढ़ जाती?
10. भले ही शूद्र को उपनयन, यज्ञ और वेदों का कोई अधिकार नहीं था, फिर भी ब्राह्मणों के लिए यह खुला था कि वे उसे ये अधिकार दें। इन प्रश्नों को व्यक्तिगत ब्राह्मणों की स्वतंत्र इच्छा पर क्यों नहीं छोड़ा गया? यदि ब्राह्मण इनमें से कोई भी निषिद्ध कार्य करता तो उस पर दंड क्यों लगाया जाता था?

इन पहेलियों को कैसे सुलझाया जा सकता है? न तो रूढ़िवादी हिंदुओं ने और न ही आधुनिक विद्वानों ने उन्हें समझाने का प्रयास किया है। वास्तव में उन्हें इस तथ्य की जानकारी ही नहीं है कि ऐसी पहेलियां मौजूद हैं। रूढ़िवादी हिंदू तो उनकी परवाह ही नहीं करते। वह पुरुष सूक्त में निहित उस दिव्य व्याख्या से संतुष्ट हैं कि शूद्र का जन्म पुरुष के चरणों से हुआ था। आधुनिक विद्वान इस धारणा से संतुष्ट हैं कि शूद्र अपने मूल में एक गैर-आर्यन आदिवासी हैं, जिनके लिए आर्यों ने स्वाभाविक रूप से एक अलग कानून संहिता निर्धारित की थी। अफसोस की बात है कि इन वर्गों के लोगों में से किसी ने भी शूद्रों की समस्या के इर्द गिर्द उन पहेलियों से

परिचित होने की परवाह तक नहीं की, फिर वे शूद्रों की स्थिति की उत्पत्ति के सिद्धांत का कोई सुझाव ही क्या देते, जो उन्हें हल करने में सक्षम हो।

मेरी थीसिस के संबंध में यह देखा जाएगा कि यह इन सभी पहेलियों को सुलझा सकती है। अभिधारणाएं (1) से (4) बताती हैं कि शूद्र कैसे राजा और मंत्री हो सकते थे और ऋषियों को क्यों उनकी प्रशंसा करनी चाहिये और उनका पक्ष प्राप्त करना चाहिये। अभिधारणाएं (5) और (6) बताती हैं कि शूद्रों के उपनयन पर विवाद क्यों था, यह भी कि क्यों कानून न केवल शूद्रों के अधिकार का निषेध करता था बल्कि उसे प्रभावी बनाने में मदद करते हुए किसी ब्राह्मण पर दंड लगाता था। वास्तव में ऐसी कोई पहेली नहीं है जिसे यह थीसिस हल न करती हो। यह थीसिस, अगर सच कहूँ,तो एक करीबी और एकदम सही फिट है। शायद ही किसी अन्य थीसिस को इससे बेहतर स्वत्वाधिकार मिल सकता है।

ग्रंथ-सूची

1 बुद्ध का जीवन, पृ. 414.

परिशिष्ट

परिशिष्ट – I
ऋग्वेद में "आर्य" (अर्य) शब्द का संदर्भ।

I		II		III		IV		V		VI		VII		VIII		IX		X	
H	M	H	M	H	M	H	M	H	M	H	M	H	M	H	M	H	M	H	M
33	3	23	13	43	2	1	7	2	12	14	3	8	1	1	40	23	3	20	4
70	1	23	15			2	12	33	2	15	3	21	5	19	36	61	11	27	8
71	3	35	2			2	18	33	6	16	27	21	9	21	16	79	1	27	19
73	5					4	6	33	9	20	1	31	5	24	221			34	13
81	6					16	19	34	9	24	5	34	18	34	10			42	1
81	9					20	3	54	12	25	7	48	3	39	2			59	3
116	6					24	8			36	5	56	12	48	8			76	2
118	9					29	1			45	33	60	11	49	12			86	1
121	15					38	2			47	9	64	3	52	7			86	3
122	14					48	1			48	16	68	2	54	9			89	3
169	6					50	11			51	2	83	5	55	12			133	3
184	1									59	8	86	7					148	3
185	9											92	4					191	1
												100	5						

परिशिष्ट - II

"आर्य" शब्द के सन्दर्भ (आर्य)

(I) ऋग्वेद में

I		II		III		IV		V		VI		VII		VIII		IX		X	
H	M	H	M	H	M	H	M	H	M	H	M	H	M	H	M	H	M	H	M
51	8	11	18	34	9	26	2	34	6	18	3	5	6	24	27	63	6	38	3
59	2	11	19			30	18			20	10	18	7	103	1	63	14	43	4
117	21									25	2	83	1					49	3
130	8									33	3							65	11
156	5									60	6							69	6
																		83	1
																		86	19
																		102	3
																		103	3
																		138	3
																		191	1

(II) यजुर्वेद में

IV		V		VI		XVIII		XIX		VIXX	
H	M	H	M	H	M	H	M	H	M	H	M
20	4	11	3	63	4	1	21	32	8	18	5
20	8							62	1	85	4

(III) अथर्ववेद

IV		XX		XXII	
H	M	H	M	H	M
32	1	11	9	63	4
		17	4		
		18	5		
		36	10		
		85	4		
		89	1		
		95	4		

परिशिष्ट - III

ऋग्वेद में "आर्य" (अर्य) शब्द के विभिन्न अर्थ मिलते हैं।

Meaning	I		II		III		IV		V		VI		VII		VIII		IX		X	
	H	M	H	M	H	M	H	M	H	M	H	M	H	M	H	M	H	M	H	M
Enemy	70	1					16	19	33	2	14	3	21	9	48	8	79	1	42	1
	73	5									15	3	34	18	49	12			59	3
	118	9									20	1	48	3					76	2
	121	15									36	5	56	22					89	3
	169	6											68	2						
													92	4						
Respectable Noble	33	3	23	15	43	2	1	7	33	6	24	5	8	1	19	36			20	4
	81	6	35	2			2	12	33	9	25	7	21	5	21	16			27	8
	81	9	43	2			4	6	34	9	47	9	31	5	24	22			27	19
	121	14					20	3					86	7	34	10			34	13
	184	1					24	8					100	5	55	12			86	1
							29	1											86	3
							38	2											116	6
							48	1											148	3
																			191	1
Citizen							2	18												
							20	3												

परिशिष्ट - IV
ऋग्वेद में "दास" का संदर्भ

I		II		III		IV		V		VI		VII		VIII		IX		X	
H	M	H	M	H	M	H	M	H	M	H	M	H	M	H	M	H	M	H	M
92	8	11	2	34	1	18	9	30	7	20	6	19	2	5	31			22	8
103	3	11	4			28	4	30	8	20	10	83	1	24	27			23	2
104	2	12	4			30	14	30	9	22	10	86	7	32	2			38	3
158	5	20	6			30	15	33	4	25	2	99	4	40	6			49	6
174	7	20	7			30	21	34	6	26	5			51	9			49	7
						32	10			33	3			56	3			54	1
										47	21			70	10			62	10
										60	6							73	7
																		83	1
																		86	9
																		99	6
																		102	3
																		120	2
																		138	3

परिशिष्ट – V
ऋग्वेद में "दस्यु" का संदर्भ

I		II		III		IV		V		VI		VII		VIII		IX		X	
H	M	H	M	H	M	H	M	H	M	H	M	H	M	H	M	H	M	H	M
33	4	11	18	29	9	16	9	4	6	14	3	5	6	6	14	41	2	22	8
33	7	11	19	34	6	16	10	7	10	16	15	6	2	14	14	47	2	47	4
33	9	12	10	34	9	16	12	14	14	18	3	19	4	39	8	88	4	48	2
36	18	13	9	49	2	28	3	29	10	23	2			50	8	92	5	49	3
51	5	15	9			28	4	30	9	24	8			51	2			55	8
51	6	20	9			38	4	31	5	29	6			56	2			73	5
51	8							31	7	31	4			70	11			83	3
53	4							70	3	45	24			98	6			83	6
59	6																	95	7
78	4																	99	7
100	18																	105	11
101	5																		
103	3																	170	2
103	4																		
108	12																		
117	3																		
117	21																		

परिशिष्ट – VI

ऋग्वेद में "वर्ण" शब्द का संदर्भ

I		II		III		IV		V		VI		VII		VIII		IX		X	
H	M	H	M	H	M	H	M	H	M	H	M	H	M	H	M	H	M	H	M
73	7	1	12	34	5	5	1									65	8	3	3
92	10	3	5													71	2	124	7
96	5	4	5													71	8		
104	2	5	5													97	15		
113	2	12	4													104	4		
179	6	34	13													105	40		